몽골지역연구

Mongolia

몽골지역연구

신新 한·몽 관계 정립을 위한
전략적 협력 방안

단국대학교 몽골연구소 편

자유문고

책을 출간하며

1990년 그동안 우리가 잊고 있던 북방의 몽골은 새로운 도약을 시작했습니다. 오랜 사회주의 체제를 버리고 민주주의와 시장경제를 도입한 것입니다. 그리고 그 해 우리 한국과 정식으로 수교를 맺고 지금까지 27년간 양국의 우호적 관계는 확대·발전을 거듭하고 있습니다. 30년 가까이 되는 기간 동안 한국과 몽골은 다양한 분야에서 서로를 더욱 알아갈 수 있었습니다. 이제 한국과 몽골은 양국의 관계를 더욱 발전시키는 새로운 30년을 준비하기 위해 지난 시간을 되돌아보고, 앞으로의 협력 방안 마련에 대해 새롭게 고민해 봐야 할 시기입니다.

수교 이후 지금까지 몽골에 대한 다양한 분야의 연구가 있어 왔으며, 비교적 짧은 기간에도 불구하고 높은 성과를 이루어냈습니다. 몽골에 대한 지금까지의 연구는 주로 언어, 역사, 문화, 민속 등 전통적 학술분야가 그 중심을 이루어 왔습니다. 하지만 이제 몽골은 우리나라의 원류를 찾는 북방민족으로서의 학문적 중요성 외에도 정치, 외교, 국방·안보, 경제 분야에서의 전략적 가치가 확대되고 있습니다. 몽골의 전략적 가치 향상에 따라 동북아의 다른 국가들도 몽골에 대해 크게 관심을 가지고 연구를 진행하는 추세에 있습니다.

현재 동북아는 중동과 함께 전 세계가 주목하고 있는 핵심 쟁점지역입니다. 북한의 핵위협과 더불어 동북아지역의 패권을 장악하기 위한 중국, 러시아, 일본, 미국 등 초강대국들 사이의 다툼이 치열하게 벌어지고 있습니다. 이러한 곳에 바로 우리 한국과 몽골이 자리 잡고 있는 것입니다. 세계의 큰 관심을 받지 못했던 작은 나라. 하지만 동북아지역문제의 해결에 있어 새롭게 떠오르고 있는 국가가 바로 몽골입니다.

첨예한 대립이 거듭되고 있는 불안정한 동북아지역의 패권 다툼 속에서 지역 내 모든 국가와 우호적 관계를 유지하고 있는 몽골에 대해 세계는 주목하고 있으며, 동북아지역 갈등 및 남북한 사이에서의 완충국 역할을 기대하고 있습니다. 이와 더불어 몽골이 세계 10대 자원부국이라는 점에서 그 경제적인 가치 역시 주목하고 있습니다.

그동안 우리 단국대학교는 한국과 몽골의 관계에 주도적인 역할을 해왔습니다. 대학법인의 장충식이사장은 양국 수교에 큰 역할을 담당하였고, 1993년 단국대학교에 몽골학과를 최초로 개설하여 지금까지 몽골지역 전문가를 양성해 오고 있습니다. 또한 2008년 국내 유일의 몽골지역 전문 연구소인 '몽골연구소'를 개소하여 수많은 학문적 성과를 이루어냈으며, 명실상부한 세계 몽골학의 센터로서의 역할을 수행하고 있다고 자부합니다.

몽골연구소는 2010년부터 본격적으로 동북아시아 및 중앙아시아의 몽골지역학 연구의 토대구축과 사업기반 조성에 노력해 왔고 그 일환으로 몽골지역학 심포지엄을 현재 총 14회 개최하였습니다. 이 중 7회까지의 심포지엄 결과를 총괄하여 지난 2012년 6월『몽골과 한국: 미래지향적 관계 발전 방안』을 출판한 바 있고, 이 책은 몽골학에 대한 제반 분야를 총 망라한 것으로 언어, 역사, 민속은 물론 지역학을 포함하여 몽골학 전반을 이해할 수 있도록 하였습니다.

본 저서는 처음『몽골과 한국: 미래지향적 관계 발전 방안』의 개정판을 염두에 두고 기획하였습니다. 하지만 최근 동북아에서 몽골에 대한 전략적 중요성이 급증하고 있음을 고려하여 몽골지역학에 대한 보다 전문적인 입문서 및 개론서가 필요하다는 판단 하에 몽골지역학의 제 분야를 하위 7개(국가제도, 정치, 외교, 국방·안보, 경제, 자원경제, 남·북한 관계)로 나누고 특별히 중국의 내몽골지역에 대한 부분을 첨가하여 8개로 구성한『몽골지역연구』라는 제목의 저서를 출간하기로 하였습니다. 또한 각 부분은 해당 분야의 최고 전문가들로 필진을 구성하였으며, 몽골지역학 입문서의 역할은 물론 각 분야에 필수적으로 '신新 한·몽 관계 정립을 위한 전략적 협력 방안'을 포함시켜 대몽골관계에 대한 전략서의 역할도 수행할 수 있도록 하였습니다.

오늘날 국가 간에는 영원한 친구도 영원한 적도 없다는 말이 있듯이 오로지 자국의 이익만이 최우선시 되는 냉혹한 세상입니다. 이러한 세상 속에서 그동안 비교적 우리의 관심에서 멀리 있던 이웃국가 몽골에 대한 새롭고도 냉철한 이해가 필요합니다. 앞으로 몽골이 한국과 손을 잡고 동북아지역의 핵심국가로서의 역할을 수행하게 되기를 진심으로 기원하며 이 책이 그 역할을 수행하는 일에 조금이라도 도움이 되기를 바래봅니다.

마지막으로 본 저서를 출간하는 데 기꺼이 힘을 보태주신 부산외국어대학교 김선호 교수님, 국가안보전략연구원의 서동주 박사님, 서울대학교 한국정치연구소의 박정후 박사님, 이렇게 세 분의 외부 필진

선생님들께 진심으로 고개 숙여 감사의 인사를 전합니다. 몽골지역학 연구자가 극히 드문 국내 학계의 현실에서 선생님들의 도움이 없었다면 이 책이 출간되기 어려웠을 것입니다. 다음으로 항상 몽골연구소를 위해 헌신해주시고 저를 도와 이번에도 함께 참여해준 몽골연구소의 류병재 교수, 김보라 교수, 김희경 연구원에게도 감사의 인사를 드립니다.

특별히 1993년 한국에 몽골학과를 개설함과 동시에 몽골지역 전문가를 직접 양성해 오시며 양국 간의 교류에 큰 역할을 해오시고, 2008년 몽골연구소를 설립하여 몽골지역학 연구의 초석을 닦아주신 전임 몽골연구소장 이성규 교수님께 진심으로 감사의 인사를 드립니다.

이번 저서의 출간을 계기로 몽골연구소는 한국과 아시아는 물론 세계를 지향하는 명실상부한 몽골학연구센터로 발돋움하겠습니다. 많은 관심과 격려 부탁드립니다.

2017년 12월

단국대학교 몽골연구소 소장 송병구

책을 출간하며 • 5

Mongolia

1.

몽골의 국가제도

- 대통령 및 입법·사법·행정기관을 중심으로

류병재 단국대학교 몽골학과 교수

I. 들어가며

현재 몽골국의 국가체제는 민주공화제이며 의원내각제 성격이 강한 이원집정부제二元執政府制 국가이다. 전형적인 유목 문화를 유지하고 있었던 몽골국은 현재 도시화, 정착화 및 산업화가 빠르게 진행되고 있다. 이러한 현재의 몽골국이 성립되기 아주 오래전부터 몽골 지역에는 다양한 유목집단과 유목국가가 흥망을 거듭하였다. 기원전부터 몽골초원에는 많은 유목민들이 유목생활을 영위해 왔다. 이들 북방초원의 유목민들은 자신들의 조직을 십진법十進法 체제에 기반을 두었다. 또한 자신이 속한 십진법 체제의 조직을 크게 '우익右翼 − 중앙 − 좌익左翼'으로 나누는 양익제도兩翼制度를 실시하였다. 이러한 제도는 정치·행정 및 군사 체제와 사회·경제적 조직을 동시에 운용하는 독특한 유목제도였다.

몽골지역의 최초의 유목국가는 흉노匈奴였다. 흉노는 자신들의 최고군주를 선우單于라고 불렀다. 이들은 선우가 직접 통치하고 있었던 중앙과 좌방과 우방으로 나누어 자신들의 영역을 통치하였다. 이후 이 지역의 유목민들은 대체로 이러한 삼분 체제를 중심으로 다스렸다. 또한 이러한 삼분체제를 구성하는 '만기萬騎-천장千長-백장百長-십장十長'으로 나누어진 군사조직 체제를 가지고 있었다. 흉노의 뒤를 이은 선비鮮卑 역시 '서부 − 중부 − 동부' 3개의 조직으로 나누어진 국가체제를 유지하고 있었다. 몽골 지역을 장악하고 있던 선비 연합체가 붕괴되면서 유연柔然이 몽골지역에 등장하였다. 유연의 사륜社崙도 역시 이전의 유목집단과 동일하게 "천인千人을 1군軍으로 하고 군마다 장將 1인을 두었고, 백인百人을 1당幢으로 하고 당마다 수帥 1인을 두는" 십진법에 의거하여 군사제도와 국가행정체제를 유지하였다. 유연 다음에 등장한 이들은 튀르크 계통의 돌궐突厥 제국이다. 이들의 영역은 몽골지역과 서쪽 알타이산맥을 넘어 카스피해까지 이르는 광대한 국가를 건설하였다. 돌궐제국 초기에는 이전의 유목집단과 동일한 방식으로 자신들의 영토를 삼분하여 다스렸다. 이후에는 동방과 서방에 각자 칸이 지배하는 두 개의 통치 집단으로 이루어진 일종의 '분국分國 체제'의 형태를 갖추었다. 그 뒤를 이어 위구르 제국이 몽골지역에 출현하였다. 위구르 제국은 몽골고원에서 흥망했던 이전의 유목세력과 비교해 대규모 성곽도시의 출현과 돌궐에 이어 그들의 문자를 사용하였다는 점에서 정주문명의 요소가 강하게 나타났던 유목집단이다. 이후 소위 '정복왕조'라고 불리는 거란과 여진이 몽골 초원에 있던 여러 유목집단들과 대립과 교류의 관계를 유지하였다.

 북방초원 유목민족의 이러한 국가체제와 전통은 12세기 몽골고원에까지 전해져 내려왔다. 부친이었던 예수게이 바타르의 죽음으로 힘든 시기를 보냈던 몽골의 테무진은 1206년 몽골 초원의 여러 유목집단을 하나로 복속시키고 칭기스칸으로 즉위하였다. 그 후 이들 유목집단을 재편성하였는데 이것이 몽골의 천호제千戶制이다. 자신에게 복속한 유목집단을 수백 명에서 1천 명의 전사를 차출할 수 있도록 95개의 천호집단으로 편성하였다. 이 천호제는 대몽골제국의 군사조직임과 동시에 정치·행정·사회의 근간을 이루었다. 또한 원칙적으로 천호장·

백호장·십호장들의 자제들 가운데서 선발된 친위대 케식Kheshig 집단은 칭기스칸에게 절대 충성하는 최측근 엘리트로 양성하였고, 강력한 유대감을 통해 국가의 중추인재로 성장하였다. 칭기스칸은 자신의 일족에게 정복의 성과를 공유한다는 '가산제家産制적 전통'에 지역과 그 지역에 사는 유목민들을 지칭하는 '올로스Ulus'를 분봉하였다. 국가 귀족회의제도라고 할 수 있는 코릴타이Khuriltai는 대몽골제국 특유의 정치·군사·행정의 통합시스템으로 발전시켜 나갔다. 칭기스칸과 후대의 대칸들은 이러한 통치 시스템을 유지·발전시켜 '예케 몽골 올로스(Yeke Mongol Ulus, 대몽골국)'을 건설하였다.

초기의 대몽골국은 점차 주변지역의 정복전쟁을 통해 세계제국으로 발전되어 나갔다. 이러한 세계제국은 이른바 '칭기스 통치원칙'이라는 대칸 승계원칙과 '가산제적 분봉'을 통하여 여러 올로스들의 느슨한 '연방제적 통일제국'의 모습을 갖추게 되었다. 그러나 이러한 몽골제국이 이른바 '4칸국 분열'이라는 말처럼 완전히 분열되어 있었던 것이 아니라 칭기스칸의 후손이라는 연대감과 일체성은 오랫동안 그 명맥을 유지하고 있었다.

쿠빌라이는 대몽골제국의 제5대 대칸이다. 중국지역에 중심을 둔 대원大元 올로스(소위 元朝)를 대칸 올로스로 활용하였다. 대원 올로스는 중앙행정 중추기관 중서성中書省과 지방행정을 담당하여 파견했던 10여개의 행중서성行中書省으로 나눌 수 있다. 대원 올로스는 "관을 많이 두는 것은 실정失政을 면하고자 함이지만 현명하고 준결한 사람들이 한 자리에 모여 함께 결정하면 자연히 실정을 면할 것인데 … 정사政事에는 사람을 얻는 것이 귀하지, 관리가 많은 것이 귀한 게

〈그림 1〉 대몽골제국(Yeke Mongol Ulus) 정치 시스템

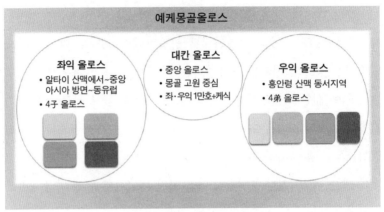

아니라고 합니다. …"라는 구절에서 '인간·능력중심주의'를 채택하고 있었음을 확인할 수 있다. 또한 "정사를 집행함은 오직 법전에서 나오니, 보고는 공문으로 하라" 혹은 "중서中書를 거치지 않고 위로 아뢰거나 아래로 하달한 자는 법제를 어긴 것"이라는 구절을 통해 '문서중심주의' 정치 시스템을 갖추고 있었다는 것을 알 수 있다. 대원 올로스가 쇠퇴하고 주원장의 명明에 의해 다시 몽골초원으로 복귀한 몽골세력은 대원 올로스와 같은 국가행정체제를 유지한 걸로 추측된다. 이후 몽골인들은 만주족에 의한 청 지배기, 독립기 및 사회주의시기와 민주화시기로 이어지며 그들의 국가체제와 정치 체제를 확립해 오고 있다.

본 글에서는 이러한 역사 전개 과정을 거쳐 왔던 몽골 유목민들이 어떤 국가체제와 구조 속에서 현재를 살아가고 있는지 입법·사법·행정부와 그 정치시스템을 중심으로 개괄해 보고자 한다. 본 글에서

이용한 몽골헌법, 관련 기관 법률 및 기타 자료들은 2017년을 기준으로
한 최신 개정안들을 사용하였다.[1] 필자는 본문과 동일한 주제의 내용을
2012년도에 발표한 바 있다.[2] 그러나 그 이후 두 번의 총선과 대선을
거치면서 내각의 구성, 소위 '(통합) 선거법'의 신설 등 몽골국의 국가정
치시스템에 관련된 크고 작은 법률들이 제정·개정되었다. 이러한
관련 법률의 개정을 통해 몽골은 2012년도 당시의 국가체제와는 다른
국가구조와 정치시스템으로 재정비되었다. 따라서 필자는 2012년에
기술한 내용을 기본으로 하여 이후 개정된 부분이 있으면 그 사항을
적용하여 변화된 내용을 현재 몽골의 상황에 맞게 수정하고 빠지거나
모자란 것이 있었다면 보충하는 방식으로 기술할 것이다.

　이러한 헌법과 법률은 언제든지 개정될 수 있기 때문에 이후 변화된
국가구조와 정치시스템을 정확하게 확인하기 위해서는 몽골 국가구조
와 정치시스템에 관련된 법률 지식과 개정 소식을 지속적으로 확인해
야 할 필요가 있다.[3] 2012년도 이후에 5년 만에 다시 동일한 주제의

---

1 복잡한 몽골 헌법 및 해당 법률의 개정내용 및 용어해석 과정에서 단국대 Ch.
　오유나, D. 비지야의 도움을 많이 받았다. 몽골 헌법 및 관련 법률, 각종 수정·개정
　사항은 http://www.legalinfo.mn을 활용하였다.
2 류병재, 「몽골의 국가제도-입법 사법 행정기관을 중심으로-」, 『몽골과 한국
　: 미래지향적 발전 관계 방안』, 단국대학교출판부, 2012년 6월, pp.357~411.
3 몽골국립대학의 B. Chimid 교수는 "몽골법이 제정·공고되었다가 개정되는 현상이
　연속적으로 발생되는 나머지 일반국민들이 법을 이해하고 실행하기는커녕 보지도
　만지지도 못하는 사이에 변해버린다"라는 지적처럼 몽골의 법률 개정이 상당히
　빈번하면서도 재개정 기간도 짧음을 지적하고 있다. B. Chimid, 「몽골의 입법활동
　및 입법계획」, 『한국과 몽골의 법제실무 : 그 절차와 실제』, 2008 한·몽 법제실무연

글을 쓴 이유도 이 때문이다. 그리고 일정시간이 지나 본문의 내용이
미래의 어느 시점에서의 법률 및 국가 체제와 정치시스템과 일치하지
않는다면 그 이유도 관련법의 새로운 제정 혹은 개정 때문일 것이다.

대한민국에서 소위 '3부 요인要人'이라 함은 국회의장(입법)·대법원
장(사법)·국무총리(행정)를 말한다. 헌법에 명시된 삼권분립 이념에
기초하여 3부의 수장이 대등하다는 의미로 해석할 수 있다. 이를
토대로 의전과 경호 등 예우를 정한다. 행정자치부의 정부의전편람에
따르면 각종 국가 기념행사의 의전 서열은 국회의장과 대법원장,
헌재소장, 국무총리, 중앙선관위원장 순이다. 한국의 국가 원수인
대통령은 별도의 예우 규정이 있다.

몽골국에서는 국가 삼대요인(三大要人, төрийн гурван өндөрлөг)이
'대통령-국회의장-총리' 순이며 의전 서열도 이를 따른다. 본문에서
몽골국의 국가체제와 구조에 대한 기술순서도 대통령, 국회의장을
수장으로 하는 국회, 총리를 수장으로 하는 내각內閣의 순서에 따른다.
마지막에는 몽골 헌법에서 삼권분립 기관 가운데 하나인 사법부 조직
에 대해 기술하도록 한다.

II. 대통령

일반적으로 공화국의 대통령은 국가원수의 지위를 가지지만 실질적인
권한은 국가마다 차이가 있다. 미국이나 한국을 비롯한 몇몇 대통령중

수, 몽골국립법률센터 회의실, 2008년 6월 10일, p.287.

심제를 채택한 국가에서는 대통령의 직위에 막강한 권한과 책임이 부여된다. 그러나 독일 연방공화국 등에서는 총리가 최고 행정책임자로 규정되어 있어 대통령의 권한이 미약하며 의례적인 지위에 머물기도 한다.

몽골은 1992년에 신헌법을 제정하고 국가권력구조에 대한 삼권분립을 명시하였다. 이에 따르면, 몽골 대통령은 신체, 주거 및 차량이 불가침이다. 국가의 원수이자 몽골군의 총사령관으로 국민 단결의 상징으로 규정되어 있다. 대통령의 존엄과 특권은 법률이 정하는 바에 의하여 보호된다.

몽골의 대통령 선출과정[4]과 그 권한 등에 대해 알아보도록 하자.[5]

1. 대통령 선출

최근 5년간 몽골에 거주해온 45세 이상의 몽골국민이라면 누구라도 대통령 선거에 출마할 수 있는 자격이 있다고 헌법은 명시하고 있다. 대통령 후보자들의 등록은 선거 전 55일 이전에 실시해야 하며 그 후 5일 안에 등록을 완료해야 한다. 후보자는 법률이 정한 공통적인

---

4 몽골은 대통령, 국회의원 및 지방의회의원의 선출과 관련하여 헌법이 정하는 바에 따라 선거법을 따로 제정하여 운영하여 왔다. 여러 차례 개정 절차를 거쳤으며 최종적으로 2015년 12월 25일에 '몽골선거법'으로 통합되어 제정되었다. 따라서 이전에 각각 제정되어 있던 대통령, 국회의원 및 지방의회의원에 대한 선거법은 그 효력을 잃고 폐지되었다. 이후 대통령, 국회의원 및 지방의회의원에 대한 선출에 대한 내용은 헌법과 2015년 12월 25일에 제정된 '몽골선거법'에 따라 기술한다.

5 몽골대통령 공식 홈페이지 : http://www.president.mn

조건 이외에 다음과 같은 조건을 갖추어야 한다. 은행, 기타 법인, 개인에 대해 법원 판결에 의해 발생한 빚, 담보 및 보증이 없는 자, 세금을 미납하지 아니한 자, 후보자가 51%나 그 이상의 권리를 가진 법인이 있다면 납세 기간에 법인세를 미납하지 않았던 자가 후보자가 될 수 있다. 또한 후보자가 국가 공무원일 경우 선거 당해년도 1월 1일 전에 그 직을 그만두어야 한다.

대통령 선거는 크게 두 단계로 실시된다. 1차 대통령 선거는 대통령 임기 만료 30~60일에 실시하여야 한다. 그 첫 단계는 국회에 의석을 가진 당이 단일 혹은 다른 당과 연합하여 대통령 후보 1인을 지명할 수 있다. 유권자들은 이렇게 등록된 대통령 후보자들을 대통령 선거를 통해 선출한다. 대선에서 과반수 이상을 득표한 후보가 대통령에 선출된다. 만약 투표에서 과반수를 획득한 이가 나오지 않은 경우 상위 차상위 득표자 2인에 대하여 2차 투표를 실시한다. 2차 투표는 1차 투표 이후 14일 이내에 치러지며 이 경우 선거운동은 할 수 없다. 2차 투표에서 과반수 이상의 득표를 얻은 이가 대통령으로 선출되는 것이며 만약 2차 투표에서도 과반수 득표자가 나오지 않는 경우 대통령 선거는 후보선출 과정부터 다시 실시하게 된다. 〈그림 2〉에서 보는 바와 같이 2017년도 실시된 대선에서 몽골 역대 대선 처음으로 1차 투표(2017.06.26.)에서 과반수를 얻은 대통령이 나오지 않았다. 2017년 07월 07일 2차 투표를 실시하였고 Kh. Battulga가 당선되어 대통령이 되었다.

〈그림 2〉 몽골 역대 대선 결과와 2017년 대선 과반수 득표 실패에 따른 2차 투표

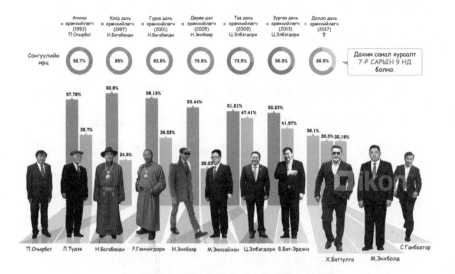

그림 출처 : www.ikon.mn

대통령 선거를 통해 국민들이 과반수 이상의 지지를 얻은 대통령을 선출하면 그 다음 과정은 국민들이 선출한 대통령을 국회가 대통령으로 승인하는 법률을 통과시켜 대통령으로서의 권한을 확정하는 일이다. 이 과정이 모두 마무리 되면 대통령은 대선 후 30일 이내에 국회가 정한 취임식 행사를 통해 취임선서를 한다. "본인은 몽골의 독립과 주권을 보위하고 국민의 자유와 단결을 보장하며 헌법을 준수하고 대통령으로서 그 직무를 성실히 수행할 것을 선서합니다."라는 선서를 통해 대통령으로 공식취임한다. 취임선서를 통해 대통령 공식 업무가 시작되고 차기 대통령이 동일한 취임선서를 함으로써 그 권한이 종료된다. 그러나 다음의 경우에 대통령은 임기 완료 전에도 자신의 대통력직에서 물러나게 된다.

첫째, 건강상이나 기타 중대한 사유로 인해 대통령의 전권을 행사할 수 없다고 보고 자신의 사의를 국회에 제안하고 이것을 공식적으로 동의할 경우,

둘째, 헌법재판소가 대통령이 헌법을 위배하였거나 자신의 권력을 남용하였다는 판결을 내리고 이러한 판결을 국회 출석의원의 과반수 이상이 대통령의 해임을 찬성할 경우,

셋째, 임기 중 사망한 경우이다.

대통령은 국회에 자신의 업무에 대한 책임을 지며 매년 국회에 자신의 업무에 대해 보고하여야 한다. 대통령이 자신의 선서를 저버리고 헌법이나 기타 법률, 대통령 권한을 위반하는 문제를 일으킬 경우, 국회재적의원의 3분의 1 이상이 이 위반사항을 공식적으로 발의한다

면 헌법재판소는 이에 대한 판결을 내리고 국회는 이 사안에 대해 다시 출석의원의 과반수 이상이 결정으로 대통령에 대한 탄핵 여부를 확정할 수 있는 것이다.[6] 대한민국은 대통령 탄핵소추의 경우 국회 재적의원 과반수의 발의와 국회재적의원 3분의 2 이상이 찬성이 있어야 한다. 헌법재판소가 탄핵에 대한 심판을 하고 탄핵이 결정되면 공직으로부터 파면 당한다. 몽골의 경우 대통령 탄핵소추 시, 국회재적의원 3분의 1 이상이 발의하면 헌법재판소가 이에 대한 탄핵에 대한 심판을 하고 다시 국회에서 출석의원 과반수 이상의 찬성으로 대통령의 탄핵이 결정된다.

대한민국은 대통령이 궐위되거나 사고로 인하여 직무를 수행할 수 없는 경우 국무총리, 법률이 정한 국무위원의 순으로 그 권한을 대행한다. 몽골은 대통령이 일시적으로 부재하는 경우 혹은 해임解任이나 사망, 대통령이 사임辭任한다면 국회의장이 법률이 정한 바에 따라 대통령이 취임할 때까지 그 권한을 대행한다. 이 경우 국회는

---

6 외교부가 발간한 2016년도판 『몽골개황』에서 "대통령은 국회에 대해 책임을 지며 대통령의 행위가 헌법 규정에 위배되었을 때, 국회는 재적의원 2/3 이상의 찬성으로 탄핵 가능"이라고 했으나 이는 몽골 대통령법 7조 2항의 "국회 재적의원 1/3 이상(Улсын Их Хурлын нийт гишүүний гуравны нэгээс доошгүй нь)"에 대한 잘못된 해석이다. 외교부, 『몽골개황』, 2016, p.51. 따라서 헌법과 대통령법에 따르면 대통령 탄핵은 재적의원 2/3의 찬성이 아니라 대통령의 행위가 헌법 규정에 위배되었을 경우 재적의원 1/3 이상이 탄핵소추를 공식발의 하면 헌법재판소에서 이에 대한 탄핵 심판을 한다. 탄핵이라는 판결이 나오면 이 판결에 대해 국회회의 참석인원의 과반수 이상이 탄핵 결정을 내리면 대통령의 탄핵이 확정되는 것이다.

4개월 이내에 대통령선거를 공고하고 대통령선거 절차에 따라 이를
시행하여야 한다.

몽골 대통령은 1회에 한하여 재임될 수 있는 4년 중임제重任制이다.
몽골 대통령은 총리, 국회의원, 내각 각료 등 대통령직 이외의 어떤
직업도 겸할 수 없으며 만약 대통령이 다른 직을 겸할 경우 그 직에
취임하는 날로 대통령직에서 해임된다.

2. 대통령의 권한

정부와 국가의 통수권자로서 몽골 대통령에게는 다음과 같은 권한이
부여되어 있다.

가)국회가 의결한 법률 및 기타 결정의 일부 혹은 전체에 대한
재심의 요구권.[7]

나)① 국회 내 다수당, 연합당에서 내세운 후보자, ② 어느 당이나
연합당이 다수당이 되지 못한 경우 최다의석을 차지한 당이나 연합이
다른 당이나 연합당과 합의를 하여 내세운 후보자, ③ 만약 최다의석을
차지한 정당 여타 정당과 협의를 거친 후 합의된 후보자를 추천할
수 없는 경우 국회 내 정당이나 연합당의 다수결로 추천된 자를 총리임
명을 위해 5일 이내에 국회에 제정하는 권한.[8]

---

7 몽골 헌법에 의하면 대통령의 이러한 재심의요구권에 대해 국회는 다시 거부권을
  행사할 수 있다. 즉 대통령의 재심의요구안이 국회논의를 거치는데 출석의원에
  대한 정족수가 규정되어 있지 않았기 때문에 이 거부권 행사에 참석한 의원의
  3분의 2가 대통령의 재심요구를 거부하는 경우 해당 법률이나 결정은 계속 유효하
  게 된다.

다)소관사항에 대한 정부 지휘권.[9]

라)대외관계에 있어서의 국가대표권 및 국회와의 협의를 통한 국제조약 체결권.

마)국회와의 협의 하에 외교사절의 임명 및 소환.

바)외국 외교사절의 신임장 및 소환장 수령.

사)국가 작위, 장성계급, 훈장, 메달 수여권.

아)사면권.

자)시민권의 부여 및 망명허용에 대한 권한.

차)국가안보위원회 주재권.

카)전체적 혹은 부분적 군 징발권.

타)비상사태나 계엄령 선포권 및 군 동원령.[10]

등과 같은 권한이 있으며 국회해산 제의권[11]과 몽골군 군통수권자로서

---

8 헌법에서 달리 정하지 않는 한 대통령이 이렇게 제청한 국무총리 임명안을 국회가 45일 이내에 결정을 내리지 못할 경우, 대통령은 국회해산을 제안할 수 있지만 국회해산의 최종결정 역시 국회의 결정에 따르게 되어 있다.

9 이러한 소관사항에 대해 대통령령을 발하는 경우 총리의 서명 후에야 그 효력이 발생한다.

10 헌법에 명시된 특수상황 하에서 휴회 중인 국회를 즉시 소집할 수 없는 경우에 전국 또는 일부지역에 대한 비상사태 및 계엄령을 선포할 수 있다. 그러나 이러한 상황 하에서 대통령이 발령한 비상사태나 계엄령은 국회가 7일 이내에 이에 대한 대통령령을 심의하여 이에 대한 추인여부를 의결한다. 국회가 이에 대해 결정을 내리지 못하는 경우 대통령령은 그 효력을 상실하게 된다.

11 대통령은 국회가 맡은 바 임무를 더 이상 수행할 수 없다고 판단하면 이를 국회의장과 협의하여 국회해산을 제의할 수는 있지만 국회의 해산을 결정하는

의 권한도 있다.

이러한 몽골 대통령 고유의 권한 가운데 상당수는 국회의 최종 동의가 있어야 성립될 수 있는 것을 확인할 수 있다. 대통령은 국회에 대한 견제권한으로 ①국회에서 제정하거나 결정에 사항에 대해 재심의요구권 및 ②국회해산 제안권을 가지고 있다. 하지만 최종적으로 국회가 이를 거부할 수 있어 국회에 대한 견제권의 영향력은 크지 않다고 볼 수 있다. 그러나 국회는 대통령을 해임할 수 있다. 즉, 헌법재판소에서 대통령이 헌법을 위반하였거나 대통령 권한을 남용하였다는 판결이 나오면 국회는 출석의원 과반수 이상의 찬성을 통해 대통령을 해임할 수 있다.

1992년 신헌법은 총리 임명과 내각 구성에 대한 국회와 대통령의 권한을 명확하게 구분하지 못하였다. 이러한 상황은 결국 2000년 개헌을 야기 시켰고, 2000년 개헌을 통해 대통령의 지위가 대폭 축소되고 총리가 최고 행정책임자로서 그 역할을 담당하게 되었다. 또한 국회의원의 권한이 급격히 높아졌고 내각 각료 구성에 대한 겸직이 가능하게 되었다.

2000년 개헌이후, 몽골 대통령의 권한 가운데 상당부분이 국회에 의해 통제나 제한을 받고 국회의 결정에 의존하는 현재의 상황은 몽골 대통령의 권력은 의례적이며 상징적인 위치에 머물고 있다고 볼 수 있다. 따라서 2000년 개헌 이후 몽골 정부와의 협상이나 정치현안에 대한 논의에서 대통령의 역할에 대해 과대평가해서는 안 된다.

권한 역시 국회에 있다.

몽골과의 정치쟁점에 대한 논의나 협상 시, 국회의원, 국회의장이나 국무총리가 누구이며 어떠한 정치적 신념과 정당소속인지 먼저 파악할 필요가 있다. 그러나 만약 국회 내 여당 출신이 대통령에 당선되었고 여당의 당수가 국회의장을 맡는다면, 입법부와 행정부는 다수당에게 장악될 가능성이 많은 국가 구조이다. 이러한 상황 하에서는 헌법에 명시된 바와 같이 독립된 권한을 행사해야 할 사법부의 대법원장, 대법관, 그리고 헌법재판관 역시 다수당의 영향을 피할 수 없게 된다. 몽골의 국가체제와 구조에 대한 법률적 이해관계를 충분히 숙지한다면 몽골과의 정치적 협상이나 외교 논의에서 더 성공적인 결과를 이끌어 낼 수 있을 것이다.

3. 국가안보위원회[12]

국가안보위원회는 대통령과 국회의장, 총리 3인으로 구성되며 국가안보에 대한 통일된 정책제정과 그의 실행에 대한 협조 및 이러한 협조체제가 잘 이루어지고 있는지를 감찰하는 정부 위원회이다. 국가안보위원회의 위원장은 대통령이며 위원장은 위원회 회의를 소집하고 주재하며 대내·외 정책의 실행 시 위원회를 대표하고 위원회 업무 부서를 조직하고 총괄한다. 위원회는 위원회 3인과 위원회의 사무를 맡고 처리하는 사무국과 사무총장 및 기타 실무직원으로 구성된다. 국회부의장, 안보·외교상임위원회 위원장, 국회 내 교섭단체장과 정보부장

---

12 몽골 국가안전보장이사회(the National Security Council of Mongolia) 홈페이지: http://www.nsc.gov.mn

은 위원회 회의에 참석할 권한을 가진다.

III. 입법기관

한국의 국회격인 몽골의 국가최고회의(이하 국회)는 국민의 직접적인 선거참여로 구성된 민의民意의 기관으로 국가의 법률을 제정·개정하고 국가의 기본적인 대내·외 정책결정, 국가의 재정, 조세, 통화정책의 결정 및 예산심의 등을 행하는 몽골최고의 입법기관이다.[13]

　각국의 정치현실에 따라 여러 가지 유형의 의회제도가 존재하는데 몽골은 1992년 몽골 신헌법을 제정하는 과정에서 어떤 정부형태를 유지하는 것이 가장 최선인지에 대한 다양한 논쟁이 벌어졌다. 대통령제를 선호하는 측은 신속한 개혁을 추진하는데 유리한 장점이 있다고 주장했다. 반면 이러한 대통령제가 권력이 한 곳으로 집중되어 자칫 독재로 흐를 가능성이 존재한다고 보고 의원내각제를 지지하는 측도 있었다. 양측의 타협의 결과 대통령 중심제와 내각책임제의 중간 형태인 '이원집정부제'를 선택하였다. 그러나 2000년 12월 헌법 개정[14]을 통해 의회와 내각의 권력이 대폭 강화된 '의원내각제적인 성격이 강한 이원집정부제'라는 성격의 국가체제로 변화되었다. 따라서 몽골은 국회와 내각이 사실상 융합되어 있으며 일반적으로 국회 다수당의

---

13 몽골국회 홈페이지: http://www.parliament.mn
14 현재 한글로 번역된 몇몇 몽골헌법 전문이나 몽골정치 관련 글에는 몽골 개헌년도를 '2002년'이라고 잘못 언급하고 있는 경우가 종종 보이나 이는 사실과 다르다. 몽골의 헌법은 2000년도에 개정되었다.

수장이 맡는 국회의장은 정책결정 및 집행과정에서 국회와 신속하고 긴밀한 협조를 할 수 있는 장점이 있다. 그러나 너무 많은 권한이 국회나 국회의원에 치우쳐 있어 발생하는 여러 가지 문제점 또한 현재의 몽골이 해결해 나가야 할 숙제이다.

1. 몽골 국회의 구성과 기능

1) 몽골 국회의 구성

국회의 구성은 나라마다 다르지만 기본적으로 양원제와 단원제라는 2가지 형태를 가진다. 몽골의 경우 76명의 국회의원으로 구성된 단원제를 채택하고 있다. 국회의원은 유권자의 보통·자유·직접·비밀 선거에 의해 4년의 임기로 선출된다. 국회의원의 피선거권은 만 25세 이상의 몽골 국적자 누구에게나 있다.

　몽골 국회의원의 선거구는 대선과 마찬가지로 몽골 국토 전체로 한다. 선거일은 투표 65일 전에 국회가 확정하고 공포해야 한다. 국회의원 총선, 아이막(道)과 올란바타르 시의회 투표는 동일한 날 진행되며 해당 선거가 있는 해 6월 마지막 주 평일에 실시한다. 지방의 군과 구의회 선거일은 해당 선거가 있는 해 10월 마지막 주 평일에 실시한다. 선거일은 선거 150일 이전에 확정하고 공휴일로 지정한다. 재외국민투표 날짜는 국회가 정하고 그 기간은 3일로 한다. 국가 전체 혹은 일부 지역에서 재난, 급작스러운 기타 위험이나 전쟁, 사회 혼란 상황 등의 비상상황이 발생하여 선거진행이 불가능하게 되면 국회는 선거를 중지하거나 연기를 결정한다. 비상사태가 해결되면 국회는 5일 이내에 다시 선거일을 확정 공포한다. 몽골의 유권자들은

대선이나 총선에 투표를 하러 갈 때 몽골전통 의상이나 양장을 잘
차려입고 자신의 소중한 권리를 행사한다.

〈표 1〉 1992년~20016년 선거제도 변화

연도	선거구 수	국회의원수		선거제도
1992년	26개구	76명		중선거구제
1996년	76개구	76명		소선거구제
2000년	76개구	76명		소선거구제
2004년	76개구	76명		소선거구제
2008년	26개구	76명		중선거구제
2012년	26개구	48명	76명	중선거구제 + 비례대표제
	비례대표	28명		
2016년	76개구	76명		소선거구제

자료 : 몽골 중앙선거위원회(http://www.gec.gov.mn/) 선거결과와 이전 국회의원 선거
법, 2015년 (통합)선거법

〈표 1〉을 보면, 1992년 26개 선거구에서 79명의 국회의원을 선출하
였으나 1996년, 2000년 및 2004년 총선에서는 76개구 선거구에서
1명의 국회의원을 선출하는 소선거구제가 실시되었다. 2008년 총선에
서는 다시 26개 선거구에서 국회의원 76명을 선출하는 중선거구제를
도입하였다. 2012년에는 몽골 총선에서 처음으로 비례대표제가 실시
되었다. 즉, 전체 76명의 국회의원 가운데 48명은 수도나 각 도에
설치되어 있는 26개 선거구에서 기존의 중선거제 방식을 적용하여
지역구 국회의원을 선출하고, 나머지 28명은 정당이나 정당 연합세력

에서 비례대표 형식으로 선출하였다. 그러나 2015년 12월 전면 개정된 선거법에 따라 2016년 총선에서는 76개 선거구에서 각 국회의원을 한명씩 선출하는 소선거구제 방식을 적용하여 선출하였다.

선출된 국회의원은 국민의 대표로서 모든 국민과 국가의 이익을 대변하고 옹호해야 하는 의무를 가진다. 국회의원의 권한은 국장國章 앞에서 선서와 더불어 시작되고 새로 선출된 의원들의 선서로 종료 된다.

몽골의 국회는 총선 법에 따라 선출된 76명으로 구성되며 이들 국회의원을 "전체 국회의원"이라 부른다. 총선 후 전체 의원의 4분의 3, 즉 57명 이상의 국회의원이 선출되고 국회의원이 취임선서를 하면 국회는 그 구성요건을 갖추었다고 본다. 만약 국회의 해당 권한 기간 중에, 국회의원의 사망, 특별한 사정에 의한 사임, 권리 보류 등의 이유로 국회의원 보궐선거를 행하여나 하나 상황이 그럴 수 없는 경우라도 국회의원 수가 57명 이상의 권한을 가지고 있다면 국회는 그 성립요건을 갖추었다고 보고 정상적인 의사를 진행할 수 있다.

국회의원이 사망, 이직移職이나 국회의원 일신상의 이유로 스스로 사임을 요구하고 국회가 이를 인정한 경우, 중대한 질병으로 향후 국회의원직 수행이 불가능하다는 의료기관의 진단을 국회가 인정할 경우, 헌법재판소가 국회의원을 탄핵 소추할 근거가 있다고 판결한 것을 국회가 인정한 경우, 국회의원이 범죄를 저지른 사실에 대해 법원에서 유효판결이 내려 졌을 경우 법으로 보장된 4년 기간 이전에도 해임解任되거나 사임辭任할 수 있다. 이 경우 그에게 주어진 모든 권한은 무효화된다. 이렇게 국회의원의 궐석闕席이 생길 경우 "전체

국회의원" 수를 갖추기 위한 보궐선거를 실시하게 된다. 국회의원
총선과 보궐선거로 전체 국회의원 76명이 갖추어졌을 경우, 전체
국회의원 76개의 의석 중 39석이나 그 이상을 차지한 당이나 연합을
국회 내 '다수당'[15]이라 하고 38석이나 그 이하의 의석을 차지한 당이나
연합을 국회 내 '소수당'이라고 한다. 그러나 무소속으로 당선된 국회의
원은 국회 내 '다수당'이나 '소수당'에 포함되지 않는다.

  국회의원으로 선출된 의원은 면책특권 등과 같은 다양한 권한과
의무를 가지게 된다. 국회의원의 권한에 대해 대표적인 것들만 언급해
보면 국회의원 자신의 활동을 모든 국민과 국익을 위해 노력해야
하며 상임위원회에 반드시 소속되어야 한다. 법률이나 기타 국회의
결정사안 등을 제안하고 국회의장이나 부의장, 상임위원회·소위원회
·임시위원회의 회장 등의 직책에 선출되거나 후보로 등록할 수 있으며
비상회의 선포 즉시 회의에 출석해야 하며 자신의 재산이나 수익
고지서를 정해진 규칙에 따라 진실되게 제출해야 할 의무도 있다.

  국회의원은 원칙적으로 겸직이 허용되지 않았지만 2000년 개헌으로
총리와 내각 각료로 임명되는 경우 국회의원직을 겸직할 수 있게
되었다.[16] 즉, 국회의원직을 유지하면서 총리 혹은 행정부의 장관이

---

15 대한민국처럼 대통령 중심제의 경우 국회의원 총선과 상관없이 대통령을 배출한
   정당이 여당(與黨)이 되나 몽골처럼 의원내각제에서는 국회 내 '많은 의석을
   차지한 정당', 즉 다수당 = 여당與黨이라고 할 수 있다. 그러나 본문에서는 몽골
   국회의원법의 법률용어를 살려 "국회 내(Улсын Их Хурал дахь)" "다수당(олонх
   и)"과 "소수당(цөөнх)"으로 칭한다.
16 1992년 신헌법에는 "국회의원은 재임 기간 중 국가예산에서 보수를 받으며
   법률이 정하는 직 이외의 직을 겸할 수 없다."라고 규정되어 있었지만 2000년

될 수 있다는 뜻이다. 최근 몽골 내에서 이 국회의원의 총리 및 내각 각료 겸직에 대해 '겹옷(давхар дээл)을 입고 있다'는 말로 국회의원의 특권을 질타하는 애기도 종종 들린다.

2) 몽골 국회의 기능과 역할

몽골 국회는 입법부로서 입법 기능이 우선시 되며, 의원 스스로 또는 정부의 발의에 의한 법안을 심의·결정함으로써 법을 제정하는 유일한 기관이다. 국회를 '입법부'라고 부르는 것도 국회가 바로 법을 제정하는 유일하고 대표적인 기관이기 때문이다. 그러나 국회는 입법의 역할뿐만 아니라 훨씬 다양하고 광범위한 역할을 수행한다. 국회는 국민과 내각 간의 의사전달 매개체로 그 역할을 수행하며 내각으로 하여금 국민에 반응하게 하고 국민으로 하여금 내각의 결정에 따르게 하는 역할 역시 존재한다. 이러한 관점에서 몽골 국회의 기능과 역할은 입법, 재정, 헌법기관 구성, 국정통제의 기능 및 기타 여러 가지 역할을 수행하고 있다고 볼 수 있다.

3) 몽골 국회의 조직
가) 국회의장과 부의장

몽골의 국회는 국회의장과 부의장을 국회의원들 중에서 후보 등록을

개헌을 통해 헌법 29조 1항 "국회의원은 재임기간 중 국가예산에서 보수를 받는다. 국회의원은 총리, 내각 각료 이외에 법으로 정한 직무에 들지 않는 직업이나 직위를 겸직할 수 없다."고 개정하여 총리와 행정부의 장관은 겸임할 수 있게 되었다.

하고 공개투표로 선출한다. 이들의 임기는 법에 보장된 4년으로 하되 기간만료 이전이라도 사임하거나 탄핵될 수 있다. 국회의장은 입법부의 수장으로 국회를 대표하며 국회가 원만히 운영되도록 감독할 의무를 가진다.

국회의장 선출과정은 다음과 같다. 국회 내 다수당에서 후보자를 지명한다. 만약 국회 내에 다수당이 없다면 가장 많은 수의 의석을 차지한 당이나 연합이 기타 당과 협의를 통해 후보를 지명한다. 이 후보자를 관련 상임위원회의 - 특별한 요구가 있는 경우 당과 연합과의 상의 - 분과회의를 통해 논의하고 이 결과에 따라 국회본회의에서 공개투표를 실시한다. 참석의원의 과반수 지지를 받으면 국회의장으로 선출되었다고 보며 이것으로 해당 결정이 확정된 것으로 한다. 만약 참석의원의 과반수 이상의 지지를 얻지 못했다면 다른 후보를 지명하고 앞서 언급한 과정에 따라 국회의장을 선출하는 절차를 거친다. 선출된 국회의장의 임기는 4년으로 법에 보장되어 있으나 다음의 경우 그 이전에 해임解任되거나 사임辭任할 수 있다. ①사망, ②이직 및 기타 일신상의 이유로 사의辭意를 표명한 것을 국회가 동의할 경우, ③중대한 질병으로 향후 국회의장직 수행이 불가능하다는 의료기관의 진단을 국회가 동의할 경우, ④헌법재판소가 국회의장을 탄핵 소추할 근거가 있다고 판결한 것을 국회가 동의한 경우, ⑤국회의장이 범죄를 저지른 사실에 대해 법원에서 유효판결이 내려졌을 경우이다. 국회의장의 사임과 해임에 관한 문제는 국가조직상임위원회의 의견과 결론을 근거로 국회 본회의에서 상의하고 비밀투표를 진행하는데 참석의원의 투표가 과반수를 넘을 경우 사임이나 해임이 결정된다.

국회의장직의 전권이 사라지는 경우 ②와 ③의 경우는 사임을 ④와 ⑤의 경우는 해임결정을 내린다. 국회의장의 사임 혹은 해임문제에 대한 본회의는 다수당 혹은 다수당이 없을 경우 가장 많은 의석을 차지한 당이나 연합의 교섭단체에서 후보등록을 한 국회부의장이 주재한다. 대통령의 일시 부재 시 국회의장이 그 권한을 대행한다. 대통령이 탄핵으로 해임되거나 사망, 사임한 경우에 새로운 대통령이 선출되기 전까지 대통령의 권한을 대행한다.

국회의장은 국회의원의 권한뿐만 아니라 입법부의 수장답게 국회를 대표하고 의사를 정리하며 질서를 유지하고 사무를 감독하는 권한을 부여 받는다. 대표적인 권한 몇 가지를 언급해 보면, 국회를 대내·외적으로 대표하며 대통령과 내각과의 관계에서 국회를 대표하는 국회대표권, 정기국회 집회 공고권과 임시국회 소집 공고권 등 회의의 능률적이고 합리적인 운영과 의사일정 조율, 위원회 회부여부와 의사 수정 등 광범한 의사 정리권, 국회사무처 업무와 기타 정부기관과의 업무 조율 등 사무감독권 등을 가진다.

국회부의장은 총선의 결과로 구성된 국회 내의 정당과 연합의 교섭단체에서 각각 한 명씩 선출한다. 사임과 해임은 국회의장과 동일하게 적용한다. 2016년도 국회의원 총선으로 구성된 현재 몽골의 국회 내 교섭단체를 구성하고 있는 정당은 인민당과 민주당 2개이다. 따라서 국회부의장 수는 인민당과 민주당 교섭단체에서 각각 한 명씩 선출되어 두 명의 부의장이 있다.

나) 교섭단체

교섭단체는 국회에서 의사진행에 관한 중요한 안건을 협의하기 위해 일정 수의 의원들이 구성하는 단체이다.

몽골 국회법에 따르면 몽골의 교섭단체는 아래와 같은 구성절차와 요건을 가진다. 몽골 국회의원 총선으로 국회 내에서 8석 이상의 의석을 차지한 당이나 연합은 교섭단체를 구성할 수 있는 자격을 갖는다. 총선 준비과정에서 연합당을 구성해 참여한 당들이 국회 내에서 8석 이상의 의석을 차지하였다면 연합당으로 이루어진 연합 교섭단체를 구성할 수 있다. 이렇게 교섭단체가 구성되면 교섭단체의 성립사실과 교섭단체의 국회의원 명단을 국회의장에게 서면으로 제출하여 알리면 교섭단체의 권리와 의무를 이행할 수 있게 된다. 교섭단체는 자신들의 대표(원내대표)를 교섭단체 내 국회의원들 스스로 선출하고 이를 국회의장에게 공식적으로 통보하여야 한다. 국회의장은 자신이 통보받은 교섭단체 결성사실과 교섭단체의 명단을 국회본회의에서 공식적으로 발표해야 한다. 보궐선거로 국회의원이 된 후 교섭단체에 가입한 경우 해당 교섭단체의 원내대표가 국회의장에게 통보하고, 국회의장은 국회본회의에 각각 공식적으로 통보하여야 한다. 무소속 의원, 총선에서 8석 이하의 의석을 차지한 당과 연합당에 속하는 의원들은 기존의 교섭단체에는 가입할 수 있지만 자신들이 연합해 하나의 교섭단체를 만드는 것을 금한다. 또한 8석 이상 의석을 차지했던 당이 해산되거나 연합당이 해체된 경우 교섭단체는 해산되었다고 간주하며 해산된 그 구성원들이 재차 교섭단체를 구성하는 것 역시 금지한다. 그리고 한 교섭단체에서 탈퇴하여 다른 교섭단체에 가입할

수는 있지만 이렇게 그 교섭단체에서 탈퇴한 의원들이 연합하여 단독
으로 교섭단체를 구성하는 것을 금지하고 있다. 국회의원들이 자신이
속한 교섭단체를 바꾼 경우 해당 교섭단체의 원내대표는 국회의장에게
통보하고, 국회의장은 국회본회의에 각각 알려야 할 의무가 있다.

　몽골의 교섭단체는 논의 중인 법률, 국회의 다른 결정사항, 정부의
국내·외 정책문제 등에 자신들의 입장을 밝혀 올바른 제안과 결론을
내릴 수 있도록 하며 해당 상임위원회 또는 국회본회의에서 직접
논의하기도 한다. 본회의에서 논의할 사안이나 그 논의 순서를 국회와
국회의장에게 제안을 하기도 하며 상임위원회·소위원회·임시위원회
구성에 대해 국회의장과 협의하며 국회 직무개선에 대한 의견을 개진
하고 자신의 교섭단체들의 역량을 강화시키려 노력하는 등 국회에서
일정한 정당에 속하는 의원들의 의사를 사전事前에 통합·조정하여
당파 간 교섭의 창구역할 등이 교섭단체 구성의 목표이자 역할이다.
2017년 현재 몽골 국회 내 교섭단체는 인민당[17]과 민주당[18]이 구성하고
있다.

다) 위원회

각종 위원회의 설립목적은 국회 본회의의 과중한 업무 부담을 덜어줌
과 동시에 본회의가 형식적인 심의의 장이 되지 않도록 일정한 사안에
대한 자신들의 전문지식이나 경험을 가진 소수 의원들이 모여 구성한

---

[17] 인민당 국회 내 교섭단체 홈페이지: http://www.buleg.mn (2017년 11월 30일
　　현재 홈페이지 원활하지 않음); https://www.facebook.com/buleg.nam
[18] 민주당 국회 내 교섭단체 홈페이지: http://anbuleg.mn

것이다. 이렇게 구성된 위원회들은 법률안이나 기타 일정한 사안들을 사전 심의를 통해 본회의 상정여부를 결정하기 위해 결성된다고 할 수 있다.

몽골은 2016년도 총선 후에 국회 내에 전체 8개의 상임위원회를 운용하고 있다. 각 상임위원회는 10~19명까지의 국회의원들로 구성되며 동시에 3개를 넘지 않는 상임위원회에 소속되어 활동할 수 있다. 현재 몽골 국회 내 상임위원회는 ①안보외교상임위원회, ②환경·식량·농업상임위원회, ③사회정책·교육·문화·과학상임위원회, ④민원상임위원회, ⑤국가조직상임위원회, ⑥예산상임위원회, ⑦법률상임위원회, ⑧경제상임위원회로 구성되어 있다. 또한 필요하다고 판단될 경우 각 상임위원회 아래에 소위원회를 둘 수도 있다. 현재 ④민원상임위원회를 제외한 국회 내 각 상임위원회는 각각의 소위원회를 두고 있다. 즉, ①안보외교상임위원회≫특별감찰소위원회, ②환경·식량·농업상임위원회≫대기오염감소문제소위원회, ③사회정책·교육·문화·과학상임위원회≫지속가능발전목표소위원회, ⑤국가조직상임위원회≫－윤리소위원회, －자방자치소위원회, －국회의원면책소위원회, －투표인명부 및 등록관리소위원회, ⑥예산상임위원회≫예산지출감시소위원회, ⑦법률상임위원회≫인권소위원회, ⑧경제상임위원회≫중소기업개발소위원회를 두고 있다.

또한 국회는 일부 사안에 대해 조사·연구하여 법안을 계획하고 본회의에서 평가·보고의 목적으로 임시위원회를 만들 수 있다. 임시위원회는 국회의원들로만 구성되며 존속기간은 임시위원회가 정한다. 임시위원회가 개설되면 상임위원회와 동등한 지위를 갖는다.

라) 국회사무처

몽골의 국회사무처는 국회의 회의와 운영에 관련된 행정사무를 처리하는 기관이다. 국회의 본 업무인 법률안의 제안·심의·확정과 기타 입법 활동을 원활하게 수행하기 위한 각종 보조와 지원업무를 수행한다.

〈그림 3〉 현재 몽골국회의 구성

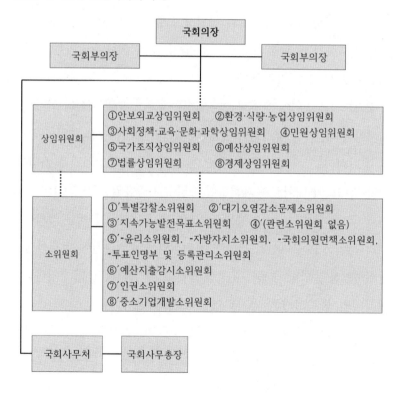

4) 국회의 회기 운영

가) 국회의 각종 회의

몽골의 국회 회의는 첫회의, 정기회의, 임시회의 그리고 특별회의가 있다.

첫회의는 총선 후 30일 이내에 대통령이 국회에 의석을 차지한 각 당들과의 협의 후 대통령령으로 개회된다. 첫회의에서는 새로 선출된 국회의원의 전권 인정, 국회의장과 부의장 선출, 상임위원회와 소위원회 구성 및 상임위원회 위원장 선출, 총리 임명, 정부조직 및 구성에 대한 법안 확정과 내각 각료 임명, 국회 본회의에 관한 규정의 개정여부에 대해 의결한다.

정기회의는 반년에 한번 씩 2번 열리는데 최소 50일 이상의 회기일을 가져야 한다. 가을 정기회의는 10월 1일부터 이듬해 2월 10일의 회기, 봄 정기회의는 4월 5일부터 당해 7월 1일까지의 회기기간을 가진다. 만약 정기회의 개회일과 폐회일이 휴일이나 공휴일일 경우 그 다음날 개회 및 폐회한다. 국회의장은 정기회의에서 논의할 문제를 국회에서 미리 논의하고 결의안을 만들며 정기회의 최소 7일전에 국회의장은 정기회의시 논의할 내용의 순서를 정하고 지시를 내린다. 정기회의가 개최되면 국회의장은 정기회의 개회사를 한다.

임시회의는 정기회의 기간이 아닌 시기에 집회할 수 있다. 전체 국회의원의 3분의 1 이상 또는 대통령과 국회의장이 요구할 때 소집된다. 대통령과 국회의원들은 임시회의에서 논의할 의견과 문제들을 국회의장에게 통보한다. 국회의장은 임시회의에서 논의될 문제, 날짜, 시간 및 집회기간을 확정하고 관련 령을 발령한다.

특별회의는 정기회의 기간이 아닌 시기에 대통령이 비상사태나 계엄령을 선포한 경우 국회는 사전공고 없이 72시간 내에 소집된다. 대통령이 내린 비상사태나 계엄령을 특별회의에서 논의하고 반포 7일 내에 확정 혹은 폐기시킨다. 정기회의나 임시회의시 비상사태나 계엄령이 선포되는 특별한 상황이 발생한다면 본회의에서는 어떤 사안보다 먼저 특수사안에 대해 논의하고 결정한다.

국회 회기 기간에는 본회의를 목요일과 금요일 10시에 시작해 15시까지 진행한다. 국회회기 내 회의관련 법으로 다르게 정하지 아니하는 한, 교섭단체 회의는 월요일, 상임위원회, 소위원회 및 임시 위원회의 회의는 화요일과 수요일에 진행한다.

〈표 2〉 국회 정기회의 내 요일별 회의 진행상황

요일	진행 회의
월요일	교섭단체 회의
화요일	상임위원회·소위원회·임시위원회 회의
수요일	
목요일	국회본회의
금요일	

나) 정족수

정족수는 회의를 진행하는 데 필요한 법정수인 의사정족수와, 의안을 의결하는 데 필요한 법정수인 의결정족수가 있다. 몽골의 경우 일반적인 상황 하에서는 국회와 상임위원회의 의사정족수는 재적 의원의

과반수이며 의결정족수도 출석인원의 과반수이다. 그러나 몽골의
헌법과 기타 법률은 특별정족수를 규정하고 있는데 헌법에 명시된
대표적인 특별정족수는 국회해산(재적의원 2/3 이상이 국회의 임무수행
이 불가능하다고 판단하는 경우), 대통령의 국회의결 법률 및 기타
결정의 일부 또는 전체에 대한 재심의요권권 거부(출석의원의 2/3
이상이 거부할 경우), 임시회의 소집 요구(재적 국회의원의 1/3 이상이
요구할 경우), 각료의 해임(재적의원 1/4 이상의 각료 해임 제의)과 헌법
의 증보 및 개정(재적 2/3 이상의 제안으로 국민투표에 회부, 증보·개정된
헌법은 재적의원 3/4 이상의 찬성으로 의결) 등이 있다.

5) 국회의 권한

몽골의 국회는 다음 〈표 3〉의 사안에 대한 의결권을 가지고 있기
때문에 입법, 재정, 헌법기관구성, 국정통제 및 기타 다양한 사안에
대한 막강한 권한을 행사할 수 있다.

〈표 3〉 몽골국회의 권한

권한	헌법 제25조 1항에 제시된 의결 사안[19]
입법 권한	1. 법률의 제정과 개정 15. 국제협약의 비준 및 폐지, 외국과의 외교관계 수립 및 단절 ○ 헌법의 증보 및 개정안[20]
재정 권한	7. 국가재정·신용·조세·통화정책의 결정, 국가경제와 사회발전의 방향 설정, 정부사업 계획 및 국가예산·결산의 승인
헌법 기관 구성 권한	○ 법원평의회가 제청한 대법관 후보에 대한 국회의 동의[21] ○ 대통령이 제청한 대검찰청 검찰청장과 부청장에 대한 동의[22] ○ 헌법재판소 판사(위원) 3인에 대한 제청, 헌법재판소 전체 판사 9명에 대한 임명권[23]

국정 통제 권한	2. 기본적인 국가 대내·외 정책의 결정 5. 대통령 선거 후 대통령의 권한을 승인하는 법률 제정 및 대통령의 해임 6. 국무총리, 각료와 기타 법률이 정한 바에 의하여 국회에 직속되어 있는 기타 기관 구성원에 대한 임명·교체·해임 13. 작위, 훈장, 메달, 장성계급의 수여, 일부 공직계급표 결정 14. 사면 결정[24] 17. 외국의 군사행동으로 국가주권과 독립이 위협받는 경우 전쟁선언과 이의 정지 18. 헌법25조 2,3항에서 규정하는 특수상황에서 전국 또는 일부지역에 대한 비상사태 및 전쟁상태의 선포. 이러한 취지의 대통령령의 승인 및 폐지 ○ 비상사태[25] 및 계엄령 선포[26]
기타 권한	3. 대통령 및 국회의원 선거일자 확정과 공고 4. 국회 상임위원회, 정부 및 법률이 정한 바에 의해 국회에 직속하는 기관들의 조직·구성 및 이의 변경에 관한 사항 8. 법률, 국회의 기타 결정의 집행상태 감시 9. 국경의 확정 10. 국가안보회의의 조직·구성 및 권한에 관한 사항 11. 정부가 제안한 지방자치단체 구역의 승인 및 변경에 관한 사항 12. 지방자치단체와 그 행정기관의 조직과 활동에 관한 법적 기초 확립 16. 국민투표의 실시, 유권자 과반수가 투표하고 과반수의 찬성을 얻은 국민투표의 확정

---

19 헌법 제25조 1항의 하위 내용은 그 항목순서에 따른 번호표기를 했으며 권한이
다른 법률에서 나온 것은 그 출처를 따로 표시하였다.

20 헌법 제69조 1항: "헌법의 증보·개정안은 국회의원 3/4 이상의 찬성으로 의결한
다."라는 헌법개정안 의결에 관한 조항.

21 헌법 제51조 2항.

22 헌법 제56조 2항.

23 헌법 제65조 1항.

24 국회의 "사면赦免 결정" 의결권이란 대통령의 권한인 "사면"과 조금 다른 것이다.
몽골 대통령의 사면권이 대통령령으로 '기결수'의 형의 일부를 감소시키거나

2. 몽골 국회의 해산

앞서 살펴본 바와 같이 몽골의 국회는 총선을 거쳐 국회의원에 선출되어 전체 국회의원 76명 중 3/4 이상이 전권을 인정받으면 국회의 구성요건을 갖추었다고 보고 국회가 정상적인 의사진행을 할 수 있게 된다. 첫회의는 총선 후 30일 이내에 대통령에 의해 개회되고 국회의원의 전권인정, 국회의장과 부의장이 선출되고 상임위원회가 구성되며 국회의 업무가 시작되고 다음 총선을 통해 국회가 구성되어 국회의원들이 취임될 때까지 계속된다. 그러나 국회는 다음의 경우 그 임기만료 전이라도 해산될 수 있다. 첫째, 국회의원 2/3 이상이 국회가 더 이상 그 임무를 수행할 수 없다고 판단하거나 대통령이 국회가 맡은 바 임무를 더 이상 수행불가능하다고 판단해 이를 국회의장과 협의하여 국회해산을 제안하는 경우, 국회는 그 해산을 의결할 수 있다. 둘째, 헌법이 달리 정하지 아니하는 한, 국회에 제안된 후 45일 이내에 국회가 총리추천의 제청을 의결할 수 없는 때에는 국회는 자발적으로 해산하거나 대통령이 국회의 해산 결의를 할 수 있다.

3. 몽골의 헌법개정

몽골의 헌법개정은 법률을 제안할 수 있는 조직이나 기관이 헌법을

혹은 전체 면제를 말하는 것이라면 국회가 가지는 "사면에 대한 결정" 의결권에서의 '사면'의 대상은 '미결수와 기결수'를 모두 포함하는 사면이라는 점에서 상이하다.

25 헌법 제25조 2항, 비상사태법 제5조 1, 2항.

26 헌법 제25조 3항, 계엄령법 제5조 1항.

수정·증보하는 헌법개정안을 제안할 수 있으며 헌법재판소와 국회에 이를 제출한다. 이렇게 제출된 헌법개정안은 보통의 입법절차보다는 매우 엄격한 의결방침을 요구한다. 이 개헌안은 총 3번의 논의를 진행하되 반드시 아래 언급하는 세 번의 과정을 모두 거쳐야 한다. 그 과정을 간단히 언급해 보면 다음과 같다.

1)개헌안이 국회에 접수되면 접수한 날로부터 한 달 이내에 본회의에서 논의하기 시작해야 한다. 헌법개정안 제안자의 보고, 보고에 대한 질의·응답, 상임위원회의 의견 및 결과 청취, 교섭단체 관점에서 각 당의 정책과 기본원칙 표명, 대통령 연설, 헌법재판소의 의견이 있을 시 이를 청취, 정부기관의 의견 청취, 국회의원의 연설과 제안 등을 통해 국회는 이 개헌안을 계속 진행할 것이지 아닌지에 대한 결정을 "허락" 또는 "거부" 의사를 통해 밝혀야 한다. 이것이 첫 번째 논의 과정이다. 회의 참석인원의 2/3가 개헌안을 '허락', 즉 동의하면 다음 과정이 진행된다.

2)두 번째 과정은 국회 논의에서 재적의원의 3/4 이상이 이 개헌안에 동의하면 국민투표가 필요하다고 본다. 국민투표 실시 여부는 재적의원 2/3 이상이 찬성한다면 해당 개헌안은 국민투표에 상정된다. 18세 이상의 국민이 참여할 수 있는 헌법개정안 국민투표는 유권자 과반수 이상이 투표에 참여하고, 투표참여 인원의 과반수 이상이 개헌안에 대해 "허락", 즉 찬성했다면 해당 개헌안은 국민투표에 의해 의결되었다고 간주한다. 국민투표에서 유권자의 과반수 미만이 투표에 참여하였다면 해당 투표는 무효가 된다. 또한 투표에 참여한 인원의 과반수가 개헌안에 대해 "거부"를 선택했다면 이 개헌안은 국민투표에 의해

의결되지 않았다고 간주한다. 무효가 되었거나 개헌안 거부로 투표의 결과가 나왔다면 이 투표결과가 나온 날부터 8년 이내에 국회는 다시 이 개헌안을 제안할 수 없게 된다.

3)만약 국민투표에서 해당 개헌안이 개헌 찬성의 결과를 얻었다면 다시 국회로 돌아와 개헌안 각 항목별로 다시 투표를 하게 된다. 즉, 개헌안의 각 조항별에 대해 재적의원 3/4 이상이 해당 개헌조항을 인정한다면 그 조항은 통과, 3/4 이상의 인정을 받지 못한 개헌안 조항은 삭제된다. 이렇게 찬성을 얻은 개헌안의 각 조항들을 모아 재적의원 3/4 이상이 찬성하면 국회의장이 해당 개헌안을 낭독하고 최종 개헌안을 공포하게 된다. 이렇게 복잡한 절차를 걸치는 만큼 국회의원 총선 6개월 이내에는 헌법을 증보하거나 개정할 수 없다.

이러한 개헌과정을 숙지하고 민주화 이후의 몽골 헌법개헌 과정을 간략히 살펴보도록 하자.

1992년 1월 13일 몽골 신헌법이 제정되었고 1999년 12월 24일 국회의원의 총리 및 내각 각료 겸직 허용과 대통령의 권한 제안 등의 내용이 담긴 헌법 증보·개정안이 여·야간의 합의 하에 통과되었다. 그러나 헌법재판소는 2000년 11월 29일에 내린 제2판결을 통해 1999년 12월 24일의 개헌안을 무효화시켰다.[27] 이 무효화 결정에 2000년 12월 14일 의석점유율 94.74%, 76석 중 72석을 차지하고 있던 다수당인 인민혁명당은 엥흐바야르 총리 주도하에 국회 본회의에서 동일한 개헌안을 단독으로 처리하여 공포하였다. 따라서 몽골의 헌법은 1992

---

27 당시 헌법재판소 판결문: http://legalinfo.mn/law/details/1120?lawid=1120 참조.

년 1월 13일 신헌법이 제정되고 1992년 12월 24일에 개정되었으나 2000년 11월 29일 헌법재판소에 의해 무효화 되었다가 2000년 12월 14일 다시 1999년 12월 24일에 결정된 개헌안이 제정되었다. 그리고 현재 몽골 헌법은 1999년 12월 24일 증보·개정안 제3항에 따라 2000년 7월 15일부터 효력이 발생하여 현재까지 이르고 있다.

IV. 행정기관

몽골의 국가체제는 1992년 1월 13일 신헌법 재정으로 대통령 중심제와 내각책임제의 중간 형태인 이원집정부제였으나 2000년 12월 개헌을 통해 의회와 내각의 권력이 대폭 강화된 '의원내각제적인 성격이 강한 이원집정부제'라는 성격으로 변화되었다.

몽골 대통령은 국민으로부터 직접 선출되고 국가수반으로서 외교·국방·사법권을 보유하며 국회에서 통과된 법률에 대해 거부권을 가진다는 점에서 대통령제적인 요소를 가지고 있다. 그러나 몽골의 내각은 국가의 최고 집행기관(헌법 38조 1항)이며 그 수장을 총리로 명시하고 있다. 정부의 구성은 총리가 각료들을 국회에 제안하고 국회가 이를 심의·의결함으로써 이루어진다.

1. 총리와 내각 각료

몽골의 총리는 앞서 언급한 '대통령의 권한 나)항'에 따라 추천된 후보자에 대해 대통령이 국회에 제청해 국회의 동의를 얻어 임명된다. 이렇게 임명된 총리는 대통령과 협의하여 정부의 조직 및 구성과 변경에 관한 제안을 국회에 제출할 수 있다. 그러나 대통령과 이에 대한 협의가 7일 이내에 합의점에 도달하지 못한 경우 대통령과의 합의 없이 직접 국회에 이 안건을 제출할 수 있다. 또한 각 부처 각료를 대통령이 임명하는 것이 아니라 총리가 직접 선택한 이들을 국회에 제청하고 국회는 각 부처 장관 임명에 대한 심의 및 의결을 하도록 되어 있다. 헌법상으로 볼 때 몽골의 총리는 이렇게 정부 내각을 총괄하게 되며 각료들이 대통령에 의해 임명되지 않기 때문에 총리에 속해 있다고 볼 수 있으며, 그 임명권자는 국회이기 때문에 내각內閣이 대통령에게 책임을 지지 않아도 된다.

몽골국회는 2016년 7월 21일자로 내각구성 법률을 개편하여 정부조직을 아래와 같이 구성하였다.[28] 총리와 부총리, 내각관방부를 포함하여 다음 〈표 4〉와 같이 16개 정부 내각을 구성하였다. 총리와 부총리를 비롯하여 각각의 내각은 10개의 관리기관과 17개의 책임운영기관 합쳐 전체 27개의 정부기관을 운영하고 있다.

〈표 4〉 몽골 정부 내각 및 산하 정부기관

내각	관리기관 (Regulatory agencies)	책임운영기관 (Executive agencies)
총리	1. 정보총국 2. 통신기술청 3. 국가개발청	1. 국유재산정책조정국
부총리	4. 전문감독청 5. 재난방지청 6. 공공거래소비자보호국	

---

28 몽골 내각 홈페이지: http://zasag.mn

	7. 국가표준원	
내각관방부		
자연환경관광부		2. 기상청
외교부		
재무부		3. 관세청 4. 국세청
법무내무부	8. 경찰청 9. 국경수비총국	5. 국가등록지적재산청 6. 국가기록원 7. 법집행청 8. 외국인관리청
노동사회복지부		9. 국민건강사회보험청 10. 고용복지청 11. 가정아동청소년개발청
건설도시개발부		12. 토지측지지도제작청
국방부	10. 합동참모부	
교육문화과학체육부		13. 생활체육스포츠청 14. 문화예술청
도로교통개발부		15. 항공청
광업중공업부		16. 광물석유청
식량농업경공업부		17. 수의가축번식관리국
에너지부		
보건부		

자료 : 몽골내각 홈페이지, 몽골 내각의 구성과 조직법(2016년 7월 21일 발효) 참조.

2. 내각 부처

몽골 내각은 국가의 최고집행기관으로 헌법에 명시된 다음의 권한을 행사한다.

가)헌법 및 기타 법률이 전국적으로 집행될 수 있도록 조직 및 보장.

나)종합적 과학 및 기술정책 수립, 경제·사회발전 방향 설정, 국가예산 편성과 신용, 재정계획의 수립 및 이의 국회제출과 그에 대한 집행.

라)각 분야 및 분야 간 또는 지역 발전에 관한 조치를 수립 및 시행.

마)환경보호 및 자원의 합리적 이용과 복원에 관한 조치 수립.

바)국가중앙행정기관과 지방행정조직의 선도 및 지휘.

사)국가방위능력 강화와 국가 안전보장.

아)인권 및 자유의 보호, 공공질서 확립과 범죄예방 조치를 마련.

자)국가외교정책의 실현

차)국회 동의와 비준 하에 국제조약의 체결 및 정부조직간 조약 체결 및 폐지.

현재 몽골 내각은 이러한 권한을 실행하기 위하여 총리와 각료, 정부 부처와 집행기관 등 각 부처를 조직·운영하고 있다.

헌법에 규정된 내각의 임기는 4년이지만 총리가 내각이 그 권한을 행사할 수 없는 상황이라고 판단할 경우 임기 만료 전이라도 국회에 사임안을 제출할 수 있다. 이렇게 총리가 국회에 제출한 사임안이 통과될 경우 각료들은 총리를 따라 일괄 사퇴한다. 총리가 사임결정을 하는 경우, 국회가 국회의원 1/4의 발의로 정부에 대한 불신임안을 제안하거나 대통령이 이를 건의할 경우 국회는 15일 이내에 이에 대해 심의·의결해야 한다.

내각은 결의나 명령을 발령할 수 있는데 이러한 경우 총리와 해당

장관의 서명이 있어야 하며, 만약 이러한 결의와 명령이 법률을 위반하는 경우 정부나 국회는 이를 폐지해야 한다.

3. 지방자치단체와 지방의회

몽골 영토의 행정구역은 우리나라와 비교해 봤을 때 수도는 '시-구-동'으로 각 도는 '도-군-읍·면'으로 나누어진다. 이러한 행정구역의 경계확정은 정부의 제안에 따라 국회의 승인을 얻어야 한다. 또한 행정구역의 변경은 각 지방의회와 국민의 제안에 따라 국회가 국가의 경제사정과 인구분포를 감안해 심의·결정하게 된다. 이렇게 결정된 각 행정구역은 행정·사회·경제적 복합체로서 법률이 정한 기능과 권한을 행사하게 된다.

몽골의 지방자치정부는 지방자치와 정부지도의 원칙에 따라 조직된다. 지방자치단체는 우리나라의 광역의회에 해당하는 '도·수도 지방의회'와 기초의회에 해당하는 군·구의 시민들의 대표로 구성되는 '군·구 지방의회', 읍·면과 동의 행정구역의 시민들의 대표로 구성되는 '읍·면과 동 시민의회'로 구성되며 지방자치의회와 시민의회 회기간에는 상임간부회가 이를 수행한다.

몽골 각 행정구역에서의 국가권력은 각 행정구역의 지방자치단체장이 행사한다. 각 지역의 지방자치단체장은 각 지방의회의 제청으로 도·수도 (광역)지방자체단체장, 즉 '각 도지사와 올란바타르 시장'은 총리가 임명하고, 군·구 (기초)지방자체단체장, 즉 '군수와 구청장'은 해당 단체의 상위단체장인 도지사와 올란바타르 시장이, 그리고 읍·면과 동의 지방자체단체장, 즉 '읍·면장과 동장'은 군수와 구청장이

4년의 임기로 임명한다. 총리와 하위단체장을 임명할 수 있는 상급지방
자치단체장이 하위단체장 임명을 거부할 때는 앞의 선출과정을 재시행
한다.

〈그림 4〉 몽골지방자치단체 조직도

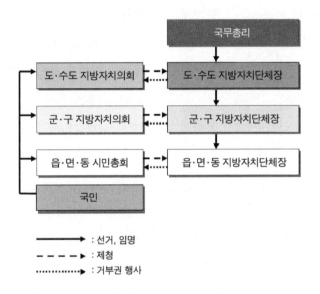

각급 지방의회의 결정을 시행함에 있어 해당 지방자치단체장은
국가권력의 대표자로서 국법을 준수해야 한다. 또한 중앙정부나 상급
지방자치단체의 결정에 대한 집행에 있어서는 정부와 상급지방자치단
체장에게 책임을 진다. 그리고 지방자체단체장은 해당 행정구역 지방
의회의 결정에 대해 거부권을 행사할 수 있다. 해당 거부안을 지방의회
가 재적과반수의 찬성으로 배척하고 자치단체장도 해당 지방의회의
결정을 시행할 수 없다고 여기는 경우 해당 지방자치단체장은 총리나

상급 지방자치단체장에게 사임안을 제출할 수 있다. 각 행정구역의 지방자치단체장은 비서실을 설치할 수 있는데 그 조직과 정규직의 범위에 대해서는 정부가 개별 또는 일괄적으로 그 한계를 설정한다.

지방자치단체는 각 행정구역상의 자치단체의 경제·사회문제에 관한 독자적인 결정을 내릴 수 있으며 국가문제나 상급자치단체의 문제를 처리하기 위한 주민참여제도를 운영할 수 있다. 상급자치단체라고 할지라도 하급자치단체의 소관사항에 대해서는 결정을 할 수 없다. 지방자치단체는 법이나 국가기관이 달리 결정하지 않는 한 헌법이 명시한 지역고유사무에 대해서 독자적인 결정권을 가진다. 또한 국회와 정부는 필요하다고 판단할 경우 그들의 관할사항 일부를 도·수도 지방의회 또는 지방자치단체장에게 위임하여 처리케 할 수 있다.

각 행정구역상의 지방의회는 결의안을 채택할 수 있으며 자치단체장은 자신의 권한 내에서 규칙을 제정할 수 있다. 각 지방의회는 자신의 행정구역 내의 업무에 대해 심의·의결할 수 있다. 즉, 각자의 행정구역 내의 지역경제와 사회생활, 예산 및 재정운영, 성과관리 등의 문제를 결정하며 이렇게 결정된 사안에 대해서 해당 지방자치단체가 집행하여야 한다. 또한 해당 지방자치단체 및 관료에게 의무를 부과하며 예산 및 지출에 대한 심의안을 통과시킬 수 있으며 각 지방자치 단체장의 임명과 사임을 제안하는 등의 업무를 수행한다. 그러나 지방의회의 결의와 자치단체장의 규칙은 법률, 대통령령이나 정부결정에 위배될 수 없으며 상급자치단체의 결의나 규칙을 위반해서도 안 된다. 결의나 규칙은 각자 자신의 행정구역 내에서만 효력을 가진다. 지방의회 의원의 임기는 4년이며 의원 수는 해당 지역의 인구수와 행정구역

단위에 따라 결정된다.

〈표 5〉 행정구역상 지방자치의회 의원의 규정인원

지방의회	구 분	인구대비	의원수
광역지방의회	도 의회	* 도의회 의원수는 아래 공식 참조	
	수도 의회	45명	
기초지방의회	군 의회	인구 2,000명 이하	15명
		인구 2,000-5,000	21명
		인구 5,000-9,000명	27명
		인구 9000 혹은 그 이상	31명
	구 의회	인구 20,000명 이하	17명
		인구 20,000-80,000	25명
		인구 80,000-180,000명	35명
		인구 180,000 혹은 그 이상	41명

도의회 의원은 다음의 공식에 따라 의원수를 정한다.

인구대비 도의원 의원수 산출공식 : $n = a + b + \left(\frac{a+b+c}{2}\right) + d$.

a = 해당 도청소재지의 군(sum)에 속한 면(bag)의 수

b = 해당 도청소재지의 군을 제외한 군의 수

c = a+b의 값이 홀수이면 1, 짝수이면 0으로 간주한다.

d = $a + b + \left(\frac{a+b+c}{2}\right)$ 의 값이 홀수이면 0, 짝수이면 1로 간주한다.

이러한 공식을 적용해 나온 값(n)을 구한 다음, n값이 17보다 작으면 도의원 숫자는 17명, n값이 41보다 크면 도의원 숫자는 41명이 된다. n값이 17~41 사이일 경우 n값이 도의원 숫자가 된다. 결국 도의원의 숫자는 최소 17명에서 최대 41명 사이이다.

지방의회 의장은 지방의회 정기선거로 생성된 지방의회의 첫회의에
서 4년 임기로 선출한다. 선거를 통해 최다의석을 얻은 당이나 연합당
이 의회 의장 후보로 명단을 등록할 수 있다. 해당 의회의 의원은
자기 자신 혹은 다른 의원의 이름을 후보로 올린다. 각 행정구역상의
지방의회 의장선거에서 단일 후보자일 경우 공개투표를 복수 후보자일
경우 비공개 투표로 진행되며 의회참석 의원의 과반수 혹은 50%
이상의 득표를 얻은 이가 지방의회 의장에 당선된다.

4. 공무원

몽골 공무원은 몽골국민이어야 한다. 공무원은 정무직, 행정직, 특정
직과 서비스직으로 구분된다. 몽골 공무원법에 기술된 공무원의 종류
는 다음 표와 같다.

〈표 6〉 몽골 공무원 종류와 정의, 해당 직위표

종류	정의	직위
정무직	선거 및 선거 결과에 의해 임명된 공무원과 임기기간의 보좌 인력	대통령
		국회의장
		국무총리
		국회부의장 및 국회의원
		내각 각료
		내각관방장관
		내각부처의 차관과 총리 자문위원
		대통령비서실장
		대통령 자문위원
		모든 지방자치단체장, 도·수도, 군·구 지방자치 부단체장
		해당 정무직공무원 임기기간 내에 고용된 정규직 자문, 보좌위원 및 언론담당 공무원
		국회 교섭단체 사무 공무원
		법에 명시된 기타 공무원

행정직	정부 정책 수립시 전문적인 자문과 의견을 제안하고 해당 정책의 집행업무를 정부정책에 따라 행정 지도해주는 역할을 하는 인력	국회, 대통령, 정부, 법원, 헌법재판소, 검찰조직의 상급 공무원 및 일반 공무원 중앙선거위원회 공무원 법원평의회, 모든 법원 사무처·법제센터·기타 보조기관의 공무원 및 금융조정위원회, 국가통계위원회의 상급 공무원 및 일반 공무원 국가안보위원회의 상급 및 일반 공무원 국가인권위원회의 상급 및 일반 공무원 각 부처의 사무차관, 각 부처 및 법에 별도로 명시되지 않은 경우 관리 및 책임운영기관의 상급 및 일반 공무원 행정위원회 정위원 행정위원회 상급 및 일반 공무원 법에 별도로 명시되지 않은 경우 도·수도 단체장 산하 정부 예산지원을 받는 지방자치단체의 상급 및 일반 공무원 도·수도 의회 사무총장, 도·수도, 군·구 의회 및 단체장의 비서실의 상급 및 일반 공무원 법에 명시된 기타 공무원
특정직	국가와 국민의 안보수호, 법의 준수 및 사회 안녕을 유지하는 업무와 관련된 특수 업무를 수행하는 인력	헌법재판소 재판관, 법원 판사, 검사 몽골은행 총재, 수석부총재, 부총재, 금융조정위원회 위원장 및 정규위원, 국가통계위원회 위원장과 부위원장 중앙선거위원회 위원장 및 사무총장, 국가인권위원회 위원장과 위원, 국가감사원 및 지방감사원과 부정부패방지청의 상급 및 일반 공무원 참모총장, 경찰총장, 국경수비총국장, 재난방지청장, 법집행처장, 법원과학수사국장 외교관 국방·국경·군인, 국가정보원, 경찰, 형사, 법집행처 및 재난방지청 장교 및 부사관, 법집행원, 세관원, 법원과학수사국 분석관 및 전문가 국가안보위원회 사무총장 법에 명시된 기타 공무원
서비스직	국가의 기본 서비스를 평등·고품질·적절하게 제공하고 국가기관의 안전	국가기관의 정상 운영·유지 보조 담당 공무원 교육·과학·보건·문화예술 등 국가의 예산 지원을 받는 기관의 장 및 원장, 소장 및 담당자, 기타 상급 및 일반 보조 공무원 각 부처, 관리 및 책임운영기관 산하 국가의 예산 지원을 받는 기관의 상급 및 일반 공무원

운영의 유지 보좌업무를 수행하는 인력	

자료: 몽골 공무원법 5,6,7,8조 참조.

V. 사법기관

몽골에서 사법권은 법원에 속해 있으며 법원의 설치는 합법적인 절차를 거쳐야 한다. "대통령, 총리, 국회의원과 각료, 정부, 정당, 공공단체의 기타 기관의 직원이나 시민 그 누구도 법관의 직무수행을 방해하거나 이에 개입할 수 없다."는 헌법 49조 2항의 조항처럼 법원 이외의 어떤 조직에 의한 사법권 행사도 인정되지 않는다는 사법권의 독립에 대한 조항이 헌법에 명시되어 있다.

국가의 법을 판단하고 적용하는 역할을 하는 몽골의 사법권은 원칙적으로 법관으로 구성된 법원에 속한다. 그러나 위헌소송 등은 법원이 아니라 헌법재판소에서 관장하고 있다. 따라서 본 장에서는 법원을 중심으로 헌법재판소 그리고 최고법원(이하 대법원), 고등법원 및 지방법원과 법과 질서의 확립을 위한 최고 법 집행기관으로서의 몽골 검찰청까지 다루도록 한다.

1. 법원

몽골국민은 법률이나 국제조약이 정하고 있는 권리나 자유가 침해받았을 경우 이를 보호하기 위한 재판받을 권리, 타인의 불법행위로 인한 손해보상 청구권, 변호 및 변호인의 조력을 받을 권리, 증거검증의 권리, 공정한 재판을 받을 권리, 재판에 참여할 권리, 법원의 판결에 대한 이의신청권 및 사교요청권 등을 헌법에 의해 보장받고 있다. 법원의 유죄판결이 확정될 때까지는 무죄추정의 원칙을 적용받는다.

몽골의 법원은 최고법원인 대법원[29]과 도(道, aimag) 및 수도首都 법원으로 2심법원(고등법원) 그리고 군(郡, sum)·군간법원(郡間法院, intersum, Сум дундын шүүх)[30]·(수도) 구(區, district) 법원으로 1심법원(지방법원)[31]으로 나누어진다.

각급 법원은 합의제의 원칙에 따라 사건과 분쟁을 심리하고 판결한다. 몽골 법원에서의 모든 재판은 몽골어로 진행되는데 몽골어를 모르는 자는 통역을 통하여 모든 사건 서류에 접근할 수 있으며 자신의 모국어를 사용할 수도 있다. 피고인에게는 변호권이 있으며 피고인은 스스로 요청하거나 법률이 정한 바에 따라 변호인의 조력을 받을 수 있다. 법률이 특별히 정한 경우를 제외하고 법원의 소송절차는 일반에게 공개된다.

---

29 몽골 대법원 홈페이지: http://www.supremecourt.mn
30 '군간법원(郡間法院, intersum, Сум дундын шүүх)'이란 용어는 하나의 군(郡, 몽골어 sum)에 위치해 그 지역의 법률문제를 해결하는 법원이 아니라 같은 도(道, 몽골어 aimag) 내의 주위 몇몇 군을 동시에 관할하는 법원을 지칭하는 것이다.
31 몽골 내 전체 1심법원의 주소, 전화 및 홈페이지: http://www.supremecourt.mn/news/120 참조.

〈그림 5〉 몽골 법원의 기본 조직도

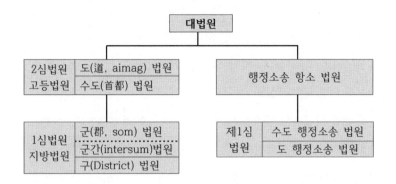

1) 대법원

몽골의 대법원은 한국과 마찬가지로 최고의 사법기관으로서 대법원이 내린 판결은 사법적인 최종판결이며 다음 권한을 행사한다.

가)법률이 정한 형사사건과 법적 분쟁에 대한 심리와 판결

나)하급법원의 판결에 대한 상고사건의 심리

다)헌법재판소와 검찰총장이 이송한 법과 그에 명시된 인권 및 자유의 보호와 관련된 사항에 대한 심리와 판결

라)헌법을 제외한 모든 법률의 정확한 적용에 대한 유권해석

마)법률이 정한 기타 사항에 대한 판결

법원의 주체인 법관은 독립적이며 오직 법률의 지배를 받는다. 지위 고하를 막론하고 어느 누구도 법관의 직무수행을 방해하거나 이에 개입할 수 없다. 각각의 법원은 법원장과 법관으로 구성된다.

대통령은 법원평의회의 제청으로 국회의 동의를 얻어 대법원장을

6년의 임기로 임명한다. 법원평의회는 고등법률교육을 받고 법률전공으로 10년 이상의 실무경험을 쌓은 35세 이상의 몽골국민을 대법관 후보로 제청한다. 이렇게 법원평의회가 제청한 인물을 국회의 동의를 얻어 대통령이 임명한다. 기타 법원의 법관들은 고등법률교육을 받고 법률전공으로 3년 이상의 실무경험을 쌓은 25세 이상의 몽골국민을 대통령에게 제청하고 대통령은 이들의 제청 중 적법한 이를 법관으로 임명한다. 헌법이나 법원의 형 확정판결에 따라 해임되거나 자신의 요청으로 사임하는 경우가 아니라면 어떠한 경우라도 각급 법원의 법관을 파면하는 것을 헌법으로 금지하고 있다.

〈그림 6〉 대법원 체제

2) 고등법원

몽골의 도 법원과 수도 법원은 대한민국의 2심법원인 고등법원에 해당한다고 볼 수 있다. 몽골의 도 법원과 수도 법원은 1심법원에 대한 항소법원이다. 고등법원에 해당하는 도 법원 및 수도 법원의 법관과 1심법원에 해당하는 군 법원 혹은 군간 법원 그리고 (수도)구 법원의 법관은 법원평의회의 제청으로 대통령이 임명한다. 도 법원에는 도 행정소송법원이 비독립적으로 설치되어 있고 수도 법원에는 독립된 수도 행정소송법원이 설치되어 행정소송에 대한 1심법원의 역할을 담당한다. 도 법원의 경우 도 행정소송 법원이 도 법원과 같이 설립되어 1심 행정법원이 독립적으로 설치되어 있지 않고 도 법원의 법원장이 도 행정소송 법원장의 역할을 한다. 이들 1심 행정소송법원에 대한 항소법원에 해당하는 행정소송 항소법원이 대법원 행정재판실 산하에 설립되어 있다.

3) 지방법원

몽골의 군 법원 및 군간 법원과 수도 울란바타르의 각 구에 설치된 구 법원은 민사 및 형사 사건에 대한 1심 재판을 진행하는 1심법원이다.

〈그림 7〉 도 법원 체제

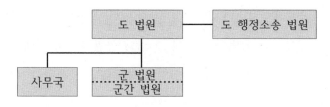

〈그림〉 수도 법원과 수도 행정소송 법원의 체제

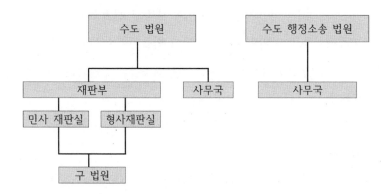

4) 행정소송 법원

행정소송이란 행정법규의 적용에 관련된 분쟁에 관하여 법원의 재판절차에 의해 판정하는 정식 소송절차이다. 국가기관과 공공기관에 대한 청원과 진정의 권리를 가지며 이때 국가기관과 공공기관은 법률이 정하는 바에 따라 시민의 청원과 진정에 의해야 한다는 몽골국민에 대한 권리를 헌법에 명시해 놓고 있다. 또한 헌법에 의거해 몽골은 행정소송법원을 독립적으로 설립해 놓고 있으며 각 도와 수도에 1심법원인 행정소송 법원, 행정항소 법원 격인 행정소송 항소법원이 대법원 행정 재판실 산하에 조직되어 있다. 행정소송 제도가 도입되기 전에는 민사소송 관할로 재판을 진행하였지만 행정소송제도가 독일로부터 도입되어 2002년 12월에 행정소송법과 행정소송법원법이 제정된 이후 정식 행정소송제도가 정착되었다고 할 수 있다. 몽골의 행정법원은 행정기관과 공무원의 위법한 처분과 그 밖의 공권력의 행사로부터 국민 및 법인의 권리와 법률상의 이익을 보호하고 구제하기 위해 설치된 법원이다.

몽골의 행정소송제도는 크게 행정심판제도와 행정소송제도로 구분할 수 있다. 몽골의 현행 행정소송법은 내용상 취소소송, 의무이행소송, 손해배상소송과 확인소송으로서의 법률관계확인소송, 무효확인소송이 있다. 법률관계 확인소송은 행정소송법상 구별되는 것이 아니라 이론적으로 구별되는 것이다.

5) 법원 평의회[32]

대법원에 법원평의회를 설치해 법원과 법관의 독립과 그 신분을 보장

한다. 법원평의회는 법원과 법관의 활동을 방해함이 없이 법관의 인사 및 그들의 이익을 보장하고 법원의 독립에 필요한 조건을 보장해 주어야 한다. 법원평의회는 의장 한명과 4명의 위원으로 구성된다. 1심법원과 2심법원의 법관위원회에서 각각 1명씩, 몽골변호사협회에서 1명, 법무부에서 1명을 각각 제청하여 대통령이 임명한다. 법원평의회 의장은 위원들 가운데서 후보등록을 하고 회의를 거쳐 위원들의 다수표를 받은 사람을 제청하면 대통령이 임명한다. 의장과 위원은 3년 임기이며 한 번 연임하여 임명할 수 있다.

2. 국가 검찰청[33]

일반적으로 검사는 수사의 주재자로서 사법경찰관리를 지휘하고 감독함으로써 범죄를 수사하고 수사의 결과 공소제기 여부를 독점적으로 결정하며 공판절차를 통해 법령에 따른 적당한 형의 집행을 관할하는 국가기관의 주요인물이다. 몽골의 검사는 몽골 국내에서 일어나는 형사 및 위반에 관한 법집행을 하는 역할을 한다. 헌법에 명시된 바에 같이 입건과 수사, 형벌집행에 대한 지휘 및 감독을 하며 국가를 대표하여 재판에 참가한다. 이러한 검찰조직은 그 체제와 조직 및 직무에 대한 기본 권리는 법률에 의해 정해져 있다. 몽골에서의 검사 임용은 법률면허를 소지하고 전문 법률관련 업무를 3년 이상 한 자, 검찰 기관에서 2년 이상 검찰 직원으로 일한 자가 범죄사실이 없을 경우 기타 법률이 정하는 조건을 갖춘 25세 이상의 몽골국민을 검사로

---

32 몽골 법원평의회 홈페이지: http://www.judcouncil.mn

33 몽골 검찰청 홈페이지: http://www.prokuror.mn

임명한다. 검찰총장과 검찰차장은 법률 관련 전공으로 10년 이상
일한 35세 이상의 검사를 임명할 수 있다.

대통령에 의해 국회의 동의를 얻어 6년 임기로 임명된 검찰총장은
다음과 같은 권한을 행사한다. 검찰조직을 지휘·통할하며 국회로부터
확정 받은 예산을 검찰조직의 구조와 인원을 고려해 확정한다. 차장검
사의 임명이나 사임에 대한 의견을 대통령에게 제안하며 소속검사에
대한 임명과 사임 그리고 상·벌을 수여하며 법집행 과정에서 검사의
감찰 및 사건수리, 수사, 형벌 업무에 대한 지시 및 규정을 제시해
준다. 검찰 조직 내부 문제들에 대한 지시를 내리고 검찰 수사 및
업무 과정에서 인권과 자유에 반하는 지시와 규정들에 대해서는 거부
하는 등 국가 검찰청의 각종 사무 및 검찰사무를 총괄하며 소관 검찰청
공무원을 지휘·감독한다.

〈그림 8〉 대검찰청 구조

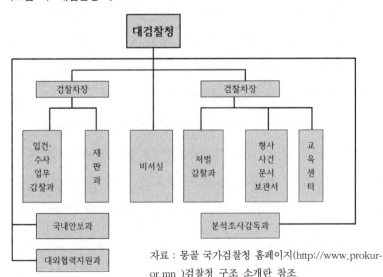

자료 : 몽골 국가검찰청 홈페이지(http://www.prokur-
or.mn)검찰청 구조 소개란 참조.

〈그림 9〉 몽골대검찰청 하부구조

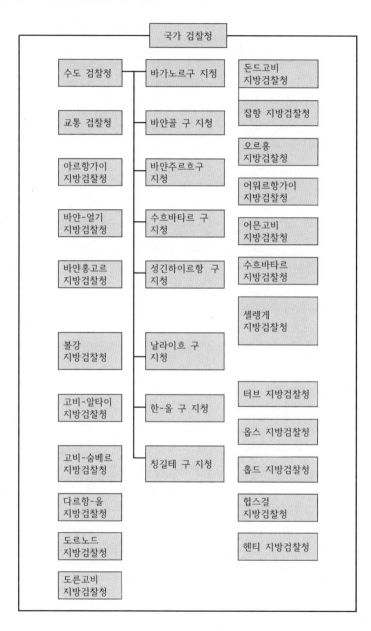

검찰총장을 보좌하는 임무를 하는 검찰차장이 있다. 각 부서는 검찰수사가 적법한 절차를 밟아 진행되고 있는지, 형벌업무가 올바른 진행과정을 거쳐 적법하게 선고되었는지, 그리고 형벌을 받고 수감 중인 (기결)수형자의 인권이 침해되지 않고 잘 지켜지고 있는지, 검찰수사권의 집행이 적법한 절차를 거쳐 진행되고 있는지 등을 지휘하고 감독한다.

3. 헌법재판소

헌법재판소는 한 국가 내에서 최고의 실정법 규범인 헌법에 관한 분쟁이나 의의疑義를 사법적 절차에 따라 해결하는 특별재판소이다. 몽골의 헌법재판소 역시 몽골의 헌법이 올바르게 시행되고 있는지를 감시하고 위헌여부를 심사하고 헌법상의 분쟁을 해결하는 완전히 독립된 기관이다.

1) 헌법재판소의 구성

몽골의 헌법재판소[34]는 소장, 부소장, 재판관(위원)을 포함한 전체 9명으로 구성된다. 3인은 국회가 제청하는 자, 다른 3인은 대통령이 제청하는 자, 그리고 마지막 3인은 대법원이 제청하는 자를 국회가 6년 임기의 재판관으로 임명한다.

　대한민국은 헌법재판소 재판관을 판사, 검사, 변호사나 변호사 자격이 있는 사람으로 자격을 한정하였다. 그러나 몽골헌법재판소의

---

34 몽골 헌법재판소 홈페이지: http://www.conscourt.gov.mn

재판관은 정치와 법률에 조예가 깊은 40세 이상의 몽골국민은 누구나 헌법재판관으로 임명될 수 있는 자격이 있다.[35] 따라서 한국은 재판관으로 부를 수 있지만 몽골헌법재판소에서는 판사, 검사나 변호사 등의 법관련 자격증이 있는 사람으로 한정하지 않았기 때문에 '위원'으로 부를 만하다. 헌법재판관의 전권은 국회에서 다음 재판관을 임명함과 동시에 소멸된다. 헌법재판소 재판관은 정당에 가입하거나 정치에 관여할 수 없다. 또한 헌법에 따라서만 그 직무를 수행하며 조직이나 기관, 그밖의 어떤 자로부터도 독립성이 보장되어 있다.

한국의 헌법재판소장은 국회의 동의를 얻은 재판관 중에서 대통령이 임명하는 데 반해 헌법재판소장은 재판관 가운데 과반수 찬성을 얻은 재판관이 소장으로 선출된다.[36] 소장의 임기는 3년이며 1회에 한해 연임할 수 있다. 헌법재판소 재판관과 재판소장이 법률을 위반한 경우 헌법재판소의 결정과 이들의 해임을 제청한 기관의 의견에 따라 이들을 해임할 수 있는 권리도 국회에 있다. 즉 몽골의 헌법재판관 구성원들의 임명과 해임권한이 모두 국회에 있는 것이다.

---

35 헌법 65조 5항에는 '대통령, 국회의원, 총리, 내각 각료 및 대법원장은 헌법재판소 재판관이 될 수 없다.'고 규정하고 있다.

36 헌법재판소장 선거에서는 셋이나 그 이상이 후보 등록을 하고 첫 투표에서 누구도 과반수의 득표를 획득하지 못하였을 경우 다수 득표자 두 명을 대상으로 재투표를 실시해 전체 재판관의 과반수를 차지한 이가 헌법재판소 소장으로 선출된다. 헌법재판소법 제1장 6조 2항; 헌법재판소 부소장은 재판관들 중 근무경력이 가장 오래된 재판관이 맡고 만약 같은 조건일 경우 그들 가운데 가장 연장자가 부소장을 맡는다. 헌법재판소법 제1장 6조 6항.

2) 몽골헌법재판소의 권한

몽골의 헌법재판소는 시민의 청원이나 정보제공에 따라 재판소의 자발적으로 혹은 국회, 대통령, 총리, 대법원 그리고 검찰총장의 요청에 따라 헌법위반에 관한 다음의 분쟁을 심리·판결한다.

가) 국회가 제정한 법률과 기타 결정, 대통령령과 그의 기타 결정, 정부결정, 국제조약의 합헌 여부에 관한 분쟁[37]

나) 국민투표, 국회의원 총선과 대통령선거에 대한 중앙선거관리위원회 결정의 합헌 여부에 관한 분쟁

다) 대통령, 국회의장과 국회의원, 총리와 각료, 대법원장과 검찰총장에 대한 헌법 위반에 관한 분쟁

라) 대통령, 국회의장과 국회의원, 총리의 해임에 관한 분쟁

헌법 재판소는 가)~라)항에 대해서 심리·판결을 한 다음 국회에 제출하고 승인을 기다려야 한다. 국회에 제출한 판결이 국회의 승인을 얻지 못할 경우 헌법재판소는 다시 심리하고 판결을 하여 최종결정을 내린다. 또한 헌법재판소가 국회가 정한 법률과 기타 결정, 대통령령과 그의 기타 결정들 그리고 정부결정, 국제조약이 헌법에 위반된다고 결정한 경우 해당 법률과 명령, 비준과 결정의 효력은 위반결정 즉시

---

37 본 항의 분쟁은 재판관 5인이 참여하는 중재판부에서 1차 심사 및 판결을 내리고 국회에 그 결과를 제출한다. 국회에서 그 판정을 인정하면 그때부터 확정된다. 만약 국회에서 헌법재판소의 판결을 승인하지 않는다면 헌법재판소는 해당 사안을 재판관 7~9인으로 이루어지는 전원재판부로 넘겨 다시 심리하여 최종결정을 내린다. 전원재판부가 헌법에 위배된다고 판결을 내리면 그 때부터 확정되고 해당 법률이나 명령 등은 효력이 즉시 상실된다.

상실된다.

헌법재판소는 위헌에 대한 정보가 있더라도 그 문제에 대해 자체적으로 해결할 권리는 없으며 그 대상에 대한 심의·판결에 대한 요청이 있을 경우에만 그 업무를 시작할 수 있다. 즉, 심각하게 헌법에 위반되는 사항을 인식하고 있는 경우라도 그에 대한 신청이나 신고를 할 수 있는 권한이 있는 자(국민, 국회, 대통령, 총리, 대법원과 검찰총장)가 법에 상응하는 규정을 통해 조치를 취하지 않을 경우 위헌사항에 대해 참여할 권리가 존재하지 않는다.[38]

〈표 7〉 한국과 몽골의 헌법재판소 권한 사항 비교

헌법재판소 권한	양국 비교	
	한 국	몽 골
위헌법률 심판권	구체적 규범 통제권이 확대될 수 있도록 소송 당사자가 재판의 전제가 된 법률에 대해 직접 헌법소원의 형식으로 위헌여부 물을 수 있음	국민의 민원, 권한 있는 관료에 의한 자발적 헌법논쟁 감찰권한이 있음
탄핵 심판권	대통령 및 고위 공직자에 대한 법적 책임을 묻는 것으로 소추권은 국회에 심판권은 헌법재판소에 있음	대통령 및 고위 공직자에 대한 법률위반 및 해임에 대한 판결권만 있으며 최종 결정권은 국회가 가지고 있음
위헌정당 해산 심판권	정당의 목적이나 활동이 민주적 기본질서에 위배될 때 국무회의의 심의를 거쳐 제소하고 헌법재판소가 심판	몽골의 정당은 헌법재판소의 감찰대상이 아니라 위헌정당해산에 대한 권한이 없음

38 J. Amarsanaa, 「몽골의 입법활동 및 헌법수호」, 『한국과 몽골의 법제실무:그 절차와 실제』, 2008 한·몽 법제실무연수, 2008년 6월 10일, 몽골국립법률센터 회의실, pp.56~57.

70

권한쟁의 심판권	국가기관 상호간, 국가기관과 지방 자치단체 간 및 지방자치단체 상호 간의 권한쟁의가 있는 경우 제소 가능	각 기관들 간의 권한에 대한 감 찰기능의 존재하지만 이를 제소 하고 심판하는 기능은 없음
헌법소원 심판권	헌법소원은 공권력에 의해 국민의 기본권이 침해되는 경우 이를 제소 하는 기본권구제수단으로 한국에 존재	헌법소원 심판권이 없음

현재 몽골은 헌법재판소의 재판관 중 3명의 제청권을 국회가 가지고 있으며 전체 재판권 9명의 임명권도 국회가 가지고 있다. 몽골의 헌법재판소에는 위헌정당해산권이 없어 다수당이 원래 정당의 목적이나 활동에 대한 위헌성 여부를 판단할 근거가 없다. 또한 헌법재판소에서 내린 결정을 다시 국회에 제출하고 심의를 기다려야 하는 등 원래 헌법재판소의 설립목적과 기능이 국회에 의해 좌지우지될 가능성이 충분히 존재한다. 현재 몽골에서 행해지는 사법기관의 대부분의 판결이나 결정을 입법기관인 국회가 최종적으로 검토하여 확정한다는 잘못된 개념을 줄 수 있는 위험이 도사리고 있다는 지적이 나오고 있다.[39] 이는 사법부의 독립성을 훼손할 수 있다.

VI. 나오며

지금까지 몽골의 대통령과 입법·사법·행정기관을 중심으로 몽골의 국가제도와 정치 시스템을 개괄적으로 살펴보았다. 대통령과 주요

---

39 J. Amarsanaa, 「몽골의 입법활동 및 헌법수호」, p.59.

3부 기관들의 상호관계는 다음의 〈부록 1〉에 개괄적으로 정리해 놓았다.

현재 몽골의 국가제도와 정치시스템에 대한 한국어 자료는 거의 전무한 실정이다. 외교부에서 발간되는 『몽골개황』이 몽골을 개괄적으로 이해하는 데 중요한 자료를 제공해주고 있다. 그러나 각 부분의 내용이 소략하여 몽골 전체의 국가구조를 파악하고 이해하는 데 무리가 따르는 것이 사실이다. 필자는 이와 같은 요구 때문에 『몽골과 한국』이라는 책에 2012년 8월 이전의 헌법 및 관련 법률을 통해서 몽골의 국가구조를 대략적으로 살펴보았다. 5년이 지난 현재의 몽골은 풍부한 지하자원을 통한 빠른 경제 성장뿐만 아니라 인구수의 증가와 국가의 발전에 따른 국가와 사회 변화가 동시에 빠르게 진행되고 있다. 5년이 지난 2107년 말에 지난 내용을 살펴보니 몇몇 군데 오역 및 축자번역이 눈에 보여 이를 가능한 수정하였다. 이보다 더 많은 변화는 그동안 수정 및 개정된 각 부처 및 관련 법률이 상당히 많다는 점이다. 이 때문에 기존의 원고와 지금의 상황을 비교하고 법률 개정에 따른 내용의 첨삭 및 수정에 상당한 애를 먹었다. 여러 예에서 한 가지만 삭제되거나 다음 항목으로 이동한 사례도 상당히 많아 다시 한번 일일이 헌법 및 기타 관련 법률자료를 읽고 번역해 대조하는 과정을 수행하였다. 최근 몽골유학생들의 석사학위논문을 통해 몽골의 제도나 법률 등에 대한 연구 논문이 상당수 발표되었다. 그러나 짧은 기간에 한국어를 습득해서 한국법률과 몽골법률 및 국가제도 등에 대해 기술하다 보니 양국의 시스템 차이에서 오는 오역과 잘못된 이해로 인한 문제점이 상당수 드러나고 있는 것도 사실이다. 본 글도 이러한 언어와 법제시스템의 차이에서 오는 어려움에서 완전히 자유롭지는 못하다. 그러나 가능한 양국 간의 국가제도와 정치시스템에 위배되지 않는 선에서 적절한 번역과 언어선택을 하려고 노력하였다.

현재 몽골은 국회와 내각의 권력이 대폭 강화된 '의원내각제적인 성격이 강한 이원집정부제' 성격의 정치시스템을 가진다. 민주화 이후 오랫동안 일당독재 체제에서 벗어나 최근 양당제도가 확립되어 가고 있지만 현재의 시스템과 법률상 국회 내 다수당이 중앙정부와 지방자치정부, 내각, 그리고 사법부까지 그 무소불위의 권력을 휘두를 수 있는 체제이다. 여기에 형식적이며 의례적인 지위에 머무르고 있는 대통령까지 국회 내 다수당 출신이 선출된다면 그 파괴력과 정권 장악력은 더욱 힘을 얻게 될 것이다. 민주화 초기 몽골은 대통령제와 의원내각제 사이에서 많은 고민을 하였고 어느 한 쪽의 독재를 막기 위해 '이원집정부제'를 선택하였다. 그러나 20여 년이 지난 현재 몽골의 정치현실은 어떠한지 다시 고민해 볼 필요가 있다. 최근 몽골인들은 국회와 국회의원에 힘과 권력이 쏠리는 현상을 우려하고 있다. 국회의원의 권한이 막강한 데다 국회의원이 총리 및 내각 각료를 겸임할 수 있게 헌법이 개정된 이후 권력의 쏠림현상이 나타나고 있는 상황인 것이다.

본고는 몽골의 국가체제와 시스템을 헌법 및 관련 법률을 통해 개관해 보고 한국의 독자들에게 소개하는 목적으로 기술되었다. 이를 통해 한국인이 몽골과 정부 혹은 비정부 차원, 경제 및 기관과의 관계를 맺고 교류할 때 몽골의 현 상황을 적절히 활용한다면 일정부분 도움이 될 것이라고 생각한다. 대한민국 정부나 정치권에서도 현재 몽골의 국가체제와 시스템을 잘 이해한다면 양국 간 교류증진에 더 발전적인 결과를 이끌어낼 수 있다고 본다. 몽골의 총리 중심의 의원내 각제와 최근 책임총리제를 내세우고 있는 문재인 정부가 양국 총리를 중심으로 양국관계를 발전적인 방향으로 모색한다면 좀 더 좋은 결과를 얻어낼 수 있을 것으로 보인다. 또한 몽골의 국회와 국회의원의 권한이 막강한 만큼 현재 한국과 몽골의 국회의원들의 모임인 '한·몽골 의원친선협의회'의 교류를 확대·발전시켜 나갈 필요도 있다.

〈부록 1〉 몽골 정부기관 및 지방자치단체간 관계도

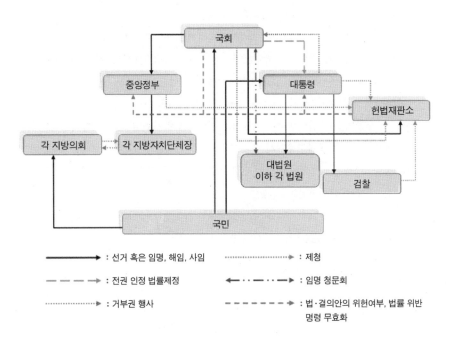

자료 : A. Tsanjid, 『To'riin zakhirgaa』, Ulaanbaatar, 2009, p.81 참조.

참고문헌

단국대학교 몽골연구소 편, 『몽골과 한국-미래지향적 관계발전 방안』, 단국대학교 출판부, 2012.

돌람수렌, 「몽골과 한국의 행정소송제도에 관한 비교법적 고찰 : 소송의 대상 및 원고적격을 중심으로」, 경희대학교 대학원 석사학위논문, 2009.

바트챙게르 투맹뎀베렐, 몽골 선거제도의 선진화방안에 관한 비교법적 연구, 대구대학교 석사학위논문, 2016.

밧아이항 밧챙갤, 헌법재판제도에 관한 비교법적 연구-몽골과 한국을 중심으로-, 강원대학교 대학원 석사학위논문, 2015.

외교부 동북아3과, 『몽골개황』, 2016년 5월.

이석연 법제처장외 3명, 「2010년 몽골 법제기관 방문 결과보고서」, 2010년,

한국법제연구원, 국민대학교 북한법제연구센터, 몽골국립법제센터, 몽골국립대학교 법과대학, 『한국·북한·몽골의 법제현황과 전망』, 2004년도 한·몽국제학술회의, 몽골국립법제센터, 2004년 7월.

한형수, 「몽골법령의 인터넷 싸이트를 이용한 검색에 관련한 제고」, 법제처 편, 『2005 동북아법제연구보고서』, 2005.

홀랑, 몽골헌법개정 과정에서 의회의 권한 변화와 정치적 쟁점에 관한 연구, 중앙대학교 대학원 석사학위논문, 2016.

A. Tsanjid, 『To'riin zakhirgaa』, Ulaanbaatar, 2009.

B. Chimid, 「몽골의 입법활동 및 입법계획」, 『한국과 몽골의 법제실무 : 그 절차와 실제』, 2008 한·몽 법제실무연수, 몽골국립법률센터 회의실, 2008년 6월 10일.

J. Amarsanaa, Sodnom Doljin, 『몽골의 정부조직과 법체계』(영문), 한국법제연구원, 2009.

J. Amarsanaa, 「몽골의 입법활동 및 헌법수호」, 『한국과 몽골의 법제실무 : 그 절차와 실제』, 2008 한·몽 법제실무연수, 몽골국립법률센터 회의실, 2008년

6월 10일.

J. Amarsanaa, Sodnom Doljin, 『몽골의 정부조직과 법체계』(영문), 한국법제연구
원, 2009.

L. Namnansuren, 「몽골행정업무의 안정성 및 연속성 분석」, 강원대학교 대학원
석사학위논문, 2009.

참고 사이트:

세계법제정보센터 : http://world.moleg.go.kr/

몽골법관련 정보 : http://www.legalinfo.mn/

몽골 대통령 : http://www.president.mn/

몽골 내각 : http://zasag.mn/

몽골 국회 : http://www.parliament.mn/

몽골 국가검찰청 : http://www.prokuror.mn

몽골 중앙선거위원회 : http://www.gec.gov.mn/

몽골 국가안전보장이사회 : http://www.nsc.gov.mn

몽골 대법원 : http://www.supremecourt.mn

몽골 법원평의회 : http://www.judcouncil.mn

몽골 헌법재판소 : http://www.conscourt.gov.mn/

국회 내 인민당 교섭단체 : http://www.buleg.mn ; https://www.facebook.com/
buleg.nam

국회 내 민주당 교섭단체 : http://anbuleg.mn

2.

몽골의 정치*

송병구 단국대학교 몽골연구소 소장

*본 글의 Ⅰ~Ⅲ은 "송병구,「몽골 정치체제의 변화와 전망」,『몽골과 한국 : 미래지향적 발전 관계 방안』, 단국대학교출판부, 2012년 6월, pp.35~77."를 토대로 하여 2012년 이후 일어난 몽골 정치의 변화된 부분을 선거를 중심으로 다시 보강하였음을 밝힌다.

I. 들어가며

칭기즈칸의 나라, 유목민들의 나라라는 단편적인 인식밖에 없던 몽골이 일반인들에게 본격적으로 알려지기 시작한 것은 1990년 몽골과 한국이 수교를 맺은 이후부터일 것이다. 수교 이후 양국 간의 관계는 급속도로 발전되어 갔으며, 그 결과 많은 사람들이 몽골이라는 나라에 대해 관심을 가지게 되었고, 그 관심은 역사, 문화, 언어, 민속 등의 학문적인 부분으로 이어져 지난 27년여 동안 많은 연구가 진행되어 왔다. 하지만 최근 몽골에 대한 관심은 비단 학문적인 부분뿐만 아니라 몽골이 중앙아시아와 동북아시아의 중요 국가로 부각되면서 정치외교적인 측면과 자원부국으로 갖는 자원경제적인 측면 등 다양한 분야로 그 폭이 확대되고 있다. 이와 같은 현대 몽골에 대한 실제적인 관심은 역동적으로 변화하고 있는 현대, 현재의 몽골에 대한 관심으로 이어지고 있다.

우선 현대의 몽골지역을 다각적으로 분석하고 연구하기 위해서는 독립 이후 현재까지 몽골의 체제가 어떻게 변화하여 왔는가를 살펴야 한다. 몽골은 알려진 바와 같이 13세기 몽골대제국의 시기 이후 분열과 쇠락을 이어오다 17세기 중반부터 20세기 초반까지 약 300여 년 간 청靑나라의 지배를 받았다. 이후 러시아 소비에트의 지원을 통해 사회주의 국가로 독립을 하게 되지만 1990년 민주화까지 몽골은 다시 러시아의 영향력 아래 놓이게 되고, 민주화 이후 현재까지 다양한 정치체제의 변화를 겪고 있는 중이라고 볼 수 있다.

이 글은 우선 몽골의 민주화 이후의 시기에 비해 그동안 비교적 덜 다루어졌던 독립 이후부터 사회주의 시기의 몽골의 정치체제를 중요시기로 세분하여 살펴보도록 한다. 몽골의 사회주의 시기는 70여 년의 오랜 세월이었으며, 그 영향은 현재까지 몽골의 모든 분야에 깊숙이 자리 잡고 있다고 해도 과언이 아니다. 이 때문에 현대 몽골의 정치체제를 이해하기 위해서는 반드시 사회주의 시기의 몽골의 정치체제 변화에 대한 연구가 선행되어야 한다.

다음으로 민주화 이후의 몽골 정치체제의 변화이다. 큰 틀에서 민주화 이후 몽골의 정치체제는 두 번의 헌법 개정 외에 큰 변화는 없다. 하지만 몽골은 민주화 이후 다당제가 되면서 많은 정치세력들이 이합집산하게 되고, 이것은 선거를 통해 이루어졌다. 그래서 민주화 이후 치러진 총선과 대선을 중심으로 몽골의 정치적인 변화를 살펴볼 필요가 있다. 특히 최악의 경제 위기를 겪고 있는 몽골은 작년 2016년에는 총선이 올해는 대선이 있었으며 경제 위기의 극복을 위한 정치적인 변화와 움직임이 매우 활발히 일어나고 있다. 이러한 흐름을 면밀히 분석하여 앞으로의 몽골의 정치적인 변화를 전망해 보고 이를 토대로 한국과 몽골 양국 간의 새로운 협력에 대한 전략적 방안을 제시해 보고자 한다.

오늘날 다양한 측면에서 몽골지역의 중요성이 부각되고 있는 이러한 때에 몽골의 정치에 대한 분석은, 몽골을 지역학적으로 연구하는 근간이 되는 것은 물론 우리가 앞으로 몽골과 어떻게 관계를 발전시켜 나가야 할지에 대한 기본 방향을 제시해 줄 것이다.

II. 몽골 정치체제의 변화과정

1. 몽골의 독립기

19세기 후반부터 몽골의 각 지역에서는 독립을 위해 청淸나라에 대항하는 투쟁이 활발하게 진행되고 있었고, 이러한 투쟁은 당시의 주요 정치지도자들인 접준잠바 호탁트Jevzündamba khutagt[1], 한드도르지 Khanddorj[2]를 중심으로 몽골의 유력 왕공王公과 종교계의 인사들이 주도하였다.

접준담바 호탁트, 제8대 복드칸   한드도르지

---

1 제8대 복드칸, 몽골독립혁명의 정신적 지주이자 몽골종교의 수장.

2 청에 저항하는 몽골독립혁명을 이끈 정치지도자.

당시의 몽골지도자들은 러시아 황제에게 도움을 요청하기로 하고 대표단을 파견했다. 러시아는 몽골의 요청을 일부 받아들여 청에 압력을 행사하였고, 러시아의 압박을 받은 청은 몽골의 지배력이 약화되었다. 이에 몽골의 독립 세력은 1911년 11월 30일 임시정부를 수립하고 당시 몽골지역을 담당하고 있던 청淸의 관리 산도(三多)에게 본국으로의 귀국을 요청하였다. 청의 관리를 축출한 후 12월 29일 마침내 몽골은 독립을 선언하고 접준잠바 호탁트를 몽골의 황제로 추대하고 정부를 출범시킨다.

당시의 몽골의 정치체제는 접준잠바 호탁트를 복드칸으로 하는 왕정王廷체제였다. 황제는 정치와 종교의 수장으로 모든 권력의 최고 정점에 있었고, 그 아래 정치를 담당하는 총리부와 종교를 담당하는 종교부를 두었으며, 외국의 의회제를 참고하여 상하 양원으로 이루어진 의회를 1914년 설립하였다.[3] 정치를 담당하는 총리부 산하에는 다시 내무, 외무, 군사, 재무, 법무, 관세를 담당하는 부서를 두어 각각의 분야를 총괄하도록 하였다.

---

3 강톨가, 김장구·이평래 옮김, 「몽골의 역사」, 동북아역사재단, 2009, 259쪽

〈그림 1〉 몽골 독립기의 정치체제

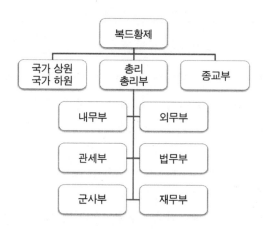

자료: 몽골의 역사(2009)

2. 입헌군주기

몽골의 독립은 1915년 캬흐타Kykhta[4] 삼국협정[5]으로 심각한 위기에
봉착하게 된다. 이후 몽골에 급속도로 영향력을 확대한 중화민국中華民
國은 군대를 파견하여 몽골에게 스스로 중국의 지배를 원한다는 내용의
문서를 받아내고, 1919년 11월 22일 중화민국의 총통이 독립국의
지휘를 철폐한다는 명령을 내림으로써 몽골은 다시 중국의 지배하에
들어가게 된다.

이후 몽골은 1920년 몽골인민당이 창설되면서 이를 중심으로 중국
에 대항하는 투쟁을 시작하여 러시아의 도움으로 1921년 7월 11일

4 현 몽골의 북쪽 국경에 있는 알탄볼락(Altanbulag)
5 몽골, 제정러시아, 중화민국 3국간에 맺어진 협정으로 이 협정으로 몽골은 자주권
　이 제한된 중국의 자치국으로 전락되는 결과를 가져옴.

마침내 새로운 인민정부를 탄생시킨다. 이 정부는 입헌군주入憲君主제 정부로서 8대 복드칸 접준잠바 호탁트를 제한된 군주로 추대하였다.

입헌군주기를 실질적으로 통치했던 인민정부는 국가임시회의를 설치 1924년까지 몽골의 다양한 법률을 제정하였으며, 몽골과 러시아 소비에트 간의 '상호 승인과 우호 관계 수립에 관한 몽골 소비에트 협정'을 체결하였다.

3. 인민공화정부기

1924년 제한된 군주로 추대되었던 몽골의 마지막 황제인 제8대 복드칸 접준잠바 호탁트가 사망하고 몽골인민혁명당 중앙위원회는 공화제共和制를 수립하기로 한다. 이에 제1차 국가대회의가 소집되었고, 몽골 최초의 헌법을 공포하며 몽골이 인민공화국人民共和國임을 선포하였다.

당시 인민공화국의 정치체제는 가장 상위에 인민혁명당人民革命堂의 국가대회의가 있고, 그 아래 국가소회의가 있다. 국가대회의는 명실상부한 몽골인민공화국의 최고 권력기관으로서 헌법을 개정하고, 법률을 입안하며, 국가의 주요정책을 수립-심의-의결한다. 국가소회의는 대회의의 비회기중에 대회의의 기능을 대신하고 소회의 각분과의 의장단과 함께 정부를 구성한다.

〈그림 2〉 몽골 인민공화정부기의 정치체제

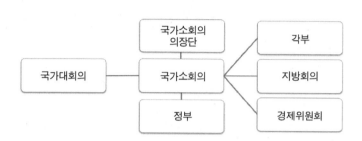

자료: 몽골의 역사(2009)

4. 신전환정책기와 숙청기

1928년 몽골인민혁명당 제7차 당 대회와 몽골인민공화국 제5차 국가
대회의에서 소련蘇聯 코민테른Comintern 계열이 대거 지도부에 선출되
면서 몽골의 정치체제는 마르크스-레닌주의에 입각한 사회주의社會主
義 국가건설이라는 목표를 뚜렷이 한다.

1929년 사유재산 몰수가 시행되었고 집단농장제의 설립을 추진하였
다. 하지만 이러한 급진적 정책은 가축수를 감소시켜 결국 국가 전체의
경제가 위태로워지는 결과를 초래하게 되고 결국 반정부 투쟁을 촉발
시키는 결과를 가져온다.

1932년 몽골인민혁명당 중앙위원회는 앞선 사회주의노선의 과오를
인정하고 향후 목표를 발표하는데 이것을 '신전환新轉換 정책'이라고
한다. 이 정책은 인민의 부의 축적과 재산을 인정하고, 종교와 신앙의
자유를 부여하는 등의 조항을 포함하여 독립 초기의 민족적이고 민주
적인 성격을 다시 강화하였다.

신전환 정책의 시행으로 사회경제적인 분야는 한층 발전하였지만

반면 정치적인 부분에서는 소련의 간섭과 영향이 점점 더 심해졌다. 승려에 대한 박해가 다시 심해졌으며, 소련과 다른 뜻을 가진 사람들을 반혁명분자로 몰아 축출하였다.

또, 소련은 몽골에 대한 영향력을 강화하기 위해 정치체제를 자신들이 지원하는 단 한 사람에게 집중시키는 1인 독재정부를 계획하고 당시 부총리였던 초이발산Choibalsan에 모든 권력을 집중시키게 한다.

초이발산은 소련을 등에 업고 대숙청을 시행하였고, 이 시기 약 2만여 명이 처형되고 6천여 명이 징역형에 처해졌다. 특히 몽골인민혁명당 중앙위원회 51명의 위원 중에서 83.6%에 달하는 43명이 숙청되었고, 당중앙위원회 최고위원 11명 중 초이발산 자신을 제외한 모두가 숙청되었다. 또 군대의 고급장교 84.6%를 체포하여 대부분 처형하였

다. 이 외에도 1937년-1940년 사이에 1만 7천여 명의 승려를 체포하여 그 중 1만 4천여 명을 처형하고, 전국의 7백여 사원을 파괴하였다.[6] 이렇게 하여 몽골의 정치체제는 명실상부한 1인 독재체제로 넘어갔다.

초이발산

---

6 강톨가, 김장구·이평래 옮김, 「몽골의 역사」, 동북아역사재단, 2009, 317쪽

5. 사회주의 건설기

몽골인민혁명당은 1940년 사회주의 건설을 기치로 내건 신헌법을 제정하고 이 신헌법에 입각한 새로운 정치체제를 수립하였다.

이 당시의 정치체제는 최고 권력기관인 국가대회의, 국가소회의, 국가소회의장단의 조직과 규정 및 의무와 권한을 법적으로 명확히 하였으며 정부의 지도체제는 공동지도체제로 명시하였고 인민대회의 아래 내각회의를 두어 실질적으로 모든 정책을 집행하도록 하였다. 하지만 결과적으로 이러한 정부조직 개편은 초이발산의 권력을 더욱 공고히 하는 결과로 나타난다.

1960년 몽골인민혁명당은 다시 헌법을 개정하는데, 이 헌법의 개정으로 몽골의 정치제제는 또 한 차례 변화가 이루어졌다. 이중 가장 특이한 점은 당의 지도체제를 집단지도체제로 개편한 것이다. 이러한 집단지도체제 방식의 명문화는 1인 지도체제에 대한 불만을 누르는 동시에 당시의 정치세력과 인민들에게 몽골인민혁명당의 변화를 보여 주려고 하는 목적에서 만들어지지만, 사실 이는 허울에 불과하고 실제적으로 최고인민회의를 장악하고 있는 최고 권력자의 명령에 의해 움직이는 시스템이 그대로 이어져 간다.

〈그림 3〉 몽골 사회주의 건설기의 정치체제

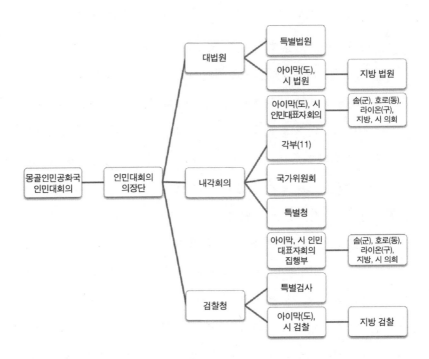

자료: 몽골의 역사(2009)

6. 민주화기

1980년 중반부터 구소련으로부터 불어온 개혁·개방운동이 몽골에도
상당한 파급효과를 주어 몽골인민혁명당은 1988년 12월 중앙위원회
에서 선제적인 개혁을 단행하기에 이른다. 중앙위원회에서 결의한
주요 내용은 먼저 지난 몽골의 사회주의노선 시기의 과오를 솔직히
반성하고, 사회를 민주화民主化할 것을 명시한다. 또 헌법을 개정할
것을 결의하며, 그동안 정치적으로 숙청을 당한 인사들에 대한 복권을
시행하기로 하였다. 하지만 이러한 개혁조치들은 몽골인민혁명당

스스로가 원하여 이루어진 것들이 아니라 당시의 개혁·개방운동에 대한 국민들의 움직임을 미리 차단하기 위한 형식적 개혁조치에 불과하였고, 국민들의 민주화에 대한 갈망을 해소하기에는 턱없이 부족한 조치들이었다.

1989년 12월 '몽골민주연맹'이라는 민주화단체가 최초 결성되면서 뒤따라 수많은 민주화단체가 결성되었고, 이들은 결집하여 민주화시위를 주도하였다. 이러한 민주화세력의 요구에 1990년 3월 몽골인민혁명당은 양대 세력이 함께 참여하는 원탁회의를 개최하기로 하고 이 회의에서 인민혁명당은 정당법개정, 즉 다당제의 도입과 기존 헌법에 명시되어 있는 인민혁명당의 권리를 포기하는 것에 대한 문제를 인민대회의에 안건으로 상정하기로 결의한다. 이 결의는 같은 해 5월 인민대회의에서 '몽골인민공화국 정당에 관한 법률'을 통과시킴으로서 실현된다.

위의 인민대회의에서는 '몽골인민공화국 헌법의 추가'라는 조항을 결의했는데, 이 법률에는 새로운 신헌법新憲法이 제정될 때까지의 과도기 국가 정치체제를 수립하는 근거를 마련하였다. 이 법률에 근거하여 정치체제를 인민대회의와 국가소회의, 대통령, 정부로 4분하였는데 인민대회의의 대표는 민주적인 선거로 선출하고, 대통령은 인민대회의의 대표자들로부터 다수표를 획득한 자가 선출되었다.

〈그림 4〉 몽골 민주화기의 정치체제

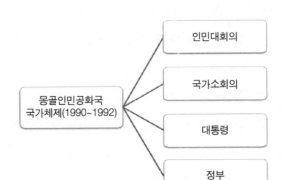

자료: 몽골의 역사(2009)

7. 현 몽골의 정치체제[7]

현재 몽골의 정치체제는 1992년 헌법 개정으로 정립되었고, 이 당시의 통치형태는 대통령중심제와 내각책임제의 중간 형태인 이원집정부제 二元執政部制였다. 이후 2002년 12월 헌법 개정으로 대통령의 권한은 축소하고 의회와 내각의 권한을 대폭 강화하는 의원내각제적 성격이 강한 방향으로 바뀌게 되었다.

　현 정치체제는 크게 입법부와 행정부, 사법부로 나뉘고 행정부에는 대통령과 정부(내각)가 있다. 입법부인 국가대회의(국회)는 단원제로 되어있으며, 총 76명으로 구성되어있다. 임기는 4년으로 직선제로 선출된다.

7 현 몽골의 정치체제 부분은 이 책의 첫 번째 장인 "몽골의 국가체제와 구조"에 자세히 나와 있다.

대통령은 국가의 수반으로 직선제로 선출한다. 임기는 국회의원과 동일한 4년이고 연임이 가능하다. 또 총리, 국회의장과 함께 국가안보회의를 구성하고 그 의장을 맡는다. 대통령의 권한은 외교, 국방, 사법권을 가지며, 국회에서 총리 및 각료의 임명 시 제한적 동의권을 행사할 수 있다. 또한 대통령은 국회에 대한 책임을 지며 헌법에 위배되는 행위를 했을 시 국회제적인원의 2/3 이상의 찬성으로 탄핵할 수 있다.

정부(내각)는 국가의 최고 행정기관으로 총리와 국무위원으로 구성되고 국무위원은 총리의 제청으로 국회에서 임명한다. 국무위원의 임기는 4년이지만 임기 전에라도 불신임 결의에 의하여 퇴진이 가능하다.

〈그림 5〉 현재 몽골의 정치체제

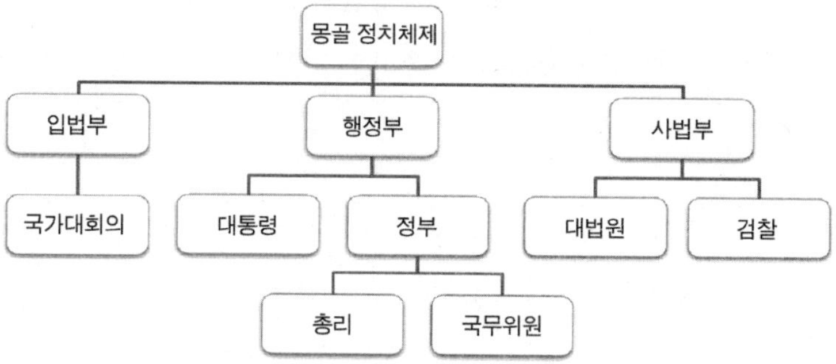

자료: 몽골의 역사(2009)

III. 몽골 정치의 변화 과정 : 1990년 민주화 이후 실시된 선거를 중심으로

1. 1990년 3월 제헌국회의원선거

1) 선거결과

1990년 3월 인민혁명당과 민주화세력의 지도자들이 서로간의 합의에 의해 정당법을 개정하여 인민혁명당의 일당독재를 포기하고 다당제를 도입하기로 하는 합의를 도출하고, 5월 이에 관한 법률을 헌법에 추가하여 민주선거에 대한 법적 근거를 마련한다. 그리고 7월 29일 역사상 첫 번째로 민주적 절차에 의한 자유선거를 실시한다.[8]

　몽골역사상 최초의 민주선거인 이 선거의 결과는 몽골인민혁명당이 61.7%의 득표율로 압도적인 승리를 거두었고, 그 다음이 몽골민주당 (24.3%), 몽골민족진보당(5.9%), 몽골사회민주당(5.5%), 몽골자유 노동당(1.2%), 몽골통일당(1.2%)으로 나타났다. 선거 결과를 토대로 인민혁명당은 오치르바트Ochirbat를 몽골의 초대 대통령으로, 인민혁 명당의 뱜바수렝Byambasuren을 총리로 각각 선출하여 임시정부를 구성한다.

---

8 첫 총선은 중·대선거구제로 치러졌다.

오치르바트

　총선 후 곧 오치르바트 대통령을 위원장으로 하는 헌법기초위원회가
설치되었고 여야 간의 논의를 거쳐 1992년 2월 신헌법이 발효되었다.[9]
신헌법에는 국회의원 선거와 대통령 선거를 분리하여 실시한다는
조항을 새롭게 규정하였고, 이에 따라 1992년에 첫 국회의원 선거를,
1993년에는 첫 대통령 선거를 실시하게 되었다.

---

9 이 신헌법의 주요 내용으로는 우선 국명을 몽골인민공화국에서 몽골국으로 변경하
　였다. 정부형태는 대통령중심제와 의원내각제를 혼합한 이원집정부제를 채택하
　였고, 양원제를 단원제로 변경하여 기존 430석의 의석을 76석으로 축소하였다.
　또 대통령과 국회의원의 임기를 4년으로 하였고, 대통령은 한 번의 연임이 가능하
　도록 하였다.

〈표 7〉 1990년 총선결과

정당명	의석수	득표율
몽골인민혁명당	360	61.7
몽골민주당	20	24.3
몽골민족진보당	5	5.9
몽골사회민주당	5	5.5
몽골통일당	0	1.2
몽골자유노동당	1	1.2
무소속	39	0.2
총계	430	100

자료: www.babar.mn

2) 선거분석

당시 민주화에 대한 도시민들과 지식인, 특히 젊은 세대의 전폭적인 지지에도 불구하고 인민혁명당이 압승한 것은 1988년 말부터 몽골에 일어난 민주화의 바람을 인민혁명당이 평화적으로 수용하고 자연스러운 개혁·개방으로 이끌었던 점이 크게 작용한 것으로 판단된다. 또 인민혁명당 또한 야당과 같이 개혁과 개방을 약속한 상태에서 상대적으로 급속한 개혁 개방을 추구하는 야당의 모습은 지방민들을 효과적으로 설득하지 못했다고도 볼 수 있다.

몽골인민혁명당의 주도로 만들어진 선거법상의 유리함 또한 압승의 큰 요인이 되었는데, 몽골인민혁명당의 지지세가 강한 지방의 경우 인구 2,000명에 한 명의 국회의원을 선출하도록 한 반면 야당인 민주세력이 강세를 보이는 수도 울란바타르의 경우 인구 10,000명에 한

명의 국회의원을 선출하게 되어 있어, 당시 몽골 전체 인구의 25%가 수도 울란바타르에 거주하고 있음에도 지역구 의석수는 전체 의석수의 10% 정도밖에 되지 않았다. 결과적으로 인민혁명당의 압승으로 끝난 이 선거는 지방거주민을 포함 전 국민적인 민주화의 열의가 아직은 미성숙했던 결과에서 기인한 것이 아닌가 한다.

3) 선거 후 정세분석

선거 후 1991년 2월 인민혁명당 내부에서 보수와 개혁간의 갈등이 일어나 보수파가 대거 물러나고 개혁파가 당권을 잡는다. 하지만 곧 다시 보수와 개혁간의 분쟁이 일어나고 결국 몽골인민혁명당의 개혁파들이 몽골쇄신당을 창당해 분당하는 결과를 초래한다. 하지만 여당과 야당 사이의 중도파 역할을 자처한 몽골쇄신당은 1992년 총선에서 1석도 얻지 못하며 양극화된 정치구도에서 소외된다.

2. 1992년 6월 총선

1) 총선결과

〈표 8〉 1992년 총선결과

정당명	의석수	득표율
몽골인민혁명당	71	56.9
민주연합	4	17.5
몽골사회민주당	1	10.1
기타, 무소속	0	15.5
총계	76	100

자료: 몽골선거관리위원회

두 번째로 치러진 선거지만 신헌법에 의거한 첫 번째 국회의원 선거라고 할 수 있다. 몽골인민혁명당이 56.9%의 득표율을 얻고 총 76석의 의석 중 인민혁명당이 71석을 차지함으로써 완벽한 승리를 거두게 된다. 선거에 승리한 몽골인민혁명당의 자스라이Zasrai가 총리로 선출된다.

2) 선거분석

이번 선거 역시 1990년 선거의 양상과 거의 유사하였다. 다만 1990년 선거의 쟁점이 민주화에 있었다면 92년의 선거의 쟁점은 경제문제였다는 것이 다른 점이었다.

당시의 경제문제를 야당은 집권여당의 책임에 있다고 했지만, 방송과 언론을 장악하고 있던 여당은 매스컴을 이용해 당시의 최대 관심사였던 금융스캔들의 중심에 야당의 주무장관과 야당 정치인들이 있었음을 집중 공략한 것이 큰 효과로 나타났고, 이 선거에서 야당이 완벽히 패배하게 된다.

반면 여러 당으로 분열된 야당은 지지표를 분산시키는 결과를 초래하여 자신들의 패배를 더욱 키우는 결과를 초래한다.

3. 1993년 6월 대통령선거

1) 선거과정

몽골에서 최초로 국민들이 직접 선출하는 첫 대통령선거였던 이 선거에서 여당인 몽골인민혁명당에서는 현직 대통령인 오치르바트Ochirbat 대신 투데브Tudev를 후보로 선출한다. 이에 몽골인민혁명당의 후보에서 탈락한 현직 대통령인 오치르바트는 몽골인민혁명당을 탈당하여 재야세력인 몽골민족민주당에 입당하여 대선출마를 준비하게 되고, 지난 총선에서의 참패로 야당세력은 대통령선거에 총력을 기울여 몽골민족민주당, 몽골사회민주당, 몽골녹색당 등이 민주연맹을 결성 오치르바트를 야권 단일후보로 선출한다.

2) 선거결과

〈표 9〉 1993년 대통령선거결과

대통령 후보	소속정당	득표수	득표율
투데브	몽골인민혁명당	397,057	38.7
오치르바트	민주연맹	592,836	57.8
무효표		36,077	3.5
합계		989,893	100

자료: 몽골선거관리위원회

선거결과 민주연맹의 오치르바트가 57.8%의 지지로 38.7%의 지지를 얻은 몽골인민혁명당의 투데브를 누르고 본인은 결과적으로 연임에 성공하고, 야당은 대통령선거를 승리하게 되어 정권의 한 축을 차지하게 된다.

3) 선거분석

첫 대선에서 야당이 승리할 수 있었던 가장 큰 요인은 현직 대통령인 오치르바트의 인지도가 매우 높았다는 것에 있다. 또 총선과는 다르게

전체 국민의 직접투표에 의한 선거였기에 인구의 대다수를 차지하면서
야당지지가 강한 도시민들의 의견이 크게 반영되었다고 볼 수 있다.
마지막으로 지난 두 번의 총선에서 몽골인민혁명당의 승리로 국민들에
게 여당 견제 심리가 적극적으로 작용한 측면도 없지 않다.

4) 선거 후 정세 분석

이 선거는 야당이 대통령을 차지하고 여당이 의회를 차지하여 균형
있는 정치세력 형성하였다는 의미가 있다. 이렇게 대통령을 중심으로
하는 야당의 세력이 강해진 결과 시민사회의 활동도 더욱 더 활발히
진행되어 갔다.

1994년 4월 약 20명의 사람들이 정부와 의회의 부패에 항의하는
단식농성에 돌입하였는데 이 시위를 계기로 정부에 반대하고 언론의
자유를 요구하는 운동이 전국으로 확대되어 갔다. 결국 인민혁명당
정부는 선거법개정과 언론의 자유에 관한 법을 제정하고 부패방지를
위한 조치를 취할 것을 약속 야당과 시민사회에 약속한다.

또 이 시기 위와 같은 시위 외에도 선거 후 시민사회의 다양한
각 직종의 노조와 비정부기구 등 이익단체들이 활동하기 시작하여
사회의 다양한 목소리가 나타나기 시작했다.

이처럼 야당이 승리한 대통령 선거는 몽골시민사회의 발언권과
영향력을 확대시키는 결과를 낳았고, 이러한 결과는 다음 총선에
상당히 큰 영향을 미치게 되었다.

4. 1996년 6월 총선

1) 선거과정

야당들은 이전 대통령선거에서의 경험을 통해 야권통합의 중요성을 인식하게 된다. 이 결과 총선을 앞두고 1996년 1월 몽골민족민주당과 몽골사회민주당이 정치적 연합을 선언하고 3월 몽골녹색당과 몽골종교민주당이 이 연합에 참여함으로써 정식으로 '몽골민주연맹'이라는 연합정당이 탄생하게 된다. 이로서 1996년 총선은 몽골인민혁명당과 몽골민주연합의 양당구도로 형성되었다.

2) 선거결과

〈표 10〉 1996년 총선결과

정당	의석수	득표율
몽골인민혁명당	25	32.9
몽골민주연맹[10]	50	65.8
몽골전통통일당	1	1.3
총계	76	100

자료: 몽골선거관리위원회

선거결과 야당인 민주연맹의 압도적 선거승리로 공산혁명 이후 75년 만에 몽골인민혁명당의 집권을 끝내고 최초로 정권교체를 이루어내었다. 민주연맹은 총 76석 중 50석을 차지하여 과반을 훨씬 넘는

---

10 1996년의 몽골민주연맹은 몽골사회민주당, 몽골민족민주당, 몽골종교민주당, 몽골녹색당이 연대한 야당연합이었다.

안정적인 의석을 만들어 내었다.

3) 선거분석

이 선거에서 민주연맹은 몽골이 당면하고 있는 현실적 문제들 예를 들어 국영언론의 민영화, 연금개혁, 교원들에 대한 임금인상, 몽골사법제도 개혁 등등에 대한 정책제시가 주요했다. 이에 반해 몽골인민혁명당은 집권기 동안 50%가 넘는 인플레이션과 15%가 넘는 실업률로 민심의 이반을 가져왔으며 이에 대한 정책적 대안 제시가 부족했다는 것에 패인이 있었다.

4) 선거 후 정세 분석

개혁을 기치로 내걸었던 몽골민주연맹은 선거 후 언론과 주택, 공기업의 사유화를 허용하는 법안을 통과시키고, 행정부와 사법부의 권한을 강화하는 등의 급진적 개혁정책들을 추진하게 된다. 하지만 개혁정책들의 시행은 몽골의 관료와 전문가 그룹에 폭넓게 포진하고 있는 몽골인민혁명당 출신들의 비협조로 어려움에 처하게 되었고, 또 일부 국민들과 몽골인민혁명당은 이러한 급진적 개방정책이 오히려 외국자본의 대량유입을 초래하고 국민경제에 부정적 작용을 일으킬 것이라는 여론을 형성하기 시작했다.

위와 같은 개혁의 속도조절에 대한 양당 간의 견해차는 다음 대선에 영향을 미치게 되었다.

5. 1997년 5월 대통령선거

1) 선거과정

몽골인민혁명당에서는 바가반디Bagabandi 국가대회의 대변인을, 민주연맹에서는 현 대통령인 오치르바트를 대통령 후보로 선출하였고, 초대 대통령부터 현재까지 대통령직을 수행하고 있는 오치르바트가 무난히 당선될 것으로 예측하였다.

2) 선거결과

〈표 11〉 1997년 대통령선거결과

대통령 후보	소속정당	득표수	득표율
바가반디	몽골인민혁명당	597,573	60.8
오치르바트	민주연맹	292,896	29.8
곰보자브	몽골통일전통당	65,201	6.6
무효표		26,970	2.8
합계		982,640	100

자료: 몽골선거관리위원회

선거결과 몽골인민혁명당의 바가반디 후보가 과반이 넘는 득표로 당선되어 민주연맹의 오치르바트는 재선에 실패하고 권력의 한 축을 야당인 인민혁명당에 내어주는 결과를 낳는다.

바가반디

3) 선거분석

예상과는 판이한 결과는 낳은 이 선거는 민주연맹이 1996년 총선승리 후 추진한 급진적 개혁정책들에 대한 국민들의 반감이 크게 작용한 것으로 판단된다. 여기에 그러한 개혁정책들에 대한 부정적인 측면을 인민혁명당 측에서 잘 이용하여 여론을 형성한 것이 주요했다. 특히 수입관세 철폐와 같은 자유주의 경제정책에 대한 국민들의 반감이 상당했는데 이와 같은 여론은 민주연맹 측의 국민들에 대한 설명과 이해를 등한시한 결과이며, 그 결과가 선거에 나타난 것이다.

4) 선거 후 정세분석

인민혁명당의 바가반디 대통령 당선에도 의회는 민주연맹이 장악하고 있어 권력이 양분되어 서로 견제할 수 있는 정치적 상황이 되었고,

2. 몽골의 정치 103

또한 안정된 양당제가 더욱 더 굳건해지는 결과를 낳는다.

자유주의적이고 진보적인 민주연맹과 시장 개입적 정책을 추진하는 몽골인민혁명당이 정치적으로 서로를 견제하고 정책적으로 다양한 의견을 내게 됨으로써 한층 발전된 정치체제가 형성된다.

하지만 대통령선거의 패배로 민주연맹은 정당과 정파 간의 권력투쟁의 골이 깊어지고 이런 상황은 빈번한 내각교체와 정국불안을 유발시키는 결과를 초래한다. 민주연맹의 이러한 정국불안 초래는 곧 국민경제의 불황과 경제위기 극복 실패로 이어지게 되고 다음 총선에 막대한 영향을 미치게 된다.

6. 2000년 7월 총선

1) 선거과정

민주연맹은 정당과 정파 사이의 치열한 권력투쟁으로 인한 극심한 갈등을 겪고 있었고, 급기야는 총선을 앞두고 연맹이 해체되는 최악의 상황을 맞이하게 된다. 몽골사회민주당은 연맹을 이탈해 독자적으로 후보를 내기로 하고, 몽골민족민주당은 몽골민주당으로 재 창당하였다.

2) 선거결과

〈표 12〉 2000년 총선결과

정당별	의석수	득표율
몽골인민혁명당	72	50.2
몽골민족민주당	1	13
몽골신사회민주당	1	10.7
몽골시민의지당, 몽골녹색당	1	3.6
몽골사회민주당	0	8.9
몽골공화당	0	4.07
몽골민주당	0	1.7
무소속	1	2.7
합계	76	100

자료: 몽골선거관리위원회

이 선거의 결과는 집권 민주연맹 측에 상상도 못할 참패를 안겼고, 몽골인민혁명당은 총 76석 중 72석을 석권하는 완벽한 승리로 1996년 총선에서 잃어버린 정권을 되찾는 데 성공한다. 당시 여당이었던 민주연맹은 잦은 권력다툼과 그로 인한 분열로 결국 역사상 최악의 참패를 기록하게 된다.

3) 선거분석

이 선거에서 인민혁명당의 완승은 민주연맹의 집권기 동안의 급진적인 개혁정책에 국민들의 반감이 무척 컸음을 잘 나타낸다. 특히 개혁정책 중 경제정책의 실패로 인하여 민심이 완전히 떠나 버렸고, 실업률이

50%까지 치솟아 국민들의 외면을 받았다고 볼 수 있다. 또 4번의 내각교체를 일으킬 정도로 심각했던 민주연맹의 권력투쟁은 정국을 매우 불안하게 만들었고, 이러한 정국불안은 결국 총선 전 여권의 분열이라는 결정적 사태를 일으키게 된다.

4) 선거 후 정세분석

총선에 승리한 인민혁명당은 엥흐바야르Enkhbayar를 총리로 임명하고, 몽골인민혁명당의 신정부는 시장경제 개혁의 속도를 조절하는 정책과 사회복지 정책을 최우선 과제로 두는 등 정부의 개입 기능을 강화하는 정책을 펼친다.

엥흐바야르

1999년 12월 24일 여야합의로 통과된 헌법개정안이[11] 2000년 11월 29일 헌법재판소의 위헌 판결을 받게 되는데 집권 인민혁명당은 법률의 위헌만을 심의하는 헌법재판소가 헌법의 개정행위에 관여한 월권행위라고 비판하고, 엥호바야르 총리 주도하에 12월 14일 국회본회의에서 헌법개정안을 단독처리 발효시킨다.

하지만 총리 주도하에 발효시킨 헌법개정안은 같은 당의 대통령인 바가반디가 대통령의 권한을 지나치게 제한한다는 이유로 거부권을 행사함으로써 헌법개정안은 인민혁명당 내에 대통령과 총리 사이의 권력투쟁 양상으로 번지게 된다. 결국 국회를 장악하고 있던 총리는 헌법 개정에 대해서는 대통령의 거부권 행사를 기각한다는 결의안을 채택하고 헌법개정안을 관철시킴으로서 정치적으로 승리하게 된다.

대통령과 총리의 권력투쟁에서 승리한 엥호바야르 총리는 정치적으로 확고한 위치를 굳히게 되었고, 향후 2009년 대선에 실패할 때까지 약 10년간 몽골을 실질적으로 통치하는 명실상부한 최고 권력자가 되었다.

그러나 위와 같은 헌법개정안에 대한 국회와 사법부, 대통령 간의 서로 다른 견해는 많은 국민들이 초거대 정당인 인민혁명당 정권의 국회에 대한 견제 심리로 표출되어 나타나고 그것은 다음 해 대선에 영향을 미치게 된다.

---

11 대통령의 권한을 제한하고 의회와 총리의 권한을 대폭 강화한 법안.

7. 2001년 5월 대통령선거

1) 선거과정

인민혁명당은 현재의 대통령인 바가반디를 대통령후보로 재 선출하고, 몽골민주당은 국회의장을 역임한 곤직도르지Gonzigdorj를 후보로 선출한다.

2) 선거결과 및 선거분석

〈표 13〉 2001년 대통령선거결과

후보	소속정당	득표수	득표율
바가반디	몽골인민혁명당	581,381	58.13
곤지그도르지	몽골민주당	365,363	36.53
다슈남	시민의지당	63,735	3.37
합계		1,010,479	98.03

자료: 몽골선거관리위원회

선거결과 몽골인민혁명당의 바가반디 현 대통령이 57.9%의 득표율로 최초로 연임에 성공하고, 몽골민주당 소속의 국회의장 출신인 곤지그도르지는 36.38%의 득표율로 선거에 패배하였다.

1년 전 인민혁명당이 완벽한 승리를 거두었던 총선에서의 분위기가 대통령선거에도 계속 이어졌다. 즉 지난 민주연맹 정부의 과오가 대통령 선거에서도 영향을 미치게 되었다는 것이다. 몽골인민혁명당의 연이은 총선과 대선 승리로 인민혁명당의 정치적 입지가 한층 강화되었고, 향후 인민혁명당은 안정적인 정국운영을 펼칠 수 있게 되었다.

8. 2004년 6월 총선

1) 선거과정

선거 전 민주세력들은 분열로 인한 패배의 교훈에 따라 강력한 정치적 연합을 통한 정권교체를 위해 몽골민주당, 몽골시사회민주당, 시민의 지당 등의 야당세력들을 통합하여 '조국민주연합'이라는 야당연합단 체를 탄생시킨다.

2) 선거결과 및 선거분석

〈표 14〉 2004년 총선결과

정당	의석수	득표수	득표율
몽골인민혁명당	36	517,443	47.3
조국민주연합	35	474,977	44.7
몽골공화당	1	14,819	1.47
무소속	3	36,543	3.9
기타	0	28,814	2.63
합계	76	1,072,596	100

자료: 몽골선거관리위원회

　집권여당과 야당연합인 조국민주연합의 치열한 정권 재탈환의 승부 는 선거결과 양 진영 모두 과반수 획득에 실패하는 결과를 낳게 된다. 하지만 지난 총선에서 야당은 무소속 포함 모두 합쳐도 4석에 불과했던 의석수가 35석으로 증가한 반면, 여당인 몽골인민혁명당은 72석에서 36석으로 반 정도가 줄어 실질적으로는 여당이 이 선거에서 패배했다 고 할 수 있다. 이처럼 여당인 인민혁명당은 단독 정부구성에 필요한

과반수 의석 획득에 실패함으로서 야당과 함께 연립정부를 구성할
수밖에 없는 상황에 처한다.

　이 선거는 우선 국민들이 국회와 대통령이 모두 몽골인민혁명당인
것에 대한 견제심리가 작용했다고 볼 수 있다. 또 통합된 민주세력이
야당세를 한 곳에 집중시키는 효과를 나타내게 하였다. 또 국민들이
대통령의 권한을 축소시키는 헌법 개정과 관련 거대 권력이 되어
버린 엥흐바야르 총리의 내각에 대한 견제의 필요성을 느꼈다고 판단
된다.

3) 선거 후 정세분석

몽골인민혁명당은 의회의 과반을 획득하지 못하여 단독으로는 정부를
구성할 수 없는 상황에 처하게 되고 이에 민주연합과 함께 연립내각을
구성하여야만 했다.

　2004년 9월 22일 국가대회의에서 내각의 조각을 승인하고 양당은
교대로 총리를 맡기로 합의를 한다. 이와 같은 합의에 따라 총리는
민주연합의 엘벡도르지가 국회의장은 인민혁명당의 엥흐바야르가
맡기로 결정한다.

　연립내각인 만큼 총리의 임기는 2년으로 여야가 교대로 하고, 장관
급 18명을 여야 동수로 9명씩 임명하기로 합의한다.

　하지만 2004년 6월 총선에서 선전하고 인민혁명당과 연립정부를
구성한 민주연합은 다음 해인 2005년 대통령선거 후보 선출 문제를
놓고 내분 끝에 해체하게 되고 이후 연합을 이탈한 의원들의 인민혁명
당 합류로 정권은 다시 인민혁명당으로 넘어가게 된다. 이와 같은

야당의 분열은 야당 스스로의 책임이 가장 크지만 이를 교묘히 조장하고 유도한 인민혁명당의 전략이 성공한 측면도 있다.

9. 2005년 5월 대통령선거

1) 선거과정과 선거결과

몽골인민혁명당은 대선후보로 전임총리이자 현 국회의장인 엥흐바야르를 후보로 내세우고 야당인 민주연합은 후보문제로 분열을 일으켜 결국 몽골민주당과 몽골공화당, 몽골조국민주당에서 각기 후보가 난립하는 상황이 초래된다.

〈표 15〉 2005년 대통령선거결과

후보자	소속정당	득표수	득표율
엥흐바야르	몽골인민혁명당	485,730	54.2
엥흐사이항	몽골민주당	184,743	20.2
자르갈사이항	몽골공화당	129,147	14.1
에르덴바트	몽골조국민주당	105,171	11.5
합계		914,791	100

자료: 몽골선거관리위원회

야당이 뿔뿔이 분열된 상황에서 선거결과는 당연히 인민혁명당의 엥흐바야르 후보가 과반 이상의 득표를 얻게 되는 상황이 이루어지고 무난히 대통령에 당선되게 된다.

2) 선거분석

이 선거의 결과는 그동안 연립정부 구성에 있어 권력을 나눠 먹기 한다는 인상을 국민에게 심어주었던 측면이 있었고, 이에 여야에 모두 실망한 국민들은 분열된 야당보다는 차라리 여당에 힘을 실어주어 정국을 안정시키는 것이 더 나을 것이라는 판단을 했던 것으로 여겨진다. 또 그동안 총리직과 국회의장직을 역임하며 몽골정치권력의 정점에 있던 엥흐바야르가 그 권력을 이용 결국 대통령의 직위까지 오르면서 몽골의 최고 정치지도자로서의 면모를 유감없이 발휘한 선거이기도 하다.

3) 선거 후 정세분석

대통령선거 후 2006년 1월 11일 민주당 출신 엘벡도르지 총리와 10명의 내각각료가 연합정부의 비효율적 운영과 대선에서의 국민들의 지지를 얻지 못했다는 책임을 지고 사임함으로써 2004년 총선 후 유지되어 왔던 연립내각이 붕괴된다.

　민주연합이 해체되자 인민혁명당은 연립내각의 상대방이 해산되었음을 이유로 내각을 해산하고, 2006년 2월 엥흐볼드Enkhbold 총리를 수반으로 인민혁명당의 지배를 강화하는 내각을 구성하고 민주당을 제외한 군소정당을 내각에 참여시켜 명분을 쌓는다.

엥흐볼드

2007년 11월 엥흐바야르 대통령과 엥흐볼드 총리간의 권력 갈등 구도에서 엥흐바야르가 지지하는 바야르Bayar 총리가 인민혁명당 당수 및 총리로 선출된다. 이것은 결과적으로 엥흐볼드 총리 세력의 성장을 두려워한 엥흐바야르 대통령 쪽의 승리로 보아야 한다.

10. 2008년 6월 총선

1) 선거과정

엥흐바야르 대통령을 위시한 오랜 기간의 인민혁명당 정권에 국민들이 염증을 느끼고 있었지만, 2007년 선임된 바야르 총리의 청렴한 이미지가 총선에 상당히 긍정적 영향을 미치는 작용을 한다. 하지만 인민혁명당의 2000년 이후의 계속된 집권으로 국민들 사이에서는 야당에 힘을 실어주어야 한다는 여론이 더 크게 조성되고 있었다. 이것은 선거 전 실시된 여론조사에서도 잘 나타나 있다.(야당의 승리가 예상되었음)

바야르

2) 선거결과

〈표 16〉 2008년 총선결과

정당	의석수	득표율
몽골인민혁명당	46	60.52
몽골민주당	27	32.52
시민의지당	1	2.32
민주연합	1	2.32
무소속	1	2.32
합계	76	100

자료: 몽골선거관리위원회

이 선거에서는 선거결과가 당초 예상을 뒤집고 여당인 몽골인민혁명당의 압승으로 끝났다. 이에 몽골민주당의 엘벡도르지 대표는 7월 1일 부정선거의혹을 제기하며 선거결과에 절대 승복하지 않겠다고 공개적으로 천명하였고 몽골의 정국은 급속히 냉각되어 갔다.

3) 선거 후 정세분석

야당은 시민단체와 함께 부정선거 의혹을 제기하고 이들이 주축이 되어 약 6천여 명의 시민이 모여 부정선거규탄 시위를 벌이게 된다. 시간이 갈수록 시위자들의 시위는 점점 폭력시위로 변해가 급기야는 여당인 인민혁명당의 당사에 침입해 방화를 일으키는 격렬한 시위로 번져갔다.

이에 경찰은 강력하게 시위를 진압하고 이 과정에서 6명의 사망자가 발생하는 사태가 일어난다. 급기야 엥흐바야르 대통령은 7월 1일 몽골 초유의 비상사태를 선포하기에 이른다.

비상사태 선포 후 조기에 질서가 확보됨에 따라 7월 5일 비상사태를 해제한다. 이후 2008년 7월 23일 제5대 국회가 개원하였으나 민주당 측에서는 신정부 참여를 전제로 하는 협상안을 내걸고 의원선서를 거부하여 국회가 파행을 거듭한다.

결국 인민혁명당 측에서 수석부총리 1명과 장관 5명을 민주당 쪽에 할애하기로 하는 절충안을 제시해 2008년 9월 19일 여야 합의 하에 신정부를 구성하는 데 성공한다.

11. 2009년 5월 대통령선거

1) 선거과정

대통령 선거 전 몽골의 정국은 2008년 총선의 부정의혹과 비상사태, 시위자체포, 사망자발생 등으로 인해 극도로 불안한 정국이었다. 이러한 불안한 정국은 여당인 인민혁명당에 좋지 않은 선거 분위기를 갖게 하였다.

이 선거에서 여당은 현 대통령인 엥흐바야르가 연임에 도전하였고,
야당은 민주당의 엘벡도르지로의 후보자 단일화에 성공하여 선거승리
의 발판을 이루어냈다.

2) 선거결과

〈표 17〉 2009년 대통령선거결과

후보	소속정당	득표수	득표율
엘벡도르지	몽골민주당	562,459	51.24
엥흐바야르	몽골인민혁명당	520,805	47.44
합계		1,083,264	98.68

자료: 몽골선거관리위원회

선거는 야권통합을 이루어낸 야당인 민주당의 엘벡도르지 후보의
승리로 끝났다. 현 대통령과 집권 인민혁명당의 수많은 부정선거
의혹에도 불구하고 야당이 만들어낸 승리인 만큼 그 의미도 매우
크다고 할 수 있고, 이 선거로 인해 약 10년간의 엥흐바야르의 권력도
서서히 막을 내리게 되었다.

3) 선거분석

이 선거에서의 인민혁명당의 패배는 2008년 총선 후 부정선거 의혹과
그로 인해 촉발된 시위의 강경진압으로 국민들에게 큰 반감을 일으켰
다는 점이 매우 크게 작용하였고, 당시 몽골광산개발과 관련 극소수의
개발인들에게 광산의 이익이 집중되는 것과 같은 부의 독점화에 대한

국민들의 반감, 지난 10여 년간 총리와 국회의장, 대통령을 역임하며 엥흐바야르 대통령의 권력이 극에 달했던 것에 비추어 그의 책임론 등이 복합적으로 작용한 결과로 판단된다.

또한, 평생 민주세력으로만 한 길을 간 엘벡도르지의 정치역정도 좋은 이미지로 작용하였고, 지난 총선에 용기 있게 부정선거의혹을 제기하고 비상사태 때 여당에 강경 대응한 투사로서의 이미지도 국민들에게 각인되었던 점, 모든 야당들의 지지를 받는 단일후보였다는 점이 엘벡도르지에게 유리하게 작용하였다.

하지만 이 선거 역시 도시와 지방에서의 야당과 여당의 뚜렷한 지지도 차이를 나타낸 것은 향후 해결해야 할 문제점으로 나타났다.

엘벡도르지

4) 선거 후 정세분석

선거과정에서 두 후보 간의 특별한 정책적 차이가 없어 큰 정책의 변화는 없었으며, 대통령이 야당인 민주당에서 당선되었지만 대통령의 권한이 극히 제한되어 있는 정치구조상 이후 정세에 급격한 변화는 없었다.

하지만 엘벡도르지 대통령의 강한 부패척결 의지는 국민들의 염원과 지지를 등에 업고 강력한 목소리를 내어 인민당 정권을 견제하는 역할을 충실히 하였다.

12. 2012년 6월 총선

1) 선거과정

총선 전 여당이었던 인민당은 매우 큰 위기의식을 느끼고 있었다. 비록 당시 몽골의 경기가 좋고, 주요 경제수치도 긍정적으로 나타나고 있었지만 실제 몽골국민들이 느끼는 경제적 어려움은 커지고, 높은 경제성장률에 비해 일반국민이 느끼는 실질적인 삶의 질은 전혀 개선되지 않고 있었다.

또 많은 국민들이 막대한 외국의 원조와 자국의 자원을 해외에 수출해 들어오는 돈들이 상위 1%의 권력자들에게만 집중되고 있다는 인식이 뿌리 깊게 박혀 있어 지도층들에 대한 불신이 매우 높은 상황이었다. 즉 지난 2000년 총선 이후 10여 년 동안의 인민당 정권의 실정에 국민들이 변화를 택할 가능성이 높게 나타났다.

야당의 경우 여당의 지난 실정을 효과적으로 공략하고, 정치권 전반에 대한 국민들의 실망을 어느 정도 여당에 넘기고 나오느냐가 중요하였다. 여기에 현 대통령인 엘벡도르지의 비교적 높은 국민적 지지도와 정치적 역할은 이 선거에서 중요한 요인으로 작용하였다. 또한 선거를 앞두고 전 대통령인 엥흐바야르가 주도하는 인민혁명당이 창당되어 여당은 인민당과 인민혁명당으로 분열되는 결과를 초래하였다.

이와 같은 이유로 선거 전 모든 여론은 민주당의 우세를 예상하였다. 하지만 민주당의 우세라는 여론에도 불구하고 몇 가지 위험요인들이 있었다. 그것은 우선, 세대별, 지역별 투표성향이다. 전통적으로 인민당은 노장층과 지방의 지지세가 높고, 민주당은 젊은층과 도시의 지지세가 높았다. 이 때문에 수도인 울란바타르의 의석수가 14석이고, 지방의 의석수가 34석인 지역구 분포는 민주당에 유리한 것이 아니었다.

다음은 장기적인 인민당 정권의 집권으로 부를 쌓아올린 몽골의 현 기득권층 대부분이 인민당을 지지하고 있고, 2000년대 인민당 집권 이후 급격히 늘어난 언론(방송, 신문, 인터넷매체)의 뒤에는 대부분 인민당을 지지하는 이 기득권층이 폭넓게 자리 잡고 있다는 사실이다.

마지막으로 개정된 선거법으로 치러지는 선거라는 점이었다. 몽골 정치권은 총선 전 선거법 개정을 두고 치열한 다툼을 벌였다. 선거구제 변경서부터 지역구 조정 등 선거에서 각 당은 서로 자당에 유리한 상황을 만들기 위해 노력하였다. 이 결과 개정 선거법이 확정되었다. 하지만 다수당인 인민당의 의견이 상대적으로 많이 반영된 이 선거법은 민주당에 결코 유리한 것이 아니었다.

2) 선거결과 및 분석

〈표 18〉 2012년 총선결과(지역구 의석수)

정당	울란바타르 의석수	지방 의석수	합계
몽골인민당	1	18	19
몽골민주당	11	11	22
정의연합 (인민혁명당, 전통민주당)	2	2	4
민의녹색당	0	0	0
무소속	0	3	3
합계	14	34	48

자료: 몽골선거관리위원회

　선거의 결과는 예상대로 제1 야당인 민주당이 여당인 인민당을 누르고 승리하였다. 투표율은 65.24%로 과거의 선거들에 비해서는 상대적으로 낮았다. 결과를 분석해 보면 이번 선거는 민주당의 선전도 일정 부분 있었지만 집권 인민당에 대한 오랜 집권에 대한 국민들의 피로감이 극에 달했던 점이 가장 큰 요인이었다. 최근의 높은 물가상승률과 실업률, 2008년 선거에서의 공약 불이행은 물론이고 여당 정치인과 고위공직자들의 부정부패가 이번 선거의 승패를 갈랐다.

　또한 이 선거 역시 지역별 지지가 뚜렷했음을 아래의 표를 보면 알 수 있다. 인민당은 수도인 울란바타르의 14개 지역구 의석 중 단 1석만을 차지한 반면 지방에서는 34개 지역구 의석 중 반 이상인 18석을 차지해 지방에서의 강세를 유지하였고, 민주당은 울란바타르에서의 압승이 전체 선거의 승리에 크게 작용한 것을 알 수 있다.

이 선거에 있어서 또 한 가지 크게 주목해야 할 사항은 전 대통령인 엥흐바야르가 주축이 되어 창당된 인민혁명당의 약진이었다. 인민혁명당은 전통민주당과 연합하여 정의연합으로 선거에 참여하였고, 그 결과 지역구 4석과 정당별 득표율로 의석을 결정하는 정당명부식 비례대표제에서 득표율 22.3%를 얻어 7석을 차지하여 총 11석을 얻는 결과를 만들어냈다. 이와 같은 결과는 민주당이 지역구 22석 비례대표 10석 총 32석으로 총 76석 중 과반수인 38석에 못 미치는 상황에서 향후 몽골 정치에 캐스팅보트의 역할을 할 수 있다는 것을 의미하였다.

〈표 19〉 2012년 총선결과(정당명부식 비례대표 의석수)

정당	의석수	득표율
몽골인민당	9	31.3
몽골민주당	10	35.3
정의연합 (인민혁명당, 전통민주당)	7	22.3
민의녹색당	2	5.5
기타	0	5.6
합계	28	100

자료: 몽골선거관리위원회

3) 선거 후 정세 분석

민주당의 승리로 끝난 이 선거는 향후 몽골 정치의 변화를 예측하게 하는 여러 가지 요인을 포함하고 있다. 민주당은 총선 공약으로 '몽골국민 2020'을 제시하였고, 그 안에는 고용창출, 국방강화, 국민건강,

교육확대, 민주화시스템 구축이라는 5개의 항목 267개 세부공약을 내걸었다. 이 중에서 민주화시스템 구축이라는 항목에 주목할 필요가 있다. 민주당은 이 공약을 통해 사회 전반에 만연한 부정부패를 일소하고 강한 개혁을 추진할 것을 예고하였고, 이로 인해 몽골의 기득권 세력과의 마찰이 불가피하기도 했다. 또한 2013년은 대통령 선거가 있는 해이고 이 때문에 민주당 소속인 엘벡도르찌 대통령의 재선을 위해 민주당 정부는 강한 개혁 드라이브를 유지하는 것이 관건이었다.

13. 2013년 6월 대통령선거

1) 선거과정

현 대통령인 엘벡도르지가 과연 재선을 할 수 있을지가 가장 큰 관심사였다. 불과 1년 전 총선에서 인민당의 오랜 실정에 국민은 민주당을 선택하였다. 이 때문에 당초 엘벡도르지 현 대통령이 무난히 재선될 것이라는 관측이 많았다. 하지만 1년여 간의 정치적인 과정을 살펴보면 그리 녹록치 않은 부분이 많이 발견되었다.

우선 아직 인민당 정권에 대해 선거로 심판을 한지 1년밖에 지나지 않아 대통령 선거에서도 인민당에 대한 국민적 불신이 여전하였다. 하지만 총리와 대통령이라는 국가의 2대 권력 모두를 민주당에 주지는 않을 것이라는 국민들의 교차투표 성향을 들어 쉽지 않을 것이라는 전망을 내놓았다. 또, 1년여의 민주당 정권에 대한 국민들의 평가가 그다지 좋지 않았다. 1년이 지났지만 아직 눈에 띌 만한 가시적인 성과가 국민들에게 각인되지 못하여 대통령 선거에도 부정적 영향을 주지 않겠냐는 것이었다. 마지막으로 인민당의 바트-에르데네

Bat-Erdene 후보의 대중적 인기라는 변수였다. 인민당의 대통령 후보로 최종 결정된 바트-에르데네 후보는 몽골에서 가장 인지도가 높은 전통씨름 챔피언 출신의 정치인이었다. 이러한 인지도에 인민당이라는 프리미엄이 붙는다면 아무리 엘벡도르지라도 어려운 선거가 될지도 모른다는 의견도 많았다. 여기에 몽골인민혁명당에서 오드왈Udval이라는 제3의 후보를 내면서 변수로서 작용할 여지도 남겨 놓았다.

이와 같이 이 대선의 과정에서는 여당인 민주당 정권의 1년 평가 및 엘벡도르지의 대통령직 수행평가, 권력의 독점 문제 등이 주요 쟁점 사안들이었다.

바트-에르데네

2) 선거 결과 및 분석

〈표 20〉 2013년 대선 결과

	민주당 엘벡도르지 득표수(득표율)	인민당 바트-에르데네 득표수(득표율)	인민혁명당 오드왈 득표수(득표율)	무효표 득표수(득표율)
수도(울란바타르)	305,760(54.48)	217,824(38.81)	32,281(5.75)	5,416(0.96)
도(아이막)	314,295(46.61)	301,273(44.68)	48,100(7.13)	10,588(1.58)
재외국민	2,739(65.15)	1,283(30.52)	182(4.33)	0(0)
전체	622,794(50.24)	520,380(41.97)	51,563(6.5)	16,004(1.29)

자료: 몽골선거관리위원회

　선거 결과 집권여당인 민주당 엘벡도르지 대통령이 50.24%의 득표율로 재선에 성공하였고 그 다음으로 몽골인민당 바트-에르데네 후보가 41.97%, 몽골인민혁명당 오드왈 후보의 득표율은 6.5%에 그쳤다.

　엘벡도르지 후보는 전통적으로 민주당 지지층이 많은 수도 울란바타르에서의 우세는 물론 인민당의 우세지역인 지방에서도 2%의 근소한 차이지만 인민당 바트-에르데네 후보를 이겼다. 하지만 지난 총선에서처럼 제3당인 몽골인민혁명당의 변수가 이번 대선에서도 크게 영향을 미쳤음을 알 수 있다. 대체로 인민당과 인민혁명당은 지지기반이 겹친다고 볼 수 있고 두 당의 투표결과를 합산하면 민주당의 엘벡도르지 후보와는 2% 안팎의 차이로 좁혀든다. 즉 만약 인민당과 인민혁명당이 후보를 단일화하거나 해서 양자구도로 갔다면 결과는 예측하기 어려웠을 것이다.

3) 선거 후 정세분석

엘벡도르지 대통령은 재선이었다. 따라서 향후 몽골은 민주당이 안정적으로 이끌어 갈 수 있는 모든 토대를 구축했다고 볼 수 있었다. 하지만 민주당이 집권을 한 그 시점이 사실은 몽골이 가장 어려운 시기로 가고 있는 중이라는 것이 큰 문제였다. 자본주의와 시장경제의 도입 후 막대한 지하자원을 기반으로 가파른 성장을 이루어 오던 몽골이 국내외의 여러 경제적인 어려움에 처하게 되고, 그 문제점들이 쌓여 터지기 일보직전이었던 것이다. 이 때문에 당시 민주당 정권은 대통령과 행정부 모두가 합심하여 안정적인 정국을 운영하지 않는다면 이른 시간 안에 큰 위기에 직면할 가능성이 컸다.

14. 2016년 6월 총선

1) 선거과정

민주당 정권의 집권 동안 몽골의 경제는 추락을 거듭하였다. 2000년 총선 이후 2012년까지 약 12년간의 인민당 집권기를 끝내고 집권에 성공한 민주당은 급격한 개혁을 시도하였다. 부패와의 전쟁을 통해 가시적인 성과를 내기도 했지만 2012년 이후 지속적으로 경제성장율이 하락하여 곧 바닥을 칠 것이라 전망되어지고 있었다. 이러한 몽골경제의 추락은 물론 민주당만의 책임은 아니다. 국내의 문제도 있지만 국외에서 오는 경제적 환경의 악화에 가장 큰 영향을 받은 것이다. 하지만 민주당의 자원민족주의에 기반을 둔 포퓰리즘적 정책과 불안정적인 정치 환경이 결정적인 역할을 했음도 주지의 사실이다. 이 때문에 몽골국민들은 부패척결과 개혁에 응원을 보내기도 하였지만 결국 먹고사는 문제가 최악으로 치닫자 그 모든 책임을 민주당 정부에 물으려 했다. 이러한 환경 속에서 총선이 치러졌으니, 결과는 쉽게 예상할 수 있었다.

2) 선거결과 및 선거분석

〈표 21〉 2016년 총선 결과

정당	울란바타르 의석수	지방 의석수	의석수
몽골인민당	24	41	65
몽골민주당	6	3	9
몽골인민혁명당	0	1	1
무소속	1	0	1
합계	31	45	76

자료: 몽골선거관리위원회

이 선거는 위의 표에서 보는 바와 같이 정말 너무도 충격적인 민주당의 완패로 끝나버렸다. 총선 전의 여러 여론조사 및 전문가들 모두 인민당이 넉넉히 승리할 것이라 생각은 했지만 이와 같은 완벽한 승리는 정말 누구도 예측하지 못했다.

이 선거의 결과가 4년 동안의 민주당 정권에 대한 국민들의 심판이라는 것은 누구도 부정할 수 없었다. 민주당 정권의 책임만은 아니지만 국내외적 환경의 어려움과 그동안의 부실한 경제정책으로 인해 몽골의 모든 경제 지표는 최악을 향하고 있었다. 여기에 대통령과 정부 모두를 민주당이 장악하여 어려운 국내외적 환경에도 일관되고 안정적인 정국을 운영했어야 했지만, 4년 동안 오히려 잦은 내각교체와 계파갈등

은 물론이고 당리당략에 매여 정치적인 싸움만을 하며 국민의 고충을
돌보지 않았음을 국민들이 용서하지 않은 것이다.

3) 선거 후 정세분석

압도적인 승리를 거머쥔 인민당은 이제 안정적인 정국운영을 할 수
있는 기반을 마련하였다. 인민당은 오랜 사회주의 시절부터 민주화
이후 지금까지 몽골사회의 주류로서 국가를 통치해 온 경험을 가지고
있기 때문에 민주당 정권 때보다는 전체적으로 안정된 정국을 이끌어
갈 것으로 보인다.

　그러나 이번 선거를 통해 많은 정치 신인들이 국회로 입성을 한
부분이 변수로 작용할 수 있다. 이것은 민주화를 이끌며 주류로 자리
잡았던 민주화 1세대 정치인들의 퇴장과 새로운 민주화 2세대 정치인
들의 등장으로 몽골 정치의 새로운 패러다임을 제시할 수 있다는
긍정적 측면도 있지만 아직은 덜 익은 정치초년병들이 대다수여서
정국운영이 미숙할 것이라는 부정적 측면도 함께 있다. 또 민주당
집권기에 시작된 각종 개혁정책과 부패척결의 행보가 후퇴하여, 결국
권위주의와 부패로 대표되는 인민당의 부정적 모습을 다시 답습할
수도 있음을 알아야 한다.

15. 2017년 6월 대통령선거

1) 선거과정

2016년 민주당이 완벽히 패배한 총선 결과는 매우 충격적이었다.
하지만 현 시점의 몽골경제 상황을 높고 보면 나름 이해가 되기도

한다. 작년의 충격적인 총선 결과 이후 아직 몽골의 경제는 되살아날 희망이 보이지 않고 있기에 대다수는 이번 대선도 인민당의 압도적 승리를 예상하였다. 하지만 민주당과 인민당, 인민혁명당 이렇게 3당에서 대통령 후보들이 확정되면서 대선 구도는 복잡한 양상으로 흘러갔다.

지지정당과 후보의 선호도가 일치하지 않는 모습이 나타나기 시작했고, 인민혁명당이라는 제3당 후보의 지지도 상승은 전체 대선판의 큰 변수로 작용하기 시작했다. 이렇게 3당의 3명의 후보가 펼친 치열한 선거전은 당연히 사상 유래 없는 흑색선전 및 네거티브 폭로전으로 이어졌고 국민들에게 몽골의 정치에 대한 환멸과 불신을 갖게 하였다.

선거가 다가올수록 대선은 더욱 더 혼전으로 치닫게 되고 결국 몽골국민들은 최선의 후보를 선택하기보다 최악의 후보만은 피하자는 심정으로 투표에 임하는 경향이 많아졌다. 즉 확실하게 국민 다수의 지지를 받는 후보가 없다는 것이다.

2) 선거결과

〈표 22〉 2017년 대통령 선거 1차 투표 결과

	인민당 엥흐볼드 득표수(득표율)	민주당 바트톨가 득표수(득표율)	인민혁명당 간바타르 득표수(득표율)	무효표 득표수(득표율)
수도(울란바타르)	166,302(26.23)	275,021(43.37)	182,782(28.83)	9,985(1.57)
도(아이막)	244,451(34.00)	239,478(33.31)	226,377(31.49)	8,625(1.20)
재외국민	995(20.87)	2,979(62.49)	740(15.52)	53(1.11)
전체	411,748(30.32)	517,478(38.11)	409,899(30.19)	18,663(1.37)

자료: 몽골선거관리위원회

6월 26일 실시한 대선 투표 결과 유권자 총 1,988,891명 중 1,357,788명이 투표에 참여해 68.27%의 투표율을 기록하여 지난 대선보다 투표율이 3% 증가하였고, 1위는 민주당의 바트톨가Battulga 후보가 38.11%, 2위는 인민당의 엥흐볼드 후보가 30.32%, 3위는 인민혁명당의 간바타르Ganbaatar 후보가 30.19%, 무효 1.37%의 결과로 몽골 대선 최초로 50% 이상 득표한 후보가 없는 결과가 나타났다. 이에 선거법에 따라 2차 결선투표를 7월 7일 실시하기로 하였다.

〈표 23〉 2017년 대통령 선거 2차 결선 투표 결과

	인민당 엥흐볼드 득표수(득표율)	민주당 바트톨가 득표수(득표율)	무효표 득표수(득표율)
수도(울란바타르)	20,9017(36.62)	309,975(54.31)	51,739(9.07)
도(아이막)	287,553(45.33)	299,221(47.17)	47,606(7.50)
재외국민	497(18.57)	2,030(75.86)	149(5.57)
전체	497,067(41.16)	611,226(50.61)	99,494(8.23)

자료: 몽골선거관리위원회

2차 결선 투표는 유권자 총 1,990,797명 중 1,207,787명이 투표에 참여해 60.67%의 투표율을 기록하였고, 민주당의 바트톨가 후보가 50.61%의 과반을 넘긴 득표율로 몽골 대통령에 당선되었으며, 수도 울란바토르와 지방, 재외국민선거에서 모두에서 승리하였다.

바트톨가 대통령

3) 선거분석

먼저 1차 투표 결과에 대한 분석을 해보자면 1차 투표에서는 3당의 후보 모두가 30%대의 고른 지지율을 얻었다. 즉 누구도 압도적인 지지를 받지 못했다는 것이다. 이와 같은 결과가 나타난 결정적인 이유는 제3당인 인민혁명당의 간바타르 후보의 기대 밖 선전에서 찾을 수 있다.

수도 울란바타르에서 민주당과 인민혁명당의 야당 후보가 크게 승리하였고, 지방에서는 인민당 후보가 1위를 했지만 야당 후보들과 거의 차이가 없음을 알 수 있다. 결국 결선투표로 가게 되었지만 일단 야당의 승리라고 볼 수 있다. 또한 2위 인민당 엥흐볼드 후보와 3위 인민혁명당의 간바타르 후보의 득표수 차이가 1843표 밖에 되지 않는다는 것은 여당인 인민당을 반대하는 표가 그만큼 많았다는 증거로 당연히 2차 결선투표에 가게 되면 야당인 민주당의 바트톨가 후보가 유리할 것임을 예상할 수 있다.

인민혁명당 간바타르 후보의 선전은 기존의 15%대 정도의 콘크리트 지지층(전통적인 사회주의정당을 지지하는 층 또는 엥흐바야르 전 대통령에 대한 열성 지지자)에 양 거대 정당에 실망한 무당층이 대거 이동한 결과로 판단된다.

1차 투표는 최악의 경제위기를 겪고 있는 몽골국민이 기존 거대 정당인 인민당과 민주당이라고 하는 기성정당에 매우 실망하였음을 표출한 결과로도 볼 수 있다. 또한 결과적으로 1차 투표는 인민당 엥흐볼드 후보의 완패로 볼 수 있는데, 이것은 인민당의 패배이기도 하지만 엥흐볼드로 대표되는 기성정치세력이 바트톨가, 간바타르라는 신진정치세력에 패배한 것으로 볼 수도 있다. 즉 몽골국민들은 이번 대선 1차 투표로 민주화 시대를 이끌며 지금까지 몽골 정치를 주도했던 민주화 1세대 정치인들 대신 민주화 이후 성장한 민주화 2세대 정치인들을 선택한 것이다. 필자는 이번 대선은 몽골 정치의 세대교체가 시작되는 중요한 시점이 될 것이라고 생각한다.

다음으로 2차 결선 투표 결과에 대한 분석을 해보면 1차 투표에 비해 투표율이 약 8% 하락한 것은 국민들이 기존 양당 정치에 대한 불신이 높아졌음을 의미한다. 이것은 과반을 겨우 넘어 50.61%로 대통령에 당선된 민주당 바트톨가의 득표율이 증명한다.

민주당의 바트톨가가 승리한 요인으로는 우선 권력독점을 우려하여 그간 교차투표의 성향을 보여 온 몽골국민들의 선거태도가 이번에도 적용되었다는 점, 수도 울란바토르와 청장년층의 압도적 지지, 대체로 공정했던 당내 경선, 상대후보에 비해 젊은 신진 정치인이라는 이미지, 몽골민족주의 성향과 국민들이 좋아하는 친러 반중의 이미지 등등을 들 수 있다.

인민당 엥흐볼드 후보가 패배한 요인으로는 우선 정치의 새로운 변화를 원하는 몽골국민에게 노회하고 부패한 기성정치인을 대표하는 이미지가 강하였다는 점이 크게 작용하였다. 울란바타르시장 재직 당시 현재 울란바토르시의 모든 난개발의 주범으로 여겨져 유권자의 거의 반을 차지하는 수도 울란바토르에서 완패한 것과 지난 1년간의 인민당 정부에 대한 중간 평가로서 국민들이 인민당 정부에 아직까지 매우 불만족하고 있음을 나타내는 결과이기도 하다.

4) 선거 후 정세분석

앞서 언급한 바와 같이 이번 선거를 기점으로 몽골은 정치세력의 세대교체가 시작될 것이라고 본다. 이번 대선을 통해 몽골국민들은 인민혁명당의 엥흐바야르, 인민당의 엥흐볼드, 민주당의 엘벡도르지, 알탄호약 같은 1990년대 몽골 민주화를 이끈 인민당과 민주당의 민주화 1세대 정치세력의 퇴장을 유도하였고 2000년 이후 두각을 나타내기 시작한 민주당 바트톨가 신임 대통령, 인민혁명당 간바타르 대선후보, 인민당 에르덴바트Eredenebat 총리와 같은 신진정치세력을 전면에 등장시켜 몽골 정치의 세대교체는 물론 새로운 정치 패러다임을 만든 것으로 볼 수 있다.

또한 이번 대선의 결과는 비록 1년 밖에 지나지 않았지만 인민당 정부에 대한 중간 평가의 성격도 가지고 있다. 즉 국민들은 이번 결과를 통해 현 인민당 정부에 대해 국민들이 만족하지 못하고 있다는 것을 밝힌 것이라고 본다. 경제위기에 대한 신속하고 발 빠른 대처가 부족하고 총선 때 약속한 국민에 대한 복지공약의 미실천 및 파기 등이 원인일 수 있다.

이번 대선에서는 지금까지 몽골 선거에서는 없었던 새로운 것들이 나타나기도 했다. 몽골 역사상 최초로 대선 결선 투표가 실시되었다는 것 그리고 인터넷 및 SNS에 의한 자유롭고 즉각적인 의견 표출과 다소 혼란스럽고 검증되지 않은 수많은 의혹의 폭로로 그 어느 때보다 네거티브가 강한 영향력을 발휘한 선거이기도 했다. 이러한 인터넷 및 SNS를 이용한 네거티브 선거전은 정치에 대한 불신을 높이기도 했지만, 자유로운 고발과 의혹검증이라는 측면에서 앞으로 긍정적인 요소로 작용할 가능성도 동시에 제공하였다.

IV. 향후 몽골 정치의 전망

1. 바트톨가 대통령

새 대통령의 대선 공약[12]은 다음과 같다.

- '몽골은 승리한다.'라는 민족주의적 대선 슬로건
- 경제 독립, 안보 독립, 외교 독립 선언.
- 협치를 통한 정치, 사회적 갈등 극복.
- 외국과의 협력 시 자국민과 자국의 언어와 문화를 아끼고 존중.
- 자유와 정의 구현, 법률기관의 독립성, 언론의 자유.
- 사회복지시스템 확대, 건강보험, 노인·장애인 복지 확충.
- 은행재정의 건전화, 증권거래 활성화, 기업구조 개선, 자원개발에 있어 국익 중시.

바트톨가 대통령의 공약을 잘 살펴보면 앞으로 민주당과 바트톨가 대통령이 무엇을 중요시할 것이며, 인민당 정권과 어떤 부분들에서 협치를 해야 할지에 대해 파악할 수 있다. 전체적으로 바트톨가 대통령의 공약은 자국민 우선의 민족주의적인 색체가 묻어난다. 또 자유와 인권, 복지에 관심을 두고 있음도 알 수 있다. 이와 같은 부분에서 인민당의 정권과 서로 대립된 의견을 가질 수 있고, 만약 이런 부분에서 협치가 이루어지지 않을 경우 앞으로 남은 기간이 순탄하지 않을

---

12 Mongoliin medee 3면(2017.06.07)

것임을 알 수 있다. 몽골의 경제위기가 매우 심각한 만큼 대통령과 내각이 경제문제만큼은 정략적인 측면이 아닌 대승적인 차원에서 협의하여 순조롭고 안정적으로 처리해 나가기를 바래본다.

바트톨가 대통령이 대선에서는 경제, 안보, 외교의 독립을 전면에 내세우고 중국에 강력한 대응을 하는 공약으로 당선되었지만 당장의 경제위기 극복을 위해서는 인민당과 함께 기존 제1, 제2의 이웃 국가인 러시아와 중국 양 강대국과의 외교에 최선을 다해야 할 것이다. 즉 새 대통령은 집권 여당인 인민당과의 내적 협치는 물론 제1, 2의 이웃 국가인 러시아, 중국과의 외교인 외적 협치에도 최선을 다해야 한다. 특히 친러 반중 노선으로 알려진 새 대통령의 외교 기조를 불식시키기 위해서라도 우선 러시아와의 굳건한 외교적 동맹 하에 중국과의 관계계선에 나서야 한다.

'몽골의 트럼프'라는 외신이 붙여 준 닉네임처럼 민족주의를 자극해 인기를 얻는 모습을 지속할 시 심각한 정국의 불안을 야기할 수도 있고, 집권 인민당 정부와 극한 대립을 하게 된다면 이번에는 실패한 대통령의 권한을 대대적으로 축소하는 헌법 개정을 인민당이 급속히 추진하려는 시도를 다시 할 것이다.

2. 에르덴바트 내각의 총사퇴

7월 몽골 대선이 끝나고 약 2달이 지난 2017년 9월 7일 밤 몽골국회는 에르덴바트 총리의 내각을 총사퇴시키고 해산하는 안건을 통과시켰다.

이번 내각 총사퇴는 2014년에 단국대학교 몽골연구소의 초청으로

에르덴바트

몽골학 심포지엄에도 참석했었던 아요르사이항Ayursaikhan 의원을 필두로 인민당 의원 30명이 내각의 총사퇴를 요구하는 서명을 받아 국회에 제출함으로써 시작되었고, 이 안건은 그로부터 2주가 지난 9월 7일 임시국회에서 재적의원 76명 중 73명이 참석하고 이중 42명이 찬성을 해 57.5%로 가결되었다. 이로써 2016년 6월 총선의 압도적인 승리를 기반으로 출범한 에르덴바트 내각은 약 1년여 만에 그 수명을 다하였다.

이번 내각 해산의 주요 원인으로 여러 가지가 있겠지만 겉으로 내세우는 가장 큰 이유는 대선에서의 패배이다. 그러나 대선의 책임을 물어 내각을 해산시킨 이면에는 인민당의 주류인 엥흐볼드 당총재 겸 국회의장의 구 정치세력과 후렐수흐Khurelsukh와 아요르사이항이 이끄는 인민당 신진 정치세력 간의 권력 다툼이 주된 원인이라고 본다.

이번 내각의 총사퇴를 통해 향후 몽골 정치는 새로운 전환을 맞을 것이다. 이번 사건을 계기로 몽골 정치에 새로운 신진 정치세력이 확고히 자리 잡았고, 이들이 향후 몽골 정치를 이끌게 될 경우 지금까지와는 다른 새로운 정치의 패러다임이 구축될 수도 있을 것이다. 하지만 이것이 인민당 구파와 신파 간의 권력과 이권에 대한 다툼으로만 끝나거나, 또 다시 권력을 나눠 먹기만 하는 식이 된다면 추락한 몽골경제처럼 몽골의 정치도 한동안은 다시 일어서기 어려울 것이다.

에르덴바트 전 총리는 내각 총사퇴 표결 직전에 한 국회 연설에서 불안정한 내각의 변화가 결국 몽골을 망치는 가장 큰 문제점이라고 일갈하였다. 결국 이것은 오늘날 몽골 국민들의 어려움은 안정적인 정국운영을 하지 못하고 권력과 이권을 위해서 이전투구만을 일삼는 정치권의 잘못임을 스스로 고백한 것이라고 볼 수 있다.

3. 후렐수흐 내각의 출범

에르덴바트의 내각이 총사퇴를 한 후 한 달이 훌쩍 지난 10월 20일에 공식적으로 다음 정부가 출범하였다. 그 정부가 바로 후렐수흐 신임 총리가 이끄는 "인민의 정부"다.

후렐수흐

에르덴바트 내각의 총사퇴 후 인민당 주류인 엥흐볼드 국회의장의 계파와 이번 내각해산의 주역인 후렐수흐가 이끄는 계파 간의 치열한 권력투쟁은 결국 33대 32라는 아슬아슬한 수적 우세로 후렐수흐파가 승리를 하여 후렐수흐가 총리로 지명되었다. 이후 정부 구성 즉 장관자리를 놓고서 양 계파는 또 다시 치열하게 다투기 시작했다.

최종적으로 후렐수흐파에서 9명 엥흐볼드파에서 6명이 각 부처를 맡기로 하고 각각 장관을 추천하였다. 결국 다시 정부부처의 자리를 양 계파가 나눠 먹기 한 것이 되었고, 앞으로 수적으로 거의 비슷한 양 계파의 대립으로 인해 안정적인 정국운영이 불가능해지고 또 다시 불안한 정국이 계속된다면, 몽골 정치는 끝도 없는 나락으로 떨어질 것이 분명하다.

다만 이번 사태를 긍정적으로 보자면, 몽골을 지탱하는 거대 정당인 인민당에 드디어 신진 정치세력이 뿌리를 내리고 세대교체를 공식적으로 이루어낸 것으로 생각할 수 있다. 이것은 몽골이 민주화를 통해 변혁을 시작한 이후 최초의 정치권력의 변화이며, 세대 간 변화이다. 비록 이제 시작이지만 후렐수흐 ,아요르사이항을 위시한 이 인민당의 신진세력이 구태의연한 기존 기성 정치세력에 물들지 않고 앞으로 몽골정치와 국민을 선도할 세력으로 굳건히 뿌리내리기를 바라며 잘 지켜봐야 할 것이다.

V. 신新 한·몽 정치분야 협력을 위한 전략적 방안

지금까지 1911년 몽골이 청의 오랜 압제에서 독립을 쟁취한 후부터 현재까지의 몽골의 정치체제를 시기별로 나누어 간략히 살펴보았다. 몽골 정치체제의 변화는 어쩌면 몽골의 현대사를 이루는 근간이기도 하다. 몽골이란 곳이 아직은 우리에게 생소한 지역이기에 몽골에 대한 다른 분야와 마찬가지로 정치 분야에 대한 자료도 그다지 많지 않았다. 다만 1990년 이후 소련의 개혁·개방 정책에 이은 동구권의 붕괴에 맞물려 몽골의 민주화도 다수의 서방 학자들에게 연구되었다. 우리나라에 소개된 다수의 몽골 민주화에 관한 논문들도 이들 서방학 자들이 1990년 몽골의 민주화 이후 1990년대 초 중반에 작성된 것들을 참조한 것들이 주류를 이루고 있다. 이 때문에 몽골의 민주화에 대해 몽골 측의 자료를 통한 연구가 무척 아쉬운 상황이다.

몽골은 우리에게 역사적·문화적으로 깊이 성찰해 볼 필요가 있는 민족이자 국가이다. 또한 현대의 몽골은 우리의 가장 가까운 이웃 국가 중 하나로 남·북한 관계를 포함해 급변하는 동북아의 정세를 감안하면 정치·외교적으로도 매우 중요한 국가임에 틀림없으며, 그 중요성이 날로 높아져 가고 있다. 여기에 자원이 부족하고 국토가 좁은 우리에게는 경제적으로도 매우 중요한 지역이다.

양국은 올해 똑 같이 대선을 치루고 새롭게 국정을 시작하였다. 이 시점에서 지금까지의 형식적인 양국 협력을 뒤로하고 앞으로 신新 한·몽 관계를 위한 새로운 좌표를 설정해야 한다. 양국의 정치 분야 협력을 위해서는 너무도 당연하겠지만 우선 양국 정치권 간의 교류가 활성화되어야 한다. 이 문제는 단언하건대 우리 정치권에서만 깊이 인식해주면 가능한 일이다. 몽골의 정치인들은 한국의 정치인들과 많은 교류를 원한다. 앞으로는 그들의 요구가 있기 전에 우리가 먼저 몽골 정치권과의 실질적 교류에 앞장서야 한다. 급변하는 동북아의 상황에서 몽골과의 정치적 협력이 중요함을 우리 정치인들이 먼저 깨닫고 행동하기를 바란다. 여야를 막론하고 몽골의 양대 거대 정당인 인민당과 민주당과의 당 대 당 또는 각종 위원회, 의원 친선모임 등의 다양하고 다각적인 측면의 정치적 교류를 활성화해야 한다.

몽골과의 교류에서 가장 큰 장점은 저비용 고효율이란 점에 있다. 몽골을 경제규모나 인구 등의 산술적인 수치로만 그 가치를 논하지 말고 정치·외교적 측면을 고려하는 전략적인 측면의 수치로 따져봐야 할 것이다.

다음은 정치권의 교류 활성화를 통해 기업이 몽골 자원개발 및 물류 인프라 구축 사업에 적극 참여하도록 유도하는 방안이다. 몽골은 세계 10대 자원 부국이고, 매우 넓은 영토를 가지고 있지만 사면이 꽉 막혀 있는 내륙 국가이다. 이 때문에 몽골은 해양으로의 진출을 늘 염원한다. 하지만 현재와 같이 북핵문제와 중·미 및 다양한 세력들 간의 다툼이 심한 동북아의 상황은 몽골을 더욱 더 답답하게 만들고 있다.

몽골은 그 어떤 나라보다 동북아의 평화와 번영을 지지하고 적극적인 역할을 하고자 한다. 꽉 막힌 동북아의 해법이 의외로 몽골에서 시작될 수도 있다. 그 시작을 한국과 몽골의 정치권과 기업이 함께 시작해 보기를 바란다.

이 글은 학술적인 연구라기보다는, 몽골지역을 보다 깊이 알고자 하는 사람들에게 몽골의 정치에 대한 개괄을 통해 지금의 몽골지역을 이해하는 작은 시금석이 되고자 하는 것이 목적이다. 따라서 이 글이 그동안 약소국, 후진국이라는 편견 속에 상대적으로 저평가되어 왔던 몽골지역에 대한 중요성을 재인식하는 데 기여하기를 바래본다.

참고문헌

강톨가 외 지음, 김장구·이평래 옮김, 『몽골의 역사』, 동북아역사재단, 2009.

금희연, 『통일전략』, 「몽고의 체제전환과 민주화과정에 관한 연구」, 2009.

단국대학교 몽골연구소 편, 『몽골과 한국: 미래지향적 관계 발전 방안』, 2012.

양길현, 『國際政治論叢』, 「몽골 민주화의 추동요인과 진전과정」, 1998.

외교통상부 동북아3과, 『몽골개황』, 2016.

이재형, 이시영, 두게르 간바타르, 『신아시아 시대 한국과 몽골의 전략적 협력방안』, 대외경제정책연구원, 2010.

이정진, 『新亞細亞』, 「몽골의 민주주의 정착과 외교정책 방향」, 2009.

J. Amarsanaa, Sodnom Doljin, 『몽골의 정부조직과 법체계』(영문), 한국법제연구원, 2009.

National Statistical Office of Mongolia, 『Mongolian Statistical Yearbook 2016』, Монгол улсын шинжлэх ухааны академи түүхийн хүрээлэн, 『Монгол улсын түүх V』, 2003.

몽골정부기관 홈페이지 : http://www.pmis.gov.mn/

몽골 대법원 : http://www.supremecourt.mn/

몽골 대통령 : http://www.president.mn/mongolian/

몽골 국회 : http://www.parliament.mn/

몽골 중앙선거위원회 : http://www.gec.gov.mn/

몽골 헌법재판소 : http://www.conscourt.gov.mn/

인민당 : http://www.buleg.com/

민주당 : http://www.democrats.mn/

바바르닷컴 : http://www.babar.mn/

GoGo Medee : http://news.gogo.mn/

ikon : http://ikon.mn/

3.

몽골의 외교

서동주 국가안보전략연구원 수석연구위원

I. 내륙의 섬 몽골, 칭기즈칸의 나라 몽골

'몽골' 하면 무엇이 생각날까? 칭기즈칸, 초원, 광야, 말, 게르(천막) 등이 우선 떠오를 것 같다. 무엇보다 칭기즈칸은 누구나 다 아는 세계 역사의 인물이며, 몽골의 상징이기도 하다. 미국의 저명한 시사 잡지인 타임Time지誌가 1990년대를 마감하며 '지난 1000년의 역사 동안 인류에게 가장 큰 영향을 미친 인물'을 한 명 선정하였는데, 바로 칭기즈칸이었다. 이른바 '밀레니엄 맨'에 꼽힌 것이다. 그는 지금도 몽골의 수도 한가운데 울란바타르 광장에 늠름한 모습으로 앉아 있다. 야경으로 보면 더욱 찬연하게 빛나 보인다.

〈울란바타르 칭기즈칸 광장과 동상〉

(자료: 필자 제공)

몽골을 대표하는 영원한 국가 대표이며, 랜드 마크이기도 하다. 공항에서는 칭기즈칸 보드카도 살 수 있다. 그의 이름을 딴 기념박물관

도 있고, 돈에도 새겨져 있고, 광장 이름도 있다. 어쩌면 죽어서도 몽골 국민을 먹여 살리는 데 기여하고 있는 것인지도 모른다. 마치 미국의 워싱턴, 링컨, 러시아의 피터 대제, 톨스토이, 푸슈킨, 영국의 엘리자베스 여왕, 셰익스피어, 비틀즈, 중국의 진시황제, 공자 등과 같이 말이다. 자기나라의 역사 속에 위대한 인물이란 이래서 더 소중하고 중요하다.

그런데 다른 시각에 보면 현재의 몽골은 특이하다. 지구 땅을 멀리서 볼 수 있는 지구본을 통해서 바라보자. 무료로 다운받을 수 있는 구글어스를 이용해 보는 것이다.(earth.google.com) 그러면 그림처럼 몽골은 유라시아 대륙 한가운데에 자리 잡고 있다.

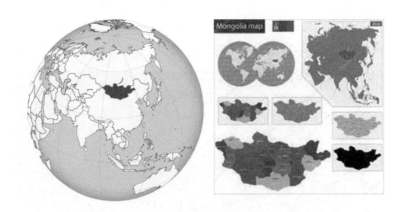

(출처: 구글 이미지 검색)

특이하게 이 나라에는 바다가 없다. 대륙 위에 떠 있는 섬과 같다. 위로는 세계에서 가장 큰 나라인 러시아가 위치하고 있고, 아래는 중화中華 제일주의를 내세우며 떠오르는 중국이 있다. 국제정치학 이론 중에 지정학(geopolitics)이라는 게 있다. 국제정치 문제를 분석하는데 지리와 정치 문제를 묶어서 분석하려 한다. 지리(geography)와 정치(politics)를 엮어 놓은 것이다. 요즈음에는 지리(geography)와 경제(economics)를 묶어 지경학(geo-economics)이란 말도 많이 사용된다.

어느 나라든 대내외 정책, 국가전략을 수립하고 펼칠 때, 지리적인 영향을 받지 않을 수 없다. 어디에 위치하고 있느냐가 중요하고, 나라 땅이 어떤 모습을 하고 있느냐 하는 것도 중요하다. 대륙에 위치하고 있는지, 바다 한 가운데 섬으로 위치하고 있는지, 대륙과 해양 사이의 반도적 위치에 자리 잡고 있는지 중요한 것이다. 또한 사하라 사막처럼 사막기후에 있는지, 시베리아처럼 초원과 추위에 놓여 있는지, 산악지대에 있는지, 또한 광물과 천연자원이 풍부하게 매장되어 있는지 등도 국력과 관련되어 있어 한 나라의 외교정책에 적지 않은 영향을 미친다. 몽골을 비롯해 러시아와 중국은 대륙국가에 해당되고, 영국과 일본, 호주, 대만은 섬 국가이다. 또한 우리나라를 비롯해 이탈리아, 터키 등은 대표적인 반도국가이다. 이들 모두 자기 나름대로의 독특한 대외정책과 전략을 갖고, 외교를 전개하고 있는 것이다.

특히 몽골은 그림에서 보듯 러시아와 중국 사이에 자리 잡고 있으며, 바다 자체도 없는 완전한 내륙국가이다. 러시아와 중국의 입장에서 보아 몽골을 누가 차지하느냐에 따라 주변 정세의 역학 관계가 완전히 바뀐다. 러시아와 중국 모두 몽골에 신경을 쓰고 중시할 수밖에 없다. 지정학적 시각에서 보아 몽골은 전형적인 전략적 완충국가(buffer state)에 해당된다. 전 세계적으로는 인도, 터키, 폴란드, 우크라이나 등이 대표적이다. 몽골은 지리적으로 러시아와 중국에 끼어 있으니 국제적 시각에서 보아 답답할 수 있다. 그러나 몽골이 더 강하고 국력이 큰 나라라면, 러시아와 중국을 뚫고 사방으로 뻗어 나갈 수도 있다. 13세기에 세계를 호령했던 몽골의 모습이기도 하다. 국력의 크기에 따라 주변에 대한 인식과 전략적 대응도 달라질 수 있음을 보여준다.

〈역사 속의 몽골의 세력 확장 모습〉

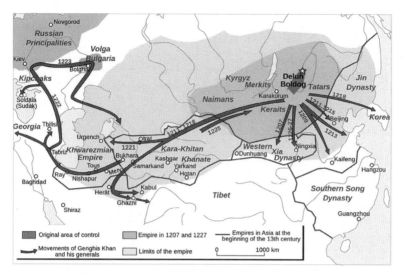

(출처: 네이버 이미지 검색)

이 글에서는 우리를 '솔롱고스'(무지개의 나라)로 부르며 친숙하게 다가오는 국가, 그리고 전략적 완충국가로서의 위상을 지닌 몽골의 외교外交를 살펴본다. 먼저 몽골 외교에 영향을 미치는 요인은 무엇이 며, 어떤 특징을 지니고 있는가?, 몽골과 중·러·미·일 등 주변국의 관계는 어떠한가?, 그리고 한국의 입장에서 몽골의 전략적 중요성은 무엇이며, 앞으로 한몽관계를 발전시키기 위한 방안은 무엇인가? 등에 대해 탐구해 보고자 한다.[1]

---

1 이하의 내용은 필자의 "몽골외교의 특성과 한몽 간 전략적 협력 방안", 「중소연구」 (2014)와 『초원에서 무지개를 보다』(서울: 그린, 2012), 25-55쪽, 외교부가 발간한 『몽골개황』(2016) 등을 토대로 수정 보완해 작성함.

II. 몽골의 외교환경과 외교정책의 결정요인

1. 몽골의 외교환경

일반적으로 한 국가의 외교정책에 영향을 미치는 요인들로 다음의 세 가지를 언급한다. 첫째는 대외적인 체제 요소(systemic factors)이다. 국제체제적 요소로 표현되기도 한다. 이에는 ①지리적 위치(지정학적 위치, 지·전략적(geo-strategic) 요소. 대륙국, 해양국, 반도국의 특성 등), ②상호작용의 정도(정치, 경제, 문화적 유사성/상이성, 상호 공동이해의 존재 여부 등), ③국제체제의 성격과 구조(단극, 양극체제, 다극체제, G2 체제, 단·다극체제, 냉전시대, 긴장완화 시기, 테러전 시기 등)가 포함되어 있다.

둘째는 대내적인 국가적 속성 요소(national attribute factors)이다. 이에는 ①인구크기 및 구성, ②경제적 속성(국가의 부 규모, 자본주의, 사회주의경제체제 등), ③정치적 속성(정치문화, 정부형태-자유민주주의, 권위주의, 전체주의 등), ④군사적 속성(군사력, 공격적, 방어적 등)이 있다.

끝으로는 정책결정자들의 특질적 요소(idiosyncratic factors)이다. 이는 정책결정자, 지도자의 특징, 개성으로 참모진의 구성도 중요하게 작용한다. 이를테면 부시, 오바마, 트럼프, 푸틴, 시진핑, 아베, 블레어, 메르켈, 메드베데프, 메이, 만모한 싱 등 주요국 지도자들의 리더십을 떠올리면 된다.

몽골과의 연결되는 부문을 파악하기 위해, 먼저 몽골에 대한 개괄적인 내용을 살펴보면 〈표 1〉과 같다.

〈표 1〉 몽골 개황

국명: 몽골(Mongolia) 1921년 7월 중국으로부터 독립 3권 분립 인구: 306만 명(2015.12월말) 면적: 한반도 7.5배 정체(政體) : 민주공화제 1990. 2. 야당 민주당 창설 1992. 1. 신헌법 채택 정부형태: 이원집정부제 대통령: 엘벡도르지 2009년 당선, 2013년 재선 바트툴가 2017년 7월 당선 의회: 국가대회의 76명, 임기 4년 민주당, 인민혁명당 외 종교 : 라마불교 군사력 : 육군 및 공군 16,800명	경제 현황 : (2016년 말 기준, IMF 발표) GDP : 약 110.3억 달러 성장율 : 1.0% (물가 상승률 0.5%) 1인당 GDP : 3,660 달러(2016) 무역액 : 83억 달러 수출: 49억 달러 수입: 34억 달러 한국과의 교역 : 4대 무역국 (중국, 러시아, 영국, 한국 순) 2억 1천 9백만 달러 수출: 208백만 달러(자동차, 석유제품) 수입: 10백만 달러(광물, 양모) 10대 자원 부국: 동(세계 2위) 형석(세계 3위) 인(세계 3위) 석탄(세계 4위) 텅스텐(세계 5위) 우라늄(세계 14위) 몰리브덴, 금, 철, 아연, 석유 외

출처: 주몽골 한국대사관(http://mng.mofa.go.kr) 제공 '몽골 약황' 자료 외

　　인구의 크기 및 구성, 경제 상황, 정치체제와 정부형태 등 몽골의 대내적인 국가적 성격을 알 수 있다. 국력은 아직 약한 편에 속하며, 땅은 한반도 7.54배나 되는 엄청난 크기인데 인구가 300만 명에 불과하다. 매장되어 있는 자원은 매우 많아 잘만 개발하면 부국富國으로 발전할 수 있는 기회도 지니고 있다. 물론 군사력도 매우 미미하다.

다음은 몽골에서 찍은 사진을 통해 몽골 현장의 분위기도 느껴보자.

⟨광활한 초원과 아득한 지평선⟩

⟨끝없는 대지 가운데의 게르와 내부 전경⟩

(자료: 필자 제공)

역시 가장 다가오는 점은 어디가나 광활하게 펼쳐져 있는 초원을 볼 수 있다. 지평선이 지천에 깔려 있다. 게르Ger 내부를 보면 유목민 삶의 정취를 느낄 수 있으며, 자연을 벗하며 또는 자연을 극복해 나가며 옮겨 다니는 삶이 일상처럼 와 닿는다.

국가 지도자라면, 나라를 생각할 때 인구는 적은데 이 광활한 땅을 어떻게 지킬까? 이런 것 고민하지 않을까? 국가생존의 문제가 제일 먼저 와 닿을 것이다.

지금부터는 위의 모습들이 구체적으로 몽골의 외교환경 속에 어떻게 영향을 미치고, 어떤 모습으로 나타나는지 살펴보자. 즉 몽골은 어떤 대외정책 결정요인에 의해 영향을 받으며 전개되고 있을까 하는 점에 대해 분석해 보자는 것이다.

몽골 역시 다른 나라와 마찬가지로 몽골 나름대로의 외교적 특유성을 지니고 있음에 주목해 보자. 결론부터 말하면 몽골의 대외정책에 영향을 미치는 요인들은 첫째, 몽골이 위치한 지정학적 위치, 둘째, 과거 역사로부터의 교훈과 자긍심, 셋째, 국제정세 변화, 넷째, 국가목표와 정치지도자의 리더십 등으로 집약된다.

〈몽골 외교의 결정요인〉

2. 지정학적 위치 : 대륙의 섬, 완충국가

잘 알고 있듯이 역사적으로 몽골은 원元제국의 멸망 이후 외몽골과 내몽골로 분리되는 등 많은 영토적 변화를 겪어왔다. 현재는 앞에서 살펴보았듯이 국경 모두가 중국과 러시아에 둘러싸여 있으며 해양이 존재하지 않는 완전한 내륙국가의 성격을 띠고 있다. '대륙의 섬'으로서 자리매김하고 있는 것이다.

몽골의 경우 영토 보존과 국가생존이라는 최고의 국가이익(national interests)을 위해서는 접경국과의 관계가 매우 중요하다. 흔히 외교정책 목표는 국가이익國家利益의 극대화에 있다고 말한다. 여기서 국가이익이란 다음과 같은 점을 의미한다. 첫째, 생존, 사활적 이익, 끊임없는 안보 추구, 영토 보존, 국민의 생명 보호, 정치적 독립과 같은 국가의 자기보존(self-preservation)이다. 이것이 제일 중요하다. 국가가 망하지 않고 생존하고 살아야 하는 문제이기 때문이다. 둘째, 복지국가 건설, 국민 전체의 집단적 복지가 포함된 국민의 경제복리의(economic well-being) 촉진이다. 즉 경제 발전, 번영이며 국민이 잘 사는 나라를 만들어 가는 것이다. 셋째, 국내 정치제도, 경제제도 측면에서 국가의 자주권과 자결권(national self-determination)을 유지하는 것이다. 넷째는 국가 위신(national prestige), 이념(ideology), 권력(power)/영향력(influence) 등이다. 국제사회에 공헌하면서 국가의 국제적 위상을 높이는 위신 외교 등이 이에 해당된다. 몽골 역시 이러한 국가이익의 극대화라는 입장에서 외교정책을 추진해 나가고 있는 것이다.

내륙국가로서의 지정학적 위상은 몽골이 강성했을 시 대륙 주변으로 뻗어 나갈 수 있음을 역사 속에서 보여준 바 있다. 그러나 다른 한편으로 약화되었을 경우에는 주변국에 포위된 상태에 놓이게 된다. 즉 국가생존의 문제가 심각한 상황에 놓이게 된다는 것이다.

현실적으로 몽골은 유라시아대륙의 거대 중심국가인 중국과 러시아 양대 강국에 둘러싸여 있다. 중간에 위치해 상호 전략적 가치를 보충해 주는 완충지대(buffer zone)의 위상을 지니고 있다.[2] 이러한 지정학적 위상으로 인해 몽골은 역사적으로 중국과 러시아, 두 나라의 영향을 가장 크게 받았으며, 현재도 이러한 상황이 지속되고 있다.

지정학적 요인으로 인해 몽골은 러시아와 중국을 자국의 외교정책 상 가장 우선 순위에 둘 수밖에 없다.[3] 동북아의 전략적 요충지에 포진하고 있으나, 중국과 러시아에의 의존도가 높은 내륙국가로의 태생적 한계도 지니고 있는 것이다.

좀 더 큰 지정학적 시각에서 보면 몽골은 대륙과 해양 양대 세력의 완충지대 역할도 하고 있다. 매킨더(Halford Mackinder)가 주장하는 대륙중심론(Heartland theory)과 알프레드 마한(Alfred T. Mahan)이 주장하는 해양세력(Sea Power)우세론의[4] 입장을 모두 고려할 경우

2 완충국으로서 중러 사이에 펼친 몽골 외교의 특성을 분석한 글로는 M.T. Haggard, "Mongolia: The Uneasy Buffer", *Asian Survey*, Vol. 5, No.1, 18-24쪽 참조.
3 주변국에 대한 외교적 우선순위는 접경국가에 치우친 경우가 많다. 러시아의 경우 독립국가연합(CIS) 국가가 제일 중요하며 유럽, 미국, 중국, 인도, 중동, 동아시아 등으로 이어져 있다. 한국의 경우도 북한 문제가 일순위이며, 대외적으로 미국, 중국, 일본, 러시아 등 주변 4강에 대한 외교가 우선순위를 차지하고 있다. 최근에는 국력이 커지면서 MIKTA(멕시코, 인도네시아, 한국, 터키, 오스트레일리아가 참여하는 국가협의체), 인도, 아세안에도 관심을 갖는 등 중견국(middle power) 외교를 펼치고 있다.

상정해 볼 수 있는 평가이다. '대륙중심론'은 그야말로 대륙에 무게 중심을 둔 것으로 대륙을 장악하는 나라가 곧 세계를 제패한다는 것이고, 이에 따르면 구舊소련과 몽골제국이 이에 해당된다. 이와는 반대로 '해양세력우세론'은 지구에서 해양 즉 바다를 장악하는 나라가 곧 세계를 지배하게 된다는 것이다. 역사적으로 네덜란드, 스페인, 포르투갈, 대영제국이 그러했다.

현재의 미국도 해양국가로서 전 세계의 바다에 자국의 항공모함을 운용하고 있다. 에너지의 원천인 석유가 수송되는 모든 해양교통로 (SLOC: sealine of communication)인 바닷길을 가장 확실하고 안전하게 지키고 있다. 미국이 아직 초강대국인 이유가 여기에 있다. 최근 중국이 구소련의 중고 항공모함을 구매하여 개조한(랴오닝호) 후 운용하고 있는 이유도 이와 관련이 있다. 남중국해에서의 영유권 분쟁, 인도양에 서의 중국과 인도의 갈등 등도 모두 바다를 둘러싼 경쟁에서 비롯된 것이다. 중국의 일대일로一帶一路, 태평양상의 제1 도련, 제2 도련, 진주목걸이 전략 등의 용어도 모두 바다와 세계적인 물류망 구축과 연계되어 있다. G2로 불리는 미국과 중국 두 나라가 서로 긴장하고 갈등 양상을 보이는 이유도 바다를 둘러싼 경쟁이 심해졌기 때문이다.

---

4 지정학에 대한 자세한 분석 내용은 이기택, 『현대국제정치이론』(서울: 박영사, 1997), 101-105쪽 참조.

〈진주목걸이 전략〉 인도양을 둘러싼 중국과 인도의 경쟁과 갈등 상황

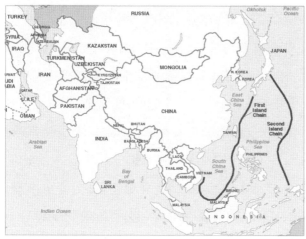

(출처: 네이버 이미지 검색)

해양세력우세론과 대륙세력우세론의 중간에 위치한 것으로 '주변지대론'(Rimland theory)이 있다. 이는 니콜라스 스파이크만(Nicholas J. Spykman)이라는 사람이 주장한 것인데, 유라시아의 주변지대가 심장지역(heartland)보다 중요하다고 강조한다. 말하자면 "주변지대

를 지배하는 자가 유라시아를 지배하고, 유라시아를 지배하는 자가 세계의 운명을 제어한다"는 것이다.[5] 외교정책을 추진함에 있어서 지구본을 놓고 조망하는 전략적 사고가 해당 지역이 얼마나 우리와 가깝게 있으며 중요한지 일깨워준다.

지구본 형태의 거대한 체스판(Grand Chessboard)을 상정할 경우 몽골이 지닌 전략적 가치를 이해할 수 있다. 해양국가인 미국과 일본, 영국 등과 중·러의 대륙세력 간의 전략적 대칭 구도를 떠올릴 경우, 해양국가들의 입장에서 몽골은 상대방의 급소를 겨냥하는 전략적 요충지로 변모된다.

최근 국제체제는 2008년 글로벌 금융위기 이후 중국의 상대적 부상과 미국의 영향력 저하 속에서 G2체제가 가시화되는 성격을 띠고 있다. 동아시아 지정학적 양태도 대륙–해양세력 간 경쟁과 균형을 이루어 나가는 방향으로 전개되고 있다.[6] 이러한 국제정치경제 질서 재편 움직임과 함께 몽골의 전략적 가치가 높아지고 있으며, 몽골은 이러한 변화 양상을 주목하면서 대외정책을 추진해 나가고 있다. 즉 몽골은 내륙국가로서의 완충국가, 대륙과 해양세력 간의 완충국가 로서의 지정학적 가치와 위상을 활용해 나가고 있는 것이다.

---

5 2017년 5월 타계한 미국의 유명한 전략가인 즈비그뉴 브레진스키(Zbigniew Brzezinski)는 자신이 쓴 저서 『거대한 체스판』을 통해 유라시아 지역이 세계를 경략하는 데 매우 중요함을 역설하였다.

6 글로벌 금융위기 이후 동아시아 안보질서 재편 동향에 대한 분석은 서동주, 「남북러 경제협력과 북러관계」,『안보학술논집』, 제23집 하(2012), 119-125쪽 참조.

3. 과거로부터의 교훈

몽골은 국가규모가 국력의 측면에서 소국(small state) 내지 약소국에 해당된다. 따라서 주변 강국으로부터 국가생존을 지키는 것이 가장 큰 외교 목표이자 늘 신경을 써야 하는 부문이다. 그럼에도 불구하고 역사적으로 몽골은 중국에 복속되는 경험을 겪었다. 냉전체제 시절에 몽골은 소련의 위성국가화 되었다. 역설적으로 중국의 지배를 피하려다가 오히려 소련의 영향권에 들어간 결과를 낳았던 것이다.

〈소련의 위성국가 시절의 흔적과 거대 광산〉

(자료: 필자 제공)

긴 역사 속에서 보면 몽골은 아직도 12~13세기 칭기즈칸 시절의
세계제패 영광을 되새기고 있으며, 유목민족의 진취적, 대륙적 기질도
소중히 여기고 있다.

반면 보다 긴 시간 동안 몽골은 쇠락과 주변국에 복속되고 시달림을
받은 두려움이 있는 역사도 경험하였다. 몽골의 한 지식인은 소련
치하의 몽골에 대해 이렇게 회상하였다. "중국에 복속되어 나라가
사라지는 상황을 소련 쪽에 붙음으로써 막아 냈지만, 대신에 많은
불교 승려들이 박해를 받아 희생되었고, 몽골 고유의 언어를 잃어버리
게 되었고, 천연 자원도 상당히 많이 빼앗기게 되는 결과를 겪었다."
아마도 몽골 국민들은 중국으로 편입되었다면 중국에 동화되거나
현재의 티베트처럼 복속 상태에 빠졌을 것이라고 생각했을 것이다.
결과적으로 지금은 독립을 유지하고 몽골의 생존을 지켜내었으니,
현명한 판단을 한 것으로 볼 수도 있다. 물론 커다란 희생과 대가를
치르긴 했지만 말이다. 국제질서와 국가 간의 관계는 현실주의
(realism) 시각에서 보아 그런 것이다. 무한 경쟁이 이루어지고 약육강
식의 정글과 같은 세계인 것이다.

⟨몽골 불교 사원⟩

(자료: 필자 제공)

몽골의 경우 약소국의 지위를 안고 민족적 자긍심, 굴욕과 국권상실의 역사적 경험들이 교차하면서 대외정책 추진의 반면교사로 작용하고 있다. 자연히 이와 같은 과거의 잘못을 되풀이하지 않으려고 노력하고 있다. 특히 균형의 유지 및 고립 탈피가 중요함을 잘 인식하고 있는데 이는 모두 과거 역사적 경험에서 얻어진 외교적 교훈인 셈이다. 아래 사진은 필자가 몽골의 어느 공기업을 방문했을 벽에 걸려 있었던 것이다. 과거 영광스러웠던 몽골의 모습을 매일 되새기며 생활하고 있다는 점이 인상 깊었다.

〈몽골인들의 전략적 사고 반경을 보여주는 세계지도〉

(출처: 필자 제공)

4. 국제정세 변화

국제정세 변화는 어느 국가에게든 기회와 도전을 가져다준다. 전략적 완충지대의 성격을 띠고 있는 몽골의 경우 국제안보정세의 변화에 매우 민감하게 영향을 받을 수밖에 없다. 이는 지정학적 위상과 함께 외교적 측면에서 고려해야 할 숙명적인 사안이기도 하다.

1911년 청淸의 붕괴는 몽골이 독립을 추구할 수 있는 기회를 가져다 주었으며, 1921년 소련의 도움으로 독립을 이룩하게 된다. 이어 1924년에는 소연방에 이어 세계에서 두 번째로 사회주의국가로 변모하였다. 국제정세의 모습이 청의 붕괴와 서세동점西勢東漸이 이뤄지고 이어 제1차 세계대전이 치러지는 와중 속에, 몽골은 국가생존의 길을 모색하였다. 자국의 독립 쟁취, 중·러 간 외교적 타협의 산물에서 탈피해 나가는 노력을 펼쳐 나갔던 것이다.

이후 제2차 세계대전 이후 펼쳐진 냉전체제의 지속과 중소분쟁이 심화되는 국제환경 속에서 몽골은 소연방의 편에 치중하는 '전략적 선택'을 하게 된다. 이에 소련군이 몽골에 주둔하였으며, 사실상 소련의 위상국가처럼 되었다. 소연방은 우크라이나공화국 등 15개의 공화국으로 구성되었는데, 몽골을 16번째의 소연방공화국으로 부르기도 하였다.

그런데 이번에는 1989년 동유럽 국가들의 체제전환과 더불어 몽골에 가장 큰 영향력을 발휘했던 소연방이 와해되자, 몽골은 새로운 기회를 잡게 된다. 1992년 소련군을 철수시켰고, 시장경제와 자유민주주의를 도입하는 체제전환을 이룩하였다. 냉전체제가 해체되는 국제정세 환경을 활용해 현재의 모습으로 변모한 것이다. 흔히 몽골이 '국가체제 변신의 귀재鬼才'로서의 평가되는 이유이기도 하다.

몽골은 1992년 이후부터 갈등이 생기고 나서 관리하는 것이 아니라 갈등이 발생하지 않도록 하는 예방외교에 주력하였다. 특히 국제안보 환경의 재편과 국제법의 틀 내에서 국경을 접하고 있는 러시아와 중국과의 관계를 강화시켜 나갔다. 아울러 주변국인 중국과 러시아가 전략적 동반자관계를 심화시켜 나가는 등 좋은 외교 환경을 맞이하고 있다. 중·러 모두를 긍정적으로 다룰 수 있는 위치를 갖게 된 것이다. 탈냉전과 더불어 보다 우호적인 국제환경 변화가 조성되게 된 것이다.

특히 2008년 글로벌 금융위기 이후 조성되고 있는 미·중의 G2체제 형성과정은 몽골에게 또 다른 기회와 도전을 안겨주고 있다. 이와 더불어 4차 산업혁명의 파고도 적지 않은 영향을 미칠 것으로 보인다.

5. 국가목표와 정치적 리더십

몽골의 대외정책에 영향을 끼치는 주요소는 국가목표와 리더십이다. 몽골의 핵심적인 국가목표는 몽골의 주권 보호, 영토 통합, 국가안보, 강대국에 종속된 과거의 상황으로 회귀 방지 등일 것이다. 현재는 자유민주국가로 체제 전환한 국가로서 대내적으로 경제적 부흥을 꾀하는 한편 역내 국제무대에서 일정정도의 역할을 제고하는 측면도 중요시 여기고 있다.

이의 연장선에 최고지도자인 대통령의 정치적 비전과 리더십도 국가목표의 연장선에서 대외정책에 영향을 끼치고 있다. 이를테면, 1992년 오치르바트 대통령은 몽골의 '비핵국가지대'를 선언하였다. 중립을 꾀하고 균형을 추진하려는 의도가 반영된 것이다. 또한 중·러를 포함해 국제사회에서의 지지를 획득함으로써 국제적 지위와 위상을 공고히 하려는 시도였다. 이의 추진 결과 1993년 1월에는 몽골과 러시아간 우호관계 및 협력 조약이 체결되었으며, 동년 10월에는 중국도 몽골을 비핵국가지대 선언에 지지를 보낸바 있다. 2012년

9월에는 유엔 안전보장이사회 5개 상임이사국과 몽골이 '몽골의 비핵
국가 지위에 관한 공동성명'에 서명을 함으로써[7] 20여 년에 걸친 외교적
대장정을 성공적으로 결실 맺게 된다.

〈표 2〉 몽골의 역대 대통령

구분	이름	재임기간	소속정당	핵심 대외정책
1대	오치르바트	1992-1997	인민혁명당	비핵지대화론
2대	바가반디	1997-2001	인민혁명당	비핵지대화론
3대	바가반디	2001-2005	인민혁명당	비핵지대화론
4대	엥흐바야르	2005-2009	인민혁명당	비핵지대화론
5대	엘벡도르지	2009-2013	민주당	비핵지대화론/ 울란바타르 대화
6대	엘벡도르지	2013-2017	민주당	울란바타르 대화/ 중립화 정책
7대	바트툴가	2017-2021	민주당	울란바타르 대화/ 중립화 정책(지속 ?)

(자료: 필자 편집)

이밖에 2013년 재선에 성공한 엘벡도르지 대통령도 '울란바타르
대화'(Ulaanbaatar Dialogue)를 새로운 외교적 지향점으로 내세우고
국제사회의 지지를 이끌어내고자 노력하고 있다.[8] 또한 몽골의 중립화

---

7 "Five Permanent UN Representatives Support Mongolia's Nuclear-Weapon-Free
  Status", www.state.gov/r/pa/prs/ps/2012/09/197873.htm(검색일: 2013.9.20).
8 "The initiative to implement to the Ulaanbaatar Dialogue on the Northeast
  Asian Security was proposed", http://english.news.mn/content/140392.shtml
  (검색일: 2013.9.15).

정책도 새로이 내세우고 있다.[9] 기존의 '비핵지대화론'을 추진한 경험에 의하면 중장기적 비전을 담은 사안일 경우 정부에 관계없이 지속적으로 추진하는 경향이 강하였다.

따라서 2017년 7월 대통령 선거에서 결선투표로 당선된 바트툴가 대통령의 경우도 기존 '울란바타르 대화'의 정책 기조를 지속해 나갈 가능성이 다소 높아 보인다.[10] 다만 바트툴가 대통령이 또 다른 비전과 목표를 담은 새로운 외교 지향점을 내세울는지 지켜봐야 할 것이다. 아무튼 몽골의 대외정책 노선과 목표 설정에 있어 대통령의 리더십이 중요한 역할을 하고 있음에 틀림없다.

역내 몽골 대통령 모습들

오치르바트   바가반디   엥흐바야르

---

9 몽골의 영세중립국화에 대한 자세한 분석은 이평래, 「몽골의 영세중립화 논의에 대한 종합적 검토」, 『몽골학』, 제48호(2017), 167-199쪽 참조.

10 주몽골 한국대사관 '몽골언론 주요기사(2017.8.24.)' 참조.

(출처: 네이버 이미지)

엘벡도르지   바트톨가

　종합적으로 몽골의 외교정책에는 지정학적 특성, 과거로부터의 교훈, 국제정세의 변화, 국가목표와 리더십 등이 결정요인으로 작용하고 있다 하겠다. 나아가 이것들이 복합적으로 상호작용하는 가운데 몽골적인 외교 특성이 발현되고 있다고 볼 수 있다.

　일반적으로 한 국가의 대외정책을 결정짓는 요소는 그 나라가 처해 있는 지정학적 요인을 비롯해 국제환경, 국력, 지도자, 역사, 문화적 배경 등의 다원적 영향을 받는다. 몽골 역시 이러한 일반론적 대외정책 결정요인과 큰 차이를 보이지 않고 있다. 다만 몽골적 외교 특성을 나타내는 이유는 여타국가와 비교해 볼 때 지정학적 특유 위상, 대외정책 추진 대상에 대한 우선순위, 대내외 정세에 대한 적응력과 민감 인식, 유관국의 몽골에 대한 전략적 가치 인식 변화 등에 있어 차별성이 나타나기 때문이다.

III. 몽골 외교정책의 전개와 특성

1. 몽골 외교의 전개과정

몽골의 외교는 다음과 같은 단계를 밟으면서 전개되어 왔다. 냉전기 (1921~1989)에 몽골의 외교는 소련의 16번째 구성공화국으로 불릴 정도로 소련에 편중된 모습을 보였다. 이어 1990년부터 1995년까지의 격변 시기에는 탈소脫蘇 중립으로의 양태를 띠었다. 1996년부터 1999년까지는 미국과의 관계발전 등 대안을 모색하는 시기였으며, 2000년부터 현재까지는 강대국들과의 관계 정립을 도모해가는 다각화의 시기라 볼 수 있다.[11]

〈몽골 외교정책의 전개과정〉

전체적으로 몽골은 전략적 균형을 중시하며 제3의 이웃정책, 다자 안보협력 참여, 비핵지대화론 등을 성공적으로 잘 실천해 온 것으로

---

11 제성훈, 「탈냉전기 몽골 외교정책의 변화」, 단국대학교 몽골연구소 편, 『몽골과 한국』(서울: 단국대출판부, 2012), 113-137쪽.

평가된다. 몽골의 외교정책은 ①정치적 현실주의, ②비동맹, ③국가 이익 추구, ④균형의 중시, ⑤국제평화의 안전을 강화하는 국제적 노력에의 참여 등에 기반하고 있다.

〈몽골 외교정책의 기반〉

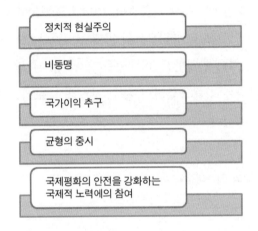

정치적 현실주의

비동맹

국가이익 추구

균형의 중시

국제평화의 안전을 강화하는 국제적 노력에의 참여

현재 몽골은 2017년 12월 현재 186개국과 수교를 맺고 있다. 과거 구소련의 위성국가로서의 모습을 벗어 던지고, 문호를 개방하고 국제 무대에서 큰 활약을 펼치고 있다. 비핵국가지대론을 20년 가까이 내세우며 유엔 안보리 결의안을 이끌어내었고, '울란바타르 대화'를 추진하고, 상하이협력기구(SCO)에 옵저버로 참여하고 있다.

유엔에는 1961년 10월 27일 가입하였으며, 아시아태평양 경제사회 이사회(ESCAP),[12] 세계보건기구(WHO), 유네스코(UNESCO),[13] 세계

12 www.unescap.org

노동기구(ILO), 유엔개발계획(UNDP),[14] 국제금융기금(IMF), 세계은행(WB), 세계무역기구(WTO) 등 48개 국제기구에 가입하고 있다. 몽골 내에는 9개 국제기구(UNDP, UNFPA, UNICEF, IMF, ADB, IFRCRCS, WB, EBRD, WHO) 사무소가 상주하고 있다.

이밖에도 아시아교류신뢰구축회의(CICA, 2001), 아시아-유럽 정상회의(ASEM, 2006), 동아시아-라틴아메리카 협력포럼(FEALAC, 2010)에 가입한 후 지역 외교 활동도 활발하게 전개하고 있다. 특히 2016년에는 ASEM 정상회의를 개최함으로써 국제적 위상도 상당히 높이는 결과를 가져왔다. 적극적인 다자외교를 추진하면서 중앙아시아와의 가교 역할을 하고, 크게는 유라시아 발전에 기여하고 있는 것이다. 나름 독자적이고 개방적인 외교정책을 추진하고 있는 것이다.

이러한 몽골 외교에는 다음과 같은 점들이 과제로 남아 있다.

무엇보다 지정학적 위치에서 오는 한계를 어떻게 극복해 내야 하는가 하는 점이다. 몽골의 전략적 지위의 핵심은 적은 인구와 광활한 영토, 목축과 광업 등 특화된 경제, 중국과 러시아 사이에 놓인 전략적 위치 등이다.[15] 앞으로 이를 어떻게 활용하고 극복하는가 하는 점이 관건인 것이다. 특히 강대국인 중국과 러시아에 둘러싸인 지정학적 한계를 뛰어넘을 수 있도록 하는 것이다. 완충국가로서의 역할 제고, 세력균형의 지렛대 역할, 균형 접근을 통한 견제와 균형의 구현 등

---

13 en.unesco.org

14 www.undp.org

15 Li Narangoa, "Mongolia between China and Preventive Diplomacy," *Asian Survey*, Vol.49, No.2 (March/April 2009), p.358.

시대적 상황과 주변국의 국력, 국제환경 변수에 민감할 수밖에 없다. 몽골은 지리적 특성과 민주주의, 그리고 경제발전에 토대를 둔 새로운 대외정책, 안보정책을 수립하고 있다. 현재 몽골은 '제3의 이웃' 정책 등 탈냉전 이후 변화된 국제정세에 비교적 잘 조응하며 나름대로의 지정학적 한계를 극복해 나가고 있는 것으로 평가된다.

몽골은 현재 주변 국가들과 커다란 갈등 양상을 보이지 않고 있다. 반면 최근 몽골의 부존자원에의 접근을 강화시키고 있는 주요 강국들에 대한 경제안보가 중요하게 대두되고 있다. 경제발전을 이룩하되 주변국들이 경제적 침탈에까지 이르지 않도록 하는 정책의 추진 또한 향후 슬기롭게 극복해 나가야 할 과제로 꼽힌다.

2. 몽골 외교의 특성들

1) 유연성, 융통성, 순발력

가장 두드러진 특성은 국제정세 변화에 적응하는 유연성, 융통성, 순발력을 꼽을 수 있다. 몽골의 대외정책 개념의 서두에 나와 있듯이, 몽골은 대외정책을 추진함에 있어 무엇보다 몽골을 위요한 주변 국제 정세의 조류에 매우 민감하게 반응하고 있다. 최근 몽골의 대외정책은 2차 대전 종결 이래 지배적이었던 냉전체제 및 양극체제 구조가 붕괴되고, 새로운 국제질서가 형성되고 있다는 인식하에 이루어지고 있다.[16] 이를 기초로 몽골은 대對중국, 러시아 관계 재정립은 물론, 현실주의와 국가이익에 우선순위를 둔 대외정책을 전개해 나가고 있는 것이다.

---

16 "Concept of Mongolia's Foreign Policy", http://www.mfa.gov.mn/?page_id=26263&lang=en(검색일: 2017.11.28).

안으로는 사회주의체제에서 자유민주주의체제로의 전환을 이룩해 내었고, 밖으로도 몽골의 독자성과 국제사회의 지지를 얻는 정책 구현에 힘쓰고 있는 것이다.

지정학적 위상을 고려하고, 약소국으로서의 능력을 감안한 가운데 주변 정세 변화를 탁월하게 읽고 있으며, 이에 따른 적응력 또한 잘 발휘하고 있다. 중러관계, 미중관계를 포함한 몽골 주변국의 역학관계는 물론 9/11 이후 테러전을 수행하는 미국과 중앙아 지역을 중심으로 한 상하이협력기구의 결성과 활동, 중국의 부상에 따른 미국과 일본의 대응, 글로벌 금융위기 극복을 위한 G20정상회의 활동, 국제무대의 비핵화 강화 움직임 등의 국제정세 변화에도 민감하게 조응하고 있다. 이는 향후에도 국제질서 변화의 추이에 따라 몽골은 유연하게 대처해 나갈 수 있음을 시사한다.

〈몽골 외교의 특성들〉

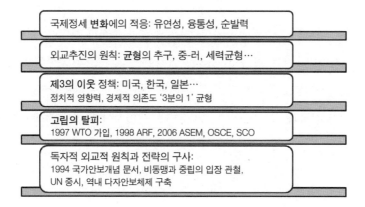

국제정세 **변화**에의 적응: 유연성, 융통성, 순발력

외교추진의 원칙: **균형**의 추구, 중-러, 세력균형…

제3의 이웃 정책: 미국, 한국, 일본…
정치적 영향력, 경제적 의존도 '3분의 1' 균형

고립의 탈피:
1997 WTO 가입, 1998 ARF, 2006 ASEM, OSCE, SCO

독자적 외교적 원칙과 전략의 구사:
1994 국가안보개념 문서, 비동맹과 중립의 입장 관철,
UN 중시, 역내 다자안보체제 구축

2) 균형의 추구 : 제3의 이웃국가 정책

둘째는 외교 추진의 원칙 내지 기준으로 '균형의 추구'를 삼고 있다는 점이다. 지정학적으로 중국과 러시아에 둘러싸여 있는 상황을 염두에 둔 데서 비롯된 것이기도 하다. 하지만 보다 크게는 중·러 간 균형뿐만 아니라 보다 큰 틀의 역내 질서 세력균형도 포함되어 있어 주목된다.

몽골 외교정책에 있어 '균형'의 도모는 여러 사례를 통해 발견된다.

먼저 탈냉전 이후 중국과 러시아 모두에게 균형된 접근을 하고 있다는 점이다. 어느 일방에 치우치지 않고 접경국 관리에 신경을 쓰고 있는 것이다. 1994년 채택한 몽골의 국가안보개념 문서에서도 핵을 보유한 중·러 강국 사이에 있어 '균형된' 관계를 유지하고 상호 호혜적인 협력을 발전시키는 것이 중요함을 강조하고 있다. 중국과 러시아 역시 이러한 몽골의 접근에 대해 긍정적으로 받아들이고 정책 협조를 하고 있는 것으로 판단된다. 이데올로기로 대립했던 냉전시대와 달리 중·러 모두 전략적 완충국으로서의 지위를 보장해 주고 있는 것이다.

또 다른 하나는 1990년대 민주화 이후 몽골이 추진하고 있는 '제3의 이웃' 정책이다. 이는 기존의 중국과 러시아에 치우친 외교정책에서 탈피하고자 하는 노력의 일단을 보여준다. 주요대상은 미국을 비롯한 서방국가와 한국과 일본도 이에 포함된다.[17] 동아시아 역내 질서에서의

---

17 이에 대한 자세한 분석은 송병구, 「몽골과 남북한의 외교관계」, 단국대학교 몽골연구소 편, 『몽골과 한국』(서울: 단국대출판부, 2012), 87쪽.; '몽골-미국-일본 외교부 3자회담 개최', 주몽골 한국대사관 '몽골언론 주요기사(2017.8.31.)' 참조.

균형을 꾀하는 모습을 보여주고 있는 것이다. 테러전 시대를 거치면서 미국 주도하의 일극체제 내지 미일 동맹을 근간으로 하는 전략 축을 염두에 두고, 중·러가 힘을 합쳐 이에 대응하는 성격을 띤 SCO에 몽골이 옵저버로 참여하고 있는 것도 이와 같은 균형의 추구 맥락의 연장선에서 이해될 수 있다.

이밖에도 몽골은 정치적 영향력, 경제적 의존도 등 특정 국가에게 지나치게 치우지지 않도록 유의하고 있다. 이른바 '3분의 1' 균형을 취하는 것이다. 이를테면 중국으로부터의 경제적, 정치적 실익을 구하면서도 중국에의 의존도와 영향력이 1/3 이상 되지 않도록 경계하는 것이다. 몽골이 남북한에 대한 정책 추진에 있어 등거리 내지 균형 접근을 취하는 것도 같은 맥락에서 이해할 수 있다. '세력균형', '제3의 이웃' 정책, '3분의 1 배분', '균형 잡기' 등 "균형"은 몽골 외교정책의 핵심 개념으로 자리 잡고 있다 하겠다.

3) 고립의 탈피

셋째는 고립의 탈피이다. 대륙의 섬으로 되어 있으나, 국제사회에서 '고립'보다는 국제협력을 도모하고, 이에 적극 참여하는 모습을 보이고 있다. 몽골은 1997년 WTO에 가입하였으며, 1998년에는 ARF에 가입하였다. 이어 2006년에는 ASEM에 가입하였고, OSCE와 동반자관계를 구축하였다.[18] 탈냉전시대에 능동적이고 국제사회에서 책임 있는 대외정책을 추진하는 것이 바람직하다고 보고, 국가적 위상을 높이고

---

18 Li Narangoa(2009), Ibid., p.364.

국제사회의 지지 속에 국가생존과 국익을 담보해 내려는 전략의 일환인 셈이다. 몽골은 이미 언급한 SCO 등에의 옵저버 참여를 통해 예방외교의 측면을 보여주기도 하였다. 미국의 위상을 의식한 행보이기도 하고, 물류 인프라와 에너지 안보 측면에서의 SCO 중요성도 인지하고 있는 것이다. 비록 SCO내에서 몽골이 지닌 한계가 있지만, 나름대로의 독자적인 외교 노력을 펼치고 있는 것이다.

각종 국제기구에 가입하고 적극적으로 참여하는 것 외에 몽골의 비핵지대화 선언도 국제사회에서의 지지 획득 및 고립 탈피 노력에 해당된다. 1992년에 몽골은 비핵국가임을 국제사회에 천명하고,[19] 국제법과 규율에 의한 안전보장을 얻고자하였다. 외국군대의 주둔을 물리치고 대량살상무기(WMD) 이전 금지 등을 확약함으로써 안보적 측면에서 지역 안정에 기여하는 모습을 보여주었다. 국제법과 국제규율을 준수하고 있음을 강조하고, 국제사회의 신뢰 증진과 안정, 발전에 기여하는 국가의 이미지를 창출해 나가고 있다.

4) 국제평화, 다자주의적 접근 : 독자적 외교적 원칙과 전략의 구사

넷째는 나름대로의 외교적 원칙과 전략의 구사이다. 몽골은 1994년 국가안보개념 문서를 성안한데 이어, 대외정책 개념, 국방과 대외정책에 관한 정부 행동프로그램 등을 마련해 놓고 있다. 1994년에 이어 2010년 7월에는 국가안보 지침을 보완하는 작업을 하였으며, 2011년 2월에는 하위 계획에 해당되는 대외정책 지침을 국회에서 변경해

---

19 Jargalsaikhany Enkhsaikhan, "Mongolia's Status: The Case for a Unique Approach", *Asian Affairs*, Vol. 27, No. 4 (Winter 2001), p.225.

확정하였다.

대외정책을 추진하는 데 있어 대내외 정세를 반영하면서 체계적으로 법적, 제도적 기반을 구축해 놓은 것이다. 또한 대외적으로 비동맹과 중립의 입장을 관철하는 전략을 구사하고 있는 점도 두드러진다. 약소국의 외교정책 전개의 알려진 전략을 적극 반영해 실천에 옮기고 있는 것이다. 이밖에 UN의 중시, 비핵국가지대론의 주창에 따른 국제 사회의 지지, 획득 등도 중요하게 여기고 있다. 몽골은 1998년 유엔총회 결의 53/77D에 의해 국제사회에서의 비핵화 지위를 보장받았다. 결의 안 제목은 '몽골의 국제 안보와 비핵지대 지위'(Mongolia's International Security and Nuclear-Weapon-Free Status')였다.

이는 국제사회에서의 지지를 통한 안전보장의 획득이라는 측면에서 성공사례에 해당된다. 최근 들어서는 역내 다자안보체제의 구축에도 관심을 기울이고 있다. 다자주의적 접근을 선호하고 있는 것이다.

5) 중장기 대외정책의 초당적 대처와 지속

이에 해당되는 사례로는 비핵지대화론과 울란바타르 대화를 꼽을 수 있다. 먼저 앞에서 살펴본 대로 비핵지대화론은 1992년 처음 발표된 이래 정권교체에 관계없이 20년 동안 초당적超黨的 입장을 견지하며 지속적으로 일관성 있게 추진되었다. 이는 중·러의 공식 지지를 받은 가운데 2012년 9월 유엔 안보리가 '몽골의 비핵국가 지위에 관한 공동성명'을 발표함으로써 성공적인 결실을 거두게 된다.

이러한 성공적인 외교정책 경험을 바탕으로 엘벡도르지 대통령은 2013년 동북아지역 안보 증진을 위해 울란바타르 대화(Ulaanbaatar

Dialogue)를 제안하고,[20] 영세중립국화와 함께 새로운 외교적 지향점으로 삼고 적극 추진해 나가고 있다. 2015년 5월에는 '평화와 대화를 위한 아세안 포럼'(AFDP)을 제안하였으며, 2017년 3월 출범시켰다. 특히 몽골은 울란바타르 대화가 박근혜정부가 추진하였던 동북아평화협력구상(이하 동평구)과 견주어 볼 때, 목표와 의제, 추진 방식 측면에서 공통점이 많다고 여기고 동평구의 세부 정책 추진 상황에 대해 깊은 관심을 보인 바 있다. 일종의 잠재적 경쟁 인식을 갖고 벤치마킹하고 있는 모습을 띠었던 것이다.

울란바타르 대화 추진의 핵심 주체는 몽골 외교부와 국가안보위원회 산하 전략문제연구소(www.iss.gov.mn)이며, 2016년 6월 제3차 울란바타르 대화 국제회의를 개최하였다. 이 회의에는 중국, 러시아, 한국, 일본, 미국, 독일, 인도, 영국, 호주, 프랑스, 유엔, 국제적십자사 등 국제기구와 북한(최강일 북한 외무성 미국학연구소 부장)도 참여하였다. 주요 의제는 △동북아 안보 현황 및 문제점, △역내 상호 이해와 신뢰 구축, △동북아 경제협력 강화, △지역 환경 보호, △재난관리 방안 등이었다. 앞으로는 기후변화, 생태계 문제, 조직범죄 등의 주제도 다루어 나갈 것으로 보인다. 금년도의 경우에도 6월에 울란바타르에서 제4차 회의가 개최되었다.[21] 이밖에도 이를 뒷받침하기 위해 민간 NGO가 참여하는 트랙 2의 '울란바타르 프로세스'도 2015년 발족하였

---

20 울란바타르에 대한 자세한 내용은 http://www.mfa.gov.mn/?page_id=30309 &lang=en 참조.(검색일: 2017.11.28).

21 이에 대한 몽골 외무장관의 견해와 자세한 내용은 주몽골 한국대사관, '몽골언론 주요기사'(2017.6.16.; 6.19) 참조.

다. 2016년 11월에 2차 회의를 울란바타르에서 개최하였으며 북한이 여기에 참여해 주목을 끌었다.

울란바타르 대화는 현재 몽골 외교의 꽃으로 비유될 만하다. 동북아 안보 문제를 다루는 다자안보협의체 형식을 띤 가운데 과연 새로이 선출된 바트툴가 몽골 신임 대통령도 이를 지속해 나갈 것인지 국제사회가 관심 있게 지켜보고 있다.

IV. 유라시아 질서 재편과 몽골 플러스(+) 미·중·일·러

1. 유라시아 전략판 변화와 몽골의 전략적 가치 상승

현재 역내 유라시아 국제질서는 역동적으로 빠르게 변화하고 있다. 최근 유라시아지역은 국제체제 구도 측면에서 볼 때 "미-일-호주-싱가포르 對 러-중"의 네트워크 구도가 크게 자리 잡고 있다. 그 가운데 중앙아시아와 중국의 중간에 위치한 인도와 중·러의 접경에 위치한 몽골의 지정학적, 지경학적 위상이 높아지고 있다. 점차 미국과 인도가 협력하며 접근을 강화하는 모습을 보이고 있는 반면 중국과 인도는 중국의 일대일로 추진에 대한 인도의 경계감이 높아지고, 과거 영토 분쟁의 씨앗이 되살아나면서 갈등이 심화되는 모습을 보이고 있다. 아울러 몽골의 전략적 중요성도 덩달아 높아지고 있다.

미국 오바마 행정부는 '아시아로의 회귀'(pivot to Asia), 재균형 (re-balancing)에 우선순위를 둔 대외정책을 추진하였다.[22] 세계경략의

---

22 2012년 1월 5일 오바마가 서명한 Sustaining U.S. Global Leadership: Priorities for 21st Century Defense(미국의 글로벌 리더십 유지: 21세기 국방의 우선순위)의

차원에서 에너지 자원과 전략적 요충지로서 유라시아를 국익에 걸맞게 안정적으로 관리하는 데 전략적 초점을 둔 것이다. 테러전 시대 전략적 우위를 확보함은 물론 부활하는 러시아와 부상하는 중국을 동시에 견제하려 하려는 의도를 담고 있었다. 이러한 기본 입장은 미국 우선주의(America First)를 내세운 도널드 트럼프Donald Trump 행정부 출범 이후에도 변함이 별로 없어 보인다.

미국은 세계경략의 차원에서 에너지 자원과 전략적 요충지로서 유라시아를 국익에 걸맞게 안정적으로 관리하는 데 전략적 초점을 두고 있다. 또한 테러전 시대에 유라시아 지역에 대한 전략적 우위를 확보하고 다시 강대국으로 부활하는 러시아와 미국에 견줄 만할 정도로 부상하는 중국을 동시에 견제하고자 한다.

한편 중국의 시진핑 국가주석은 2012년 3월 개최된 양회를 통해 시진핑 국가주석-리커창 총리 체제를 출범시키고, 신형대국관계新型大國關係의 대외노선을 천명한 가운데 G2 체제 가시화에 따른 국제사회 책임을 보이는 모습을 보여 주었다. 이어 2013년에는 일대일로一帶一路를[23] 중국의 미래 국가발전 비전으로 내세우며, 부상하는 중국의 힘을 보여주고 있다. 금년 10월에는 19차 당대회를 통해 새로운 권력체제를 수립한 하였으며 향후 5년의 시진핑 집권 2기가 시작되었다. 중국몽中國夢, 강군몽强軍夢, 신형국제관계新型國際關係를 내세우고, 미국통이

신국방지침과 토머스 도닐런 국가안보보좌관의 Asia Society에서의 기조 연설문(2013.3.11) 참조.

23 일대일로와 관련된 몽골이 포함된 경제회랑 내용은 최필수, "중국의 일대일로 연관된 중국, 몽골, 러시아 경제회랑", 「중앙일보」(2017.9.19.) 참조.

자 외교부 출신인 양제츠가 정치국원이 됨으로써 미래 중국의 대외정
책 모습이 어떻게 전개될지 엿볼 수 있다. 다른 한편으로 중국은
미국의 신新봉쇄정책에 대한 대응에 온 힘을 기울이고 있다. 전략적
측면에서 보면 일대일로를 추진하는 것도 이에 대한 돌파구를 마련하
는 것으로 이해될 수 있다.

〈일대일로 연선 6대회랑〉

자료원: Wali Zahid; 코트라 해외시장뉴스(2017.5.19).

일본의 아베 총리 역시 아베노믹스Abenoimcs라는 엔화 양적 완화에
따른 대내 경제 회복에 주력하면서 '잃어버린 20년'의 침체 상황을
극복해 나가고자 하고 있다. 또한 국제사회에서의 자존심 회복과
강한 일본의 부활을 겨냥하고 미·일동맹 강화와 헌법 개정, 군비
증강 환경 마련에 주력하고 있다. 즉 아베 정부는 미국 편에 서서
미일동맹을 강화해 나가는 한편, 집단적 자위권의 확보, 헌법 개정을
통해 전쟁할 수 있는 나라로의 변화 등을 꾀하고 있다. 그 이면에서는
동북아에서 떠오르는 중국에 대응하려는 측면이 강하다. 나름 21세기

유라시아 지역의 변화에 주목하면서 국제적 역할 강화와 국가 발전을 위한 새로운 도약을 준비하고 있는 것이다.

러시아 푸틴 대통령은 극동개발부를 신설하고 2012년 9월 블라디보스톡 APEC 정상회의를 개최하는 등 신新동방정책을 전개하고 있다. 2015년부터는 매년 9월 블라디보스톡에서 푸틴 대통령이 직접 참석한 가운데 '동방경제포럼'을 개최해 오고 있다.[24] 푸틴 대통령은 2012년 집권 3기 출범 이후 중국을 첫 방문지로 선택하는 등 중·러관계 강화에도 적극 나서고 있다. 같은 해 3월에는 시진핑 국가주석도 첫 방문지로 러시아를 선택해 양국 간 전략적 동반자관계가 심화되고 있음을 대내외에 과시하였다. 러시아는 견제와 편승 전략을 혼용하면서 유라시아에서 힘의 균형화를 통한 대응책 마련에 부심하고 있는 것이다. 최근 상하이협력기구(SCO)의 강화 움직임, 중·러의 전략적 동반자관계 심화, 브릭스BRICS 정상회의의 정례화,[25] 러·중·인 3각 협력의 가능성과 한계 등은 역내 주요 행위자들의 유라시아전략 전개에 따른 구체적인 대응 양태에 해당된다.

이러한 유라시아판의 변화 움직임은 바둑판의 흑백黑白 돌과 같이 몽골의 '전략적 지렛대'로서의 중요성을 부각시켜 주고 있다. 미국의 경우 테러전 수행과 중·러 공조체제에 대한 견제 차원에서, 중국의 경우 미국에 대한 견제와 안정적 자원 획득의 차원에서 몽골에 대한

---

24 2017년 동방경제포럼 홈페이지 참조. https://ko-kr.facebook.com/ko.forum vostok/

25 러시아, 중국, 브라질, 인도, 남아프리카공화국이 구성원인 제9차 브릭스(BRICS) 정상회의는 2017년 9월 3일부터 5일까지 중국 푸젠성 샤먼에서 열렸다.

접근을 강화해 나가고 있다. 일본의 경우는 중국의 부상에 대한 견제와 자원 획득 차원에서, 그리고 러시아는 전통적인 영향력 견지와 자원 개발 투자의 실익을 도모할 목적으로 몽골에 대한 접근을 강화시켜 나가고 있다.

이밖에도 자원 부국으로서의 몽골에 대한 지경학적 잠재성 역시 재평가되고 있다. 에너지 안보(energy security)가 중요시되고, 원자재의 중요성이 높아짐에 따라 자원부국으로서의 몽골의 가치가 상승하고 있는 것이다. 이에 따라 주변 강국들은 미래 자원의 안정적 확보와 개발 이익을 위해 몽골에 대한 접근과 협력을 강화해 나갈 필요성을 더욱 느끼고 있는 것이다. 이처럼 몽골의 지정학적, 전략적 가치가 급증하면서 주변국들의 몽골에 대한 접근도 보다 강화되고 있다.

몽골 역시 이러한 역내 변화 움직임에 적극적으로 호응해 나가고 있다. 즉 몽골은 미국과의 대對테러전 국제공조에 적극 나서는 한편, 군사안보협력을 강화시켜 나가고 있는 상하이협력기구(SCO)에도 옵저버 자격으로 참가하고 있다. 참고로 상하이협력기구는 2017년 6월에 중국과 러시아 등 기존의 6개국에 인도와 파키스탄을 정회원으로 가입시켰다.[26] 중앙아시아와 유라시아지역 내에서 더욱 영향력이 커지고, 중요한 국제기구로 변모해 나가고 있는 것이다. 크게 보아 몽골은 미국과 중·러 구도, 나아가 중국과 러시아에 대해 균형적인 접근을 하고 있다. 한편으로는 역내 소외 방지에 주력하면서 불편부당不偏不黨의 접근 전략을 구사하고 있는 것이다. 몽골과 각 나라와의 관계를

---

26 상하이협력기구에 대한 자세한 내용은 홈페이지 참조. http://www.sectsco.org/

좀 더 자세히 살펴보자.

2. 몽골과 이웃국가들과의 관계

1) 미국: "테러전 수행, 전략적 지렛대로서 몽골에의 접근 강화"

몽골과 미국은 1987년 1월 외교관계를 수립했다. 한 해 뒤인 1988년에는 울란바타르에 미국대사관이 개설되었으며, 그 다음해인 1989년에는 워싱턴에 몽골대사관이 개설되어 국교 수립 이후 교류 증진을 위한 체계적인 모양새를 갖추었다. 몽골과 미국의 관계는 소연방 해체 이후 몽골과 러시아 관계가 상대적으로 약해짐에 따라 반사적인 이익을 갖게 되었다. 즉 미국은 중국과 러시아를 견제하기 위한 전략적 거점으로서 몽골이 중요했으며, 몽골로서는 미국으로부터 경제 원조를 획득할 수 있었으며, 제3의 이웃 국가로서의 역할과 전방위 외교를 추진하는 대상으로서 중요하였던 것이다.

몽골의 관점에서 보아 미국은 새로운 국가발전의 후원자이기도 하다. 경제적 교류 증진을 꾀할 수 있고, 인도적 지원을 포함해 많은 혜택을 얻고 있다. 미국은 후발국들이 자유민주주의의 가치와 질서를 이끌어 나가는데 관심이 높다. 미국은 몽골의 민주화 실현과 시장경제 체제의 성공적 운영에 대한 든든한 후원자 역할을 자임한다.

또한 미국은 몽골에게 전략적, 외교적 지원 세력이기도 하다. 역사적으로 몽골은 중국과 늘 긴장관계를 지녀왔다. 최근 급격히 부상하는 중국은 한편으로는 긍정적이지만, 다른 한편으로는 커다란 부담감을 준다. 이럴 경우 이를 외부세력을 끌어들여와 가까운 세력을 견제하는 이이제이以夷制夷 전법 구사가 바람직하다. 이이제이를 활용할 수 있는 대표적인 대상이 미국이 될 수 있다. 미국 역시 이 부문에 공동의 이해관계를 갖고 있기 때문이다. 몽골은 이라크전과 아프간전쟁에 군대를 파견했다. 비록 소수에 불과하지만 미국에 힘을 보탠 것이다. 또한 평화유지 활동 훈련을 전개하는 등 군사교류도 해 나가고 있다. 몽골은 나름대로의 생존전략과 번영전략을 구사하고 있는 것이다.

최근 몽골과 미국 간의 관계 동향을 살펴보면 다음과 같다. 특히 미국은 다음과 같은 점에 중점을 두고 몽골에 대해 접근을 강화하고 있다.

첫째는 몽골에 대한 영향력 제고와 국제질서 구도에서 범미국권에의 세력 편입을 겨냥한 것이다. 유라시아 질서 재편 구도에서 몽골을 자기편으로 끌어들이려는 것이다. 이는 자연히 러시아와 중국에 대한 전략적 견제 역할을 할 수 있기 때문이다. 2005년 11월 부시 대통령은 미국 대통령으로서는 처음으로 몽골을 방문하였다. 이 때 이뤄진 양국 정상회의에서 대테러 공조, 이라크 파병 등 군사, 안보 분야의 협력을 강화하는 결과를 이끌어내었다. 또한 미군과 합동으로 이라크 파병, 평화유지활동(PKO) 훈련 센터를 운영하는 등 미국의 정책을 지지하고 양자관계 긴밀화에 주력하였다.

부시 대통령의 몽골 방문(2005.11) (출처: 구글 이미지)

이에 화답하듯 엥흐바야르 몽골 대통령도 2007년 10월 미국을 방문해 부시 대통령과 정상회담을 하였다. 미국은 몽골 내 철도시설 개선과 직업교육, 보건사업 등에 총 2.85억 달러의 무상지원 제공에 합의하였다. 그런데 이후 이에 대해 러시아 측이 반대하자 결국 1.88억 달러에 해당되는 철도시설 개선을 위한 자금은 도로를 건설하는 분야로 전환해 사용한 적이 있다. 미국과 러시아간 몽골을 놓고 밀고 당기는 모습을 보였던 것이다.

둘째는 향후 몽골 자원에 대한 투자 및 개발에 참여하는 것이다. 1994년에 미국과 몽골은 양국 간 무역협정에 서명하고 FTA 교섭을 개시하였으며, 교역 증가를 위한 수출가 인하 및 면세를 추진하는 등 경협 증진도 이루었다.

셋째는 몽골군의 이라크 파병과 테러전 수행에의 국제 공조 지지를 획득하려는 것이었다. 이에 대해 몽골은 이라크에 몽골군 파견을 통한 수익 창출과 전략적 동반자 관계의 성격을 강화하는 전략을 구사한 것이다. 실제로 2003년 9월부터 시작해 2007년까지 8차에 걸쳐서 파병이 진행되었다. 총 파병 인원은 170명에 불과하지만 몽골의 전체 군인이 1만 1000여 명인 것을 감안하면 전체 군 병력의 1.5%에 해당하는 규모이었다. 부시 행정부는 "인구 대비 파병 규모로는 세계 3위에 해당한다"며 고마움을 표시하기도 하였다.

2011년 6월에는 엘벡도르지 대통령이 미국을 방문해, 공통된 가치와 전략적 이익에 바탕을 둔 포괄적 동반자관계를 재확인하였다. 몽골과 미국은 상호 전략적 이해를 토대로 협력을 강화해 나가고 있다.

2) 중국: "대미對美 견제와 자원 획득 차원에서 몽골에의 접근 강화"

몽골과 중국은 1949년 외교관계를 수립하였다. 공식 명칭은 '선린우호 및 상호신뢰 동반자관계'이었다. 그러나 몽골과 중국은 역사적으로 물고 물리는 관계였으며, 서로가 체제 생존을 위협하는 세력으로 남아 있었다. 칭기즈칸 시대가 그러했고, 명, 청 시대가 그러했다. 서로 불신하고 대립적인 관계가 밑에 깔려 있다. 1960년대 중소 분쟁 시기에 몽골은 소련을 지지하였으며, 소련군이 몽골에 주둔하기도 하였다. 이러한 배경 하에 몽골과 중국은 1967년 8월 한 때 외교관계를 단절하였으며, 1971년 8월에 다시 외교관계를 복원하였다.

몽골과 중국은 전통적으로 대립관계에 놓여 있었으나, 1980년대 중반 영사협정을 체결하고 양국 국경교역이 증대되면서 관계 개선을 이룩하였다. 1989년에는 양국 외무장관 간 상호방문이 실현되었으며, 1990년에는 몽골 국가수반이 중국을 28년 만에 최초로 방문하였다.

구소련의 와해, 동유럽의 체제전환 등 탈냉전과 함께 몽골과 중국의 관계도 우호적이고 협력을 모색하는 방향으로 바뀌어 나가게 된다.

　몽골로서는 국가발전을 위해 중국의 자본과 투자를 비롯해 경제 원조가 필요한 입장이다. 몽골을 둘러싼 중·러, 미·중관계 상황을 고려하면서 중국과의 관계 조절에 신경을 쓰고 있다. 반면 중국은 다칭, 에린, 시넨코우, 카라마이 등 몽중 국경지역에서의 원유 채굴 협력을 강화하는 등 몽골 내 자원 획득을 위한 외교에 힘을 쓰고 있다. 물론 몽골이 미국 편에 들지 않도록 하고 내몽골자치구와 힘을 합치지 않도록 해야 하는 전략적 입장도 갖고 있다. 중국은 몽골에 대한 접근을 위해 무상 원조, 기반시설 건설 프로젝트 지원 등 경제적 지원을 통한 외교 수단을 활용하고 있다.

　그럼에도 내심 몽골은 여전히 중국을 경계하고 있다. 상대적인 소국으로 4,677km의 국경을 접하고 있고, 중국 경제적 진출과 노동자들의 이주에 대한 우려감도 있다. 인구 14억의 중국과 300만 명의 몽골은 국력 면에서 너무 차이가 나기 때문이다. 이에 가급적 몽골은 1/3 균형 원칙을 지키면서 중국에 대해 지나치게 의존하지 않으려 노력하고 있다. 물론 현실적으로 이를 지켜 나가는 것이 쉽지 않다는데 몽골의 고민이 있다. 현재 중국은 몽골과의 교역 1위 국가이며, 갈수록 경제적 의존도가 심화되고 있기 때문이다. 몽골이 해결해 나가야 할 과제이기도 하다. 전체적으로 몽골은 중국과의 협력을 강화하면서도 지나치게 종속 내지 예속되지 않도록 하는 것이 바람직하다고 생각하고 있다. 이른바 너무 가깝게 하지도 않고, 멀리하지도 않는 불가근불가원不可近不可遠의 원칙을 지켜내려고 한다.

몽골과 중국 간의 관계 동향을 보다 자세히 살펴보자. 몽골과 중국
간 관계는 몇 차례 변화를 가져왔다. 1994년에 '상호 우호협력조약'을
체결하였으며, 1997년에는 외무장관이 상호 방문하였고, 1998년에는
N. 바가반디 대통령이 중국을 방문하였다. 또한 1999년 7월 장쩌민
국가주석이 몽골을 직접 방문함으로써 관계 발전의 전기를 마련하였
다. 공식적인 관계도 점차 격상되어 갔다. 상호 우호협력관계에서
2003년에는 '선린우호 및 상호신뢰 동반자관계'로,[27] 2011년에는 '전략
적 협력 동반자관계'로 변모하였으며, 2014년에는 시진핑 중국 국가주
석의 몽골 방문을 계기로 '전면적 전략 동반자관계'로 격상되었다.

몽골과 중국관계는 주로 최고지도자들의 상호 방문을 통해 협력을
이뤄내는 경향을 보였다. 2010년 4월 엘벡도르지 대통령이 중국을
방문하였으며, 중국이 몽골에 4천만 위안을 지원하는 협력, 중국
지린성을 통한 물류 운송 문제 협의, 양국 문화센터 설립 협정 서명
등의 성과를 이루었다. 동년 6월 원자바오 총리의 몽골 방문시에도
몽골의 인프라, 광업, 금융 분야에 대해 5억 달러의 차관을 제공하고,
울란바타르 내 베이징 거리 조성 및 캠퍼스 설립에 5,000만 위안
제공, 향후 5년간 2000명의 몽골인에 대해 중국 유학 국비 유학 지원
등의 성과도 이뤄냈다.

주로 중국의 몽골에 대한 차관 공여, 경제적 문화적 재정 지원
등이 대부분을 차지하였다. 이를 테면 2011년 5월 바트볼드 총리
방중시 중국의 5억 위안 차관 공여, 2014년 8월 시진핑 국가주석

---

27 2003년 6월 후진타오 국가주석의 몽골 방문시 관계 격상이 이루어졌다.

방몽시 통합스왑 규모를 150억 위안으로 확대하는 재정 지원, 2015년 11월 엘벡도르지 대통령 방중시 이루어진 양국 정부간 10억 달러 차관 협정 체결, 3억 위안 무상 지원 및 특별차관 협정 체결 등이 대표적이다. 현재 중국은 몽골의 제1위 교역, 투자국이며, 자원 수출 시장, 소비재 공급국, 최단 거리 항구 제공국으로서 몽골의 대중국 의존도는 갈수록 심화되고 있다.

시진핑 국가주석의 몽골 방문(2014.8)(출처: 구글 이미지)

양국 간 최고 지도자의 상호 방문도 〈표 3〉과 같이 제법 많이 이뤄져 몽골의 전략적 가치에 대한 중국의 인식이 높으며, 몽골 또한 중국과의 관계 진전에 적극 나서고 있음을 알 수 있다. 반면에 최근에는 러시아 보스토치니 항구를 통한 석탄 수출 문제와 관련해 중국 측이 몽골 석탄 수출에 제약을 가하는 등 몽골의 대외 행보에 견제하는 모습도 나타나고[28] 있어 향배가 주목된다.

〈표 3〉 몽·중 최고지도자들의 상호 방문 동향

몽골측의 중국 방문	중국측의 몽골 방문
o 2005.11월 엥흐바야르 대통령 방중	o 2003. 6월 후진타오 국가주석 방몽
o 2006.11월 엥흐홀트 몽골 총리 방중	o 2007. 6월 장제츠 외교부장이 취임 후
o 2010. 4월 엘벡도르지 대통령 방중	첫 방문지로 몽골 방문
o 2011. 5월 바트볼드 총리 방중	o 2008. 6월 시진핑 국가부주석 방몽
o 2013.10월 알탄후약 총리 방중	o 2010. 6월 원자바오 총리 방몽
o 2015.11월 엘벡도르지 대통령 방중	o 2014. 8월 시진핑 국가주석 방몽

3) 일본 :"원조 외교로 대중(對中) 견제와 자원 획득의 실익 도모를 겨냥"

몽골은 1939년 일본과 직접적으로 전투한 경험이 있으며, 1972년 외교관계를 맺었다. 2017년 현재 수교 45주년을 맞이하였다. 두 나라의 관계는 주로 경제적 측면에 중점을 두었다. 몽골의 경우 일본이 경제적 지원과 문화 사업에 호의를 갖고 도와주는 것에 대해 좋게 생각하고 잘 받아들이고 있다. 국가발전을 위한 재원과 인프라를 제공해 주는데 마다할 이유가 없다.

한편 일본은 일단 적극적인 무상 원조를 통해 몽골에 대한 정서적 접근을 하고 있는 것이다. 또한 동시에 역내 국제질서 재편과정에서 우호 세력으로 확보하고, 일본이 유엔 안보리 상임이사국을 진출하는 데 지지를 얻고자 한다. 나아가 몽골의 인프라 건설에의 참여, 기술 개발 협력, 자원 확보 등에도 관심을 갖고 있다. 주로 원조를 토대로 한 경제 협력을 바탕으로 양국 간 우호관계가 형성되고 있는 것이다.

보다 구체적으로 양국 간 교류 동향을 살펴보자. 1977년 3월에는 제2차 대전의 피해 보상 및 경제 협력 협정이 체결되었고, 1987년

---

28 주몽골 한국대사관 '몽골언론 주요기사(2017.9.12.)' 자료 참조.

5월 몽골 총리가 서방국가로는 최초로 일본을 방문하였다. 이를 계기로 일본의 몽골에 대한 경제 원조가 본격화되었고, 몽골과 일본 관계도 급진전을 이루었다. 1990년대 들어와서도 양국 지도자들의 상호 방문이 이뤄졌으며, 경제 협력, 에너지 분야 협력 등이 주류를 이루었다. 1998년 5월 바가반디 대통령이 일본을 방문하였고, 21세기를 향한 포괄적 동반자관계를 설정하였다. 이어 1999년 7월 일본의 오부치 총리가 몽골을 방문해 몽골의 민주화와 시장경제 이행을 지원하기 위해 에너지, 의료, 교육 분야 등에 160억 엔의 유무상 원조를 약속하기도 하였다.

최근에는 양국 간 총리와 대통령 등 고위급 인사들의 상호 방문이 두드러지며, 일본의 대몽골 무상원조와 지원 정책이 양국관계의 가장 큰 특징으로 자리매김하였다. 울란바타르 칭기즈칸국제공항에서 시내로 들어가는 도로를 건설해 준 것도 일본이다. 나아가 1400km의 철도 정보화사업에 차관 제공, 지방의료시스템 건설 지원, 울란바토르 상하수도 설치에의 2천만 달러 지원 등 교육, 보건 부문에 무상원조 실시한 바 있다. 일본은 몽골에 가장 많은 무상원조를 해주고 있는 나라인 것이다.

2001년 2월 엥흐바야르 총리가 일본을 방문해 몽·일 투자보장 협정에 서명하였다. 이어 2006년 3월에는 엥흐홀트 총리가 양국 수교 35주년을 기념해 일본을 방문하였으며, 몽골의 800주년 행사 지원 확약 및 문화포럼 개최, APEC 가입에 일본의 지원 등을 확약 받기도 하였다. 또한 2006년 8월에는 고이즈미 총리가 몽골을 방문하였으며, 2007년 2월에는 엥흐바야르 몽골 대통령이 일본을 방문해 아베 총리와 정상회담을 개최하기도 하였다. 이 자리에서 양국 정상은 1998년 체결된 몽·일 포괄적 동반자관계를 확약하고, 몽골-일본 협력 10개년 기본 프로젝트에 서명하였다.

2009년 7월에는 바야르 총리가 일본을 방문해 원자력과 우라늄 협력 양해 각서에 서명하였으며, 다음해 인 2010년 11월는 엘벡도르지 대통령이 일본을 방문하였다. 이 자리에서는 몽일 간 전략적 동반자관계 강화를 위한 공동성명이 채택되었고, 몽일 경제동반자협정(EPA)의 체결 추진에도 합의하였다. 2012년 3월에는 바트볼트 총리가 역시 일본을 방문하였고, 타반톨고이 광산의 석탄 수출과 관련된 논의를 하였다.

그리고 2013년 3월에는 아베 총리가 몽골을 방문해 차관급 전략 대화를 개설하고, 미·일·몽 3자 정책대화를 개최하기로 합의하였다. 이는 다분히 중국의 부상을 의식한 행동으로 볼 수 있다. 또한 일본의 대몽골 경제지원 계획인 에르치(활력) 이니셔티브를 발표하였는데, 이 역시 그간 경제적 수단을 통해 몽골로부터의 전략적 협력을 이끌어내려는 의도를 담고 있다.

아베 총리의 몽골 방문(2013.3)(출처: 구글 이미지)

이후 양국은 실질적인 협력 실천, 경제동반자협정(EPA) 체결 노력
에 진력하게 된다. 최근에 이뤄진 양국 고위급 인사 교류 동향은
〈표 4〉와 같다. 앞으로도 몽골과 일본은 경제적 원조를 토대로 전략적
협력을 이루어 나가는 형태를 띠면서 계속 관계 발전을 이루어 나갈
것으로 보인다.

〈표 4〉 최근 몽일 간 고위급 인사 교류 동향

o 2013년 9월. 알탄후약 총리 방일 : 몽일 중기행동계획 발표
o 2014년 7월. 엘벡도르지 대통령 방일 : 몽일 간 EPA 및 무역, 투자 촉진에
  관한 공동성명
o 2015년 2월. 사이한빌렉 총리 방일 : 몽일 간 EPA 체결, 신공항 건설 자금
  추가 확보(3억 달러 규모)
o 2015년 10월. 아베 총리 방몽 : 경제 및 투자협력 양해각서(MOU) 체결
o 2016년 6월. 엥흐볼드 국회의장 일본 방문 : 노동 분야 협력 각서 체결

4) 러시아 : "전통적 영향력 견지와 자원 개발·투자의 실익 도모"

몽골은 사회주의 70년 동안 정치·경제적으로 러시아의 절대적 영향력
을 받은 전력이 남아 있다. 몽골에 있어 러시아는 유럽 대륙과 연결되는
중요한 가교 역할을 담당하는 전략적 동반자에 해당된다. 또한 중국과
의 경쟁 속에서 몽골의 독립을 보전해 준 세력이기도 하다. 몽골로서는
긴 국경을 함께하고 있는 러시아의 영향력과 위상을 무시할 수 없다.
바로 아래에 국경을 접한 거대 중국을 견제하는 외곽의 방패막이이자
지렛대로 러시아를 활용하고자 한다. 1990년 구소련의 와해와 더불어
몽골은 완전한 독립국가로서의 위상을 되찾았다. 전통적으로 러시아
는 몽골의 우방국과 같은 성격을 띠고 있다. 비록 구소련 붕괴 이후에는

다소 유대관계가 약해지긴 했지만, 아직도 러시아는 몽골의 중요한 전략적 외교 파트너이다.

한편 러시아에게 있어 몽골은 안보 전략적 완충지대로서의 중요성을 지니고 있으며, 자원 개발과 경협 활성화의 주요 대상국이다. 러시아는 일찍이 1940년대부터 몽골의 석유, 가스 광물자원에 대한 탐사를 실시하고, 금광, 구리, 형성 등의 광물자원 탐사 및 채취사업에도 투자한 바 있다. 또한 중국횡단철도(TCR)와 몽골-러시아를 이어주는 몽골횡단철도(TMGR) 등 유라시아 철도망의 구축에도 지속적인 영향력 행사와 자원 개발과의 연계선상 속에 깊은 관심을 갖고 있다. 현재 몽골과 러시아는 철도 개선사업, 기차역간의 통신사업을 비롯해 다각도로 협력체계 구축이 필요한 부문에 대해 상호 정보 교환과 협력 방안을 모색하는 등 안정적인 관계를 유지해 나가고 있는 것으로 평가된다. 좀 더 구체적으로 양국관계 동향을 살펴보자.

양국은 1991년 상호 협력 및 교역증진에 관한 협정을 체결하였고, 1993년에는 오치르바트 대통령이 러시아를 방문해 상호 호혜적인 선린관계를 형성하는 '몽러 우호협력 조약'을 체결하였다. 고위급 인사들의 상호방문도 이루어져 1999년 2월에 이고르 이바노프 외무장관이 몽골을 방문해 양국간 우호 협력관계를 재확인하고 경제통상 협력 증진 방안을 논의하였다. 이어 2000년 11월에는 푸틴 대통령이 러시아 대통령으로는 최초로 몽골을 방문하였다. 이를 계기로 몽골과 러시아는 양국의 현안과 국제문제에 대한 25개항의 울란바타르 선언을 공동으로 발표하였다. 이어 2003년 12월에는 몽골의 러시아에 대한 채무 문제가 타결되어 관계 증진의 전기를 마련하게 된다. 러시아 정부는 구소련이 몽골에 지원한 114억 루블 중 98%에 해당되는 금액을(100억 달러 상당) 탕감해 주기로 결정하였다. 물론 몽골에 대한 우호적 조치로 영향력을 지속적으로 유지해 나가려는 의도가 내면에 담겨 있었던 것이다.

2006년 12월에는 엥흐바야르 대통령이 러시아를 13년 만에 방문해 '2010년까지 10억 달러 규모에 이르는 경제협력서'를 체결하였다.(또한 몽-러 합작 국영공장 설립을 협의하는 등 관계 발전을 지속하였다.) 2008년 4월에는 바야르 총리가 러시아를 방문해 울란바트르 철도회사(UBTZ) 기술 혁신, 우라늄 탐사 및 합작사 설립 의정서 체결, 농업분야에 2억 달러 차관 협정 서명 등 11건의 문서에 서명하는 성과를 거두었다.

〈표 5〉 최근 몽골-러시아 지도자 상호 방문 동향

o 1999년 2월 이바노프 러시아 외무장관 방몽
o 2000년 11월 푸틴 대통령 몽골 방문(러시아 대통령 최초 방문)
o 2006년 12월 엥흐바야르 대통령 러시아 13년 만에 방문 ?
o 2008년 4월 바야르 총리 러시아 방문
o 2009년 3월 바야르 총리 러시아 방문
o 2009년 5월 푸틴 총리 몽골 방문
o 2009년 8월 메드베데프 대통령 몽골 방문
o 2010년 12월 바트볼드 총리 러시아 방문
o 2011년 5월 엘벡도르지 대통령 러시아 방문
o 2014년 9월 푸틴 대통령 몽골 방문
o 2016년 4월 라브로프 외무장관 몽골 방문

특히 2009년은 몽·러 양국관계에서 새로운 전기를 마련한 것으로 평가된다. 우선 2009년 3월에 바야르 총리가 다시 러시아를 방문해 농업분야 3억 달러 제공 양해각서 체결, 몽골 내 주요 광산 개발관련 러시아 참여 협의, 우라늄 및 원자력 협력 강화를 위한 협정 체결, 양국 문화국 간 2009~2011년 협력 약정을 체결(몽골 학생 230명 러시아 유학 지원)하는 등 관계 증진 추이를 이어 갔다. 두 달 뒤인 5월에는 당시 총리였던 푸틴이 몽골을 방문하였으며, 합작회사 설립, 철도, 원자력, 농업 부문의 협력에 대해 협의하였다.[29] 그리고 8월에는 메드베데프 대통령이 할흐강 지역의 승전 70주년 기념행사 참석을 계기로 몽골을 방문하였으며, 양국관계도 '전략적 동반자관계'로 격상되었다.

이후에도 양국 정상간의 상호 방문이 지속적으로 이뤄지면서 관계 증진의 추세를 이어갔다. 즉 2010년 12월에는 바트볼드 총리가[30] 2011년 5월에는 엘벡도르지 대통령이 러시아를 방문하였으며,[31] 러시아 측에서도 2014년 9월 푸틴 대통령이 몽골을 방문하였다. 양국 간

29 에르데네스 GML, 몽골철도청과 합작회사 설립 협정 체결, 러시아 철도가 몽골 울란바타프철도에 700만 달러 상당 투자, 몽골 원자력청과 러시아 RossAtom 간 몽골 원자력 전문 인력의 러시아 교육 훈련에 관한 의향서 체결, 러시아 농업부와 몽골 식량농업경공업부 간 농업분야 협력 공동선언문 채택 등이 이뤄졌다.

30 러시아 방문시 도르노드 우라늄 합작회사 설립 합의, 몽골의 대러시아 채무 1.72억 달러 추가 면제 합의, 울란바토르 철도회사, 에르데네트 동광산 등 현대화 합의, 몽골의 대러시아 육류 수출 확대 등에 합의를 도출하였다.

31 울란바트로 철도회사 몽골 측 지분을 51%로 변경, 몽골의 무역 역조 문제 해결을 위해 몽러 교역 조건 개선 방안을 협의하였다.

무사증 상호 방문 협정을 체결하였으며, 러시아와의 통과 수송, 몽골
축산물의 대러 수출, 러시아 에너지의 안정적인 공급 등의 문제도
논의하였다.

푸틴 대통령의 몽골 방문(2014.6)(출처: 구글 이미지)

　2016년 4월에는 라브로프 외무장관이 몽골을 방문해 몽·러 전략적
협력 발전에 대한 중기 계획에 서명하고, 양국 협력 및 전략적 파트너
관계의 확대, 발전 가능성에 대한 의견을 교환하였다. 양국 간 전략적
동반자관계를 보나 내실화시켜 나가려는 노력이 계속되고 있는 것으로
평가된다. 이를 토대로 볼 때 향후에도 몽골과 러시아는 상호 호혜의
측면에서 전략적 협력을 강화시켜 나갈 것으로 보인다.

V. 신新 한·몽 외교분야 협력을 위한 전략적 방안

1. 몽골과 한국의 전략적 가치와 공동이해

국가이익의 관점에서 몽골이 한국에 대해 기대하고 있는 것은 무엇일까? 이는 몽골이 보는 한국의 전략적 가치와 맥락이 닿아 있다.[32]

먼저 몽골은 한국에 대해 어떻게 생각하며, 어떤 전략적 가치가 있다고 보고 있을까? 위에서 살펴본 몽골의 지정학적 위치와 외교의 특성들을 고려해 볼 때, 다음과 같은 점에 관심이 높을 것으로 보인다.

첫째, '제3의 이웃국가'로서의 한국이다. 몽골은 중국과 러시아에의 정치적, 경제적 예속을 경계하는 입장에 있다. 이러한 환경 속에서 몽골은 중·러를 견제하는 전략적 지렛대로서 '한국 카드'를 활용할 수 있다. 물론 몽골의 입장에서 미국과 일본, 인도 등도 제3의 이웃국가에 해당된다. 특히 한국은 우호적 관계를 가진 국가이자, 가장 근접해 있는 국가이기에 그 전략적 가치가 남다른 측면이 있다.

둘째, 한국은 몽골의 경제발전을 이끄는데 도움을 줄 있는 대안적 동반자이다. 몽골은 한국형 경제개발의 경험에 깊은 관심을 갖고 있으며, 이의 창조적 적용을 통한 경제발전을 이루려고 하고 있다.[33] 투자 유치, 자원의 활용을 통한 국가발전, 보유자원 개발과 수출, 관광사업의 활성화 등에 있어 한국과 협력하는 것이 바람직하기 때문이다.

---

32 이하의 부문은 필자의 「몽골 외교의 특성과 한몽간 전략적 협력방안」, 155-169쪽 참조.

33 주몽골 한국대사관 '몽골언론 주요기사(2017.9.7.)' 참조.

셋째, 한반도의 지정학적 중요성 및 분단된 남북한 분단 상황을
활용해 전략적 이익을 취하는 것이다. 한국에 대한 전략적 지렛대로서
'북한요소'를 활용하는 측면도 있다.[34] 몽골은 남북한 동시 수교국으로
남북한에 대해 균형 접근, 등거리 외교를 추진하면서 정치 외교적,
경제적 이익을 얻을 수 있다.

끝으로, 한국은 동북아 다자안보체제 구축에 있어 몽골에 도움을
주는 조력자이기도 하다. 몽골은 역내 안보적 안정과 평화를 위해
동북아 다자안보체제 구축이 긴요하다고 여기고 있다. 최근 미·일·
중·러 등 주변국들의 몽골에 대한 접근 강화에 대한 나름대로의 대비책
이기도 하다. 멀게는 6자회담 이후 동북아 다자안보협력 구축과정에
참여하고자 한다. 한국과 전략적 이해를 같이하는 부문인 것이다.

그러면 한국에게 있어 몽골은 어떠한 가치를 지니고 있으며, 무엇을
원하고 기대하고 있는가? 한국에게 있어 몽골은 △에너지 및 자원외교
의 주요 대상국, △상호 보완적·선린 우호협력의 동반자, △남북관계
협력의 전략적 촉진제, △전략적 요충국가로서 역내 다자 협력 체제
구축의 동반자, △지경학적 유라시아 진출에의 전진기지 등의 전략적

---

34 엘벡도르지 몽골 대통령은 재선 후 2013년 10월 28~31일 북한을 방문하였으나
   김정은 북한 국방위 제1원장과 정상회담을 갖지 못하였다. 반면 김일성종합대학
   에서 가진 특강에서 북한의 비핵화를 촉구하는 발언 및 '어떤 폭정도 영원히
   지속될 수 없다'는 내용의 연설을 한 것으로 알려져 양국관계 동향과 관련해
   주목을 끌었다. 「중앙일보」, 2013. 11. 16, 「조선일보」, 2013. 11. 16. 「문화일보」,
   2013. 11. 21.

가치를 함유하고 있다.

　한국과 몽골은 지정학적 측면에서 보아 최근 동아시아 재편 움직임과 더불어 상호 전략적 균형추를 이뤄주는 '완충국가와 가교국가'로서의 이점을 활용할 수 있다. 지경학적 측면에서도 부존자원의 개발 및 인프라 구축, 경제발전 경험 전수의 모범적 사례로서 공동이해를 지니고 있다. 나아가 지전략적 측면에서도 탈 냉전시대 국제무대에서 '중견국'과 '소국'으로 살아나가는 방법을 교감할 수 있다. 즉 한국과 몽골은 동아시아의 국제질서 재편의 균형자로서의 공조, 역내 제반 안보 이슈의 해결에의 공조, 보완적 경협을 통한 역내 번영 추구에의 기여 등을 함께 해낼 수 있다. 물론 한·몽 간 긍정적인 측면만 있는 것은 아니다. 비판적 시각에서 볼 때 양국 고위관계자들의 상호 인식과 이해 부족, 한국의 몽골 진출에 대한 부정적 반응, 공공외교의 필요성 등은 향후 해결해야 할 과제로 남아 있기도 하다. 앞으로 이러한 과제를 극복하고 한·몽 간 전략적 협력을 강화해 나갈 수 있는 구체적인 방안들을 살펴보자.

2. 전략적 협력 방안

한몽관계 발전을 위한 한국외교의 목표로는 첫째, 한·몽 간 전략적 협력 동반자관계로의 격상; 둘째, 한반도 안정과 평화, 남북관계 개선에의 기여; 셋째, 한반도 통일과정에의 지지 확보 및 통일한국에의 후원자, 넷째, 한·몽 경협 확대를 통한 공동 번영; 다섯째, 한·몽 간 다면적 이해 증진 강화; 여섯째, 동북아 다자안보협력체제 구축에의 공조 등으로 집약해 볼 수 있다.

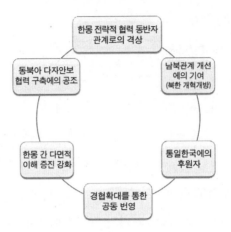

한국의 몽골에 대한 외교 목표

이를 위해서는 종합적이고 체계적인 대對몽골 정책 추진이 요구된다. 한몽관계 발전을 위한 정책들은 이미 기존 연구를 통해 많이 제시되었다. 이를테면 이재영, 이시영, 두게르 간바타르 박사는 전략적 협력 방안으로 △양국간 정상회담 정례화, △한몽 경제통합체로의 발전 방안 강구, △한몽 FTA의 조속 체결, △고위급 인적 네트워크 강화, △駐몽 KOTRA의 무역관 개설, △북한 인력 활용, △한국내 몽골 연구 활성화 지원을 제시하였다.[35] 송병구 교수는 신정부의 대몽 정책 방향으로 △양국의 전통적인 정서적 유대감의 각성, △남북문제에 관한 실질적 협력 강화, △정치·외교 교류의 다변화, △경제교류의 다변화, △인적 교류의 대폭 확대와 개선, △사증면제 협정 체결, △복수항공 취항을 통한 항공료 현실화 등을 제시하였다.[36] 여기서는

---

35 이재영, 이시영, 두게르 간바타르,『신아시아 시대 한국과 몽골의 전략적 협력 방안』(서울: 대외경제정책연구원, 2010), 178-182쪽.

위에서 살펴본 몽골 외교의 특징을 반영한 가운데 정치외교부문에서 중요한 사안을 중심으로 실천 방안을 살펴보자.

무엇보다 가장 중요한 것은 몽골에 대한 올바른 이해이며, 외교적 관심사를 높여가는 것이다. 우리 외교에서 몽골의 잠재적 가치와 전략적 효용성에 비해 이에 대한 정책적 관심과 이해도가 높지 않다. 몽골의 전략적 가치에 대해 잘 알고 이를 활용하는 것이 바람직하다. 미래 국가비전의 구상과 실천 측면을 염두에 둔 고위 정책결정자들의 몽골의 중요성에 인식 제고가 긴요한 것이다. 비록 교역 규모가 작기는 하지만 수교 27주년을 넘어서고 있고 공동번영의 잠재성을 지니고 있음을 고려해 향후 몽골에 대한 외교적 관심과 정책 우선순위를 끌어 올리는 노력이 필요하다.

둘째, 한·몽 정상을 비롯해 여론 주도층, 고위급 인사들의 상호 방문이 확대되도록 해야 한다. 몽골에 대한 외교적 관심이 미흡하기 때문에 상대적으로 양국 정상간 정상회담의 개최와 그 후속조치 작업이 양자관계에 있어 매우 중요하다. 이에 미·일·중·러 등 주변 강국에 버금가지는 않지만, 양국 정상이 우의와 유대감을 갖도록 교류 기회를 마련함으로써 관계 발전의 탄력성을 잃지 않도록 하는 것이 바람직하다.

그간 오치르바트(1991년), 바가반디(2001년), 엥흐바야르(2007년, 2008년), 김대중(1999년), 노무현(2006년), 이명박(2011년), 엘벡도르지(2016년), 박근혜 대통령(2016년) 등 양국 정상의 상호 방문을 비롯

---

36 송병구, 「한몽교류와 상호 우호 인식 제고를 위한 신정부의 대몽 정책 방향」, 한국몽골학회 제33차 국제학술대회(2013.3.29) 발표논문, 39-47쪽.

해 고위급 인사들의 교류 증진이 이루어졌다.[37] 양국관계 규정도 '21세기 상호 보완적 협력관계'(1999년), '선린우호 협력 동반자관계'(2006년)를 넘어 '포괄적 동반자관계'(2011년)로까지 진전되었다. 최근에는 친환경 요소의 등장과 함께, 몽골의 대자연을 직접 체험하는 관광 경험을 통해, 문화적 교류의 측면에서 상호 인식의 공감대를 넓혀가고 있는 추세에 있다.

특히 2017년 9월 6일에는 문재인 대통령이 블라디보스톡 극동연방대학에서 바트툴가 몽골 대통령과 한·몽 정상회담을 가졌다. 양국 정상은 모두 처음 만난 자리로 개인적 친밀감을 표명하면서, 한·몽골 간 실질 협력 강화, 북핵 문제 및 한반도 정세, 지역 안보 및 경제 협력 방안 등에 대하여 논의하였다. 문 대통령은 역내 주요국들이 참여하는 안보 협력 방안을 논의하는 동북아평화협력 플랫폼 구축 방안에 대해 설명했으며, 바틀가 대통령은 수차례 북한을 방문한 개인적 경험 등을 바탕으로 북핵 문제 등 동북아 안보 문제 해결을 위해 몽골 정부가 적극 기여하고 싶다는 희망을 피력하는 등 향후 양국관계 발전을 위한 공감대를 형성한 것으로 보인다.[38]

몽골은 다자적 접근을 통한 다자안보기구의 창설에 관심이 높은 만큼 동북아 다자협력에의 참여와 지지를 이끌어낼 수 있다. 또한 비핵지대화를 주장하고 있어 한반도 비핵화 및 북핵문제 해결에의 정책 공조도 가능하다. 한·몽 정상회담의 성과를 토대로 앞으로 우리

---

37 양국의 고위인사들의 교류 현황은 외교부에서 발간한 『2016 몽골 개황』 참조.
38 이에 대한 자세한 내용은 청와대 '한몽 정상회담 관련 브리핑'(2017.9.6.) 참조. http://www1.president.go.kr/articles/928(검색일: 2017.10.15).

의 몽골에 대한 이해를 높이고 양측의 고위급 인사 교류도 더욱 확대되도록 하는 노력이 긴요하다.

셋째, 가시적 경협 성과, 즉 한·몽 경협의 '성공사례'를 만들어 내는 것이다. 그간 한·몽 간에는 에너지, 자원 부문 등에서 많은 양해각서(MOU)를 체결하였지만 경협 성공 사례로서의 상징적 의미를 담고 있는 것이 부족하였던 것도 사실이다. 몽골이 지닌 경제협력 여건의 특수성을 감안해 이른 시일 내 성공적인 경협 사례를 만들고 이를 토대로 파급시켜 나가는 방법이 바람직하다고 본다. 특히 중소기업의 진출이 유망한 만큼 이에 대한 정책적 지원을 아끼지 말아야 한다. 또한 한국의 개발경험 전수에 덧붙여, 에너지 및 인프라 사업에의 참여 등 비 진출한 부문에의 경협 프로젝트 창출도 가능할 것으로 보인다.[39]

이와 더불어 동북아 국제지역경협을 활성화시키는 노력도 병행해야 한다. 즉 '한국' + '몽골' + '동북 3성' + '연해주, 극동시베리아' + '북한 접경(나선 특구)' + 국제기구(UNDP) 참여를 묶는 국제지역경협을 성사시켜 나가도록 하는 것도 적극 검토할 필요가 있다. 이는 우리에게 '새로운 경제 블루오션'의 의미를 지니고 있고, 북한을 정상국가화, 개혁·개방으로 이끌어내는 효과도 담고 있기 때문이다.

넷째, 한·몽간 교류 증진 네트워크 구축 및 활성화이다. 이에는 비자면제협정 체결, 한국문화원의 개설, 차세대 지도자 육성, 정부간,

---

39 한몽간 전략적 경제협력 방안은 중소기업 진출 확대, 광물자원 및 에너지 협력 확대, 플랜트 산업 진출, 인프라 개발 참여, 농업 및 축산업 협력 확대, ODA 협력 방안 등을 꼽을 수 있다. 이재영, 이시영, 두게르 간바타르(2010), 147-177쪽.

민관공동위원회의 활동 지속, 몽골 노동력의 국내 취업 지원 강화, 한국과 지방도시간 자매결연 확대, 한·몽 학자 간 학술교류 지원 등이 포함된다. 그간 꾸준히 제기되어온 사안들이기도 하며 이제는 실질적 실천이 긴요하다.[40]

보다 구체적으로 역사, 학술, 문화 부문의 경우 한·몽간 역사유물의 공동 발굴과 소개로 문화적 동질성을 제고시킬 수 있다. 한·몽간 각종 문화축제의 홍보 및 공동 개최를 통한 관광객 증진, 양국 관광사업 지원,[41] 청소년의 몽골 문화 역사 탐방의 활성화 등도 이에 포함된다. 차세대 리더 인재 양성의 경우, 몽골학생의 한국에로의 유학 장려 및 대폭 확대, 몽골 내 교육 사업에 대한 투자 확충, 한·몽에 대한 지역전문가 양성 지원, 몽골 관련 교육지도자 양성 프로그램 실시 등이 긴요하다.

이밖에 NGO의 봉사 활동 등 공공외교의 확대도 중요하다. KOICA의 활동 확대는 물론 NGO들의 대몽골 봉사 활동을 적극 지원해야 한다.[42] 민관합동의 사막화 방지를 위한 녹화사업에의 체계적 지원, ‘몽골 자연환경 되살리기’, ‘그린 데탕트’ 등 각종 이벤트 개최, 봉사활동 내용의 언론 홍보 강화 등이 바람직하다. 양국 국민간 문화적, 정서적

---

40 최근에는 이와 관련된 협력 사업이 많이 진행되고 있는 것으로 평가된다. 보다 자세한 내용은 주몽골 한국대사관 홈페이지(http://mng.mofa.go.kr) 참조.

41 2017년 6월 22일에는 몽골의 국영항공사 미아트가 울란바타르-부산 노선 운항을 시작하였으며, 7월 4일에는 한국관광공사의 몽골 사무소가 개소되었다.

42 공적개발원조사업(ODA)의 일환으로 진행 중인 ‘한국어 스마트 교실’ 운영과 성과에 대해서는 오송 몽골 대사의 칼럼 ‘몽골에 한국어 열풍이 부는 이유’, 「한국경제」(2017.6.9) 참조.

유대감을 높이고 긍정적인 인식을 통해 상호 이해를 높여야 한다.

다섯째, 다자적 국제회의 및 국제지원 프로그램에의 참여와 추진이
다. 이미 2005년 한, 중, 일, 몽이 참석한 가운데 국제환경회의가
개최되었으며, 2007년에도 동북아 산림네트워크 구축[43] 등 몽골이
포함된 국제 다자협력이 성사된 바 있다. 이러한 활동에는 황사, 사막
화, 삼림보호 관련 협력체 구성 지원 등 국제환경 문제와 구제역,
사스SARs 예방 등 국제보건 문제가 포함되어 있다.

몽골이 추진하고 있는 '울란바타르 대화' 구상 일환으로 개최된
각종 회의에 정기적으로 참여하는 것은 물론 각종 국제기구, 국제세미
나, 심포지엄, 포럼 등에서의 한·몽 양국 전문가들의 참여와 협력
강화가 긴요하다. 이미 한국 측은 '울란바타르 대화'를 포함해 각종
회의들에 정기적으로 참석해 오고 있다. 이를테면 2015년 3월 울란바
타르에서 개최된 동북아 에너지 연결 워크숍(Connectivity Workshop)
에 몽골, 러시아, 중국, 일본, 한국의 에너지 전문가가 참석하였으며,
아시아의 슈퍼 전력망-고비테크 사업 실행에 대해 논의한 바 있다.

최근 몽골은 '울란바타르 대화' 국제회의뿐만 아니라 '울란바타르
프로세스'를 '트랙 2'로 운영하면서 미·일·중·러·남·북한 NGO를 초
빙해 유관 회의를 정례적으로 개최하고자 하고 있다. 또한 몽골 역시
2014년 이후 '동북아평화협력포럼'의 핵심 구성원으로서 지속적으로
참여해 왔으며, 2016년 12월 인천 송도에서 개최된 2.0 트랙의 '동평구

---

43 동북아 산림네트워크 구축사업은 한국 산림청이 세계 사막화 방지의 날을 계기로
몽골 그린벨트 조성사업을 지원한 것으로, 유엔환경계획(UNEP), 유엔사막화방
지기구(UNCCD), UNESCAP 등과 연계해 성공적으로 추진되었다.

네트워크 심포지움'에도 참석하였다. 이밖에 한·몽골 정부 간 포괄적 협의체이며 2015년 3월 처음 울란바타르에서 개최된 '한·몽 공동위원회'도 정례화시켜 나가는 것이 중요하다. 제2차 한·몽 공동위원회는 2016년 3월 서울에서 개최되었다.

한국과 몽골은 한반도 및 동북아 지역에서의 평화와 안정 유지에 전략적 이해관계를 공유하고 있으며, 동북아지역 공동 번영에 기여하는 파트너임을 염두에 두어야 한다. 몽골이 추진하고 있는 '울란바타르 대화'와 한국이 추진하고 있는 동북아 다자협력체 구성 노력 간의 긍정적 시너지 효과를 잘 살려 나가고, 향후 동북아지역 다자 평화협력 대화 영역의 다양한 기제 형성에도 기여하는 노력이 긴요하다.

끝으로 다음 글은 필자가 한몽관계 발전을 생각하면서 쓴 글 중 마지막 부문이다.[44]

700여 년의 역사적 공백 속에 다시 마주한 한몽은 함께 새로운 비상을 꿈꾼다. 진정한 새로운 국가발전 패러다임과 비전이 요구되고 있다. 주변 강대국들에 공조해 대처하고, 궁극적으로 정감적 전략 동맹을 만들어 가길 기대한다. 해륙국가海陸國家로 거듭날 수 있다. 미래에 뭉쳐진 힘을 발휘하는 것은 양국 모두에게 최상의 생존전략이자, 번영전략이다. 드높은 몽골 초원에 무지개가 기분 좋게 방긋 웃는다. 저 미래의 한몽은 더욱 새로운 상상력을 필요로 하고 있다.

---

44 서동주, 「몽골이 다시 달린다: 몽골이 보는 세계, 아시아, 한국」, 금희연 외, 『초원에서 무지개를 보다』(서울: 도서출판 그린, 2012), 55쪽.

다시 한 번 이를 되새기며, 진정으로 다시 도약하고 비상하는 한몽관계의 모습이 발현되기를 기대해 본다.

참고자료

구해우. 「북한과 몽골의 관계 형성과 변화: 역사적 관점」. 『몽골학』, 제28호(2010),
    133-154쪽.

금희연. 「제6장 몽골의 체제전환과 민주화과정에 관한 연구 -역대 총선과 대선을
    중심으로-」. 『통일전략』, 제9권 제2호(2009), 181-223쪽.

금희연, 서동주, 김기선, 김장구, 바트투르, 김홍진, 허만호, 사인빌렉트. 『초원에서
    무지개를 보다』. 서울: 도서출판 그린, 2012.

김완배·김관수. 「해외협력사업 활성화를 위한 정책 제언: 한·몽골 사례를 중심으
    로」. 『韓國際農誌』(2010), 220-230쪽.

김홍진. 「한국-몽골 경제협력 20년: 평가와 전망」. 『몽골학』, 제29호(2010), 41-62쪽.

단국대학교 몽골연구소 편. 『몽골과 한국: 미래지향적 관계 발전 방안』. 서울:
    단국대학교출판부, 2012.

박소현. 「한몽 수교 20년간 음악문화 교류」. 『몽골학』, 제29호(2010), 63-88쪽.

박종철, 오윤아. "몽골·한국의 국교정상화와 동반자 관계에 관한 연구." 「대한정치
    학회보」, 22집 4호(2014년 11월).

서동주. 「몽골 외교의 특성과 한몽간 전략적 협력방안」. 『중소연구』, 제37권 제4호
    (2013/2014 겨울), 139-173쪽.

서동주. 「남북러 경제협력과 북러관계」. 『안보학술논집』, 제23집 하(2012), 111-178
    쪽.

송병구. 「몽골과 남북한의 외교관계」. 단국대학교 몽골연구소 편, 『몽골과 한국』.
    서울: 단국대출판부(2012). 79-99쪽.

송병구. 「한몽교류와 상호 우호 인식 제고를 위한 신정부의 대몽 정책 방향」.
    한국몽골학회 제33차 국제학술대회(2013.3.29) 발표논문, 38-48쪽.

양길현. 「평화적 정권교체 요인 분석: 한국과 몽골의 경험 비교」. 『세계지역연구논
    총』, 제15집(2001), 73-91쪽.

오송. 「몽골에 한국어 열풍이 부는 이유」. 『한국경제』(2017.6.9).

이기택. 『현대국제정치이론』. 서울: 박영사, 1997.

이안나. 「몽골에서의 한류와 발전방안」. 『일본문화연구』, 제20집(2006), 57-66쪽.

이재영, 이시영, 두게르 간바타르. 『신아시아 시대 한국과 몽골의 전략적 협력
　　방안』. 서울: 대외경제정책연구원, 2010.

이재영, 이평래, 윤익중, 이시형, S. Avirmed. 『몽골-광물자원 개발 현황과 한국의
　　진출방안』. 서울; 대외경제정책연구원, 2011.

이평래. 「몽골의 영세중립화 논의에 대한 종합적 검토」. 『몽골학』, 제48호(2017),
　　167-199쪽.

이효선. 「몽골의 자원분포현황과 자원활용방안」. 『몽골학』, 제28호(2010), 185-
　　208쪽.

정재완, 유민우. 『몽골경제와 한몽골 경제협력 확대방향』. 서울: 대외경제정책연구
　　원, 2006.

정재완. 「몽골경제의 특징과 한-몽골 정상외교의 주요 성과」. 『KIEP 세계경
　　제』(2006.5).

제성훈. 「탈냉전기 러시아-몽골관계의 변화: 지정학적 '완충국' 개념을 중심으로」.
　　『국제정치논총』, 제50집 2호(2010), 167-192쪽.

제성훈. 「탈냉전기 몽골 외교정책의 변화」. 단국대학교 몽골연구소 편, 『몽골과
　　한국』. 서울: 단국대출판부, 2012. 101-155쪽.

최필수.「중국의 일대일로 연관된 중국, 몽골, 러시아 경제회랑」. 『중앙일보』(2017.
　　9.19).

http://www.mfa.gov.mn/?page_id=30309&lang=en(검색일: 2017.11.28).

http://mng.mofa.go.kr)(주몽골 한국대사관)

http://www1.president.go.kr/articles/928(검색일: 2017.10.15).

https://ko-kr.facebook.com/ko.forumvostok/ (2017년 동방경제포럼 홈페이지)

http://www.sectsco.org/ (상하이협력기구 홈페이지)

"The initiative to implement to the Ulaanbaatar Dialogue on the Northeast Asian
　　Security was proposed," http://english.news.mn/content/140392.shtml(검색
　　일: 2013.9.15).

"Concept of Mongolia's Foreign Policy", http://www.mfa.gov.mn/?page_id=

26263&lang=en(검색일: 2017.11.28).

"Five Permanent UN Representatives Support Mongolia's Nuclear-Weapon-Free Status", www.state.gov/r/pa/prs/ps/2012/09/197873.htm(검색일: 2013.9.20).

Batbayar, Tsedendamba. "Mongolian-Russian Relations in the Past Decade", *Asian Survey*, Vol. 43, No. 6 (November/December 2003), pp.951-970.

Batchimeg, Migeddorj. "Mogolia's DPRK Policy: Engaging North Korea", *Asian Survey*, Vol. 46, No. 2 (March/April 2006), pp.275-297.

Enkhsaikhan, J. "Mongolia's Nuclear-Weapon-Free Status: Concept and Practice", *Asian Survey*, Vol.40, No.2(Mar., -Apr., 2000), pp.342-359.

Enkhsaikhan, Jargalsaikhany. "Mongolia's Status: The Case for a Unique Approach", *Asian Affairs*, Vol. 27, No. 4 (Winter 2001), pp.223-231.

Green, Elizabeth E. "China and Mongolia: Recurring Trends and Prospects for Change", *Asian Survey*, Vol. 26, No. 12 (Dec., 1986), pp.1337-1363.;

Haggard, M.T. "Mongolia: The Uneasy Buffer", *Asian Survey*, Vol. 5, No.1(Jan. 1965), pp.18-24..

Lattimore, Owen. "Satellite Politics: The Mongolian Prototype", *The Western Political Quarterly*, Vol.9, No.1(Mar., 1956), pp.36-43.

Mansvetov, Fedor S. "Russia and China in Outer Mongolia", *Foreign Affairs*, Vol. 24, No.1(Oct., 1945), pp, 143-152.

Narangoa, Li. "Mongolia and Preventive Diplomacy", *Asian Survey*, Vol. 49, No. 2(March/April 2009), pp.358-379.

Rahul, Ram. "Mongolia between China and Russia", *Asian Survey*, Vol. 18, No. 7(Jul., 1978), pp.659-665.

4.

몽골의 국방·안보

- 체제전환 이후 몽골 국방·안보 정책의 흐름과 변화

김희경 단국대학교 몽골연구소 연구원

I. 들어가며

한 국가의 국방력을 평가하는 지표로 우리는 해당 국가의 인구수와 경제 규모를 먼저 살피곤 한다. 몽골은 인구수 300백만, GDP 109억 달러로 동북아시아 지역 내에서 약소국에 속한다. 그렇기 때문에 이러한 지표로 몽골의 국방력을 평가할 경우 우리는 높은 결과를 기대하기 어려울 것이다. 하지만 몽골의 국방·안보 분야는 인구수, 경제 규모보다 몽골이 위치하고 있는 지정학적 특성으로 인해 동북아시아 지역의 안보 문제에 매우 중요한 역할을 지니고 있다.

몽골은 동북아시아 내 모든 국가와 우호적인 관계를 유지하고 있는 특징이 있다. 여기에는 국제무대에서의 소통을 단절한 채 독단적인 행동으로 전 세계를 핵 위협에 빠트린 북한 역시 포함된다. 몽골과 북한은 소통의 창구가 열려 있다는 점에서 한반도 및 동북아시아 지역 내 안보 유지에 큰 기여를 할 가능성을 지닌 국가이다. 이러한 몽골의 지정학적 중요성을 가장 잘 파악하고 움직이는 국가 중 하나는 미국이다. 미국은 동북아시아뿐 아니라 급변하는 국제 안보환경 속에서 가장 큰 영향력을 미치는 국가이다. 2000년대 이후 미국은 평화유지 활동을 앞세워 몽골과의 안보외교 관계 강화에 힘쓰고 있다. 뿐만 아니라 중국, 일본, 러시아 등 동북아시아의 많은 국가들이 앞다투어 몽골과의 국방·안보 협력을 강화해 나가고 있다. 이것을 통해 우리는 약소국으로 평가되는 몽골이지만, 국방·안보 분야에 있어 그 중요성이 나날이 증가되고 있다는 것을 미루어 짐작할 수 있다.

몽골 사회는 1990년 체제전환 이전까지 러시아 사회주의 체제의 성격이 짙게 배어 있었다. 여기에는 물론 국방·안보 분야 역시 포함된다. 정치와 경제 전반을 러시아에 의존하고 있었기 때문에 자국의 독립적 정책 수립과 시행 역시 어려운 상황이었다. 하지만 민주화 이후 몽골은 신헌법 제정과 국가안보개념·외교정책개념·국방정책을 잇달아 수립하며 자국에 적합한 새로운 정책 노선을 만들어가기 시작했다. 위에서 언급한 모든 정책의 기본 출발점은 중국과 러시아 두 강대국 사이에서 균형을 유지하는 것이다. 또한 이들의 영향력을 감소시키기 위해 제3국과의 대외 협력을 강화한다는 '제3의 이웃정책'이 수립되었다.

동북아시아 지역은 개별 국가들의 이해관계와 북핵문제, 그리고 급성장하고 있는 중국을 견제하기 위한 미국의 개입이 더해지며 국제 안보에 미치는 영향력이 더욱 증대되고 있다. 이러한 상황에서 몽골이 추구하는 균형 외교노선과 중립정책은 지역 내 평화지대 이미지를 구축하였고, 이로 인해 지역 내에서 모든 국가와 우호적 관계를 유지하며 중요한 소통창구 역할을 담당하고 있다. 여기에는 거듭되는 핵실험으로 지역 및 국제 안보를 위협하고 있는 북한과의 관계도 포함되어 있다.

이러한 상황 속에서 몽골은 어느 한 진영에도 속하지 않는 중립 노선을 굳건히 지켜나가며 국방·안보적 측면에 있어 중요한 전략적 요충지로 자리매김하고 있다. 몽골에서 정기적으로 진행되고 있는 칸퀘스트 국제평화유지군 훈련(UN PKO)과 국제 안보 기구들과의 적극적 협력이 위의 내용을 뒷받침해준다.

우리나라와 몽골은 1990년 수교를 체결한 이후 지속적인 고위급 교류를 통해 협력 관계를 발전시켜왔다. 몽골은 남·북한 동시 수교국이자 두 국가와 우호적 관계를 유지하고 있는 특징이 있다.[1] 우리나라는 한반도 문제의 직접 대상국이자, 동북아시아 안보와 밀접하게 연관된 국가이다. 따라서 한국과 몽골의 국방 협력은 매우 중요하게 다루어져야 할 부분이다. 양국은 군 인사 상호 방문과 군사교류, 국제평화유지군 훈련 참가, 국방정책실무회의 등을 통해 지속적으로 제반 분야 협력을 강화하고 있다.

이 글은 ①체제 전환 이후 몽골 국방·안보 정책의 기조를 분석하고, ②몽골과 주변 국가들과의 국방·안보 협력을 개괄하며, ③신 한·몽 국방·안보분야 협력을 위한 전략적 방안을 제시하는 데 목적을 두고자 한다.

II. 몽골 국방·안보 정책 기조

1. 몽골 국방·안보 정책의 흐름

몽골은 1990년 체제를 전환하기 이전까지 사회주의 체제 국가였다. 그렇기 때문에 몽골 사회 전반에 걸쳐 구소련식 정치 체제가 스며들어 있었고, 이러한 풍조는 민주주의와 시장경제체제를 도입하기 전까지 지속되었다.[2] 사회주의 체제를 받아들인 여느 국가들이 그렇듯 몽골

---

1 몽골이 첫 번째로 외교 관계를 수립한 나라는 구소련으로 1921년 11월 5일 수교를 맺었고, 두 번째로 1948년 10월 15일 북한과 외교 관계를 수립하였다.

216

역시 집단 체제 하에서 자국의 독립적 군사·안보 정책 수립이 어려웠다. 몽골의 체제전환은 단일당이었던 몽골인민당이 주도적으로 움직여 평화적으로 진행되었다.

성공적인 체제전환을 이룩한 이후 몽골은 소련과 밀접히 연관되어 있던 자국의 체제를 정비해 독립국가로서의 입지를 다지고 새로운 몽골에 필요한 정책들을 수립하기 시작했다. 1992년 제정된 신헌법은[3] 몽골의 새로운 외교노선,. 국방 기조와 관련된 다양한 조항을 포함하고 있는데 그 중 '법률에 의거하지 않은 외국군의 진입·주둔·통과를 금지시키는 조항[4]은 민주화 이후에도 몽골에 주둔하고 있단 소련군의 철수를 의도한 조항이라고 분석할 수 있다. 사회주의 시절 러시아는 외부의 위협으로부터 몽골을 보호한다는 명목으로 1939년, 1946년, 1966년 총 세 번에 걸쳐 군대를 파견한 바 있다.[5] 1992년 12월 몽골에

2 Andrew Brick, Raymond Gastil, William Kimberling(1992) "Mongolia: An Assessment of the Election to the Great People's Hural June 1992". *International Foundation fo Election Systems*, Washington D.C., U.S.A. p.5.
3 몽골 최초의 헌법은 1924년 11월 26일 제1회 국회에서 제정되었고, 이후 1940년 6월 30일, 1960년 7월 6일, 1992년 1월 13일 신헌법이 제정·공표되기까지 3차례의 변화를 거쳤다. 1924년 헌법은 6장 50조로 구성되었으며 몽골의 독립을 선언하였다는데 큰 의의가 있다. 1940년 헌법은 12장 95조로 이루어져 있고 몽골의 두 번째 헌법으로써 정부의 상징과 깃발의 내용을 새롭게 추가하였다. 1960년 헌법의 경우 10장 94조 이며 국가의 주권과 통치 기관들을 명시함으로써 국가의 구조와 체계를 법률화 하였다는데 의의가 있다.
4 몽골 헌법 4장 3조(Монгол улсын үндсэн хууль дөрөвдүгээр зүйл-3)
5 Ч. Батцэцэг(2016), Монгол-Хятадын харилцаа: шинэ боломж, сорил, Улаанбаата р, p.65.

잔류하던 마지막 러시아 부대가 귀국함으로써 몽골은 독립적 국방 정책 수립에 한걸음 더 가까워졌다.

몽골 국방·안보 정책은 1994년 발표된 국방 정책을 기초로 수정과 개정을 반복하며 시행되고 있다. 사회주의에서 시장경제체제의 민주주의 국가로 체제를 전환한 시기에 몽골 정부는 국방 정책뿐 아니라 대외관계 노선에서 중추적 역할을 담당할 ① 국가안보개념(Concept of National Security), ② 외교정책개념(Concept of Foreign Policy), ③ 국방 정책(Fundamental of the military Doctrine of Mongolia)을 발표하였다. 이 문서들은 몽골의 독립성과 중국 러시아와 균형적 외교관계를 시행할 것임을 공통적으로 내포하고 있기 때문에 향후 외교·국방·안보 분야에 있어 다자주의를 지향할 것임을 예측할 수 있다. 각각 개념에 대한 주요 내용은 아래 〈표 1〉을 통해 참고할 수 있다.

〈표 1〉 국가안보개념, 외교안보개념, 국방정책의 주요 내용

국가안보개념 (Concepts of National Security)	외교정책개념 (Concepts of Foreign Policy)	국방 정책 (Military Doctrine)
- 몽골 존립에 대한 안보 - 몽골의 독립, 자주권, 영토보전, 국경 불가침 - 경제의 독립 - 지속적 생태계발 - 국가통합	- 몽골 존립에 대한 안보 - 사회질서와 국가 시스템 안보 - 시민의 권리와 자유에 대한 안보 - 경제 안보 - 과학기술 안보 - 정보안보 - 인류 안보 - 생태 안보	- 무력사용 및 군사적 위협 금지 - 분쟁에 불참 - 자국 내 외국군 주둔, 통과, 무기 통과 금지 - 중국·러시아를 비롯한 제3국 국가들과 우호 협력 강화 - 군사신뢰 강화 - 외부적 군사위협 요인제거

출처: Robert E. Bedeski(2005) "Mongolia In Northeast Asia: Issues of Securty Survival and Diplomacy: Mongolia's Place In Asia Today". Ministry of Defense of Mongolia

(2011), Mongolian Defense White Paper(2011)

1994년 발표된 국방정책은 새로운 환경 속에서 몽골의 군사 전략의 방향성을 제시했다는 것에 큰 의의가 있다. 1990년 초 냉전은 종식되었지만 국제 사회 속 전쟁과 침범에 대한 갈등은 완벽히 지워지지 않았고, 아·태평양 지역에서는 집단안보개념이 아직 시행되지 않던 시기였다.[6] 이러한 시대적 상황을 바탕으로 몽골은 국방 정책에 자주적 국가 보호능력 향상과 군사력 강화를 꾀하고자 했을 뿐 아니라 전쟁 및 군사력을 동원하는 문제들에 대한 원칙을 정의하였다. 1994년 발표된 국방정책은 체제전환 이후 몽골이 자국의 안보를 위한 국방 개념 수립의 첫걸음을 떼었다는 의의가 있다.

몽골 국방정책에서 가장 중요하게 언급되는 정책의 주된 목적은 몽골의 정치, 경제, 사회 구조에 있어 자주 국방 시스템을 구축하는 것이다.[7] 국방정책이지만, 정치·경제 분야와 밀접히 연관되어 있기 때문에 같은 해 발표된 국가안보개념 및 외교안보개념과 밀접한 연관성을 가지고 있다.

몽골이 추구하는 대외정책은 국가 간 상호 신뢰 강화와 국제기구와의 협력 강화라고 볼 수 있다. 이러한 정책의 기조는 국방 분야에도 적용되어 몽골의 국방정책의 방향성 또한 중국과 러시아 사이에서 중립을 지키고, 국경을 보호하며, 제3국가들과의 협력에 무게를 둔다

6 Fundamentals of the Military Doctrine of Mongolia(1996), The Mongolian Journal of International Affairs, p.74

7 Mongolian Defense White Paper 1997/1998 (Ulaanbaatar:1998)

고 볼 수 있다.

몽골의 국방외교정책은 제3의 국가들과 국제무대에서 몽골 국방력의 명성을 높이고, 지역 안보를 보전하는 데 기여하며, 자국 내 군사개혁에 있어 선진국의 지원과 지지를 통해 발전하고 있다.[8] 몽골이 국방외교관계 발전을 통해 얻고자 하는 의의는 〈표 2〉를 통해 설명할 수 있다.

지역 안보 및 국제사회 평화유지 문제에 대한 몽골의 적극적 참여는 몽골을 평화국가로 비춰지게 하였다. 최근 몽골의 지정학적 위치에 대한 중요성이 더욱 강조되며 몽골은 국방 분야에 있어 제3국과 그 어느 때보다 활발한 협력을 지속해 나가고 있다.

〈표 2〉 몽골이 국방외교관계 발전을 통해 얻고자 하는 의의

정치적 측면	경제·사회적 측면	군사적 측면
몽골의 안보를 정치·외교관계를 통해 보호 국제무대에서 몽골의 명예향상 지역 안보 보호에 있어 몽골의 참여 증가	군사발전기구 및 기타 재정적 지원을 통해 사회문제 해결 평화수호 업무 및 기타 관련 업무를 통해 다분야에 걸친 군사교육 실시 평화유지 업무 참가를 통한 자국의 군사개혁	세계 군사흐름 및 군사업무 시행에 있어 나타는 개혁의 흐름 파악 군사들에게 선진국의 발달된 무기, 기술 사용법을 소개 세계 및 지역의 안보에 영향을 미치는 다양한 위협에 대한 정보력 강화 전투능력 향상

출처: Ц. Баярцэнгэл(2011), Монгол улсын батлан хамгаалах салбарын орчин үеийн гадаад, харилцаа, pp.60-61.

---

8 Б. Баярцэнгэл(2011) "*Монгол улсын батлан хамгаалах салбарын орчин үеийн гадаад харилцаа*". Монгол Улсын Их Сургуулийн Олон Улсын Харилцааны Сургууль. УБ хот. p.59

2. 몽골의 군사력

한 국가의 군사력을 평가할 때 우리는 많은 요소를 고려하게 된다. 그 중 가장 큰 부분을 차지하는 것이 인구수와 국가의 경제력일 것이다. 몽골의 인구수는 300백만 명 정도로 영토에 비해 적은 인구수를 가지고 있다. 사회주의 시절 구소련의 영향력을 많이 받았던 몽골은 민주화의 태동이 일기 시작하던 1988년 이후부터 현재에 이르기까지 군사 분야에 대한 개편 작업을 지속적으로 추진해오고 있다.[9] 2017년 기준 몽골의 병력은 10,275명으로 추산된다. 몽골은 징병제도가 있는 국가로, 18~25세의 남자는 징병 대상자로 분류된다. 군복무 기간은 1년이지만, 2017년 기준 550만 투그릭(미화 2,076$)을 납부하면 징집이 면제된다.[10]

〈표 3〉 동북아시아 주요 국가의 국방력 비교

분류	GDP($)	인구(명)	국방비($)	병력(명)
미국	19조 3,621억	326,625,791	5,878억	1,373,650
중국	11조 9,375억	11,379,302,771	1,617억	2,260,000
일본	4조 8,844억	126,451,398	438억	248,575
러시아	1조 4,693억	142,257,519	446억	798,572
한국	1조 5,297억	51,769,092	438억	627,500
몽골	109억	3,068,243	1,8억	10,275

출처: IMF(2017), CIA(2017), Global military power(2017)

---

9 외교부(2016). 『2016 몽골개황』, 서울: 외교부 동북아시아국 동북아3과, pp.69-70.

10 Global military power(2017), 'Mongolia military power'(https://www.global firepower.com/country-military-strength-detail.asp?country_id=mongolia) (검색일: 2017.09.25).

〈표 3〉을 살펴보면 동북아시아 지역에 위치하는 다른 국가들과 비교했을 때 몽골의 국방비는 GDP의 1% 정도로 미미한 편이며 병력의 수도 상대적으로 낮은 수치임을 확인할 수 있다. 반면 국경을 맞대고 있는 중국과 러시아의 경우 동북아시아에서 국방력 규모가 가장 큰 편에 속한다. 그렇기 때문에 몽골은 '제3의 이웃' 정책을 통해 제3국, 그 중 중국과 러시아의 영향력으로부터 자국을 보호해줄 수 있는 강력한 이웃을 필요로 하였고, 이러한 기조를 바탕으로 미국·한국·일본 등의 국가들과 군사협력을 강화하고 있다.

장기간 구소련의 영향권 안에 있었기 때문에 군 체제 및 장비 역시 대부분 소련제로 신식 장비 교체는 비교적 더딘 편에 속한다. 2000년대에 들어 미국의 지원으로 몽골에 평화유지군 훈련센터가 설립되었고, 미국은 평화유지활동을 내세워 몽골과 국방협력을 강화함과 동시에 몽골 군대의 현대화에 기여하고 있다. 몽골은 미국에게 있어 중국과 러시아 두 국가를 동시에 견제할 수 있는 전략적 요충지로서 상당히 매력적인 국가이다. 몽골 역시 국방력 세계 1위인 미국과의 군사협력 강화는 이웃한 두 국가로부터 자국의 독립을 지키는 데 중요한 역할로 작용하기 때문에 앞으로 몽골과 미국의 국방 협력은 동북아의 여느 국가들보다 더욱 가속화 될 가능성이 높다.

〈표 4〉는 몽골의 주요 군사장비 현황을 보여준다. 육군과 공군의 군사 장비 대다수는 앞서 언급한 것과 같이 구소련제로서 교육과 운영 방식에 있어 현재에 이르기까지 상당부분 러시아에 의존할 수밖에 없는 구조이다. 몽골의 국방 혁신을 위해서는 장비 운용 체제 역시 개선되어야 하지만, 몽골의 국방 예산 규모와 병력을 가늠했을

때 상당한 시간이 소요될 것으로 예상된다.

〈표 4〉 몽골군 주요 군사장비 현황

구분	장비명	대수	기종	비고
육군	주력전차	370	구형 T-54 T-55, 신형 T-72	신형 대수 미상
	정찰차량	120	BRDM-2	
	보병전투장갑차	310	BMP-1	
	병력수송장갑차	150	BTR-60, 신형 BTR-80M	신형 대수 미상
	견인포	300	D-30, M-46, ML-2, M-1937 등	구형포 대부분
	다연장로켓포	130	BM-21	
	박격포	140	82mm, 120mm, 150mm	
	대전차표	200	MT-12, M-1944 emd	
	지대공 미사일	미상	Pechora-2M, S-7 불용 처리	
공군	수송기	9	An-2(6대), B-737(1대) 등	
	공격헬기	11	Mi-24 Hind, 신형 Mi-24B	신형 대수 미상
	지원헬기	13	Mi-8(11대), Mi-171(2대)	
	견인고사포	150	S-60, ZU-23, ZPU-4	
	구형전투기	10	MIG-21(1977년에 44대 도입)	운용 불능 수준
	신형전투기	5	MIG-29(시뮬레이터 포함)	2011년 도입

출처: 김철우(2012), 「몽골의 국방과 한·몽 군사협력 발전」, 『몽골과 한국』, p.166

3. 몽골 비핵화지대 선언

몽골은 지리적으로 중국과 러시아 사이에 위치하여 5대 핵보유국 중 무려 두 국가와 국경을 나란히 함으로써 매우 불안정한 안보 환경에 놓여 있었다. 따라서 양 국의 핵탄두로부터 자국을 보호하기 위해 비핵화지대를 선언하게 되었다. 몽골은 비핵화지대를 선언함으로써 발생 가능성이 있는 중국과 러시아의 분쟁에 자국의 개입이 완벽히 차단될 수 있는 세계적 지위 확보를 꾀했던 것이다.

몽골의 비핵화지대 제정에 대한 최초의 선언은 1992년 10월 6일 오치르바트Ochirbat 몽골 초대 대통령이 UN에서 발표한 연설을 통해서였다. 이 연설에서 오치르바트 대통령은 '몽골은 이 지역과 전 세계의 군축 및 상호 신뢰에 공헌하기 위해 우리나라의 영역을 비핵무기지대로 선언한다. 우리는 이 지위를 국제적으로 승인받기 위해 노력할 것이다.'(A/47/PV.13)[11]라고 언급하며 국제사회에 몽골의 비핵화지대 제정 의사를 선언했다.

비핵화지대 선언 배경으로 핵무기의 위협에 직면하거나, 핵 공격을 겪었던 국가들의 연합이 주를 이루었던 기존의 사례에 비해, 몽골의 비핵화지대 선언은 평화를 위한 움직임이라고 판단되어 많은 국가들의 지지를 받을 수 있었다. 비핵화지대를 수립을 위한 몽골의 노력은 1998년 12월 4일 UN 총회에서 '몽골의 국제적 안보와 비핵무기 지위'(A/RES/53/77D)가 투표를 통해 채택됨으로써 결실을 맺게 되었다. 〈표 5〉에서 살펴볼 수 있듯 지역 간 협력으로 비핵무기지대 조약을 체결하던 기존의 사례에서 몽골은 확연히 구분된다.

여러 국가들의 지지를 바탕으로 1998년 12월 제53차 UN 상임위원회 회의에서 "몽골의 국제적 안보와 비핵무기 지위"라는 이름의 결의안이 무투표로 통과되었다.[12] 7개 항목의 결의안 중 제3항에 5대 핵보유국을

---

11 우베바야시 히로미치(2014), 『비핵무기지대』, 서울: 서해문집. p.130.

12 D. Ganbat(2011) Mongolia's Nuclear Weapon Free Status and Nuclear Energy
    Policy. pp 2 http://www.google.co.kr/url?sa=t&rct=j&q=&esrc=s&source=

포함한 UN 회원국은 몽골의 독립된 외교정책뿐만 아니라 몽골의
독립, 주권, 영토 보전, 국가 불가침, 경제적 안정보장, 생태계의
균형, 그리고 비핵무기 지위를 확고히 강화하는 데 필요한 조치를
취하기 위해 몽골과 협력할 것을 장려한다는 내용이 담겨있다.

UN 상임위원회로부터 비핵화지대 선언을 받았지만, 법적 구속력이
뒷받침되지 않기 때문에 자국의 안전보장을 위해 몽골 국회는 2000년
"핵무기에서 멀어지는 것에 대한 법률"[13]을 제정하였다. 해당 법률의
주요 내용은 다음과 같다.

- 개인, 법인 또는 외국으로 하여금 몽골 영토 내에서 핵무기의
개발, 제조, 획득, 소유, 통제(have control over)를 금지
- 핵무기의 수송, 배치 및 설비 금지
- 핵무기 실험 또는 사용 금지
- 무기급 핵물질 및 핵폐기물의 유기 금지[14]

자국 내에 어떠한 형태의 핵 물질도 반입되는 것을 금지하는 위의
내용은 비핵화지대를 위한 몽골의 열망임과 동시에 중국과 러시아로부

web&cd=1&ved=0CCEQFjAAahUKEwiDk7jinL3IAhVj5qYKHYOLA34&url=htt
p%3A%2F%2Fwww.cicir.ac.cn%2FUploadFile%2Ffiles%2F2011090910535494
0.doc&usg=AFQjCNEQaAL1jRASGv910YEWRoCCONmAQg&sig2=m4F1y7tqd
WoULApIhUu6RQ&bvm=bv.104819420,d.dGY&cad=rjt(검색일: 2017.11.25).

13 Цөмийн зэвсгээс ангид байх тухай. 출처: http://legalinfo.mn/law/details/529
(검색일: 17.11.25).

14 외교부(2013), 『군축. 비확산 편람』, 서울: 외교부. p.50.

터 발생할지도 모르는 위험에서 자국을 보호하기 위함임을 위 법률을
통해 다시금 명시하였다. 약소국에 해당하는 몽골은 비핵화지대를
승인받음에 따라 전 세계에 자국이 국제사회의 평화적 안보환경 유지
에 기여하고자 하는 메시지를 강하게 전달하는 중요한 계기가 되
었다.

〈표 5〉 현존하는 비핵무기지대 조약

	조약명	체결 서명	발효	가입국
1	남극조약	1959년 12월 1일	1961년 6월 23일	5대 핵보유국을 포함한 50개국
2	라틴아메리카 및 카리브해 지역 핵무기 금지에 관한 조약 (틀라텔롤코조약)	1967년 2월 14일	1968년 4월 25일 (1967년 9월 20일이라는 해석도 성립)	33개국 서명 및 비준, 지역 내 국가 전원 참가
3	남태평양 비핵지대 조약(라로통가조약)	1985년 8월 6일	1986년 12월 11일	13개 국가 및 지역이 서명 및 비준 자치령을 포함, 태평양 제도 포럼 (16개국 국가 및 지역)이 대상
4	동남아시아 비핵무기지대 조약(방콕조약)	1995년 12월 15일	1997년 3월 27일	10개국 서명 및 비준, 아세안 회원국 전원 참가
5	아프리카 비핵무기지대조약 (펠린다바조약)	1996년 4월 11일	2009년 7월 15일	50개국 서명, 37개국 비준. 아프리카 연합(54개 국가 및 지역)이 대상
6	몽골 비핵무기지대	1998년 12월 4일 (결의[15]일자)		현재까지 단일국 (몽골) 비핵무기지대로는 유일

7	중앙아시아 비핵무기지대 조약	2006년 9월 8일	2009년 3월 21일	5개국 서명 및 비준

출처: 우메바야시(2014), 『비핵무기지대』, 서울: 서해문집. p.18

III. 주변국들과의 국방·안보 관계

1. 몽골과 러시아의 국방·안보관계

냉전시기 소련과 미국으로 양분되었던 힘의 균형은 소련과 함께 사회주의 노선을 걷고 있던 주변국에게도 밀접한 영향을 미쳤다. 몽골역시 사회 전반에 구소련 체제가 깊이 뿌리내려 있었다. 하지만 소련의 붕괴와 몽골의 체제전환이 이루어지던 1990년대 초, 양국의 군사협력 관계도 큰 변화를 겪었다. 몽골의 국방 분야는 수십 년에 걸쳐소련의 군사 연합에 속함으로써 그들의 지원을 받아왔기 때문에 소련과의 관계 단절은 군사 분야의 개혁에 큰 혼란을 야기 시켰다. 1991년과 1992년 몽골의 합동참모본부장과 국방부장관이 각각 러시아를 방문해양국의 군사 관계를 회복시키고자 하였지만, 당시 러시아는 체제전환과정으로 경제적 어려움을 겪고 있었기 때문에 몽골과 러시아의 군사분야 협력은 큰 진전을 거두지 못했다.[16] 이후 양국은 1993년 4월

---

15 조약의 체결은 해당 계약 혹은 조약을 공식적으로 맺음으로써 국제법적 효력일지니지만, 결의는 국제조직의 기관이 대내적 또는 대외적으로 실행하는 어떠한의사표명을 말한다. 국제연합의 결의 중 안전보장이사회의 결정을 하는 결의는구속력을 갖지만 안전보장이사회결의 중에는 권고적 효력에 그치는 것도 있다. 국제연합총회결의는 내부사항에 관한 일정의 것을 제외하고 권고적 효력에그친다. 따라서 몽골의 비핵화지대 결의는 국제법적 효력을 갖지 못한다.

군사기술협정을 체결했지만, 양국의 의지와 자원 부족으로 실질적 협력 강화를 이루지 못했다.

1997년 2월 몽골 국방부 장관의 러시아 방문을 통해 몽·러 국방부 간 국방 협력 프로토콜이 채택되었고, 이를 계기로 양국의 군사 협력 회복의 기틀이 마련되었다. 또한 국방부 장관 간 회담을 통해 양국 군사협력의 제도적 장치를 마련함으로써 몽골과 러시아는 지역의 군사·정치 문제에 대한 의견을 교류하고 양국 간 군사–기술 협력 문제에 대한 전반적인 논의를 진행할 수 있게 되었다.[17]

몽골과 러시아의 국방 협력은 1997년 체결된 프로토콜을 기반으로 1990년대 후반부터 활발히 발전되기 시작했다. 2000년 집권을 시작한 푸틴Putin 러시아 대통령은 '러시아연방 대외정책 개념'에 문화, 학문, 지적 창조물의 대외 홍보를 통해 러시아의 우호적 이미지 형성의 중요성을 언급하고, 서방 국가와의 대외 관계보다 유라시아 지역과의 대외 외교 노선에 더욱 관심을 가지기 시작했다.[18] 유라시아 지역에 대한 푸틴 대통령의 관심은 국경을 맞대고 있는 몽골에게도 전달되었고, 2000년 푸틴 대통령의 몽골 방문을 통해 '울란바타르 선언'이 채택됨으로써 몽골과 러시아의 외교 관계와 국방 분야 협력은 더욱

---

16 С. Ганболд, Г. Рагчаа(2003) "Батлан хамгаалах салбарын гадаад харилцаа, энхийг сахиулах ажиллагаа". *Монгол цэргийн шинчлэл-Ардчилсан иргэний хяналт.* III. Паламдорж. Батлан хамгаалахын эрдэм шинжилгээний хүрээлэн Женеб дэх хүчин ардчилсан хяналт тавих төв. УБ хот. p.186.

17 С. Ганболд, Г. Рагчаа(2003) Ibid. p.188.

18 두진호(2014), 「러시아 군사공공외교의 특징과 함의」, 『국방정책연구』, 30권(2), pp.46-47.

활기를 띠게 되었다.

2000년 푸틴 대통령의 방몽 시기 발표된 '울란바타르 선언'에는 상대 국가에 적대적인 군사 및 정치 연합에 가입하지 않고 양국과 국제무대에서의 안보 활동에 공동으로 협력한다는 내용과 함께 군사 기술 협력의 중요성을 인지하고 국제적 의무에 부합하는 범위 내에서 협력을 강화한다는 협력 사항을 명시하였다.

러시아가 체제전환 과정의 어려움을 딛고 안정화 단계에 들어서는 동안 아시아 내에서 중국은 빠른 속도로 경제력과 국방력을 향상시키고 있었고, 향후 미국과 어깨를 나란히 할 강대국이 될 밝은 전망이 언급되고 있었다. 따라서 러시아는 중국과의 협력 강화를 이루고자 하였고, 중국 역시 미국을 견제하고자 하는 공통된 목표를 지님으로써 양국은 협력의 기반을 마련하였다.[19]

〈표 6〉 몽골과 러시아의 공문서에 나타난 국방협력 사항

2000 울란바타르 선언[20]	2005 공동성명
- 상대에 적대적인 군사 및 정치연합 불참 - 상대의 국익을 해하는 조약 및 협정 불체결 - 국제 안보분야 활동 공동 협력 - 군사 및 군사기술 협력	- 아·태평양 지역에서의 협력 강화 재확인 - 동북아의 안정·안보·협력을 위한 메커니즘 창설 동의 - 몽골의 상하이협력기구의 회원국 참여 가능성 논의
2007 모스크바 선언	2008 공동성명[21]
- 테러리즘·국경초월범죄·마약·인신 매매 대항에 협력 - 몽골 비핵화지대지지, 동북아 및 국제	- 양국 간 군사 및 기술협력 발전 평가 - 군사기술협력 중기 프로젝트 평가 - 몽골군의 교육, 무기, 군사 기술 개혁에

---

19 윤영관(2015), 『외교의 시대 한바나도의 길을 묻다』, 서울: 미지북스, p.146.

사회 핵 비확산에 대한 몽골의 기여 평가	지원 약속
- 지역 내 우호적 관계 형성에 대한 상하이 협력기구의 기여 평가 - 상하이협력기구 회원국들과 적극적 협력 강화	- 비핵화를 위한 몽골의 노력지지 - 아·태평양 지역의 안보를 위해 다자협력기구와 긴밀히 협력 - 상하이협력기구를 기반으로 한 양자 및 다자 간 자문회의 개최 협의
2011 공동성명[22]	
- 중앙아시아의 안보보호·다자협력 발전에 대한 상하이협력기구의 기여 평가 - 아·태평양 지역의 평화 및 안정적 환경 강화가 매우 중요한 문제임에 동의 - 지역 및 국가의 권력을 보호하고 안보, 안정적 환경 조성을 위한 러시아의 입장 표명 - 한반도 핵문제에 해결에 있어 6자회담 회복을 위한 환경 조성 필요성에 동의	

출처: 필자작성

2008년 세르듀코프Serdukov 러시아 국방장관의 몽골 방문 시기 엥흐바야르Enkhbayar 대통령을 대통령을 비롯한 주요 인사들과의 회담에서 양국은 군사 협력을 강화 및 '중기군사기술협력' 프로그램 시행을 알렸다. 이후 러시아 국방부로부터 몽골에 군사 기술 및 무기 공급이 시작됨으로써 양국 간 국방관계는 몽골의 체제전환 이전 긴밀

20 UN General Assembly(2000) "Annexto the letter dated 22 November 2000 from the Permanent Representative ofMongolia to the United Nations addressed to the Secretary-General. A/55/644. http://www.un.org/documents/ga/docs/55/a55644.pdf. p.2.

21 Olloo(2008.04.14) "Монгол Оросын хамтарсан албан мэдээ". http://archive.olloo.mn/modules.php?name=News&file=article&sid=98307(검색일: 2017.11.28).

22 Улс төр(2011.06.02) "Монгол-Оросын хамтарсан мэдэгдэл". http://politics.news.mn/content/69221.shtml(검색일: 2017.11.28).

했던 국방 협력 관계를 회복하였다.

몽골과 러시아는 2008년 합동 군사 훈련을 시행하기까지 2005년의 공동성명과 2006년 모스크바 선언, 2008년 공동성명에서 양국 간 국방 협력에 대한 사안을 지속적으로 명시해 왔다. 2005년 공동성명에서는 양국의 군사협력 강화에 대한 만족감을 표시하였고, 모스크바 선언을 통해 국제 안보 문제에 대한 양국 간 협력 강화 메커니즘 구축을 논의하였다. 2008년 공동성명에서는 양국 간 군사 및 기술협력이 성공적으로 발전하고 있음을 언급하고, 보다 체계적인 협력 방안을 제시함으로써 몽골과 러시아의 국방 협력이 지속적으로 발전되고 있음을 나타내고 있다.

러시아는 동북아 지역 내에서 중국과의 협력 강화를 통해 미국을 견제하고, 지역 및 국제 사회에서 러시아의 옛 명성을 되찾고자 노력하고 있다. 사회주의 시기 몽골은 소련의 정치·군사 체제를 받아들임으로써 현대 러시아의 사회·문화에 대한 거부감이 적다는 점에서 양국 군사 협력이 단기간에 발전할 수 있는 가능성을 예측해 볼 수 있다.

몽골과 러시아의 국방관계는 사회주의 시기 전반에 걸쳐 긴밀한 협력 체제를 가지고 있었지만, 소련의 붕괴와 몽골의 민주화가 진행되는 1990년대 초 군사 협력의 단절기를 겪었다. 그러나 오랜 시간 소련의 사회주의를 받아들였던 몽골은 사회 전반 및 군사 분야에 있어 소련의 잔재가 뿌리 깊이 남아 있기 때문에 이후 협력을 회복하고 국방 관계를 안정적으로 확대·발전시키고 있다고 보여진다.

혼란스러운 동북아 안보환경에 러시아가 자국의 국방력을 확대시키고 있는 현대 상황에서 몽골과의 협력관계도 더욱 발전될 것이라는 예측을 할 수 있다.

2. 몽골과 중국의 국방·안보 관계

2000년 이후 급속한 경제성장을 거듭하고 있는 중국은 동북아시아뿐
만 아니라 전 세계 안보에 큰 영향력을 미치는 국가로 빠르게 성장하고
있다. 몽골과 중국은 200여 년간 지속된 청나라의 몽골지배로부터
유래한 민족감정 및 국경분쟁에서 기인한 불편한 관계가 유지되던
1949년 10월 16일 "선린우호 및 상호신뢰 동반자 관계"를 선언하며
공식적으로 외교관계를 수립했다. 하지만 외교관계 수립 이후 중국과
소련의 사회주의체제에 대한 갈등이 발발하여 중·소 분쟁을 이어지게
되었고, 중국과 소련 사이에 위치한 몽골은 두 국가 사이에서 중립을
유지하기 어려운 상황에 부딪쳤다. 당시 정치, 경제적으로 소련과
밀접한 관계에 있었던 몽골은 소련에 대한 지지를 선언하였고, 이후
소련군이 몽골에 주둔하기 시작하며 1967년 8월 몽골과 중국의 외교관
계가 단절되었다.[23]

중국과 외교관계 수립 이후 50여 년간 일련의 사건들에 의해 단절되
었던 외교관계는 1989년 이후 양측의 노력으로 점차 정상화되었다.

정치적으로 몽골에 대한 중국의 제도적 힘의 근원은 1994년 양국이
체결한 "선린우호 협력 협정"에 기반을 두고 있다. 이 협정의 이행은
불침략 책무 및 정치적 불간섭, 평화적 공존을 포함하는 다섯 가지의
원칙을 바탕으로 하고 있는데 그 내용은 다음과 같다.

---

23 외교부(2016) 위의 책. p.78.

- 평화적 공존을 위한 다섯 가지 원칙을 고수한다.

- 몽골의 독립, 자주, 영토, 발전의 선택을 존중한다.

- 평등과 중립적 이익을 원칙으로 한 무역과 경제협력을 발달시킨다.

- 몽골의 비핵화지위를 지지한다.

- 몽골과 다른 국가와의 관계 발전을 우호적으로 본다.[24]

이러한 협정을 바탕으로 양국은 새로운 협력 관계를 조직하고, 협정의 틀 내에서 외국군의 자국 주둔 금지 및 상대 국가를 대상으로 하는 군사적 활동을 지역 내에서 시행하는 것을 금지시켰다.[25] 또한 이 협정은 양국이 평화적·상호 호혜적 원칙을 기반으로 하여 무역 및 경제 분야의 협력을 장기간 안정적으로 발전시키기 위해 노력한다 는 향후 방향성을 제시하였다.[26] 장시간 단절되었던 외교관계를 성공적 으로 회복시키고, 이를 통해 몽골과 중국의 외교관계 활성화가 가능해 지며 양국은 지속적인 협력 기반을 마련할 수 있었다. 그 결과 1990년대 몽·중 관계는 경제와 문화교류를 목표로 한 고위급 상호교류를 통해 빠르게 진전되었다.[27]

24 Migeddorj Batchimeg(2005) "Future Challenges for the PRC and Mongolia: A Mongolian Perspective". *China Brief.* Vol. 5(10). p.2.

25 Rosaabi. M(2005) *Modern Mongolia: From Khans to Commissars to Capitalist. Berkeley*, CA: University of California Press. p.117.

26 Ж. Гөлөө(2014) Монгол улс ба Гадаад улс, Гүрнүүлийн Хоорондын харилц аа, худалдаа, эдийн загийн хамтын ажиллагааны үүсэл, хөгжлийн түүхэн он жилүүд, УБ хот. p.39.

27 Jeffrey Reeves(2012) "Mongolia's evolving security strategy: omni-enmeshment

몽골은 중국과의 외교관계에 있어 정치·경제력으로 상승세를 타고
있는 중국과 우호적 협력관계를 유지하면서도 일정한 거리를 유지하고
자 제3국과의 관계 강화를 위해 노력하였다.[28] 제3국과의 관계 강화를
통해 중국과 러시아 사이에서 균형을 유지하고자 하는 몽골의 외교정
책은 아시아 지역 내에서 세력을 강화하는 미국을 견제하려는 중국의
외교노선이 더해지며 실질적 성과를 나타내고 있다고 보여진다. 〈표
7〉은 외교관계 수립 이후 2015년까지 몽골과 중국의 국가 관계를
나타낸다.

〈표 7〉 몽골과 중국의 국가 간 관계 변화

연도	관계	비고
1949	선린우호 및 상호신뢰 관계	외교관계 수립
1994	신 우호협력 협정 체결	
2003	선린우호 및 상호신뢰 동반자 관계	양국 관계 최초로 '동반자' 명칭 사용
2011	전략적 동반자 관계	
2014	전면적 전략 동반자 관계	국가 간 관계 중 최고 단계 인 '동맹' 바로 전 단계

출처: 필자 작성

몽골과 중국의 관계는 2014년 전면적 전략 동반자 관계에 이르기까
지 지속적으로 확대·발전하고 있다. '전면적 전략 동반자 관계'는

and balance of influence". *The Pacific Review*, Vol. 25(5). p.596.

28 Eric A. Hyer(2005) "Haunted by History: China and Its Northwestern Neigh-
   bours". *Historia Actual Online*, Vol. 7. p.90.

국가 간 협력의 최고 단계인 '동맹' 바로 이전의 단계라는 점에서 현재 몽골과 중국의 관계가 최고점에 다다랐다는 것을 미루어 짐작할 수 있다. 이러한 결과는 또한 중국과 러시아 사이에서 몽골이 힘의 균형을 비교적 잘 유지해 왔다고 평가할 수 있다. 냉전 이후 몽골이 추구하는 '제3의 이웃' 정책은 이웃국인 중국과 러시아뿐만 아니라 미국·유럽 등의 서방국가와 우호적 관계를 발전시킴으로써 몽골은 두 이웃국 중 어느 진영에도 속하지 않는다는 점을 강조하고 있다.[29] 몽골의 중립적 외교정책은 몽골과 제3국의 관계강화를 방지하기 위해 중국으로 하여금 지속적으로 몽골과의 우호적 관계를 유지하기 위한 다양한 정책과 지원을 시행하게 한다는 점에서 자국에 매우 적합한 정책이라고 평가할 수 있다.

1950년부터 60년까지 몽골과 중국은 군사 대표단의 상호 교류 및 스포츠 경기 참여 등을 통해 우호적 군사협력관계를 맺어왔다. 그러나 이후 1990년대에 이르기까지 양국의 국방외교관계는 외교 단절의 영향으로 교류가 단절된 시기가 있었다.[30]

두 국가의 국방관계는 1990년 9월 자담바Jadambaa 몽골 국방부장관

29 Antoine Bondaz(2014) "Mongolia: China's perfect neighbour?". *China's neigh-bourhood policy*. European Council on Foreign Relations. p.8-10; Eric A. Hyer(2005) "Haunted by History: China and Its Northwestern Neighbours". *Historia Actual Online*, Vol.7. p.90.

30 БНХАУ дахь Монгол улсын Элчин Сайдын Яам(2015) Батлан Хамгаалах салбары н хамтын ажиллагаа. http://www.beijing.mfa.gov.mn/index.php?option=c om_content&view=article&id=53%3Adefense-affairs-cooperation&catid=13%3 A2010-05-24-01-37-21&Itemid=52&lang=mn(검색일: 2017.11.10).

의 초청으로 중국 국방부 외사국장 푸지아핑(傅加平) 소장이 몽골을
방문하면서 회복되었다. 이 만남은 1961년 이후 최초로 성사된 중국
인민군 대표의 몽골 방문이라는 점에서 큰 의의를 부여할 수 있다.[31]
이 시기 이후 일정기간 단절되었던 양국의 외교관계는 점진적 발전을
시작하였고, 양국의 국방관계 역시 차츰 회복세를 나타냈다. 1990년대
양국 국방부 간 상호방문은 총 7차례에 걸쳐 이루어졌다.[32] 그 중
1997년은 몽·중 국방협력 및 교류 프로토콜을 체결한 의미 있는 해였
다. 이 프로토콜은 양국의 국방관계와 협력에 대한 첫 번째 제도적
장치가 되었고, 이후 군사교류에 있어 해당 분야 조사 및 교육, 문화·예
술 및 스포츠 분야 등 군사적 협력 분야를 확대시키는 계기가 되었다.[33]

국가 간 국방관계는 개별 국가의 외교의 노선 및 정책에서 영향을
받기 때문에 몽골과 중국의 국방관계 역시 양국의 외교관계 발전에
따라 지속적으로 확대·강화되어 왔다. 〈표 8〉을 통해 양국 정상들의
회담에서 발표된 공동성명 내용 중 국방 분야의 외교관계 발전을
확인할 수 있다.

---

31 畢奧南(2013) 中蒙國家系歷史編年(1949-2009). 黑龍江敎靑出版社. p.468.

32 БНХАУ дахь Монгол улсын Элчин Сайдын Яам(2015) 위 자료.

33 С. Ганболд, Г. Рагчаа(2003) Ibid. pp.193-197.

〈표 8〉 공동성명 내에서 나타난 몽·중 국방외교협력 주요 내용

2005 공동성명[34]	2011 공동성명[35]
- 지역 내 다자협력 증진 의견 합의 - 몽·중·러 3국 외교부 간 자문회 통한 협력 강화 - 한반도 핵문제 해결위한 6자회담 4차 회담 성명 이행 - 몽골의APEC, ASEM 정회원국 지지	- 전략적 동반자 관계 - 군사·안보분야 교류 및 협력강화 - 국제문제 대한 상호신뢰 및 협력 강화 - 분쟁 발생 시 회담 통한 해결에 합의6자회 담 빠른 재개 지지
2013 공동성명[36]	2014 공동성명[37]
- 몽골의 비핵화지대지지 - 국방 분야 고위급 상호방문, 회담 확대 - 몽·중 국방 및 안보 자문회 메커니즘 향상 및 강화 - 양국 군사기술 협력 발전 및 군사기술 협력에 대한 정부 간 회담 실시 - 군사교류, 협력 강화, 합동 군사학교 및 훈련실시 - 군사공무원 교류 및 군사교육 협력 강화	- 양국의 국익에 반하는 협정·동맹 불체결 - 외교부 간 전략회담 메커니즘 설립 - 동북아시아의 평화 및 안보 발전을 위한조 직성 강화 - 몽골이 제시한 몽·중·러 3자회담 개최 및 이를 통한 협력강화

출처: 몽·중 공동성명 참조 필자 작성

양국의 국방외교관계는 2005년 중국 측의 몽골 비핵화지대 지지를

34 2005년 몽·중 공동성명.http://www.forum.mn/p_pdf.php?obj_id=4513.(검색 일: 2017.11.19).

35 CRJ Online(2011.06.17) "Хятад Монгол хоёр орон стратегийн түншийнхарилцаа ны хамтарсан мэдэгдэл гаргав". http://mongol.cri.cn/343/201 1/06/17/81s153538.htm(검색일: 2018.11.19).

36 Mining Journal(2013. 10. 28) "Монгол Улс, БНХАУ-ынхооронд стратегийн түншлэлийн харилцааг хөгжүүлэх дунд, урт хугацааны хөтөлбөр". http:// www.mongolianminingjournal.com/content/51721.shtml(검색일: 2017.11.19).

37 Улс төр(2014) "Иж бүрэн стратегийн түншлэлийн хамтарсан тунхаглал". http://politics.news.mn/content/187491.shtml.(검색일: 2017.11.19).

바탕으로 국방 분야 고위급 상호방문 및 빈도수 증가를 시작으로 협력 사항이 점차 세분화되는 양상을 보이고 있다. 2005년 양국 간 공동성명이 발표되기 한해 전 몽골과 중국은 국방부 간 최초의 자문회의를 실시하였다. 해당 자문회를 통해 양국은 국제 및 지역의 안보, 몽골과 중국의 관계에 대한 상호 의견을 교류, 신뢰 강화를 통한 협력 분야 확대 및 다양화에 필요한 제반사항을 논의하였다.[38]

중국과 정치·경제 분야의 거듭되는 관계발전 속에서 몽골은 자국의 안정적 안보환경을 위한 국방 협력도 소홀히 하지 않았다.[39] 이러한 주장은 2011년 이후 발표된 공동성명의 내용 중 국방 분야에 대한 언급이 점차 확대되고 있다는 점에서 그 근거를 찾을 수 있다. 군사·안보분야 교류 및 협력 강화, 자문회의 메커니즘 향상 및 강화, 군사 기술 협력의 적극적 발전 및 군사 기술 협력에 대한 정부 간 회담 실시, 군사교류의 협력 강화, 합동 군사학교·훈련 실시, 몽·중·러 3자 회담 개최 협의, 몽·중 간 전략회담 메커니즘 건설 논의 등은 동북아의 혼란스러운 안보환경 속에서 양국이 국방 분야의 협력을 지속적으로 강화하고 있다는 것을 뒷받침한다.

몽골은 아시아의 여타 국가들과 마찬가지로 국경을 접하고 있는 중국으로부터 경제적 도움을 필요로 하고 있으며, 중국의 경우 몽골 내에서 점차 입지를 강화하고 있는 미국을 견제하기 위해 몽골과의 관계를 더욱 심화할 것으로 보여진다.[40]

---

38 БНХАУ дахь Монгол улсын Элчин Сайдын Яам(2015) 위 자료.

39 Jeffrey Reeves, Ramon Pacheco Pardo(2013). op. cit. p.459.

40 Edgar A. Porter(2006) "Mongolia, Northeast Asia and the United States; Seeking

몽골은 자국 내에서 국방 협력을 중심으로 영향력을 확대하고 있는
미국을 견제하고, 안정적인 경제적 지원을 확보할 수 있는 중국과
지속적인 협력을 유지하고자 할 것이다. 중국은 미국을 견제하고자
지리적으로 인접한 몽골을 경제적으로 지원하고, 합동 군사 훈련
시행을 통해 확대해 나갈 것으로 전망할 수 있다.

3. 몽골과 미국의 국방·안보 관계

몽골은 1990년 이후 다자주의를 기반으로 한 '제3의 이웃' 정책을
통해 제3국과의 관계 강화에 힘쓰고 있다. 체제전환 이전까지 소련
및 사회주의 국가들에 한정 되었던 몽골의 외교 범위는 민주화의
태동과 함께 민주주의 국가들을 어우르며 외교의 범위가 확대됨으로써
지리적으로 인접한 국가 및 상대적으로 멀리 떨어져 있는 미국과도
활발한 협력이 시작되었다. 몽골과 미국은 1987년 수교를 맺은 이후
몽골과 외교 관계를 유지하고 있는 그 어느 국가들보다 군사 분야의
협력에 초점을 맞춰 관계를 강화하고 있다. 몽골과 미국의 협력 강화는
몽골에게 있어 세계 초강대국인 미국과 우호적 외교 관계를 통해
자연스럽게 중국과 러시아를 견제할 수 있는 장점이 있고, 미국 역시
몽골을 전략적 요충지로 활용함으로써 지리적으로 멀리 위치하지만
언제든 중국과 러시아를 견제할 수 있는 특징이 있기 때문에 몽골과
미국의 안보협력은 해를 거듭할수록 강화되는 추세에 있다.

몽골과 미국의 관계는 몽골이 사회주의체제에서 민주화의 길로

---

the Right Balance", *9th International Conference of Mongolists*. pp.4-6.

들어서던 1987년 1월 25일 외교관계를 수립하고 공식적 외교관계에 돌입하였다. 양국이 외교관계를 수립한 이후 중국은 이전과 비교해 더욱 거대한 세계적 경제대국으로 성정을 거듭하였고, 경제력을 바탕으로 한 국제적 경쟁력 강화는 미국으로 하여금 중국을 견제할 수밖에 없게 만들었다.

중국의 급속한 경제성장은 세계 각국 뿐만 아니라 국경을 마주하고 있는 몽골에 정치·경제적으로 많은 영향을 끼쳤으며, 몽골이 제3의 이웃 국가들과 협력을 강화하는 주된 요인을 제공하였다. 몽골과 미국의 관계 역시 '몽골'과 '미국'이라는 개별국가 간의 관계이지만, 그 이면에는 아시아를 거점 국가화 하여 중국과 러시아를 견제하고자 하는 미국의 의도가 존재하기 때문에 1987년 외교관계 수립 이후 양국의 관계는 빠른 속도로 발전해왔다.

몽골은 군사 블록 및 동맹에 가입하지 않고 외국군의 자국 영공 통과 금지 조항 등을 내세우며 평화지대, 중립국가의 이미지를 만들어 갔고, 몽골의 이러한 노력은 세계 평화유지에 기여하겠다는 미국의 취지와 일맥상통하여 양국은 빠른 협력강화를 이끌어냈다. 또한 평화적으로 진행된 몽골의 민주화는 세계의 초강대국이자 민주국가로 알려진 미국에게 깊은 인상을 심어주었고, 이는 몽골과 미국의 초기단계 협력 강화에 있어 매우 긍정적으로 작용하였다.

현재 몽골은 지역 평화와 세력 균형 유지 차원에서 제3국과의 군사협력 확대 및 지역안보협력체제에 적극 협력하는 등 평화국가 건설에 많은 노력을 기울이고 있다. 몽골의 세계 평화 유지에 대한 이러한 열망은 미국의 기술, 재정적 지원에 몽골군의 노력이 더해지며 군사 분야에서 다양한 성과를 나타내고 있다.

몽골의 헌법은 외국과 어떠한 형태의 군사동맹도 금지하고 있지만, 1995년 몽골 국방장관의 방미를 시작으로 양국은 군사 개혁 및 교육, 장비 현대화에 긴밀히 협조하고 있으며, 1996년부터 시작된 재난구호 목적의 합동 군사훈련은 양국의 돈독한 국방관계를 보여주고 있다. 그렇기 때문에 국방 분야에 대한 양국의 깊은 협력관계는 다른 국가들과의 관계에 비해 더욱 긴밀해 보인다. 외교 관계에 있어 유독 국방 분야에서 긴밀한 협력을 맺고 있는 몽골과 미국은 마치 '동맹'국에 가까워 보인다는 인상을 심어주기도 한다. 하지만 몽골은 '비동맹'국가임을 제도적으로 명시하였기 때문에 미국과의 관계 강화는 제3국과의 관계 강화를 통해 자국을 보호하기 위한 성격이 강하다고 볼 수 있다.

2000년대 이후 몽골과 미국의 군사협력의 출발점은 2001년 9월 11일 발생한 미국 9.11테러 이후이다. 몽골은 9.11 테러 이후 국제테러리즘에 대항하겠다는 의지를 강하게 내비쳤고, 몽골은 미국이 지원하는 첫 33개국 테러 방지 대책 국 중 하나가 되었다. 이후 몽골은 국제 테러리즘에 대항하고, 세계 평화유지활동에 기여하고자 하는 의지를 보였고, 2002년 몽골 국회에서 국외로 해외 평화유지군을 파병하는 법안을 통화시키면서 2002년 콩고민주공화국 UN 평화유지 임무에 몽골의 장교 두 명을 최초로 파견하였고, 2003년 3월 미국이 이끄는 연합 부대의 이라크 해방 작전에 대한 지지를 표명했다. 이어서 2003년 5월 몽골 정부는 이라크 연합 작전에 보병대를 배치하기로 하고, 8월 폴란드가 이끄는 연합 분대에 몽골군이 합류하게 되었다. 이는 1945년 이후 처음으로 몽골이 해외에 군사를 배치하는 흥미로운

사건이었다.[41]

몽골은 또한 2003년 'Khaan Quest'라는 명칭의 합동 군사훈련을 미국과 최초로 시작하였다. 자체적으로 구성된 훈련 코스 및 훈련 방법은 몽골의 평화유지 군사 학습 시스템 형성에 있어 중요한 부분을 차지하게 되었다.[42] 이듬해 발표된 몽골과 미국 간 공동성명을 통해 미국이 몽골의 국제 평화수호활동을 적극적으로 지지하고 있음을 파악할 수 있었다.

2004년 1월 30일 바가반디Bagabandi 몽골 대통령이 미국을 방문해 조지 부시George. H. W. Bush 미국 대통령과 서명한 공동성명은 양국 최초의 공동성명으로 알려져 있다. 이 공동성명 중 국방 분야에 대한 내용을 살펴보면 국제 테러리즘, 아프가니스탄 및 이라크 안정화, 국제 평화유지군 활동에 대한 언급이 빈번하게 나타난다는 것을 파악할 수 있다. 공동성명에서 위의 단어가 빈번히 사용된 것은 2000년 이후 몽골이 이뤄온 세계 평화유지 활동에 대한 미국의 적극적인 지지라고 볼 수 있다. 또한 이후 발표된 공동성명에서도 알 수 있듯, 양국의 국방관계는 단순히 몽골과 미국 간 국방외교만을 다루지 않는다는 것을 미루어 짐작할 수 있다.

---

41 Ariunbold Dashjivaa(2012) "Why has Mongolia chosen to participate in peace support operations? An analysis of current trends and future opportunities". *Master's Thesis, Neval Postgraduate School*, Monterey, California. p.19.

42 Khaan quest 훈련은 몽골과 미국의 연간 합동 군사훈련이 2006년 다국적 평화유지군 훈련으로 확대되면서 전 세계의 많은 국가들이 평화 유지 훈련을 위해 해마다 몽골에 방문하게 되었다.

미국은 공동성명을 통해 향후 몽골의 국제평화유지 활동 참여 증대
를 희망했으며, 국방 분야에 대한 재정, 기술적 지원을 약속하였다.
이는 2003년 개최된 몽·미 연합 군사훈련 이후 양국의 국방 협력관계가
점진적으로 강화될 수 있는 밑거름이 되었다.

〈표 9〉 몽·미 공동성명 내 국방 분야 주요 내용

2004 몽·미 공동성명[43]	2005 몽·미 공동성명[44]
- 국제 테러리즘 대항 - 아프가니스탄 및 이라크 안정화 - 이라크 주둔 몽골 국제 평화유지군 활동지지 - 군사 분야 기술 및 경제적 도움 약속	- 국제 테러리즘에 대항 - 이라크 주둔 몽골 평화유지군 활동지지 - 국제 평화를 위한 몽골의 기여 확대 - 다자협력 중요성 명시
2011 몽·미 공동성명[45]	2014 몽·미 공동성명[46]

- 아프가니스탄 주둔 국제 연합군 활
  동지지
- 이라크 평화유지 병력 추가 파병
- 국방 혁신계획 시행
- 항공기 기술 양성 협의
- 야외 훈련 통한 평화수호 훈련 이행
	- 세계 평화유지군 파병, 인도적 원조, 재난
	  보충 능력 강화 약속
	- 다국적 협력 강화, 칸퀘스트 훈련 확대
	- 고위급 회담 매년 개최 예정
	- 군사 전문 교육 확대, 합동 훈련본부 발전
	- 국방 개혁 확대
	- 미국과 함께하는 군사교육 확대, 국제훈련
	  참여 확대

출처: 몽·미 공동성명 참조, 필자 작성

---

43 U.S Government Information(2004.07.15.) https://www.gpo.gov/fdsys/pkg/
   PPP-2004-book2/pdf/PPP-2004-book2-doc-pg1348.pdf(검색일: 2017.11.07).

44 U.S Government Information(2005.11.21.) https://www.gpo.gov/fdsys/pkg/
   WCPD-2005-11-28/pdf/WCPD-2005-11-28-Pg1761.pdf(검색일: 2017.11.07).

45 The White House(2011.06.16.) https://www.whitehouse.gov/the-press-of-
   fice/2011/06/16/us-mongolia-joint-statement(검색일: 2015.09.07).

46 http://www.defense.gov/Portals/1/Documents/pubs/FINAL-US-Mongolia-Jo

2005년은 양국의 외교수립 이후 미국 대통령이 최초로 몽골을 방문한 해로 기록되었다. 조지 부시 미 대통령은 몽골 방문 중 '미국이 몽골의 제3의 이웃이라 불리는 것이 자랑스럽다'고[47] 말하며 몽골의 제3의 이웃 정책을 언급하였다. 미 대통령의 방몽 이전 도널드 럼스펠드Donald Rumsfeld 미 국방부 장관이 몽골을 방문했었는데 그는 방몽 기간 중 몽골의 평화유지 훈련에 미국이 1800만 달러를 지원할 것이라고 언급했다.[48]

2005년을 기준으로, 몽골은 평화유지군 활동을 위해 아프가니스탄과 이라크의 각각 50명, 120명을 파병했다. 이에 대해 미국 정부는 '인구 대비 파병 비율을 따져 보면 몽골은 3등'이라고 하였다. 미국은 특히 몽골 군인들의 용맹함에 감사를 표하기도 하였다. 한국과 일본이 국내 정치적 부담 때문에 이라크의 '안전지대'에서 1년이 넘도록 '전쟁'을 치르고 있는 동안, 몽골 병사들은 차량폭탄 테러범에 정면으로 맞서 테러범을 제거하는 공적을 남겼기 때문이다.[49] 이 사건으로 인해

---

int-Vision-Statement-V7.pdf(검색일: 2017.11.07).

47 David E. Sanger(2015. 11. 21) "In Mongolia, Bush Greaetfu for Iraq Help". The New York Times. http://www.nytimes.com/2005/11/21/world/asia/in-mongolia-bush-grateful-for-iraq-help.html(검색일: 2017.11.07).

48 David E. Sanger(2015.11.21) 위 자료.

49 테러범들이 폭탄을 가득 실은 차를 몰고 군사들이 주둔하고 있는 주둔지를 습격하려 할 때, 몽골군이 이를 알아채고 테러 발생 전 사건을 해결하였다. 이후 조지 부시 미국 대통령 방몽시 테러범들에 정면으로 맞선 두 몽골 군사를 직접 접견해 순장을 수행하였고, 이는 향후 몽골의 평화유지군 파병 및 몽골의 평화유지군이 세계적으로 이름을 알린 계기가 되었다.

부시 대통령은 이라크 해방작전에 참여하고 있는 몽골군의 업무수행 능력과 인내심을 칭송하였다.[50]

미국은 몽골의 이러한 헌신에 대해 각종 경제 지원으로 보답하였는데, 몽골 군 병력을 미국에서 교육시키기 위해 2005년 한 해 1800만 달러(약 180억 원)을 투자한 것을 그 예로 들 수 있다.[51]

2005년 공동성명에서 양국 정상은 공통 가치와 공통의 전략 시뮬레이션 이익에 따른 두 민주 국가의 포괄적인 협력의 틀을 확대하기 위해 최선을 다하고 있으며 양국의 우정을 재확인했다고 언급하였다. 양 정상은 지역 및 국제 정치, 경제 분야에 대한 몽골의 참여를 증가시킬 수 있도록 상호 협력하기로 합의하였고, 테러 자금 조달, 인신 매매 등의 조직적, 초국가적 범죄에 대항하는 양국의 협력을 강화하기로 합의하였다.

미국은 국방 분야에 있어 국제 평화 유지 및 세계 테러리즘에 투항하고자 하는 확고한 의지를 강조하면서 이라크 다국적 평화유지군의 노력과 아프가니스탄, 이라크 안정화 및 재건에 안정적으로 참여하고 있는 몽골 측에게 사의를 표했다. 또한 양국은 다자간 협력의 중요성을 강조하며 2005년 9월 서명한 공동성명 이행의 중요성을 강조하였다.

2011년 양국 간 공동성명이 발표되기 전인 2007년 '몽골과 미국

50 Judy Keen(2005.11.21.) "Bush Cheers Mongolia for Pushing Democracy". USA Today. http://www.usatoday.com/news/world/2005-11-21-bush-mongolia_x.htm(검색일: 2017.11.07).

51 김승련(2005.11.22.) "부시, 이라크 파병 '報恩'의 4시간". 동아일보. http://news.donga.com/3/all/20051122/8249722/1(검색일: 2017.11.10).

간 긴밀한·협력을 위한 선언문'이라는 한 건의 공식 문서가 발표되었다. 이 선언문을 통해 양국은 협력의 원칙으로 총 8가지를 제시함으로써 향후 몽골과 미국의 협력 관계에 새로운 발판을 마련했다고 보여진다.

2011년 미국에서 발표한 양국 간 공동성명에서 양측은 2004, 2005, 2007년 합의를 통해 발표한 몽골과 미국 간 공동성명에 명시된 조항을 실질적으로 이행해야 한다는 견해를 재확인하였다. 또한 미국은 2011년 7월부터 몽골이 민주주의 공동체 의장국 업무를 수행하게 된 것에 사의를 표하고, 의장국 업무를 성공적으로 이행하는데 긴밀한 협력 및 모든 지원을 하겠다고 언급하였다.

2011년 3월 몽골은 그 어떤 국가와도 군사적으로 동맹 관계를 맺지 않겠다고 선언함으로써 세계 평화유지에 앞장서고자 하는 몽골의 의지를 나타냈다. 이는 몽골에서 시행하고 있는 합동 군사훈련 역시 국력 강화를 위한 군사력 증강 목적이 아닌 세계 평화를 목적으로 하고 있다는 점을 전 세계에 다시금 알리는 계기가 되었다. 몽골의 국제 평화유지군 파병에 대한 미국의 지지는 해당 공동성명에서도 여실이 드러났고, 야외 군사훈련에 대한 언급도 빠지지 않았다.

2014년 4월 일본, 중국, 몽골 등 동북아시아 3국 순방을 하면서 척 헤이글Chuck Hagel 미 국방부 장관이 몽골을 방문하였다. 이는 2005년 도널드 럼스펠드 미 국방부 장관의 방몽 이후 9년만에 이뤄진 미국 국방부 장관 방문이었다.

바트에르덴Baterdene 몽골 국방부 장관과의 회담을 시작으로 본격적인 몽골 공식 방문 일정에 들어간 척 헤이글 장관은 바트에르덴 장관과 미국 몽골 간 군사협력 강화와 합동 군사협력을 위한 조약에

서명했다. 헤이글 장관은 또한 알탄호약Altankhuyag 몽골 국무총리를 예방하고 몽·미 양국 우호 증진 방안에 대한 의견을 교환했다.[52]

방몽 중 기자들과의 인터뷰에서 척 헤이글 미 국방부 장관은 '나는 장관에게 몽골 군인이 UN의 PKO훈련과 미국과 함께 아프간, 이라크에서 싸운 것을 포함하여 세계의 많은 평화유지훈련에 참가해 만들어낸 안보에 대해 장관에게 언급하고 싶다.'고 하였다. 또한 몇 십 년 동안 양국의 군사는 함께 협력함으로써 서로 많은 것을 배우고 이익을 얻었다고 덧붙였다.

기자회견에서 척 헤이글 미 국방부 장관은 미국이 몽골 국방 현대화에 투자하는 바와 같이 합동훈련과 연습을 포함한 몽골과의 파트너십을 계속해 나갈 것이라고 하였으며 몽골의 다자 운동 참여도를 증가시킬 것이라고 하였다.[53] 그의 방몽 기간 중 발표된 '몽골 미국 간 안보 협력을 목적으로 한 공동성명'에 위의 사항들이 잘 반영되어 있다. 미국 국방부 장관의 방몽과 더불어 안보 협력을 목적으로 한 공동성명이 발표되었다는 것은 미국이 몽골에 대한 국방협력을 한층 더 강화하겠다는 대외적 선언이라 볼 수 있다.

몽골 미국 간 안보 협력을 목적으로 한 2014년 공동성명[54]은 그

52 알렉스 강(2014.04.11) "미국 국방부 장관, 몽골 도착". http://blog.ohmynews.com/alexoidov/516303#recentTrackback(검색일: 2017.11.23).

53 Cheryl Pellerin(2014. 04. 11) "Hagle, Mongolian Defense Minister Agree to Deepen Ties". http://archive.defense.gov/news/newsarticle.aspx?id=122044(검색일: 2017.11.23).

54 http://www.defense.gov/Portals/1/Documents/pubs/FINAL-US-Mongolia-Joint-Vision-Statement-V7.pdf(검색일: 2017.11.23).

내용을 다음 3가지로 분류해 볼 수 있다.

- 안보를 위한 협력
- 국방 분야의 협력
- 평화·번영의 문제들에 관한 협력 사업

미국은 몽골이 지역 내 국가들과 안보협력 강화를 위해 꾸준한 노력을 지속하고 있고, UN 평화유지활동에 몽골이 기여하고 있음을 강조하며 몽골의 세계 평화유지군 파병 및 인도적 원조, 재난 보충능력 강화에 대해 미국이 지속적인 지지를 표명할 것이라 언급하였다.

몽골과 미국의 군사협력에서 가장 중요한 부분이 되는 평화유지활동 은 양국이 국방협력을 계속해서 확대해 나갈 수 있는 가장 중요한 뼈대이자 심장과도 같다. 현재 몽골에서 실시하고 있는 칸 퀘스트 합동 군사훈련의 경우 매년 정기적으로 시행되는 평화유지 훈련으로써 2006년 이후 다국적 훈련으로 승격되어 현재까지 활발히 지속되고 있다.

몽골과 미국의 이러한 평화유지 군사협력은 미국에게는 아시아 견제 거점국가 형성, 몽골에게는 평화 연합작전에 참가함으로써 국방 명예 향상 및 미국의 군사물품, 정기적 군사훈련 시행 등을 통해 상호 보완적 관계를 맺고 있다. 하지만 위의 협력 사항들은 자칫 평화를 지양하는 현대사회에서 자칫 미국이 몽골을 군사적 거점지로 이용하려는 것으로 비추어질 수 있으나, 이들 협력의 주목적이 세계 평화유지에 있다는 것을 늘 공공연하게 선언함으로써 국제 사회가 양국의 군사협력에 제동을 걸 수 없게 한다.

앞서 언급하였던 몽골과 미국 사이에서 발표된 공동성명에는 국제 평화유지군에 대한 내용이 계속해서 명시되어 왔다. 이것은 몽골과 미국 사이의 국방외교에 있어 국제 평화유지 활동이 기여하는 바가 매우 크다는 것을 입증하는 중요한 단서이다.

이 두 국가의 국방협력은 '평화'라는 단어가 만들어 낸 것이라 볼 수 있다. 세계 평화유지에 대한 열망은 앞으로 계속해서 증가될 것이고, 이러한 시대적 배경에서 한 쪽이 일방적인 이익을 얻거나 손해를 보지 않는 상호 호혜적 관계인 몽골과 미국의 평화에 바탕을 둔 군사협력은 앞으로 점차 강화될 것으로 보여진다.

4. 몽골과 일본의 국방·안보 관계

일본은 경제 원조를 통해 몽골의 안정적인 경제 환경 구축에 기여함으로써 몽골 내에서 매우 우호적 이미지를 가지고 있다. 특히 일본국제협력기구(JICA)를 통한 다양한 지원은 몽골이 필요로 하는 분야에 전문가와 자본을 체계적으로 제공함으로써 일본에 대한 긍정적 여론을 형성하였다. 2010년 엘벡도르지 전 몽골대통령의 일본 방문 당시 발표된 공동성명에서 국방 분야 협력에 대한 언급이 시작된 이후 양국 간 국방협력을 확대시키고 있다. 양국의 국방협력 확대는 그동안 국방력이 제한되었던 기존의 체제에서 국방력을 확대하려는 일본의 변화된 안보노선이 작용했을 것으로 예측할 수 있다. 국방비 증강을 통한 일본의 국방력 향상 계획은 동북아 안보에 있어 새로운 변화를 이끌 수 있는 높은 가능성을 가지고 있다. 몽골은 세계 강대국인 미국과 중국, 러시아와 각각 국방 협력을 강화하고 있다. 이러한 추세 속에서 국방력 증강을 계획하는 일본과 몽골의 외교 노선 변화에 보다 집중해야 할 필요가 있다.

국가 간 외교 관계에 있어 다양한 유형이 존재하지만, 일반적으로 정치, 군사 분야를 가장 먼저 떠올리게 된다. 하지만 경제외교의 중요성 또한 매우 중요한 역할을 차지한다. 이는 정치·군사적 외교가 국가의 안전 보장을 담당하는 데 비해 경제외교 능력은 국가의 사회 안정과 번영을 보장하기 때문이다.[55] 이러한 맥락에서 볼 때, 낮은 인구수와 좁은 경제 시장으로 자국의 경제 환경을 외부에 의존해야 해야 하는 몽골에게 일본이 경제적 지원을 통해 사회 안정을 제공했다는 측면에서, 몽골이 가장 필요로 하는 경제적 지원을 통해 실리적 외교를 추구했다고 평가할 수 있다.

일본은 1991년 국제통화기금(IMF), 아시아개발은행(ADB)과 함께 도쿄에서 몽골 원조그룹 회의를 개최한 이후 매년 회의를 지속해 오고 있다. 체계적인 경제적 지원을 지속할 제도적 장치를 마련한 이후 일본은 몽골의 최대 지원국으로 부상하기 시작했다.[56] 이후 이어진 양국 정상 및 고위급 상호 방문에 있어 몽골과 일본은 경제 분야의 지원과 협력에 대해 지속적으로 언급해 왔다.

양국의 협력 관계는 1997년 '포괄적 동반자 관계'를 기반으로 확대되었고, 1998년 5월 바가반디 몽골 대통령의 일본 방문을 통해 몽골과

---

55 이면우(2011), 『현대 일본 외교의 변용과 한일협력』, 파주: 한울, p.10.

56 외교부(2015) 위의 책. p.83.

일본의 우호적 외교노선이 확립을 대외적으로 알렸다.

양국의 정상은 2007년 회담을 통해 공동성명을 발표하고 수교 이후 이뤄온 양국 간 정상회담에 대한 만족감을 표시하고 경제협력을 지속할 수 있는 환경을 마련하고 몽골이 지역 및 국제기구에 참여할 수 있도록 협력을 강화하기로 하였다.

2007년은 양국 정상 회담뿐 아니라 북한의 일본인 납치 문제에 대해 몽골과 일본이 협력을 통해 실질적 성과를 도출해 낸 의미 있는 한 해였다. 일본은 북한에 납치된 국민 문제를 해결하기 위해 몽골의 외교노선을 이용하고자 하였다. 몽골은 중국과 러시아 사이에 위치하며 두 강대국으로부터 균형을 유지하기 위한 '중립'을 잘 활용하는 국가이다. 따라서 일본은 북한과 우호적 관계를 맺고 있는 몽골을 통해 북한과 관련된 문제를 해결하려고 하였다. 몽골을 중립국으로 활용하고자 하는 일본의 전략은 2007년 12월과 12년 3월, 12월 3번에 걸쳐 울란바타르에서 북일 회담을 개최한 결과 실질적인 성과를 나타냈고, 북일 회담 주최는 몽골에게 있어 자국의 전략적 잠재력을 전 세계에 알리는 계기가 되었다.[57]

2010년 몽·일 공동성명 이후 2012년, 2013년에 새로운 공동성명이 발표되었다. 그 중 2013년에는 '몽골·일본 전략적 동반자 중기 프로젝트'가 채택되어 양국이 보다 다양한 분야에서 심도 있는 협력을 지속할

---

57 Julian Dierkes, Otgonbaatar Byamba(2013.11.05.) "Japan's Mongolian Connection in North Korea". East Asia Forum,http://www.eastasiaforum. org/2013/11/05/japans-mongolian-connection-in-north-korea/(검색일: 2017. 11.22).

수 있는 바탕을 마련하였다.

2013년 일본 총리의 방몽은 2006년 고이즈미(小泉純一郎) 일본 총리의 방몽 이후 7년만이었다. 아베 총리는 2012년 집권한 이후 중국에 대한 일본의 경제 의존을 줄이기 위해 인도네시아, 베트남, 태국 등의 국가들을 방문하며 경제 동반자를 찾기 위해 노력하고 있었고, 이러한 외교 노선의 일환으로 몽골을 방문했었다. 하지만 아베 총리의 방몽은 몽골 내 영향력을 강화하고 있는 중국을 견제하기 위한 의도 또한 내포되어 있었다.[58] 몽골과 수교를 맺은 이후 일본은 몽골에 지속적인 공적개발원조(ODA)를 제공함으로써 몽골과 우호적 관계를 유지하며 다양한 외교적 이득을 얻고자 노력하였다.[59] 이러한 일본의 노력은 특히 자국과 북한의 문제를 해결함에 있어 몽골의 협조를 구하는 데 큰 기여를 하였다.

북한과의 문제 해결과 주변국들의 몽골에 대한 관심이 높아짐에 따라 일본과 몽골의 관계도 더욱 활발한 진전을 거듭하고 있다. 2015년 아베 신조 일본 총리의 몽골 방문은 양국의 경제 협력 강화와 일본의 북한 문제 해결을 위한 우호적 분위기 유지라는 측면도 있지만, 2014년 부터 시작된 몽·중·러 3자 회담을 견제하기 위함일 가능성도 내포하고 있다. 몽골과 중국, 러시아의 협력은 전통적 우방국이라는 측면에 있어 일본과 확연한 차이를 보이고 있다. 몽골 내 시장 경제가 도입된

58 William Sposato(2013.03.30.) "Japan Seeks Stronger Mongolia Ties". The Wall Street Journal, http://www.wsj.com/articles/SB1000142412788873246851045 78392123216653156(검색일: 2017.11.23).

59 Julian Dierkes, Otgonbaatar Byamba(2017.11.5). 위 자료.

이후 중국은 몽골의 제1 무역 파트너가 되었고, 소련의 붕괴 이후 국제무대에서 영향력이 다소 약화되었다고 평가되는 러시아는 여전히 몽골 사회 전반에 걸쳐 이전의 강력했던 영향력을 지속하고 있다. 따라서 일본은 주변국들과 몽골의 관계로부터 자국이 뒤쳐지지 않도록 동북아 지역 내에서 몽골과의 협력을 지속적으로 강화해 나갈 것으로 보인다.

2012년 1월 몽골과 일본은 '국방협력 및 교환 양해각서'를 체결하고, 같은 해 11월 양국 간 최초의 국방부 장관 회담을 개최했다. 해당 회담에서 양국은 몽골의 국방부 설립 100주년을 기념하고, 몽골과 일본 간 국방 협력 강화에 대한 논의를 하였다.[60] 2013년 11월 양국 간 두 번째 국방부 장관 간 회담이 성사되었다. 일본은 몽골 국방 분야 능력 배양 지원의 일환으로 2013년 몽골의 군 고위층을 일본으로 초청해 부상자에 대한 병원 교육과 도로 공사와 관련된 기술 훈련을 실시하였다.[61] 뿐만 아니라 양국은 국방부 간 교류를 통해 평화유지 활동에 대한 경험을 교류하고 협력하기로 하였으며, 몽골에서 매년 개최되는 칸퀘스트 국제평화유지 훈련에 일본군을 증강시키지도 협의하였다.[62]

---

60 Japan Ministry of Defense(2011) "Japan-Mongolia Defense Ministerial Meeting". Japan Defense Focus, No. 25. http://www.mod.go.jp/e/jdf/no25/leaders.html(검색일: 2017.11.22).

61 Ministry of Defense(2014) *Defense of Japan*. p.298.

62 infomongolia(2013) "Mongolia and Japan agreed to enhance its military partnership". http://www.infomongolia.com/ct/d/7069(검색일: 2017.11.22).

2013년 몽골과 일본의 국방 관계 증진은 2012년 집권을 시작한 아베(安培) 정부의 안보 정책 개혁에서 기인한다. 아베 총리는 집권 이후 일본의 안보 역할 화대를 위해 기존의 비군사화 관련 규범을 과감히 수정하기 시작했다. 아베 총리는 일본의 무기수출 3원칙을 폐지하고 방위장비이전 3원칙을 결정하였다.[63] 무기수출 3원칙은 공산국가, UN 결의로 금지된 국가, 국제분쟁 당사국과 그 우려가 있는 국가를 상대로 무기 수출을 금지하는 규정이었다.[64] 이 규정은 국제평화, 안전유지에 명백하게 지장을 줄 경우 방위장비를 수출하지 않고, 평화공헌과 국제협력의 적극적인 추진이나 일본의 안전보장에 관련이 있을 경우 수출을 인정한다는 내용이 담겨 있다.[65] 일본의 이러한 안보정책 기조의 변화는 아시아 내에서 강화되고 있는 중국의 정치·군사적 입지에 대해 자국의 외교안보 역량을 강화하고 미·일 동맹을 재편하기 위함이라 할 수 있다.[66]

일본 내 안보정책 기조 변화는 몽골과의 외교 관계 노선에도 변화를

---

63 박영준(2015), 「일본 군사력 평가:'동적 방위력(dynamic defense force)'에서 '통합기동방위력'에로의 행보」, 『중소연구』, 22권(2), p.68.

64 김용수(2014.04.01.) "일본, 무기수출 금지정책 폐지… 수출 확대로 전환". 연합뉴스, http://www.yonhapnews.co.kr/politics/2014/04/01/0503000000AKR20140401072200073.HTML(검색일: 2017.11.25).

65 이세원(2014. 03. 10) "일 '방위장비 이전 3원칙'으로 무기정책 족쇄 푼다.. 연합뉴스, http://www.yonhapnews.co.kr/politics/2014/03/10/0521000000AKR20140310029000073.HTML(검색일: 2017.11.25).

66 이승주(2014), 「21세기 일본 외교 전략의 변화 - 보통국가의 변환과 다차원 외교의 대두」, 『한국정치외교사논총』, 35권(2), p.279.

가져다주었다.

〈표 10〉 몽·일 공동성명 내 국방 분야 주요 내용

2007 공동성명[67]	2010 공동성명[68]
몽골 시장경제체제 안정화에 대한 일본의 기여도 평가 고위급 회담 빈도수 증가 더욱 명확한 협력 메커니즘 건립 6자 회담이 한반도 핵문제 해결에 기여함에 동의	6자 회담이 한반도 및 동북아의 평화와 안전 보장에 영향을 미침에 동의 몽골측, 일본인 북한 납치 문제 해결을 위한 일본 입장 지지 국방부 고위급 회담 통해 국방 분야 협력 확대를 통해 국제 평화, 안정적 환경 조성 위한 관계 강화
2012 공동성명[69]	**2013 공동성명[70]**
외교관계, 안보, 국방 문제 해결을 위한 유관기관 자문회 개최 및 전략 회담 강화 국방부 간 협력과 교류를 강화는 전략적 동반자 관계 발전 위해 노력	몽·일 전략적 협력 중기 프로젝트 2013-2017 채택 다자, 전략적 협력에 대한 회담 확대 국제무대에서의 상호지지, 협력 강화 아·태평양 지역 및 국제 평화, 안정적 환경 마련 위한 양국 간 안보·국방협력 확대

몽·일 전략적 협력 중기 프로젝트 2013-2017[71]
국방 분야 유관기관 간 체결한 양해각서를 바탕으로 고위급 상호방문 및 교류 협력 강화 양국 정부 군사 분야 간 상호 교환·군사 훈련 및 연구기구 협력 강화 몽·일 및 지역 내 평화유지를 위한 다자 협력 강화 몽골 군사 능력 강화에 협력 몽·일·미 3국 간 자문회 정기 개최 협력

출처: 몽·일 공동성명 참조 필자 작성

---

67 https://www.google.co.kr/url?sa=t&rct=j&q=&esrc=s&source=web&cd=1&ved=0ahUKEwi5sLTS8dvJAhUkL6YKHai6D-4QFggaMAA&url=http%3A%2F%2Fwww.mn.emb-japan.go.jp%2Fnews%2Fmedegdel.doc&usg=AFQjCNEGx_yPjRu87-PbKE_TpOJoFeDU-A&bvm=bv.109910813,d.dGo&cad=rjt.(검색일: 2017.11.17).

68 http://japan.kantei.go.jp/kan/statement/201011/19nichimongolia_mn.pdf.

〈표 10〉은 몽골과 일본의 공동성명 내용 중 국방 분야에 대한 조항을
추린 것이다. 위의 표를 통해 일본의 국가 안보 기조 변화가 몽골과의
국방 관계에 밀접하게 영향을 미쳤음을 알 수 있다. 2007년과 공동성명
에서 양국의 국방관계에 대한 직접적 언급을 찾을 수 없었던 것에
비해 2010년 공동성명에서는 국방부 간 고위급 회담 시행을 통해
국방 분야 협력을 발전시키는 데 양국 정부가 긍정적 입장을 가지고
있을 뿐 아니라, 지역 및 국제의 평화, 안정적 환경을 보전하는 데
국방부 간 관계를 강화시키고 협력을 두텁게 하는 것이 중요한 의의를
지님을 언급하였다.

일본과 동맹 관계에 있는 미국 역시 몽골과의 국방협력을 강화하고
있고, 몽골의 두 이웃국인 중국과 러시아 또한 국방 관계를 지속적으로
확대·발전시키고 있는 상황 속에서 몽골과 일본의 국방 협력은 몽골의
지정학적 중요성을 다시금 상기시키고, 국제무대에서 자국의 국방력
을 강화하고자 하는 일본의 의지를 보여주고 있다.

몽골과 주요 동북아 국가들이 시행하고 있는 국방 협력과 비교
했을 때 일본은 다소 늦은 출발을 했다고 평가할 수 있지만, 장시간
경제적 지원을 통해 몽골과 우호적 관계를 지속해 온 일본이 몽골

(검색일: 2017. 11. 17)

69 Embassy of Japan in Mongolia(2012) http://www.mn.emb-japan.go.jp/mn/
bi_relation/1212282012yearendmn.html(검색일: 2017.11.17).

70 http://www.mn.emb-japan.go.jp/mn/bi_relation/20130917_joint-statement-
mn.pdf(검색일: 2017.11.17).

71 http://www.mn.emb-japan.go.jp/mn/bi_relation/20130917_midterm-action-
plan-mn.pdf(검색일: 2017.11.17).

내에서 우호적 이미지를 가지고 있다는 점을 미루어 보았을 때, 빠른 시일 내 양국의 국방 협력이 강화될 가능성이 있다고 보인다.

IV. 신 한·몽 국방·안보 분야의 전략적 협력 방안

1. 한·몽 군사 협력 현황

한국과 몽골의 군사 협력은 1992년 가바Gavaa 몽골 국방차관의 방한으로 시작되었다. 당시 몽골은 사회주의 체제의 영향에서 벗어 난지 채 2년여 밖에 지나지 않은 상황이었기 때문에 군사 체계와 무기 역시 러시아의 잔재가 많이 남아있었다. 그렇기 때문에 몽골은 제3국과의 군사 협력 강화에 힘써 국경을 맞대고 있는 두 강대국으로부터 균형을 유지하고자 했고, 이러한 흐름 속에서 한국을 비롯한 주변 국가들과의 국방 협력 강화를 위한 다양한 정책을 수립하기 시작했다. 하지만 그 당시 몽골은 새로운 민주국가로의 변모를 위한 진통을 겪고 있었다. 사회주의 시절 러시아의 체제를 따랐던 몽골은 독립국가로서 자국의 새로운 정책을 수립해야 했고, 국방·안보 노선 역시 재정비가 필요했다. 따라서 한국과 몽골의 군사 협력 역시 빠른 진전을 보이지 못한 채 몇 년의 시간이 흘러갔다.

한·몽 국방 협력은 1996년 7월 대사관에 무관부를 개설하면서 군고위급 상호방문, 지역 안보 문제에 관한 정보 교환, 자문회의 개최, 군사 훈련 및 군자 무상원조등의 유형으로 발전하기 시작했고,[72] 양국

---

72 Монгол улсын засгийн газар, http://zasag.mn/news/view/5589(검색일: 2017. 10.15).

은 다음의 내용에 입각해 국방 협력을 가속화했다.

1. 한국과 몽골은 상대국의 외교정책과 그 중요성을 존중한다.
2. 아·태평양 메커니즘에 적극적으로 참여하고 지역의 군사적 신뢰
에 기여한다.
3. 군사 개혁과 새로운 질서를 반영하고 방어에 적용한다.
4. "정치 외교적 수단을" 정책적으로 지원한다.
5. 양국 간 우호 관계를 지원한다.[73]

특히 군사 훈련 부분은 1999년 한·몽 군사교류 협정 체결을 더욱
활기를 띠기 시작했다. 동 협정에 따라 매년 몽골군 영관 장교가
국방대와 육군대학에서 위탁 교육을 받고 있다. 군사 위탁 교육은
우리나라의 선진 기술력과 국방 지식을 교류한다는 측면도 있지만,
한국에서 교육받은 몽골의 장교가 본국으로 돌아가 고위직에 진출하며
친親한 세력으로 우리나라와 우호적 관계를 확립해 나갈 수 있는
잠재적 외교역할을 기대할 수 있다. 실례로, 현재 몽골의 국방차관은
육군대 졸업생으로 우리나라에서 교육을 받은 몽골 장교가 62명가량
인 점을 미루어 보았을 때 향후 몽골의 국방 분야 고위직 인사와
우리나라 고위 인사들의 긴밀한 협력을 기대해볼 수 있다.[74]

---

73 Tuvshintugs Adiyagiin(2012) "South Korea in Mongolia Foreign Affairs", 1st
   KINU Dialogue with Mongolia on Korean Unification, KINU. p.27.
74 외국군 수탁교육, 親韓 외교 '초석', 이영선, http://kookbang.dema.mil.kr/
   kookbangWeb/view.do?bbs_id=BBSMSTR_000000000138&ntt_writ_date=20

몽골 장교의 위탁 교육과 더불어 양국은 방산 협력도 시작되었다. 1996년 몽골 대 화재가 발생했을 때 우리나라는 몽골에 군복과 낙하산을 지원한 바 있으며, 2000년 이후 몽골군의 평화유지활동 참가 지원을 위해 방탄복, 개인장구요대 등을 무상 지원하였다. 사회주의 시기 러시아 장비와 무기를 사용했던 몽골은 체제 전환 이후 넉넉하지 않은 국방예산과, 평화 지대로서의 이미지 구축을 위해 노력한 바, 지금까지 군사 장비 개선에 있어 많은 어려움을 겪고 있다.[75]

2007년은 양국 국방대학교 간 학술 교류협정 체결을 비롯해 국방연구소 간 MOU를 체결하며 학술적 교류 성과가 도출한 해였다. 한·몽 국방대 간 학술 교류협정 체결은 2006년 정동한 국방대 총장의 방몽을 계기로 몽골 측의 요청으로 이루어졌으며,[76] 잘바잡Jalbajav 몽골 국방대 총장의 학습 기자재 지원 요청으로 몽골 국방대에 컴퓨터 기증 및 전산망 운영체계를 구축하였다.[77]

이듬해인 2008년은 한국과 몽골 간 제1차 국방정책실무회의가 개최

170627&parent_no=84(검색일: 2017.09.15).

75 몽골 국방대에 최신형 컴퓨터 기증, 이주형, http://kookbang.dema.mil.kr/kookbangWeb/view.do?ntt_writ_date=20070903&parent_no=4&bbs_id=BBSMSTR_000000000138(검색일: 2017.09.15).

76 국방대-몽골 국방대, 학술교류협정, 김종원, http://kookbang.dema.mil.kr/kookbangWeb/view.do?ntt_writ_dae=20070613&parent_no=7&bbs_id=BBSSMSTR_0000000001138(검색일: 2017.09.15).

77 몽골 국방대에 최신형 컴퓨터 기증, 이주형, http://kookbang.dema.mil.kr/kookbangWeb/view.do?ntt_writ_date=20070903&parent_no=4&bbs_id=BBSMSTR_000000000138(검색일: 2017.09.15).

됨으로써 양국의 국방 분야의 협력이 한층 가까워지는 발판을 마련하게 되었다. 양측은 해당 회의를 통해 양국 간 국방교류 협력 증진방안, 국제 안보정세 평가 등 상호 안보 관심사를 논의하고, 우리 측 대표단의 몽골 군고위급인사 예방 및 칸퀘스트 훈련장, 몽골 국방대학교 시찰 등이 진행되었다.[78]

2009년은 이상희 국방부 장관이 한국의 국방부 장관으로서는 최초로 몽골을 방문한 의미있는 해였다. 방문 시기 이상희 장관은 볼드Bold 몽골 국방부 장관과의 회담을 통해 북핵 문제를 포함한 한반도 지역 안보정세에 대해 의견을 교류하고 양국 간 국방교류 협력에 관한 대화를 나누었다.[79] 이후 2011년 4월, 볼드 몽골 국방장관이 방한해 한국과 몽골의 국방교류 협력 방안을 논의하였는데, 이는 2007년 이후 4년 만에 이루어진 몽골 국방부 장관의 공식 방한이었다.[80]

---

78 국방부 대변인실 보도자료(2008.08.03) "한-몽골 국방정책실무회의 개최". http://www.mnd.go.kr/user/newsInUserRecord.action?newsId=I_669&newsSeq=N_64252&command=view&siteId=mnd&id=mnd_020400000000(검색일: 2017.11.13).

79 권영철(2009.07.17) 국방부장관 러시아 및 몽골 방문. 국방부 보도자료. p.1.

80 이주형(2011.04.20) "볼드 몽골 국방장관 오늘 방한". 국방일보, http://kookbang.dema.mil.kr/kookbangWeb/view.do?ntt_writ_date=20110420&parent_no=3&bbs_id=BBSMSTR_000000000138(검색일: 2017.10.29).

〈2014 한·몽골 국방장관 회담(출처: 국방일보)〉
〈2007 한·몽 국방대학교 간 학술교류 체결식(출처: 국방일보)〉

　국방정책 실무회의와 국방연구소 간 정례회의를 통해 한·몽 국방
협력의 제도적 기틀은 비교적 단단히 다져지고 있다고 보여진다.
하지만 양국 정상 회담을 통해 양국 협력의 방향성을 제시하는 중요한
지표인 공동성명에서는 2011년이 되어서야 국방 협력에 관한 직접적
언급이 드러나고 있다. 우리나라와 몽골의 관계를 여느 국가들보다
특별하게 만드는 가장 큰 요인은 몽골이 남·북과 동시에 우호적 외교관
계를 유지하고 있다는 점에서 찾을 수 있다.

　1991년 최초로 발표된 공동성명에서 몽골은 한반도의 UN 동시가입
이 동북아 내 평화 정착에 기여할 것이라 언급하였고, 1995, 2006,
2011년 공동성명을 통해 한반도 평화유지 및 북한의 핵 문제에 대해

원만한 해결을 지지한다는 공식 입장을 발표했다. 양국이 외교관계를 수립한 이후 경제 분야의 관계 발전은 상대적으로 많이 진전된 양상을 보이지만, 정치·외교 및 군사 분야는 발전 속도가 더디다고 평가할 수 있다. 1995년 공동성명을 통해 한국과 몽골은 동북아 내 지역안보협력체제 구축 필요성에 대한 공통된 의견을 도출하였지만, 이후 지역 내 안보협력체제 구축에 대한 양국 간 실질적 진전은 이루어지지 않았다. 또한 국빈방문의 빈도로 보았을 경우 원만한 외교 관계를 유지해 왔다고 평가할 수 있지만, 우리나라의 외교노선에 있어 몽골에 대한 전문적 분석이 이루어지지 않았기에 실질적인 협력 성과는 미미한 실정이다.[81]

수교 이후 양국의 외교 관계는 주로 몽골 측의 요청에 의해 주도적으로 이루어졌다는 측면이 있다. 우리나라는 정서적, 역사적 관점에서 여타 국가들에 비해 상대적으로 몽골과 우호적 입지를 가지고 있지만, 몽골의 지정학적 중요성에 초점을 맞춘 연구는 더욱 확대되어야 할 필요가 있다.[82]

---

81 김선호(2015), 「수교 25주년 진단을 통한 한·몽 관계의 현미래 분석」, 『글로벌 경제 질서의 재편화 신흥 지역의 미래』, 2015 KIEP 신흥지역연구 통합학술회의 발표문집, 2권. p.224.

82 송병구(2013), 「몽골의 대 한반도 외교정책 분석 및 대응 전략」, 『백산학보』, 95권, p.219.

〈표 11〉 한·몽 공동성명 주요 내용

1991년 공동성명[83]	1999년 공동성명[84]
- 9.17 남북 유엔 동시가입 동북아 평화 정착에 기여 합의 - 평화통일 위해 한국의 노력 지지 - 몽골에 경제발전 경험 및 지식 전수 - 인적교류 확대 통한 양국 간 실질적 협력 증진	- 김대중 대통령 대북 포용정책·4자회담 추진 등 한반도 평화 안정 구축 위한 한국정부의 노력 평가 - 21세기 동북아 지역 안전보장 위한 역내 국가들간 다자안보 협력체제 구축 중요성 강조 - 동북아 평화유지 및 신뢰 강화에 아세안 지역안보포럼(ARF)의 역할 강조
2006년 공동성명[85]	2011년 공동성명[86]
선린우호협력 동반자 관계 격상	포괄적 동반자 관계 격상
- 고위급 교류 확대, 양국 외교부간 협력·조정체제 확대 및 활성화 - 한·몽 동반자관계 발전 위해 경제, 통상 분야에서의 교류, 협력 강화 - 북한 핵 문제의 원만한 해결 희망 - 몽골의 비핵지대 지지 - UN등 국제무대에서 상호협력 강화 - 각종 범세계적 문제 해결 위한 협력 강화	- 양국 외교장관회담 매년 개최 - 국방 분야 협력 확대 - 발리에서 개최된 남북대화 환영 - 한반도 핵문제 해결위한 노력 지지 - 동북아 지역 안전보장 위한 국가 간 협력 메커니즘 구축지지 - 몽골의 국제기구 가입 지지 - UN에서의 협력 강화 - 글로벌 문제 해결위해 긴밀한 협력

출처: 한·몽 공동성명 참조 필자 작성

---

83 몽골 외교통상부(2011). 『대한민국과 몽골의 관계-어제, 오늘 내일』, 서울: 두솔, pp.3-5.

84 몽골 외교통상부(2011) 위의 책. pp.6-9.

85 몽골 외교통상부(2011) 위의 책. pp.10-14.

86 몽골 외교통상부(2011) 위의 책. pp.15-19.

2. 한·몽 안보외교 협력 평가

한국은 한반도 문제의 당사국이자, 동북아시아 안보에 직접적 관계국으로써 지역 내 발생 가능한 다양한 위험요인을 미연에 방지하기 위해 다양한 안보대화체를 통해 지역의 평화와 안정 조성을 위해 노력하고 있다. 하지만, 국방차관급 다자안보 대화체가 부진하다는 점에서 기인하여 2012년 국가 간 신뢰증진 및 한반도 긴장을 완화시키기 위한 정책 대안을 모색하는 '서울 안보대화'를 설립하였고,[87] 2014년부터 몽골이 동 대화에 참여하면서 2015년 서울안보대화는 한·미·일·중·러·몽골이 참여하는 동북아 소다자회의를 개최함으로써 몽골을 포함한 동북아 소다자 안보협력의 기반을 구축하는 성과를 나타내고 있다.[88]

〈표 12〉는 동북아 각국의 외교 정책과 내용, 몽골을 향한 외교노선을 보여주고 있다. 그 중 각 국가들의 몽골을 향한 외교노선을 살펴보면 미국은 동북아의 전략적 요충지인 몽골과 협력 강화를 통해 중국과 러시아를 견제하려 하고, 중국은 몽골 내 미국의 세력 강화를 저지하기 위해 경제적 원조와 고위급 상호방문을 지속해 나가고 있다. 일본의 경우 몽골에 ODA를 가장 대규모로 지원하는 국가로 알려져 있으며, 러시아는 구 소련시기 사회주의 사상 아래 몽골에 밀접하게 영향을

---

87 서울안보대화 홈페이지 참조. http://sdd.mnd.go.kr/mbshome/mbs/sdd_kr/subview.jsp?id=sdd_kr_010200000000(검색일: 2017.11.16).

88 김철환(2015.09.13) "서울안보대화 폐막… '비전선언문 채택'". 국방일보, http://kookbang.dema.mil.kr/kookbangWeb/view.do?ntt_writ_date=20150914&parent_no=4&bbs_id=BBSMSTR_000000000120(검색일: 2017.10.29).

미쳤던 과거의 관계를 유지시키고자 노력하고 있다. 그러나 상대적으로 한국의 대 몽골 외교노선은 한반도 문제 해결과 안정적 자원 확보를 위한 협력을 강화하겠다고 공공연하게 언급되지만, 실질적 성과가 미비한 실정이다.

한국의 대 몽골 외교노선은 '상대 이득의 문제'를 가지고 있다고 보여진다.[89] 이 문제는 관련된 국가 모두에게 이익이 되는 협력에 흥미를 느끼지 않고, 협력하는 국가에 비해 자국이 상대적으로 얼마를 더 얻는지에 초점을 맞춘다는 신 현실주의 학자들의 주장이다. 가까운 시일 내 한국이 몽골로부터 얻을 수 있는 이익은 많지 않을 것이라 평가될 수 있지만, 세계 초강대국인 미국과, 무서운 속도로 성장하고 있는 중국의 대 몽골 외교노선이 계속해서 강화되고 있음을 미루어 보아 한국의 대 몽골 외교 역시 조금 더 구체적이고 세분화된 시행이 필요하다고 여겨진다.

문재인 대통령은 제3회 동방경제포럼 참석을 계기로 바트톨가 Battulga 몽골 대통령과의 정상회담에서 "북한의 도발을 멈추고 대화로 나오도록 하기 위해 유엔을 통한 강도 높은 제재를 취해야 한다."며 "유엔 안보리 결의를 통해 북한에 대한 제재 수위를 높이는 것이 불가피 한데, 북한에 대한 원유 공급 중단을 결의할 때 몽골도 적극 협조해 달라."고 말하며 양국간 실질 협력 강화, 북핵 문제 및 한반도 정세, 지역 안보 및 경제 협력 방안 등에 대해 의견을 교환한 바 있다. 또한 문재인 대통령은 "몽골을 비롯해 미·일·중·러가 참여하는 동북

---

89 John Baylis, 이상현 역(2012) "국제 안보와 지구 안보". 세계 정치론, 제5판, 을유문화사, 서울. p.302.

아평화협력 체제를 출범시킬 경우 몽골이 그동안 운영해 온 울란바타르 대화와 접목시킬 수 있을 것"이라며[90] 향후 동북아 안보에 관한 양국의 협력 과제를 언급한 바 있다. 향후 몽골의 국방·안보 및 정치·외교 분야에 대한 연구를 지속해 나간다면 사회주의 시기 러시아와 북한과의 교류사에 대해 파악하고 이러한 관계가 민주화 이후 어떻게 발전되어 왔는지 그 흐름을 분석해 한반도 문제 및 중국과 러시아와의 국방·안보 협력에 있어서도 큰 기여를 할 수 있을 것이라 생각한다.

〈표 12〉 동북아 주요 국가의 외교 정책 및 몽골과의 외교 노선

국가	정책	내용	몽골
미국	아시아로의 회귀 (pivot to asia) 재균형 정책 (re-balancing)	전략적 요충지로서 국익에 걸맞게 유라시아 안정적으로 관리하는데 초점 테러전 시대 전략적 우위 확보, 중국과 러시아 동시 견제	중·러 견제를 위한 지렛대 역할
중국	일대일로 (一帶一路)	G2 체제 가시화에 따른 국제 사회 책임감 강화	몽골 내 미국 세력 강화에 대응하기 위한 경제원조 및 고위급 인사 상호방문
일본	대내 경제 회복에 주력	미·일 동맹 강화 군비 증강 환경 마련에 주력	경제적 지원 통한 우호적 관계 유지 몽골의 잠재적 지지 확보
러시아	극동개발부 신설 新동방정책 전개	중·러 관계 강화에 적극적 자세	몽골에 대한 기존의 영향력 유지 역내 국제질서 재편 의도

90 한·몽 정상회담 관련 브리핑(2017), 출처: 청와대 홈페이지, http://www1.president.go.kr/articles/928(검색일: 2017.10.15).

한국	新북방정책	지역 내 다자협력체제 구축 한·중·일 협력 강화	양국 실질 협력 강화 지역 안보 및 경제 협력 북한 제제 협력 강화

출처: 서동주(2014) "몽골 외교의 특성과 한·몽 간 전략적 협력방안" 참고, 필자 작성.

3. 한·몽 국방·안보 분야의 전략적 협력 방안

단순히 국방력만을 비교한다면 몽골의 군사력은 한국에 비해 낮게 평가될 수 있다. 그러나 남·북과 동시 수교국이자 원만한 관계를 유지하고 있는 몽골의 외교노선과, 혼란스러운 동북아 안보환경 속에서 지정학적 중요도가 점차 강화되고 있는 몽골 외교노선의 심도 있는 분석은 한반도 평화를 위한 제도적 장치를 마련하고 실행해 나가는데 중요한 역할을 할 것이다. 따라서 향후 동북아 안보 환경 속에서 뒤처지지 않기 위해 한국은 몽골과의 협력에 있어 사회·경제 분야 및 국방 분야에 이르기까지 협력을 확대할 필요가 있다.

몽골은 구소련의 사회주의 체제를 겪은 국가로서 북한과도 밀접하게 연관된 국가 중 하나이다. 특히 민주화 이후 현재에 이르기까지 북한과 대화창구가 열려있다는 점에서 우리는 국방·안보 분야에 있어 몽골과의 협력을 강화할 필요가 있다. 이를 위해 우리는 첫 번째로 몽골에 대한 연구 범위를 확대해야 한다. 현재 몽골의 국방 분야는 여러 국가들의 이해관계가 얽혀 있다. 미국은 몽골을 통해 중국과 러시아를 견제하려 하고, 중국은 미국을 그리고 러시아 역시 미국과 일본의 영향력 감소를 위해 몽골과의 협력을 강화하려 노력하고 있다.

우리나라는 한반도 문제의 당사국으로서 향후 몽골과의 국방·안보

협력 강화가 남북한 문제 해결에 일정부분 기여할 수 있는 가능성이 있다. 이를 위해 몽골의 외교·안보 분야 민간 전문가들의 연구를 지원해야 할 필요가 있다. 미국, 중국 등 거대 국가에 대한 연구 지원에 비해 실질적 성과가 단기간에 나타나지 않는 몽골과 같은 약소국 연구는 국가의 지원 없이는 민간 차원에서 지원하기 어려운 부분이 많다. 몽골의 전략적 가치를 고찰하고 중장기적 연구를 추진해 지속적 연구를 지원할 필요가 있다.

두 번째로 한·몽 간 군사 훈련 추진을 제안하고자 한다. 중국, 러시아는 현재 몽골과 합동 군사훈련을 추진하고 있고, 일본은 2017년 8월 30일 울란바타르에서 개최된 몽-미-일 3자 회담을 통해 몽골과 다자 안보·국방 협력 강화에 관한 의견을 교환하며 미국의 대몽골 국방협력 기조에 함께하고 있다. 〈표 13〉은 몽골 내에서 시행중인 합동 군사훈련을 보여주고 있다. 이러한 군사훈련의 목적은 주로 평화유지 활동에 있다. 군사훈련을 시행하는 데 필요한 예산과 행정 업무가 적지 않을 것이라 예상되지만, 해당 국가의 군사 체계와 정책 그리고 군관계자의 상호 방문을 정례화 할 수 있다는 점에서 장기적으로 국방·안보 분야 협력에 큰 역할을 할 수 있을 것이라 여겨진다.

〈표 13〉 몽골 내 시행 중인 합동 군사훈련

국가	미국	중국	러시아	인도	몽·중·러
훈련명	칸퀘스트 (Khann Quest)	안칭 부르게드 (Hunting Eagle)	셀렝게 (Selenge)	유목코끼리 (Nomadic elephant)	시행 예정
시작연도	2006	2015	2008	2004	

목적	국제평화유지	국제 테러리즘 대항	몽골의 국제평화유지군 활동 향상	국제 평화유지	국제 테러리즘 대항
참가국	한국, 미국, 중국, 일본, 러시아 포함 26개국	중국 몽골	몽골 러시아	몽골 인도	몽.중.러

출처: 필자 작성

1990년 체제전환 이후 몽골은 자국의 독립적 정책 시행을 위해 부단히 노력하고 있다. 몽골의 거의 모든 대외정책 기조의 바탕은 두 이웃국인 중국과 러시아의 영향력에서 벗어나고 중립을 유지하는 것이다. 이들 국가의 영향력을 견제하기 위해 제3의 이웃국인 미국, 한국, 일본과의 협력을 강화하는 기조는 몽골의 외교노선과 국방·안보 분야에도 동일하게 적용되고 있다.

우리가 몽골의 지정학적 중요성을 인지하고 몽골의 비핵지대화, 비동맹, 평화유지 활동 등에 대한 학술적 연구를 확대한다면 국방·안보 분야에서 보다 실질적인 협력 강화를 이끌어낼 수 있을 것이다. 이를 통해 한반도의 평화적 안보 환경 마련뿐 아니라 더 나아가 몽골을 통한 한반도 문제 해결에도 기여할 수 있을 것이라 전망해 본다.

참고자료

김선호(2015). 「수교 25주년 진단을 통한 한·몽 관계의 현미래 분석」, 『글로벌 경제 질서의 재편화 신흥 지역의 미래』, 2015 KIEP 신흥지역연구 통합학술회의 발표문집, 2권.

김철우(2012), 「몽골의 국방과 한·몽 군사협력 발전」, 『몽골과 한국』, 용인: 단국대학교출판부.

두진호(2014), 「러시아 군사공공외교의 특징과 함의」, 『국방정책연구』, 30권(2).

몽골 외교통상부(2011), 『대한민국과 몽골의 관계-어제, 오늘 내일』, 서울: 두솔.

박영준(2015), 「일본 군사력 평가: '동적 방위력(dynamic defense force)'에서 '통합 기동방위력'에로의 행보」, 『중소연구』, 22권(2).

송병구(2012), 「몽골과 남북한의 외교관계」. 단국대학교 몽골연구소 편, 『몽골과 한국』. 용인: 단국대출판부.

송병구(2013), 「몽골의 대 한반도 외교정책 분석 및 대응 전략」, 『백산학보』, 95권.

우베바야시 히로미치(2014) 『비핵무기지대』, 서울: 서해문집.

윤영관(2015), 『외교의 시대 한바나도의 길을 묻다』, 서울: 미지북스.

외교부(2013), 『군축. 비확산 편람』, 서울: 외교부.

외교부(2016). 『2016 몽골개황』, 서울: 외교부 동북아시아국 동북아3과.

이면우(2011), 『현대 일본 외교의 변용과 한일협력』, 파주: 한울.

이승주(2014), 「21세기 일본 외교 전략의 변화-보통국가의 변환과 다차원 외교의 대두」, 『한국정치외교사논총』, 35권(2).

John Baylis, 이상현 역(2012), 「국제 안보와 지구 안보」. 『세계 정치론』, 제5판, 서울: 을유문화사.

Andrew Brick, Raymond Gastil, William Kimberling(1992) "Mongolia: An Assessment of the Election to the Great People's Hural June 1992". International Foundation fo Election Systems, Washington D.C., U.S.A.

Antoine Bondaz(2014) "Mongolia: China's perfect neighbour?". China's neighbourhood policy. European Council on Foreign Relations.

Ariunbold Dashjivaa(2012) "Why has Mongolia chosen to participate in peace support operations? An analysis of current trends and future opportunities". Master's Thesis, Neval Postgraduate School, Monterey, California.

Diplomacy: Mongolia's Place In Asia Today". Mongolian Journal of International Affairs, Vol.12.

Edgar A. Porter(2006) "Mongolia, Northeast Asia and the United States; Seeking the Right Balance". 9th International Conference of Mongolists.

Eric A. Hyer(2005) "Haunted by History: China and Its Northwestern Neighbours". Historia Actual Online, Vol. 7.

Jeffrey Reeves(2012) "Mongolia's evolving security strategy: omni-enmeshment and balance of influence". The Pacific Review, Vol. 25(5).

Migeddorj Batchimeg(2005) "Future Challenges for the PRC and Mongolia: A Mongolian Perspective". China Brief. Vol. 5(10).

osaabi. M(2005) "Modern Mongolia: From Khans to Commissars to Capitalist", Berkeley, CA: University of California Press.

Robert E. Bedeski(2005) "Mongolia in Northeast Asia: Issues of Security Survival and Diplomacy: Mongolia's Place in Asia Today", Mongolian Journal of International Affairs, Vol.12.

Tuvshintugs Adiyagiin(2012) "South Korea in Mongolia Foreign Affairs". 1st KINU Dialogue with Mongolia on Korean Unification, KINU.

UN General Assembly(2000) "Annexto the letter dated 22 November 2000 from the Permanent Representative of Mongolia to the United Nations addressed to the Secretary-General.A/55/644.

Б. Баярцэнгэл(2011) "Монгол улсын батлан хамгаалах салбарын орчин үеийн гадаад харилцаа". Монгол Улсын Их Сургуулийн Олон Улсын Харилцааны Сургууль. УБ хот.

Ж. Гөлөө(2014) Монгол улс ба Гадаад улс, Гүрнүүлийн Хоорондын харилцаа, худалдаа, эдийн загийн хамтын ажиллагааны үүсэл, хөгжлийн түүхэн он жилүүд, УБ хот.

С. Ганболд, Г. Рагчаа(2003) "Батлан хамгаалах салбарын гадаад харилцаа, энхийг сахиулах ажиллагаа". Монгол цэргийн шинчлэл-Ардчилсан иргэний хяналт. Ш. Паламдорж. Батлан хамгаалахын эрдэм шинжилгээний хүрээлэн Женеб дэх хүчин ардчилсан хяналт тавих төв. УБ хот.

Ч. Батцэцэг(2016), Монгол-Хятадын харилцаа: шинэ боломж, сорил, Улаанбаатар

畢奧南(2013) 中蒙國家系歷史編年(1949-2009). 黑龍江敎靑出版社.

Mongolian Defense White Paper(2011)

Fundamentals of the Military Doctrine of Mongolia(1996)

Mongolian Defense White Paper 1997/1998

몽골 헌법 1992 '

　몽골 외교정책 개념 1994

　몽골 안보 개념 1994

　군사정책1994

　〈몽골-러시아〉

울란바타르 선언 2000, 모스크바 선언 2007

　몽골 러시아 공동성명 2005, 2008, 2011

　〈몽골-중국〉

몽골 중국 공동성명 2005, 2011, 2013, 2014

　〈몽골-미국〉

몽골 미국 공동성명 2004, 2005, 2011, 2014

　〈몽골-한국〉

몽골 한국 공동성명 1991, 1999, 2006, 2011

　〈몽골-일본〉

몽골 일본 공동성명 2007, 2010, 2012, 2013

　몽골 일본 전략적 파트너 중기 계획 2013-2017

5.

몽골의 경제

- 몽골경제 현황과 한·몽 경제협력 방안

김보라 단국대학교 몽골연구소 연구교수

I. 들어가며

한국은 몽골과 1990년에 수교를 맺은 후부터 경제적 측면에서 지속적인 관계에 있다. 그동안 한국이 몽골과 추진한 경제협력을 살펴보면 1990-2016년에 약 35.2억 달러의 무역,[1] 1994-2016년에 약 4.4억 달러의 직접투자를 하고,[2] 1989-2014년에 약 2.8억 달러의 ODA를 제공하였다.[3] 또한 한국은 최근에 몽골과 EPA 체결에 관하여 논의하고, 이에 관한 연구를 수행하는 등 몽골과 경제협력을 추진하는 데 지속적인 주의를 기울이고 있다.

한국이 이와 같이 몽골과 경제협력을 추진하는 데 주의를 기울이고 있는 시기에 필수적으로 살펴봐야 하는 하나의 사항은 몽골의 경제현황이라고 할 수 있다. 몽골의 경제현황에 대해 살펴보는 것은 몽골경제의 최근 상황, 여건과 정책을 파악할 수 있게 하고, 이러한 맥락에서 한국이 몽골과 경제협력을 추진하는 데 필요한 아이디어들을 제공할

---

1 한국무역협회, 「K-stat: 국가수출입」, http://stat.kita.net/stat/cstat/peri/ctr/Ctr TotalList.screen#none(검색일: 2017.9.6)을 기초로 필자 계산.

2 한국수출입은행, 「해외투자통계: 몽골」, http://211.171.208.92/odisas.html(검색일: 2017.9.16).

3 이 중 약 53.54백만 달러는 유상원조이고, 약 227.17백만 달러는 무상원조이다. Korea ODA, 「몽골 지원 실적」, https://www.odakorea.go.kr/ODAPage_2012/T02/asia/Mongolia.jsp#noMove(검색일: 2017.9.19); 관계부처합동, 「몽골국가협력전략」, 2016.12, 2쪽을 기초로 필자 계산.

수 있기 때문이다. 이와 연관지어 본 연구는 몽골경제 현황에 대해 살펴보고, 이를 바탕으로 한국이 몽골과 추진하는 경제협력 방안 관련 제안들을 제시하고자 한다.

연구 목적에 따라 제2장에서는 몽골경제 현황에 관해 살펴본다. 이 부분에서는 몽골경제 현황을 몽골의 거시경제 현황, 주요 산업과 대외경제 측면을 중심으로 보기로 한다. 제3장에서는 몽골경제 현황에 기반하여 한국이 몽골과 추진하는 경제협력 방안 관련 제안들을 제시 코자 하며, 마지막 부분에서는 연구결과를 요약하고 결론을 도출한다.

II. 몽골경제 현황

1. 거시경제 현황

몽골의 거시경제 현황을 살펴보면 2016년 기준으로 국내총생산(GDP) 이 약 111.5억 달러, GDP 성장률 1.2%, 1인당 GDP는 3,603달러이다 (〈표 1〉 참조).

〈표 1〉 GDP, GDP 성장률과 1인당 GDP

		단위	2014	2015	2016
1	GDP성장률	%	7.9	2.4	1.2
2	GDP	조 투그릭	22.2	23.1	23.9
		억 달러[1]	121.9	117.4	111.5
3	1인당 GDP	백만 투그릭	7.6	7.8	7.9
		달러[2]	4,126	3,879	3,603

출처: Үндэсний статистикийн хороо(ҮСХ), 「ДНБ үйлдвэрлэлийн аргаар, салбараар,

Нэг хүнд оногдох ДНБ」, http://www.1212.mn/Stat.aspx?LIST_ID=976_
L05&type=tables(검색일: 2017.9.14); 1)Монголбанк, 「Бодит сектор: ДНБ」, https://
www.mongolbank.mn/macrodb.aspx(검색일: 2017.9.14); 2)Азийн Хөгжлийн Банк,
「Монгол улс 2017~2020: Эдийн засгийн хүндрэлийн үед хүртээмжтэй өсөлтийг
хангах нь」, 2017.5, 7쪽.

한편 몽골의 GDP 성장은 최근에 와서 대폭 둔화되고 있는데 그
원인을 세계시장 광물가격 하락, 외국인직접투자의 급격한 감소, 중국
경제성장 둔화에 따른 광물 수요 감소 등 몇 개의 요인들과 연관지어
설명할 수 있다.

몽골 GDP를 산업별로 살펴보면 2016년 기준으로 농축산업이 12%,
광업이 20.5%, 제조업이 8.2%와 서비스업이 59.3%를 차지하며 광업
이 가장 큰 비중을 차지한다(〈표 2〉 참조).

〈표 2〉 GDP 대비 각 산업별 구성비

	산업		단위	2014	2015	2016
1	농축산업		%	13.3	13.3	12.0
2	광업		%	17.0	17.6	20.5
3	제조업		%	10.6	9.1	8.2
4	서비스업	건설업	%	5.1	4.7	3.9
		운송업	%	4.8	5.2	5.1
		정보통신업	%	2.5	2.4	2.6
		도소매업	%	16.9	16.4	16.3
		기타	%	29.8	31.3	31.4
5	합계		%	100	100	100

출처: YCX, 「ДНБ-ий салбарын бүтэц(салбараар, хувиар)」, http://www.1212.
mn/tables.aspx?TBL_ID=DT_NSO_0500_002V1(검색일: 2017.9.14)를 기초로 필자 작성.

278

또한 몽골 정부 재정에 대해 살펴보면, 2016년에 세입예산은 약 5조 8천억 투그릭, 세출예산은 9조 5천억 투그릭이었고 약 3조 6천억 투그릭의 재정적자를 기록하였다(〈표 3〉 참조). 이처럼 몽골 정부 재정이 최근에 적자를 기록하고 있는데[4] 이러한 상황은 몽골 정부의 확대재정정책, 비효율적인 예산 지출, 불경기로 인한 세입 감소 등과 관련이 있는 것으로 보여진다.[5]

〈표 3〉 몽골 정부 재정

		단위	2014	2015	2016
1	세입	10억 투그릭	6,274	5,981	5,852
2	세출	10억 투그릭	7,144	7,137	9,519
3	재정수지	10억 투그릭	-870.0	-1,156	-3,667
4	GDP 대비 재정수지	%	3.9	5	15.3

출처: YCX, 「Улсын төсвийн тэнцвэржүүлсэн орлого, зарлага, тэнцэл(жилээр)」, http://www.1212.mn/Stat.aspx?LIST_ID=976_L08&type=tables; YCX, 「ДНБ үйлдвэрл

---

4 몽골은 2017년 5월부터 IMF의 확대금융제도(EFF: Extended Fund Facility) 프로그램을 시행하고 있으며 본 프로그램 일환으로 재정적자 감소 관련 정책을 추진하기로 계획하였다. И.Сэргэлэн, 「Монгол улсын Засгийн газар, Монголбанк, ОУВС-ийн хамтарсан хэвлэлийн хурал」, 2017.5.26, https://www.mof.gov.mn/2017/05/%D0%BC%D0%BE%... BD/(검색일: 2017.9.28).

5 Нээлттэй нийгэм форум, 「Монгол улсын 2016 оны төсвийн төсөл тойм дүгнэлт」, 2015.11, 10-11쪽, https://forum.mn/res_mat/2015/2016%20Budget%20Analysis-Report3-2015%2011-FINAL-pdf.pdf(검색일: 2017.9.12); 「Монгол Улсын нэгдсэн төсвийн 2018 оны төсвийн хүрээний мэдэгдэл, 2019-2020 оны төсвийн төсөөллийн тухай хуулийн төслийг өргөн мэдүүлэв」, 2017.4.28, http://www.parliament.mn/n/hcxo(검색일: 2017.9.11).

элийн аргаар, салбараар, Нэг хүнд оногдох ДНБ」, http://www.1212.
mn/Stat.aspx?LIST_ID=976_L05&type=tables(검색일: 2017.9.14)를 기초로 필자 작성.

2016년 말 기준 몽골의 외환보유액은 약 12.9억 달러이며, 몽골
외환보유고는 최근에 와서 지속적으로 감소되고 있다(〈표 4〉 참조).
이처럼 몽골의 외환보유액이 감소하게 된 주요 원인을 몽골 주요
수출품인 광물가격 하락, 외국인직접투자 감소 등의 요인들과 관련지
어 살펴볼 수 있다.

〈표 4〉 몽골 외환보유고(연말 기준)

	단위	2014	2015	2016
외환보유고	억 달러	16.5	13.2	12.9

출처: Монгол банк, 「Гадаад сектор: Гадаад валютын улсын нөөц」, https://www.
mongolbank.mn/macrodb.aspx(검색일: 2017.9.16).

환율의 경우 2016년 말 기준으로 미달러 대비 투그릭화의 환율은
2,482투그릭이다. 〈표 5〉에서 알 수 있듯이 최근에 달러화 대비 투그릭
화의 환율이 하락하고 있으며 이는 외국인직접투자 하락, 외환보유고
감소, 시중 통화공급량 증가 등과 관련이 있다.

〈표 5〉 대미 달러 투그릭화 환율(연말 기준)

	2014	2015	2016
환율	1,883	1,995	2,482

출처: YCX, 「Гадаад валютын ханш(сараар)」, http://www.1212.mn/tables.aspx?TB
L_ID=DT_NSO_0700_008V1(검색일: 2017.9.16).

　　마지막으로 몽골의 인플레이션율은 최근에 급격히 하락하고 있다. 아래의 〈표 6〉에서와 같이 인플레이션율은 2014년에 10.4%이었으나 2016년에 1.1%로 하락하였다. 인플레이션율이 이와 같이 현저히 하락한 것은 경제성장이 둔화되고 구매력이 약화됨으로써 수요가 감소한 것이 주요한 영향을 미쳤을 것으로 판단된다.[6]

〈표 6〉 인플레이션율

	단위	2014	2015	2016
인플레이션율	%	10.4	1.9	1.1

출처: YCX, 「Инфляцийн жилийн түвшин(оны эцэст, хувиар)」, http://www. 1212.mn/tables.aspx?TBL_ID=DT_NSO_0600_013V1(검색일: 2017.9.17).

2. 주요 산업
몽골의 주요 산업별 현황을 살펴보면 다음과 같다.

1) 농축산업
몽골의 농축산업은 축산업이 주를 이루며 농업의 비중은 작은 편이다. 몽골의 축산업에 있어서는 5종의 가축 목축업이 발달된 바, 2016년 기준으로 몽골에는 총 61.5백만 두수의 가축이 있으며 이 중 27.8백만 두수는 양, 25.6백만 두수는 염소, 4.1백만 두수는 소, 3.6백만 두수는 말이고 0.4백만 두수는 낙타이다(〈표 7〉 참조).

---

6 Монгол улсын Засгийн газар, 「Монгол улсын нэгдсэн төсвийн 2018 оны төсвийн хүрээний мэдэгдэл, 2019-2020 оны төсвийн төсөөллийн тухай」, 2017, 9쪽, http://forum.parliament.mn/projects/127(검색일: 2017.9.16).

〈표 7〉 몽골의 가축 두수

	가축 종류	단위	2014	2015	2016
1	양	천 두수	23,215	24,943	27,857
2	염소	천 두수	22,009	23,593	25,575
3	소	천 두수	3,414	3,780	4,081
4	말	천 두수	2,995	3,295	3,635
5	낙타	천 두수	349	368	401
6	합계	천 두수	51,982	55,979	61,549

출처: YCX, 「Малын тоо(төрлөөр)」, http://www.1212.mn/tables.aspx?TBL_ID=DT_
NSO_1001_005V1(검색일: 2017.9.14).

몽골의 주요 축산업 제품은 육류, 우유, 캐시미어·울과 가죽이며
2015년에 총 육류 37.3만 톤, 우유 87.4만 리터, 캐시미어·울 3.6만
톤과 14.7백만 개의 가죽을 생산하였다(〈표 8〉 참조).

〈표 8〉 축산업 생산(2015년)

		육류(천 톤)	우유(천 리터)	캐시미어·울(천 톤)	가죽(천 개)
1	양	134.6	95.2	25.8	7,363.5
2	염소	86.3	172.6	8.9[1]	6,170.3
3	소	93.2	512.4	-	733.1
4	말	50.8	85.1	-	397.0
5	낙타	8.2	9.0	1.6	40.0
6	합계	373.1	874.3	36.3	14,703.9

출처: Хүнс, хөдөө аж ахуй, хөнгөн үйлдвэрийн яам, 「MAA—н гаралтай бүтээгдэхүн
үний үйлдвэрлэл」, http://mofa.gov.mn/exp/blog/7/3(검색일: 2017.9.12).
주: 1) 캐시미어

몽골 축산업에는 5종의 가축 부문 외게 양돈업, 양계업과 양봉업이
운영되며 이들 부문의 활동은 비교적 작은 규모로 운영된다. 2016년
기준으로 몽골에서 사육하는 돼지와 닭 두수 및 봉군 개수를 살펴보면
〈표 9〉와 같다. 2016년 기준으로 몽골 축산업에는 총 160.6천 가구가
종사하고 있다.

〈표 9〉 몽골의 돼지와 닭 두수 및 봉군 개수

	동물 종류	단위	2014	2015	2016
1	돼지	천 마리	46.3	33.5	31.5
2	닭	천 마리	794.5	805.1	718.6
3	봉군	천 개	6.6	8.0	8.1

출처: YCX, 「Мал, тэжээвэр амьтдын тоо(төрлөөр)」, http://www.1212.mn/tables.
aspx?TBL_ID=DT_NSO_1001_030V1(검색일: 2017.9.12).

농업의 경우 몽골 국토의 대부분이 스텝지대와 사막지대에 속하여
농사를 짓기에 적합한 면적이 매우 적다. 2016년 기준으로 몽골에서는
총 37.7만 헥타르에 곡물, 1.5만 헥타르에 감자, 2.9만 헥타르에 사료
작물, 6.6만 헥타르에 산업작물(유채), 0.6만 헥타르에 약초와 0.9만
헥타르에 채소를 재배하였다(〈표 10〉 참조). 곡물에 있어서 몽골은
밀을 대량으로, 보리, 귀리, 호밀과 메밀을 소량으로 재배한다. 채소의
경우 당근, 노란무, 양배추, 양파와 마늘을 대량으로, 오이, 토마토,
수박, 멜론, 호박, 파프리카 등의 채소는 소량으로 재배한다.

〈표 10〉 총 농작물 재배지

	종류	단위	2014	2015	2016
1	곡물	천 헥타르	315.0	390.7	377.8
2	감자	천 헥타르	13.2	12.8	15.0
3	사료 작물	천 헥타르	16.9	23.8	29.9
4	산업작물(유채)	천 헥타르	86.6	84.4	66.1
5	약초	천 헥타르	1.0	5.4	6.8
6	채소	천 헥타르	8.6	7.6	9.0

출처: YCX, 「Нийт тариалсан талбай(төрлөөр)」, http://www.1212.mn/tables.aspx ?TBL_ID=DT_1001_037V4(검색일: 2017.9.12).

또한 2016년 기준으로 몽골은 총 45.4만 톤의 곡물, 감자 4.6만 톤, 사료작물 2.9만 톤, 산업작물 1.8만 톤, 약초 0.4만 톤과 채소 1.7만 톤을 생산하였다(〈표 11〉 참조).

〈표 11〉 총 수확량

	종류	단위	2014	2015	2016
1	곡물	천 톤	475.4	204.1	454.7
2	감자	천 톤	47.7	45.8	46.2
3	사료작물	천 톤	25.2	29.2	29.7
4	산업작물(유채)	천 톤	47.3	20.7	18.5
5	약초	천 톤	3.5	1.6	4.4
6	채소	천 톤	17.1	14.8	17.6

출처: YCX, 「Аж ахуйн нэгж байгууллагын хураасан ургац(төрлөөр)」, http://www.1212.mn/tables.aspx?TBL_ID=DT_NSO_1001_035V3(검색일: 2017.9.12).

이 외에도 몽골에서는 산자나무 열매, 내한성 소립 사과, 블랙커런 트, 산딸기 등의 과실류를 재배한다. 2016년에 2.6천 헥타르에 산자나 무 열매, 21.4 헥타르에 내한성 소립 사과, 265.9헥타르에 블랙커런트, 4.1헥타르에 산딸기를 재배하고 1,371톤 산자나무 열매, 46.3톤 내한 성 소립 사과, 156.5톤 블랙커런트, 1.4톤 산딸기를 수확하였다(〈표 12〉와 〈표 13〉 참조).

〈표 12〉 몽골의 과실류 재배

	과실류	단위	2014	2015	2016
1	산자나무 열매	헥타르	2,412	2,384	2,670
2	내한성 소립 사과	헥타르	24.7	20.2	21.4
3	블랙커런트	헥타르	208.1	254.1	265.9
4	산딸기	헥타르	13.2	4.3	4.1

출처: ҮСХ, 「Жимс, жимсгэний тариалсан талбай(бүсээр, аймгаар)」, http:// www.1212.mn/tables.aspx?TBL_ID=DT_NSO_1002_009V1(검색일: 2017.9.12).

〈표 13〉 몽골의 과실류 수확량

	과실류	단위	2014	2015	2016
1	산자나무 열매	톤	1,033	1,225	1,371
2	내한성 소립 사과	톤	44.1	44.6	46.3
3	블랙커런트	톤	79.3	117.6	156.5
4	산딸기	톤	2.1	2.5	1.4

출처: ҮСХ, 「Жимс, жимсгэний хураасан ургац(бүсээр, аймгаар)」, http://www. 1212.mn/tables.aspx?TBL_ID=DT_NSO_1002_009V2(검색일: 2017.9.12).

한편 2016년 기준으로 몽골 농업분야에는 총 17.1천 가구와 가초르트, 아리옹호르, 오르가츠 후데르 등 국내 대기업들이 활동을 하고 있다.

농축산업을 발전시키기 위한 목적으로 몽골은 최근에 「목동들에 대한 국가 정책(2009-2020년)」, 「몽골 가축 국가 프로그램(2010-2021년)」과 「국가 식량과 농축산업 정책(2015-2025년)」들을 시행하고 있다. 그리고 가장 최근인 2016년에 와서는 몽골 개발의 비전이라고 할 수 있는 「몽골 지속가능개발개념-2030」을 통과시켜 2030년까지의 농축산업 분야 목표들을 수립하였다. 향후 몽골은 농축산업 분야에서 추구할 정책을 이들 목표와 연관하여 수립하는 것 외에도 현재 시행 중인 농축산업 분야 정책들의 내용을 이들 목표와 연계시키기로 하였다. 2030년까지의 몽골 농축산업 분야 목표들을 구체적으로 살펴보면 국제 경쟁력 있는 축산업의 발전, 축산업 원자재 및 제품의 조달·보관·운송망 개발, 농업생산의 가속화 등이다(〈표 14〉 참조).

〈표 14〉 「몽골 지속가능개발개념-2030」과 농축산업 분야 목표들

	목표	단계
1	기후 변화에 적응된 방목형 가축의 유전자와 내구력을 유지하며 생산성을 증가시키고, 방목지 수용력에 맞는 가축 구성비를 조성시키고, 방목지 토질 악화를 감소시키고 원상 복구를 하며, 가축 질병 관찰 조사·통제·서	1단계(2016-2020): 전체 가축 구성비의 적절화; 세계 가축·동물 보건기관에서 인증한 무역과 검역 기준에 부합한 가축·동물성 질병안전지역의 규모를 총 국토의 10% 이상에 달하게 하고, 가축과 축산업 제품을 이웃 국가들의 시장에 수출하도록 가축병원 환경 조성; 국가 가축병원 제도를 체계화. 2단계(2016-2020): 전체 가축 구성비의 적절화; 세계 가축·동물 보건기관에서 인증한 무역과 검역 기준에 부합한 가축·동물성 질병안전지역의 규모를 총 국토의 30% 이상에 달하게 하고, 가축과 축산업 제품의 수출

	비스 기술에 국제수준의 기준들을 도입시켜 국제시장에 경쟁력 있는 축산업을 발전시킨다.	가능성 확대; 국제기준에 부합하는 국가 가축병원 제도로 전환. 3단계(2026-2030): 전체 가축 구성비의 적절화; 세계 가축·동물 보건기관에서 인증한 무역과 검역 기준에 부합한 가축·동물성 질병안전지역의 규모를 총 국토의 60% 이상에 달하게 하고, 가축과 축산업 제품의 수출 가능성 확대; 국제기준에 부합하는 국가 가축병원 제도 구축.
2	인구 집중, 시장의 수요를 고려하여 목장형 축산업을 중점적으로 발전시키고, 육류와 우유 생산을 증가시키며 원자재 및 제품의 조달·보관·운송 망을 개발시킨다.	1단계(2016-2020): 생산성이 높은 가축의 비중을 전체 가축 대비 3%까지 도달시키고, 목장형 축산업에 순수혈통 소의 두수를 10만 두에 달하게 하는 것; 양돈업과 양계업 수를 증가시키고 수입량 축소; 원자재 및 제품의 조달·보관·운송 망을 아이막(道)과 솜(郡) 차원에서 구축. 2단계(2021-2025): 생산성이 높은 가축의 비중을 전체 가축 대비 5%까지 도달시키고, 목장형 축산업에 순수혈통 소의 두수를 15만 두에 달하게 하는 것; 양돈업과 양계업 수를 증가시키고 수입량 축소; 원자재 및 제품의 조달·보관·운송 망을 아이막과 솜 차원에서 구축. 3단계(2026-2030): 생산성이 높은 가축의 비중을 전체 가축 대비 8%까지 도달시키고, 목장형 축산업에 순수혈통 소의 두수를 20만 두에 달하게 하는 것; 양돈업과 양계업 수를 증가시키고 수입량 축소; 원자재 및 제품의 국가 차원의 조달·보관·운송망 개발.
3	토양 비옥도를 증가시키고, 토질 악화를 감소시키며 토양 관리 관련 농업기술 및 절약적, 효율적, 선진적인 관개기술을 도입시키고, 곡물 및 감자와 채소의 국내 수요를 충족시키는 차원에서 농업 생산을 가속화시켜 개발시킨다.	1단계(2016-2020): 곡물 생산 면적에 휴경기간 기술을 도입시키는 작업 진도를 70%까지, 관개 경작지 면적을 6.5만헥타르까지, 한 해 필요한 비료 공급을 50%까지, 현지화된 우수 종자 공급을 75%까지 각각 달성; 재배에 활용되고 있는 경작지 토양의 비옥도를 증가시키고, 토양 황폐화의 감소. 2단계(2021-2025): 곡물 생산 면적에 휴경기간 기술을 도입시키는 작업 진도를 85%까지, 관개 경작지 면적을 10만헥타르까지, 한 해 필요한 비료 공급을 70%까지, 현지화된 우수 종자 공급을 90%까지 각각 달성; 재배에 활용되고 있는 경작지 토양의 비옥도를 증가시키고, 토양 황폐화의 감소. 3단계(2026-2030): 곡물 생산 면적에 휴경기간 기술을 도입시키는 작업 진도를 90%까지, 관개 경작지 면적을

		120,000헥타르까지, 한 해 필요한 비료 공급을 100%까지, 현지화된 우수 종자 공급을 100%까지 각각 달성; 재배에 활용되고 있는 경작지 토양의 비옥도를 증가시키고, 토양 황폐화의 감소.
4	유목민 가구, 집단 유목민 가구와 중소 규모의 농업기업의 생산활동을 지원하여 현대 기계와 기술, 에너지를 확보하도록 하고 생산을 안정적으로 운영할 금융, 경제와 법률 환경을 구성한다.	1단계(2016-2020): 목동과 농부들의 50%까지 가계 생산활동 시 충분한 전력을 생산할 수 있는 발전기, 기계 및 기술 확보; 리싱, 저금리 대출 및 기타 종류의 금융 지원. 2단계(2021-2025): 목동과 농부들의 75%까지 가계 생산활동 시 충분한 전력을 생산할 수 있는 발전기, 기계 및 기술 확보; 리싱, 저금리 대출 및 기타 종류의 금융 지원 제공; 목동과 농부들이 생산한 제품을 시장에 공급하는 합리적인 제도 구축. 3단계(2026-2030): 목동과 농부들의 안정적인 수입 원천 확보.

출처: Улсын Их Хурлын 2016 оны 19 дүгээр тогтоолын хавсралт, 「Монгол улсын тогтвортой хөгжлийн үзэл баримтлал-2030」, 2.1.1 Хөдөө аж ахуйн салбар를 기초로 필자 작성.

2) 광업

몽골은 광물자원 부국으로서 총 50여 가지 광물과 3천여 개의 광산이 존재하고 있다.[7] 현재 이들 광산 중 약 200개의 광산에서 채굴이 진행되고 있으며, 주로 석탄, 석유, 구리, 몰리브덴, 금, 형석, 철광석과 아연광석을 채굴한다. 2016년 기준으로 몽골 광업분야 생산을 살펴보면 약 3.5천만 톤 석탄, 8.2백만 배럴 석유, 1.4백만 톤 동 정광, 5.1천 톤 몰리브덴, 18.4톤 금, 20.1만 톤 형석광석·정광, 7.1백만

---

7 Ашигт малтмал, газрын тосны газар, 「Монгол улсын геологи, уул уурхай, газрын тос, хүнд үйлдвэрийн салбар, АМГТГ-ын 2016 оны үйл ажиллагааны тайлан: 2017-2020 оны төсөөлөл, хүрэх үр дүн」, 2016, 8쪽, https://mrpam.gov.mn/public/pages/66/MPRAMreport2016MN.pdf(검색일: 2017.9.12).

톤 철광석·정광과 10만 톤 아연 정광을 생산하였다(〈표 15〉 참조).

〈표 15〉 몽골 광업 분야 생산

	광물	단위	2014	2015	2016
1	석탄	천 톤	25,287	24,205	35,522
2	석유	천 배럴	7,405	8,769	8,249
3	동 정광	천 톤	1,080	1,334	1,445
4	몰리브덴 정광	톤	4,054	5,207	5,174
5	금	킬로그램	11,503	14,532	18,435
6	형석광석·정광	천 톤	374.9	230.8	201.8
7	철광석·정광1)	천 톤	10,260	6,172	7,145
8	아연 정광	천 톤	93.2	89.6	100.2

출처: YCX, 「Аж үйлдвэрийн салбарын гол нэр төрлийн бүтээгдэхүүний үйлдвэрлэл(жилээр)」, http://www.1212.mn/tables.aspx?TBL_ID=DT_NSO_1100_013V1(검색일: 2017.9.14); 1)Ашигт малтмал, газрын тосны газар, 「Уул уурхай, аж үйлдвэрийн салбарын статистик мэдээлэл」, 2016.12, 1쪽을 기초로 필자 작성.

한편 2016년 기준으로 몽골 광업분야에 총 3,580개의 특허권이 발급되어 있으며 이 중에서 2,022개는 탐사특허권이고 1,558개는 개발특허권이다.[8] 특허권이 있는 지역은 몽골 국토의 8.6%를 차지하며 이 중 7.7%는 탐사특허권이 있는 지역이고 0.9%는 개발특허권이 있는 지역이다. 또한 2016년 기준으로 몽골 광업분야에는 총 38.2천 명이 종사하고 있으며 에르데네스 몽골, 에너지 레소스, 시외오보,

8 Уул уурхай, хүнд үйлдвэрийн яам·Ашигт малтмал, газрын тосны газар, 「Статистик мэдээ」, 2016.12, 3쪽, https://mrpam.gov.mn/public/pages/11/monthly_report_2016.12.pdf(검색일: 2017.9.14).

바그노르, 에르데네트 우일드외르, 몽골알트 공사, 리오틴토 몽골리아, 몽로스츠웨트메트, 페트로차이나 다칭탐삭, 동셴석유몽골, 알타잉 후데르, 볼드투무르 예루골, 차이르트 미네랄 등 국내외 대규모 기업들을 비롯한 1,250여 개의 기업이 활동하고 있다.

몽골은 광업분야에서 「광물자원분야 국가정책(2014-2025년)」, 「2017년까지의 석유분야 국가정책」과 「방사성광물과 핵에너지 분야 국가정책」을 시행해 오고 있다. 가장 최근에는 「몽골 지속가능개발개념-2030」에서 2030년까지의 광업분야 목표들을 수립했으며 향후 본 분야에서 시행될 정책을 이 정책문서와 부합시켜 개발하고 시행하기로 정하였다. 2030년까지의 몽골 광업분야 달성 목표들을 살펴보면 〈표 16〉과 같다.

〈표 16〉 「몽골 지속가능개발개념-2030」과 광업 분야 목표들

	목표	단계
1	지질학 분야 발전지원	1단계(2016-2020): 지질학, 지구 화학과 지구 물리학의 각종 조사를 전반적으로 수행하는 능력 강화; 조사 방법, 방법론과 지침을 국제 수준에서 승인된 지침과 방법론에 연계 개정; 몽골 전 국토를 1:200000 축척의 지질도에 포함; 광물 매장이 예상된 광석 지대와 분지의 1:50000 축척의 지질도 작성과 일반적인 탐사 작업을 전 국토의 40%에 걸쳐 수행. 2단계(2021-2025): 지질 정보 종합 포털을 만들고, 광물 탐사 분야에 우호적인 투자 환경 조성; 광물 매장이 예상된 광석 지대와 분지의 1:50000 축척의 지질도 작성과 일반적인 탐사 작업을 전 국토의 45%에 걸쳐 수행. 3단계(2026-2030): 광물이 매장되어 있는 지역에 대한 세부 탐사작업; 광물 매장이 예상된 광석 지대와 분지의 1:50000 축척의 지질도 작성과 일반적인 탐사 작업을 전 국토의 50%에 걸쳐 수행.
2	투명하고 책임 있는	1단계(2016-2020): 광업 분야 투자환경 안정성을 확보하고, 친환경적인 인프라와 운송망 개발; 고비지대에서 대용량 발전소 건설.

채굴업 정 착과 광업 분야 경쟁 력 제고	2단계(2021-2025): 용수 공급처 사업들을 시행하고, 대규모 광업 사업들의 완전한 운영. 3단계(2026-2030): 대규모 광업 사업들의 건설작업을 개시하게 하고, 인프라 개발.

출처: Улсын Их Хурлын 2016 оны 19 дүгээр тогтоолын хавсралт, 「Монгол улсын тогтвортой хөгжлийн үзэл баримтлал-2030」, 2.1.4 Эрдэс баялагийн салбар를 기초로 필자 작성.

3) 제조업

몽골 제조업을 공업 분야별로 살펴보면 중공업 분야는 몽골에서 채굴되는 광물 가공 및 제품 생산, 고철금속을 활용한 제품 생산 위주로 운영된다. 2016년 기준으로 몽골 중공업 분야는 음극 구리, 금속 반제품, 금속 주조물, 강철 제품, 전선과 시멘트, 석회 등 건축자재 제조 위주로 운영되고 있다(〈표 17〉 참조).

〈표 17〉 중공업 분야 생산(주요 품목별)

	제품	단위	2014	2015	2016
1	음극 구리(99%)	톤	6,992	14,989	15,009
2	금속 반제품	톤	64,412	43,731	16,820
3	금속 주조물	톤	73,897	49,498	16,592
4	강철 제품1)	천 톤	4.7	1.5	1.4
5	전선	톤	228	93.7	40.0
6	시멘트	천 톤	411.3	410.1	432.4
7	석회	천 톤	58.0	52.3	47.6
8	콘크리트 침목	천 개	101.9	80.0	78.6
9	빨간 벽돌	백만 개	58.2	39.6	20.5
10	현무암 블록	천 개	950.1	633.2	317.5

출처: YCX, 「Аж үйлдвэрийн салбарын гол нэр төрлийн бүтээгдэхүүний үйлдвэрлэ
л(жилээр)」, http://www.1212.mn/tables.aspx?TBL_ID=DT_NSO_1100_013V1(검색
일: 2017.9.14); 1)Газрын тос, ашигт малтмалын газар, 「Уул уурхай, аж үйлдвэрийн
салбарын статистик мэдээлэл」, 2016.12, 1쪽을 기초로 필자 작성.

현재 몽골 중공업 분야에는 에르데네트 우일드외르, 다르하니 투무
를루깅 우일드외르, 오유톨고이 등 대기업들이 진출해 있다.

몽골 경공업 분야는 식품, 캐시미어·울 제품, 가죽 제품, 목재·목재
제품, 출판물, 의약·진료 제품과 금·은 제품 생산 위주로 운영된다.
2014-2016년 몽골 경공업 분야 생산을 주요 품목별로 살펴보면 〈표
18〉과 같다.

〈표 18〉 경공업 분야 생산(주요 품목별)

		품목	단위	2014	2015	2016
1	식품	우유·유제품	천 리터	70,452	69,634	63,285
		육류	톤	16,784	12,599	8,949
		육류 제품	톤	3,587.5	3,442.8	4,786
		식용 소금	톤	1,848	184.7	8.9
		가축 사료	톤	67,807	67,094	58,983
		가축의 부속물	천 통	407.3	625.6	878.2
		알코올·술·맥주	천 리터	101,124	104,731	108,266
		생수·음료수	천 리터	222,899	241,116	243,754
		밀가루	톤	228,286	206,516	209,688
		밀가루 제품	톤	45,739.3	42,826.8	42,816.3
		사탕	톤	56.4	40.7	34.4
2	캐시미어·	손질한 캐시미어	톤	633.2	754.5	776.3

		세탁한 울	천 톤	1.4	1.8	7.0
		짠 실	톤	6.7	0.4	n/a
		양탄자	천 제곱미터	743.6	680.1	439.1
	울 제품	낙타털 이불	천 미터	18.5	23.0	12.2
		펠트	천 미터	127.9	125.6	89.4
		펠트 구두	천 쌍	8.0	12.0	0.5
		편물	천 개	954.4	829.3	812.5
		모직물	톤	322.4	399.5	391.7
		가죽 구두 밑창	톤	0.8	21.1	6.5
		염소·새끼 염소 가공 가죽	천 제곱미터	1.7	3.4	2.1
		소·말 가공 가죽	천 제곱미터	1.3	11.8	3.9
3	가죽 제품	가죽 구두·신발	천 쌍	39.7	49.9	34.1
		가죽 코트	천 개	7.1	6.6	10.6
		가죽 자켓	천 개	0.9	0.7	0.3
		양 가죽 코트	천 개	14.1	10.2	9.2
		목재 문·창문	제곱미터	14,295	7,603	4,837
4	목재 제품	목재판	세제곱미터	12,574	11,412	8,578
		철도 침목	천 세제곱미터	5.6	6.2	10.9
		책	백만 장[1]	62.5	77.0	53.0
5	출판물	신문	백만 장[1]	39.5	36.0	35.4
		표·포멧	백만 장[1]	11.6	12.4	12.0
	의약·진료제품	알약	천 팩	12,568	6,811	5,609
6		물약	톤	3,159	2,935	2,645
		1회용 주사기	백만 개	5.8	12.3	13.0
7	금은 제품	-	천 개	0.6	1.3	2.2

출처: YCX, 「Аж үйлдвэрийн салбарын гол нэр төрлийн бүтээгдэхүүний үйлдвэрлэл(жилээр)」, http://www.1212.mn/tables.aspx?TBL_ID=DT_NSO_1100_013V1(검색일: 2017.9.14)를 기초로 필자 작성.
주: 1)통계 예측.

2016년 기준으로 몽골 경공업 분야에는 후툴링 시멘트-석회, 울란바타르철도 소속 목재가공공장, 아리스시르니 우일드외르, 에르데네트 히브스 우일드외르, 울란바타르 히브스, 다르항 네히, 고비, 아타르우르구, 스피르트발보람, 마호 임펙스, 아포, 탈흐치헤르, 주르우르, 비타피트, 수, 다르항 데에지스, 만달고비 훈스 등 국내 대기업들과 총 2,000여 개의 기업이 진출해 있다. 또한 2016년 기준으로 몽골 제조업 분야에는 총 86.1천 명이 종사하고 있다.

제조업 분야를 발전시키기 위한 목적으로 몽골은 현재 「국가산업정책(2015-2030년)」을 시행하고 있다. 그리고 2016년에 「몽골 지속가능개발개념-2030)」이 통과되어 몽골 제조업 분야가 2030년까지 달성할 목표들을 수립하였다(〈표 19〉 참조). 본 개발정책에는 제조업분야가 2030년까지 달성할 목표들을 1, 2와 3단계 등 세 단계로 정의했으며 현재 시행 중인 제조업분야 정책 내용을 이 정책문서 내용에 연계시키는 입장을 가지고 있다. 2030년까지의 몽골 제조업분야 목표들에 관해 살펴보면, 제조업을 선진 기계, 기술과 혁신을 기반으로 하여 발전시키고 생산성을 증가시키는 것, 화학산업 분야를 발전시키고, 주요 품목 연료 수요량을 국제기준에 부합한 국내산 제품으로 완전히 충족시키는 것 등이다.

〈표 19〉「몽골 지속가능개발개념-2030」과 제조업 분야 목표들

	목표	단계
1	제조업을 선진 기계, 기술과 혁신을 기반으로 발전시키고 생산성을 증가시킨다.	1단계(2016-2020): 전체 수출에서 가공업이 점유하는 비중 15% 달성; 농축산업 제품 거래소망을 체계화; 선진기술을 기반으로 한 수출지향 가공업 클러스터를 개발시키고 생산성 증가; 가죽, 캐시미어, 울 등 원자재의 완전가공을 60% 달성. 2단계(2021-2025): 전체 수출에서 가공업이 점유하는 비중 25% 달성; 선진기술을 기반으로 한 수출지향 가공업 클러스터를 개발시키고 생산성 증가; 가죽, 캐시미어, 울 등 원자재의 완전가공을 70% 달성. 3단계(2026-2030): 생산성 증가; 선진 기술과 혁신을 기반으로 한 수출지향 가공업 클러스터 개발; 가죽, 캐시미어, 울 등 원자재의 완전가공을 80%에 달성.
2	식품 제조에 선진기술을 도입시켜 경쟁력을 높이며, 주요 품목 식품 수요를 국내 생산으로 충족시키고, 국민이 건강하고 안전성이 보장된 식품을 이용하는 여건을 마련한다.	1단계(2016-2020): 곡물, 감자와 채소 수요를 국내 생산으로 완전히 충족; 도시와 중심 거주지 지역에 농축산업 클러스터를 개발시키고 국내 공급 육류의 30%, 우유의 40%를 공장가공방식으로 가공. 2단계(2021-2025): 국민에게 건강하고 안전성이 보장된 식품을 공급; 과학적인 고도기술을 도입시키고 국제시장에 '몽골 브랜드' 식품 수출; 국내 공급 육류의 50%, 우유의 60%를 공장가공방식으로 가공. 3단계(2026-2030): 국민의 식품 수요를 건강하고 안전성이 보장된 식품으로 완전히 충족; 국제시장에 수출되는 "몽골 브랜드" 식품 품목의 증가; 국내 공급 육류의 70%, 우유의 80%를 공장가공방식으로 가공.
3	화학산업 분야를 발전시키고, 주요 품목 연료 수요량을 국제기준에 부합한 국내산 제품으로 완전히 충족시킨다.	1단계(2016-2020): 주요 품목 연료 수요량의 20%를 유로기준 4에 부합한 국내산 제품으로 충족; 구리 용해, 금제련, 석유, 천연가스, 셰일가스와 석탄 가공, 화학제품 및 사료 제조를 개발시키는 여건 조성. 2단계(2021-2025): 주요 품목 연료 수요량의 70%를 유로기준 5에 부합한 국내산 제품으로 충족; 구리 용해, 금제련, 석유, 천연가스, 셰일가스와 석탄 가공, 화학제품 및 사료 제조를 개발. 3단계(2026-2030): 주요 품목의 연료 수요량을 유로기준 5에 부합한 국내산 제품으로 100% 충족; 구리 용해, 금제련, 석유, 천연가스, 셰일가스와 석탄 가공, 화학제품

		및 사료 제조를 개발.
4	철 금속 제조를 개발시키고 광업, 건설업과 인프라 건설에 기본적으로 필요한 품목의 철과 강철 제품의 수요를 국내산 제품으로 충족시킨다.	1단계(2016-2020): 1년에 10만톤 철 강구, 마그네틱 라이너와 기타 부속품을 제조할 수 있는 수용력을 갖춘 장비제조공장의 건설 및 운영. 2단계(2016-2020): 1년에 10만톤 강철봉, 건설과 철도용 철 제품을 제조할 수 있는 수용력을 갖춘 공장의 건설 및 운영. 3단계(2026-2030): 철, 강철과 용해된 철 제품의 수출수입 증대.

출처: Улсын Их Хурлын 2016 оны 19 дүгээр тогтоолын хавсралт, 「Монгол улсын тогтвортой хөгжлийн үзэл баримтлал-2030」, 2.1.3 Аж үйлдвэрийн салбар를 기초로 필자 작성.

4) 관광업

몽골은 유목민 풍습과 전통, 태고의 자연, 칭기스 칸 등 다양한 관광자원을 보유하고 있다. 최근 몽골 관광업에 관해 살펴보면, 2014년에 약 39.2만 명, 2015년에 약 38.6만 명, 2016년에 약 40.4만 명의 관광객이 몽골을 방문하였다. 이들 관광객의 대부분이 중국, 러시아와 한국인이다(〈표 20〉 참조).

〈표 20〉 몽골 방문 관광객 수(주요 국가별)

	국가	단위	2014	2015	2016
1	중국	천 명	157.5	145.0	131.3
2	러시아	천 명	73.0	70.6	84.0
3	한국	천 명	45.4	47.2	57.5
4	일본	천 명	18.2	19.2	19.9
5	미국	천 명	13.9	14.4	15.8
6	카자흐스탄	천 명	13.5	14.4	13.3

7	독일	천 명	9.5	8.9	9.7
8	프랑스	천 명	7.7	7.9	9.0
9	영국	천 명	5.7	6.1	6.1
10	호주	천 명	5.1	4.8	5.6
11	캐나다	천 명	2.2	2.5	3.0
12	기타	천 명	41.1	45.2	48.9
13	합계	천 명	392.8	386.2	404.1

출처: YCX, 「Улсын хилээр орсон жуулчдын тоо(орноор, жилээр)」, http://www.
1212.mn/tables.aspx?TBL_ID=DT_NSO_1800_010V1(검색일: 2017.9.18)을 기초로 필
자 작성.

　　몽골의 주요 관광지역은 몽골의 움누고비, 우부르항가이, 아르항가
이, 흡스굴, 울란바타르시, 바양울기, 헹티와 도르노드 아이막이다
(〈그림 1〉 참조). 몽골을 방문하는 관광객들의 대부분은 이들 아이막을
방문하며[9] 움누고비 아이막에서 열링암, 홍고링골, 바양자그 등 자연
이 아름다운 곳들, 우부르항가이 아이막에서 옛날 수도인 하르호링,
에르덴조 등 역사유적 지역들, 아르항가이 아이막에서 테르힝 차강
호수 주변의 자연이 아름다운 곳들, 흡스굴 아이막에서 흡스굴 호수,
울란바타르시 주변에서 테렐즈 지역, 바양울기 아이막에서 사냥 체험
과 모험관광 지역들, 헹티 아이막에서 칭기스 칸과 몽골 제국 역사와
관련된 곳들, 도르노드 아이막에서 동몽골 들판의 생태계를 관람한다.

9 Эс Ай Си Эй·Нийслэлийн аялал жуулчлалын газар, 「Аялал жуулчлалын салбарын
нийслэлийн нийгэм, соёлд үзүүлэх нөлөөллийн судалгааны тайлан」, 2015, 22-23
쪽, http://tourism.ub.gov.mn/wp-content/uploads/2015/11/Niisleliin-ayalal-
juulchlal-niigem-soyoliin-nuluu_2015.07.27.pdf(검색일: 2017.9.16).

2016년 기준으로 몽골 관광업 분야에는 600여 개의 관광 전문업체, 370여 개의 호텔, 300여 개의 관광객용 캠프가 운영되고 있고, 5만여 명이 종사하고 있다.[10]

⟨그림 1⟩ 몽골의 주요 관광 지역들

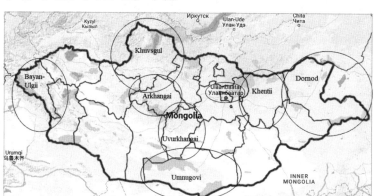

자료: Үндэсний хөгжлийн газар(ҮХГ), 「Засаг захиргааны зураг」, http://industry.mi.gov.mn/geoportal/(검색일: 2017.9.19)를 기초로 필자 구성.

몽골은 최근 관광 분야에 「관광 개발 국가 프로그램(2015-2025년)」을 시행하고 있다. 그리고 2016년에 통과된 「몽골 지속가능개발개념-2030)」에서는 관광업 분야의 2030년까지의 목표를 반영했으며, 앞으로 2030년까지 몽골 관광업 분야에서 시행될 정책과 조치들을 이 목표와 연계하여 개발하고 시행하는 방향을 추구하기로 하였다. 몽골 관광업 분야 2030년까지의 목표를 살펴보면 ⟨표 21⟩과 같다.

---

10 Г.Эрдэнэбат, 「Монголд дахин ирнэ гэж ирсэн жуулчид ам бардам хэлдэг, шинэ жуулчдыг бид нүүр бардам угтдаг болохсон」, 『Монголын мэдээ』, 2017.6.2, http://montsame.mn/read/56352(검색일: 2017.8.28).

〈표 21〉 「몽골 지속가능개발개념-2030」과 관광업 분야 목표

목표	단계
몽골이 유목문화 및 관광의 국제 중심이 된다.	1단계(2016-2020): 자연환경, 문화유산 및 전시물들이 있는 주요 관광 중심지들에서 관광 인프라와 서비스 질의 향상; 국제 무대에 몽골 관광의 특유 이미지 조성; 자연환경과 위생 기준을 충족시킨 친환경 관광 지역, 제품과 서비스를 개발하고 외국인 관광객 수 100만 명 확보. 2단계(2021-2025): 지역수준의 관광 노선에 합류되는 것; 인프라와 서비스 질 향상; 자연환경과 위생 기준을 충족시킨 친환경 관광 지역, 제품과 서비스 개발; 관광업의 다양한 종류와 계절별 관광 개발; 몽골의 유목문화와 관광의 국제적 홍보를 지속적으로 개선; 외국인 관광객 수를 150만 명에 달성. 3단계(2026-2030): 자연환경과 위생 기준을 충족시킨 친환경 관광 지역, 제품과 서비스를 개발하고 유목문화와 관광의 몽골 브랜드를 국제적으로 홍보하여 관광업의 수입을 증가시키며 외국인 관광객의 수를 200만 명에 도달시키는 것.

출처: Улсын Их Хурлын 2016 оны 19 дүгээр тогтоолын хавсралт, 「Монгол улсын тогтвортой хөгжлийн үзэл баримтлал-2030」, 2.1.2 Аялал жуулчлалын салбар를 기초로 필자 작성.

5) 에너지 산업

몽골 에너지 산업 분야는 서부 에너지시스템, 알타이-올리아스타이 에너지시스템, 동부 에너지시스템과 중부 에너지시스템 등 4개의 부분으로 구성되며(〈그림 2〉 참조), 2016년 기준으로 몽골 에너지업 분야 발전설비용량은 1,141MW이다.

〈그림 2〉 몽골 에너지 산업

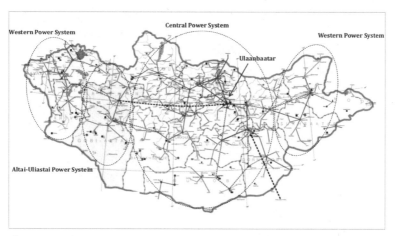

자료: Enery Regulatory Commission et al., "Mongolia: Country Report", August 2016, http://eneken.ieej.or.jp/en/whatsnew/countryreport2016Ben.html(검색일: 2017.9.18)을 기초로 필자 구성.

2016년 몽골 전력에너지 소비량은 7,215백만kWh/h였으며 이 중 5,802백만kWh/h을 몽골에서 생산하고 1,413kWh/h를 러시아와 중국으로부터 수입하여 소비하였다. 2016년 기준으로 몽골에서 생산한 전력의 89%를 열병합화력발전소와 화력발전소, 4%를 디젤발전소, 4%를 풍력발전소, 2%를 수력발전소, 1%를 태양광발전소에서 생산하였다.[11] 몽골에 있는 열병합화력발전소, 화력발전소, 디젤 발전소, 수력, 풍력과 태양광 발전소들에 관해 살펴보면 〈표 22〉와 같다.

---

11 Т.Гантулга, 「Эрчим хүчний салбарын хөгжил, цаашдын чиг хандлага」, Энержи Монголиа-2017 олон улсын хурлын илтгэл, УБ хот, 2017.5.17, 4-6쪽.

〈표 22〉 몽골의 대규모 발전소들

	발전소 종류	내용
1	열병합화력발전소	제2, 제3, 제4, 다르항, 에르데네트, 도르노드, 달랑자드가드
2	화력발전소	오하호닥
3	디젤 발전소	올리아스타이, 토송쳉겔, 예승볼락
4	수력발전소	두르궁, 타이시르, 복딩골링, 토송쳉겔, 골링, 홍구잉, 갈로타잉
5	풍력발전소	살히트, 망다흐, 하탕볼락, 복드, 세우레, 촉트체치
6	태양광발전소	두르월징, 오르가말, 알타이, 바양토로이, 체첵, 다르항
7	태양광·풍력 혼합 발전소	신진스트, 바양웅두르, 바양차강, 마타드, 만라이, 첼

출처: Эрчим хүчний яам, 「Эрчим хүчний салбарын 2016 оны 12 сарын үйлдвэрлэлтийн мэдээ」, http://energy.gov.mn/c/665(검색일: 2017.9.19); Ц.Цэрэн, 「Сэргээгдэх эрчим хүч Монгол орон」, Энержи Монголиа-2017 олон улсын хурлын илтгэл, УБ хот, 2017.5.17, 14쪽을 기초로 필자 작성.

그리고 2016년 기준으로 몽골의 난방에너지 소비량은 7,296천Gkal 이며 난방에너지를 몽골의 열병합화력발전소들과 아므갈랑, 바그노르, 날라이흐와 샤링골 난방공급센터들에서 생산하여 공급한다.

에너지 산업 분야에 몽골은 석탄, 천연가스, 석유, 셰일가스, 우라늄, 재생에너지 등 에너지자원을 가지고 있다. 하지만 현재 석탄, 석유, 수력, 태양광과 풍력 자원만 활용하고 있다(〈표 23〉 참조). 그리고 2016년 기준으로 몽골 에너지 산업에 16.2천여 명이 종사하고 있다.

〈표 23〉 몽골의 에너지자원

	석탄	석탄층 메탄가스	석유	셰일가스	우라늄	재생에너지		
						수력	태양광	풍력
예비조사로 확정된 자원	1,720 억 톤	5-10조 세제곱 미터	332백 만 톤	7,880 억 톤	7.5만 톤	6,200M W	4.5-6.0k Wh/m2	1,100GW
자원 활용	2 4 백 만 톤	-	1 백만 톤	-	-	62.2백 만 kWh/h	0.96백만 kWh/h	152.6백만 kWh/h

출처: Б.Ерөн-Өлзий, 「Эрчим хүчний салбар, тогтвортой хөгжлийн бодлого」 илтгэ л, Ногоон хөгжил, тогтвортой хөгжлийн зорилт хурал, УБ хот, 2016.5.23, 27쪽.

몽골 에너지 산업의 주요 정책은 「에너지 산업 국가정책(2015-2030년)」에 담겨 있다. 또한 2016년에 통과된 「몽골 지속가능개발개념-2030」에 이 분야가 2030년까지 도달할 목표들을 수립하여 앞으로 동 분야에서 추구할 정책을 이들 목표 차원에서 정의하고 추구하기로 하였다. 몽골 에너지 산업 분야의 2030년까지의 목표들을 살펴보면 〈표 24〉와 같다.

〈표 24〉「몽골 지속가능개발개념-2030」과 에너지 분야 목표들

	목표	단계
1	에너지 수요를 국내 발전으로 완전히 충족시키고 전력에너지 수출.	1단계(2016-2020): 에너지 수요의 85%를 국내 발전으로 충족. 2단계(2021-2025): 에너지 수요의 90%를 국내 발전으로 충족. 3단계(2026-2030): 에너지 수요를 국내 발전으로 완전히 충족시키고 전력에너지 수출국으로 전환.
2	재생 에너지의 총에너지 점유	1단계(2016-2020): 재생 에너지의 총에너지 점유율을 20% 까지 달성; 핵 에너지를 활용할 준비 작업을 확보.

율을 증가시키	2단계(2021-2025): 재생 에너지의 총에너지 점유율을 25%
고, 새로운 에너	까지 달성; 핵 에너지를 활용할 준비 작업을 완전히 확보.
지 발원을 활용	3단계(2026-2030): 재생 에너지의 총에너지 점유율을 30%
할 준비 확보.	까지 달성; 핵 에너지 활용 개시.

출처: Улсын Их Хурлын 2016 оны 19 дүгээр тогтоолын хавсралт, 「Монгол улсын тогтвортой хөгжлийн үзэл баримтлал-2030」, 2.1.5 Дэд бүтцийн салбар, Зорилт 1, 2를 기초로 필자 작성.

6) 운송업

몽골 운송업 분야는 도로, 철도, 항공과 수로 운송 분야로 구성된다. 도로 운송분야에 있어서 2016년 기준으로 몽골은 총 6,234km 포장도로가 있다. 몽골의 총 21개 아이막 중 15개의 아이막이 울란바타르시와 포장도로로 연결되어 있다(〈그림 3〉 참조).

〈그림 3〉 몽골의 포장도로

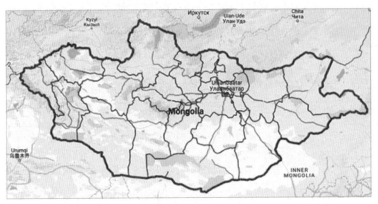

출처: YХГ, 「Дэд бүтэц: Зам」, http://industry.mi.gov.mn/geoportal/(검색일: 2017. 9.14).

2016년 기준으로 몽골에는 총 772.6천 대의 자동차가 있으며 이 중 553.3천 대는 승용차, 176.3천 대는 화물차, 6.8천 대는 버스, 15.3천 대는 특수 차, 7.7천 대는 수조 탱크차이고 13.2천 대는 견인차이다.[12] 현재 몽골 도로운송 분야에 몽골 테외르 네그델, 항복드 등 총 55개의 회사가 활동하고 있다.

철도분야에 있어서 몽골에는 총 연장 1,913km에 달하는 철도가 있다(〈그림 4〉 참조). 또한 몽골에서는 2013년부터 오하호닥-가슝소하이트 노선의 267km 철도가 건설되고 있다.[13] 그리고 현재 몽골 철도분야에 울란바타르철도사와 몽골철도사가 활동하고 있다.

〈그림 4〉 몽골의 철도

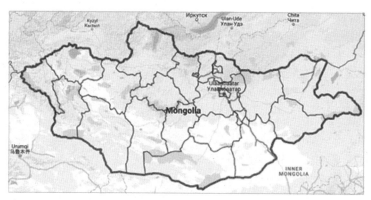

자료: YXГ, 「Дэд бүтэц: Төмөр зам」, http://industry.mi.gov.mn/geoportal/(검색일: 2017.9.14).

---

12 Автотээврийн үндэсний төв, 「Улсын бүртгэлтэй тээврийн хэрэгслийн статистикийн тоо(аймаг, нийслэлээр)」, 2017.2, http://transdep.mn/cat.php?catid=98(검색일: 2017.8.29).

13 본 철도 건설은 현재 중지된 상태이다.

항공운송 분야에 있어서는 울란바타르시 칭기스 칸 국제공항 및 23개의 국내 공항이 운영된다. 이들 공항 중에서 20개는 정기적으로, 4개는 계절별로 운영된다.[14] 그리고 2013년부터 몽골 투브 아이막 세르겔렝군에 있는 후시깅훈디라는 곳에서 울란바타르시 신공항이 건설되고 있으며, 본 공항은 2018년 5월에 개항하는 것으로 계획되어 있다. 몽골의 항공운송 분야에는 현재 미아트, 이지니스 에어웨이즈, 에어로 몽골리아, 훈누 에어 등 항공사들이 활동하고 있다.

수로운송 분야의 경우 몽골의 훕스굴 아이막 훕스굴 호숫가에서 주로 활동이 운행된다. 2016년 기준으로 몽골에 87척의 등록된 수로수단이 있으며 이들 중 78척은 훕스굴 아이막에 등록되어 있다.

몽골 운송업 분야 활동을 최근 기준으로 살펴보면, 2016년에 총 26.4천만 명의 승객과 4천만 톤의 화물을 운송하였다. 이 중에서 도로분야가 26천만 명의 승객과 2천만 톤의 화물, 철도분야가 2.6백만 명의 승객과 1.9천만 톤의 화물, 항공분야가 0.7백만 명의 승객과 3.1천 톤의 화물, 수로분야가 0.04백만 명의 승객을 운송하였다(〈표 25〉와 〈표 26〉 참조).

---

14 Иргэний нисэхийн ерөнхий газар, 「Статистикийн эмхэтгэл」, 2016, 34쪽, http://www.mcaa.gov.mn/wp-content/uploads/2017/05/EMHETGEL-2016-P DF.pdf(검색일: 2017.9.12).

〈표 25〉 몽골 운송업 분야 승객 수

	운송 종류	단위	2014	2015	2016
1	철도	백만 명	3.3	2.8	2.6
2	도로	백만 명	340.1	256.5	260.7
3	항공	백만 명	0.7	0.6	0.7
4	수로	백만 명	0.04	0.05	0.04
5	합계	백만 명	344.14	259.95	264.04

출처: YCX, 「Зорчигчдын тоо(тээврийн төрлөөр, жилээр)」, http://www.1212.
mn/tables.aspx?TBL_ID=DT_NSO_1200_007V1(검색일: 2017.9.14).

〈표 26〉 몽골 운송업 분야가 운송한 화물

	운송 종류	단위	2014	2015	2016
1	철도	천 톤	21,118.6	19,150.8	19,989.1
2	도로	천 톤	23,514.2	16,682.2	20,406.2
3	항공	천 톤	3.4	2.8	3.1
4	운수	천 톤	0.00	0.00	0.00
5	합계	천 톤	44,636.2	35,835.8	40,398.4

출처: YCX, 「Тээсэн ачаа(тээврийн төрлөөр, жилээр)」, http://www.1212.mn/tab
les.aspx?TBL_ID=DT_NSO_1200_003V1(검색일: 2017.9.14).

또한 운송업 분야에 있어서 몽골은 2016년 6월에 몽-러-중 경제회랑
건설 프로그램에 서명했으며 이 프로그램에 운송 인프라 관련 총
13개의 사업이 반영되었다.[15] 그리고 해운 운송의 경우 몽골은 러시아

---

15 Гадаад харилцааны яам, 「Монгол-Орос-Хятадын эдийн засгийн корридор
байгуулах хөтөлбөрийн төслийн жагсаалт」, http://www.mfa.gov.mn/?p=3
5087(검색일: 2017.9.6).

연해주의 블라디보스톡, 보스토츠니, 바니노 등 3개의 항구, 중국의 단동, 다롄, 진저우, 잉커우, 칭황다오, 황화, 천진 등 7개의 항구를 사용할 권리를 가지고 있다(〈그림 5〉 참조).

〈그림 5〉 몽골이 사용권이 있는 러시아와 중국의 항구들

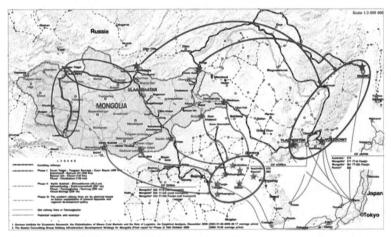

자료:「Айлчлал зам тээврийн салбарт юу үлдээв」,『NNews.mn』, 2014.9.17., https://www.news.mn/r/189502(검색: 2017.9.22).

  운송업 분야를 발전시킬 목적으로 몽골은 현재「국가철도정책」과 「2020년까지의 국가항공정책」을 시행하고 있다. 그리고 2016년에 통과된「몽골 지속가능개발개념-2030」에 몽골 운송업 분야 관련 2030 년까지의 목표들을 수립했으며 차후 운송업 분야에서 시행할 정책과 조치들을 이 정책 문서에 반영된 목표들과 연관지어 개발하고 시행하기로 정한 상태이다. 몽골 운송업 분야 향후 목표들에 관해 살펴보면 〈표 27〉과 같다.

〈표 27〉「몽골 지속가능개발개념-2030」과 운송업 분야 목표들

	목표	단계
1	경제성장을 확보하는 도로, 운송과 로지스틱 망 개발.	1단계(2016-2020): 자밍우드, 후시깅 훈디와 알탕볼락에 운송·로지스틱 센터를 설립하고, 국제 및 국내 도로망에서 차지하는 포장도로 길이를 1,600km 연장하고, 오하호닥-가숑소하이트 노선의 철도를 건설하여 사용; 에르데네트-오보트와 복드항 철도를 건설하는 작업을 개시하고 통관운송을 개발. 2단계(2021-2025): 농축산업, 제조업과 광업 분야에 연계된 운송·로지스틱 센터들을 건설하고 운영을 개시; 새로운 운송 종류들을 개발; 국도 내에서 차지하는 포장도로의 길이를 800km 연장하고, 에르데네트-오보트와 복드항 철도 건설을 완료; 지역철도 건설 작업을 개시. 3단계(2026-2030): 운송 로지스틱 신규 센터들을 개발시키고, 국제 및 국내 도로 내에서 차지하는 포장도로의 길이를 470km 연장; 지역철도 건설을 완료.
2	소비자 수요에 부합한 경제성이 있고 안전적이며 편리한 교통 서비스 확대·개발.	1단계(2016-2020): 국내외 무역 운송비 절감과 운송기간 단축; 아이막 및 대형 솜들의 공항 개발; 일반적인 용도의 항공운송 개발; 후시깅훈디 국제공항 건설 완공. 2단계(2021-2025): 국내외 무역 운송비 절감과 운송기간 단축; 국가 차원의 비상용 공항을 건설; 항공운송 분야 자유경쟁을 지지하며 후식잉훈디 공항이 지역 중심지가 되도록 개발; 현대 기술을 기반으로 한 대중교통 신제도를 울란바타르에서 구축. 3단계(2026-2030): 국내외 무역 운송비 절감과 운송기간 단축; 국내 항공망을 개발시키고 지역에서 항공운송 분야 통관 중심지들을 개발.

출처: Улсын Их Хурлын 2016 оны 19 дүгээр тогтоолын хавсралт, 「Монгол улсын тогтвортой хөгжлийн үзэл баримтлал-2030」, 2.1.5 Дэд бүтцийн салбар, Зорилт 3, 4를 기초로 필자 작성.

7) 건설업

인구의 도시 집중, 도로 운송분야 개발 등과 관련하여 몽골 건설업 분야 활동이 최근 몇 년간 활발하게 이루어져 왔다. 몽골 건설업

분야 활동은 주거용 건설, 비주거용 건설, 토목공사와 보수유지 부문으로 살펴볼 수 있으며, 2016년 기준으로 건설업 분야 활동의 44.8%는 주거용 건설, 31.8%는 비주거용 건설, 21.8%는 토목공사, 1.6%는 보수유지 부문에서 이루어졌다(〈표 28〉 참조).

〈표 28〉 몽골 건설업 분야 현황(건설 종류별)

		단위	2014	2015	2016
1	주거용	%	42.7	43.3	44.8
	비주거용	%	25.4	28.2	31.8
	공장	%	7.8	7.4	1.8
2	무역·서비스시설	%	31.5	33.3	40.0
	병원·학교·문화 시설	%	39.3	36.5	30.2
	기타	%	21.4	22.8	28.0
3	토목공사	%	28.5	26.2	21.8
4	보수유지	%	3.4	2.3	1.6
5	합계	%	100	100	100

출처: YCX, 「Барилга угсралт, их засварын ажлын бүтэц(барилгын төрлөөр)」, http://www.1212.mn/tables.aspx?TBL_ID=DT_NSO_0902_004V1(검색일: 2017.9.14).

또한 몽골 건설업 분야를 완공 후 사용을 시작한 건설물 측면에서 살펴보면 2016년에 약 1.8만 주택에 입주할 수 있게 되었으며, 약 1.3천 개의 침대가 있는 병원 건물, 2.6만 개의 좌석이 있는 학교와 문화 시설 건물, 405km 포장도로, 412m 다리와 육교를 이용하기 시작하였다(〈표 29〉 참조).

〈표 29〉 몽골 건설업 분야 현황(사용을 시작한 건설물별)

	건설물 종류	단위	2014	2015	2016
1	주거용 건물	주택 대수	23,833	23,729	18,227
2	병원	침대 개수	530	1,011	1,358
3	학교·문화 시설 건물	좌석 개수	25,696	24,035	26,030
4	포장도로	킬로미터	867	717	405
5	다리·육교	미터	3,678	882	412

출처: YCX, 「Ашиглалтад оруулсан үндсэн хөрөнгө(барилгын төрөл, хүчин чадлаа р)」, http://www.1212.mn/tables.aspx?TBL_ID=DT_NSO_0902_005V1(검색일: 2017.9.14).

건설업 분야를 사업자 형태로 살펴보면, 2016년 기준으로 몽골에서 진행된 건설업 사업 중 98.9%를 사기업, 1.1%를 국영기업이 추진하였다(〈표 30〉 참조). 그리고 2016년 기준 몽골 건설업 분야에는 약 71.4천 명이 종사하고 있다.

〈표 30〉 몽골 건설업 분야 현황(사업자 형태별)

		단위	2014	2015	2016
1	개인 기업	%	97.8	98.5	98.9
2	국영 기업	%	2.2	1.5	1.1
3	합계	%	100	100	100

출처: YCX, 「Барилга угсралт, их засварын ажлын бүтэц(барилгын төрлөөр)」, http://www.1212.mn/tables.aspx?TBL_ID=DT_NSO_0902_004V1(검색일: 2017.9.14).

몽골 건설업 분야에서는 최근 몇 년 간 「100만 세대의 주택 프로그램」, 「각 아이막별 1,000세대의 주택 프로그램」, 「건설업 분야 지원 및 주택가격안정화 부프로그램」, 「거리 사업」 등 사업과 프로그램들이 시행되었으며, 현재 「임대주택 프로그램(2015-2021년)」이 시행되고 있다. 또한 최근에 몽골은 건설업과 건축자재 분야 정책을 개정하는 것, 건축자재 제조를 국내 잠재성에 의거하여 개발하고 나아가 건축자재를 외국에 수출할 수 있도록 여건을 마련하는 것에 많은 노력을 기울이고 있다.[16]

8) 정보통신 산업

정보통신 산업 분야는 몽골에서 빠른 속도로 발전하고 있는 분야라고 할 수 있다. 몽골 정보통신 분야는 전기통신, 인터넷 서비스, 다채널 서비스와 우편서비스 분야로 구성된다. 전기통신 분야에 2016년 기준으로 약 28.7만 명의 유선전화 사용자와 3.4백만 명의 무선 전화 사용자가 있다. 몽골링 차힐강 홀보, 유니위신 등 총 6개의 회사가 유선전화 분야, 모비콤 공사, 스카이텔 등 4개의 회사가 무선전화 분야에서 활동하고 있다. 인터넷 서비스 분야는 2016년 기준으로 약 2.6백만 사용자가 있다. 모비네트, 잼네트 등 인터넷 서비스 제공권이 있는 62개의 회사가 본 분야에서 활동을 하고 있다.[17] 다채널 서비스 분야에 있어서 2016년 기준으로 약 79.6만 명의 텔레비전 다채널 사용자가 있으며 이 분야에 몽골링 차힐강 홀보, 상사르 등 텔레비전 다채널 서비스 제공권이 있는 총 92개의 회사가 있다[18](〈표 31〉 참조).

---

16 「Ерөнхий сайд Барилга, хот байгуулалт ба зам, тээврийн салбарын бүтээн байгуулалтын ажлын явцын талаар мэдээлэл хийлээ」, 2017.5.5., http://www.parliament.mn/n/ecoy(검색일: 2017.8.30).

17 Харилцаа холбооны зохицуулах хороо, 「Тусгай зөвшөөрөл эзэмшигчид: Интернэтийн үйлчилгээ」, http://crc.gov.mn/k/P/2W(검색일: 2017.9.9).

〈표 31〉 몽골 정보통신 산업 현황

	분야	사용자 종류	단위	2014	2015	2016
1	전기통신	유선 전화 사용자	천 명	2,283.2	2,556.3	2,578.1
		무선 전화 사용자	천 명	3,027.2	3,068.2	3,409.4
2	인터넷 서비스	인터넷 사용자	천 명	1,962.1	2,430.1	2,656.3
3	다채널 서비스	텔레비전 다채널 사용자	천 명	669.9	725.8	796.6
4	우편서비스1)	문서, 편지	백만 개	1.52	1.83	1.5

출처: Харилцаа холбооны зохицуулах хороо, 「Монгол улсын харилцаа холбооны салбарын үндсэн үзүүлэлтүүд-2016」, 4-5, 10, 19, 23쪽, http://crc.gov.mn/k/ 35/23(검색일: 2017.9.12); 1) YCX, 「Шуудангийн үйлчилгээний үзүүлэлтүүд(нэр, төрлөөр)」, http://www.1212.mn/Stat.aspx?LIST_ID=976_L13&type=tables(검색일: 2017.9.12)를 기초로 필자 작성.

그리고 몽골 우편서비스 분야는 2016년 기준으로 약 1.5백만 개의 문서와 편지 발송·수령 서비스를 제공했으며 본 분야에 몽골 쇼당, 울란바타르 쇼당 등 총 58개의 회사가 운영되고 있다.[19] 또한 2016년 기준으로 몽골 정보통신 산업에 약 18.1천 명이 종사하고 있다.

정보통신 산업을 발전시킬 목적으로 몽골은 최근에 「라디오와 텔레비전 공공 방송의 디지털 전환 프로그램(2011-2015년)」, 「국가 위성 프로그램(2012-2016년)」, 「정보 안전성 확보 프로그램(2010-2015

---

18 이 중 16개의 회사는 울란바타르시에 있고 76개의 회사는 지방에 있다. Харилцаа холбооны зохицуулах хороо, 「Тусгай зөвшөөрөл эзэмшигчид: Олон сувги йн кабелийн телевизийн хүлээн авагч, телевизийн систем」, http://crc. gov.mn/k/1Q/1u(검색일: 2017.9.12).

19 Харилцаа холбооны зохицуулах хороо, 「Тусгай зөвшөөрөл эзэмшигчид: Шуудангийн тусгай зөвшөөрөл эзэмшигчид」, http://crc.gov.mn/k/2P/32 (검색일: 2017.8.30).

년)」, 「고속 광대역 망 국가 프로그램(2011-2015년)」, 「디지털 정부 프로그램(2012-2016년)」 등 프로그램들을 시행하였다. 현재 「각 가구 우편 프로그램(2010-2020년)」을 시행하고 있다. 그리고 2016년에 「몽골 지속가능개발개념-2030」을 통과시켜 정보통신 분야에 2030년까지 도달할 목표들을 수립하였다(〈표 32〉 참조). 이 문서와 기타 관련 정책 문서들과 관련하여 몽골 정부는 2017년에 「정보통신업 개발 국가정책(2017-2025년)」을 통과시켜 시행하고 있다.

〈표 32〉 「몽골 지속가능개발개념-2030」과 정보통신 분야 목표

목표	단계
정보기술과 통신의 대상 범위를 넓히고, 지방에 고속망을 도입하여 사용량을 증가시키고, 국가 차원의 인공위성 발사.	1단계(2016-2020): 전체 인구의 70%를 고속 인터넷망에 연결하고, 지역과 관계없이 동일 가격과 요금 준수; 아시아와 유럽을 연결한 정보 전달 고속 망으로 통하는 정보 흐름을 10배 증가. 2단계(2021-2025): 전체 인구의 90%를 고속 인터넷망에 연결하고, 지방 인구의 70%를 와이드 망 인터넷 서비스를 이용할 수 있게 하고, 국민에게 제공하는 정부 서비스의 50% 이상을 전자 형태로 전환. 3단계(2026-2030): 전체 인구의 95%를 고속 인터넷망에 연결하고, 국민에게 제공하는 정부 서비스의 85% 이상을 전자 형태로 전환하고, 국가 차원의 인공위성을 발사하여 사용.

출처: Улсын Их Хурлын 2016 оны 19 дүгээр тогтоолын хавсралт, 「Монгол улсын тогтвортой хөгжлийн үзэл баримтлал-2030」, 2.1.5 Дэд бүтцийн салбар, Зорилт 7을 기초로 필자 작성.

3. 대외경제

1) 대외무역

몽골의 대외무역 현황을 살펴보면, 2016년 기준으로 총 교역액은 약 82.7억 달러로서 수출이 약 49.1억 달러, 수입이 33.6억 달러이다.

또한 동년 기준으로 몽골 대외무역수지는 약 15.5억 달러 흑자를
기록하였다(〈표 33〉 참조).

〈표 33〉 몽골의 대외무역

		단위	2014	2015	2016
1	총 교역액	백만 달러	11,011	8,466	8,274
2	수출	백만 달러	5,774	4,669	4,916
3	수입	백만 달러	5,237	3,797	3,358
4	무역수지	백만 달러	537	872	1,558

출처: YCX, 「Гадаад худалдааны жилийн нийт эргэлт, экспорт, импорт(жилээр)」,
http://www.1212.mn/Stat.aspx?LIST_ID=976_L14&type=tables(검색일: 2017.9.17).

  몽골의 수출을 주요 품목별로 살펴보면, 2016년 기준으로 구리,
석탄, 원유, 철광석, 아연, 형석, 몰리브덴, 캐시미어 등 광물과 축산업
원자재를 중점적으로 수출하였다. 2016년 기준으로 이러한 제품의
수출은 몽골 전체 수출의 88%를 차지한다(〈표 34〉 참조).

〈표 34〉 주요 수출 품목   (단위: 백만 달러, %)

		2014			2015			2016		
		수출량	수출액	비중	수출량	수출액	비중	수출량	수출액	비중
1	동 정 광 (천 톤)	1,379	2,574	44.6	1,477	2,280	48.8	1,562	1,607	32.6
2	석탄(천 톤)	19,499	849	14.7	14,472	555	11.8	25,810	973	19.7
3	미 가 공 · 반가공 금 (톤)	10	405	7.0	11.3	420	8.9	19.2	758	15.4
4	원 유 (천	6,885	634	10.9	8,135	387	8.2	8,015	337	6.8

	배럴)									
5	철광석 · 정광(천 톤)	6,324	446	7.7	5,065	227	4.8	6,084	249	5.1
6	캐시미어 (톤)	4,035	223	3.8	4,988	197	4.2	5,413	192	3.9
7	아연 광석 ·정광(천 톤)	99.4	113	1.9	84.1	101	2.1	126	145	2.9
8	형석 광석 ·정광(천 톤)	313.9	71	1.2	280.1	65	1.4	248.8	58	1.1
9	몰리브덴 광석·정 광(천 톤)	4	35	0.6	5.0	29	0.6	5.8	26	0.5
10	기타	-	224	7.6	-	408	9.2	-	571	12
11	합계		5,774	100		4,669	100		4,916	100

출처: YCX, 「Экспортын гол нэрийн бараа(жилээр)」, http://www.1212.mn/tables.
aspx?TBL_ID=DT_NSO_1400_006V2(검색일: 2017.9.17)을 기초로 필자 작성.

이러한 제품 외에 몽골은 2016년 기준으로 텅스텐 광석·정광, 손질
한 캐시미어, 손질하지 않은 양털, 말 가죽, 소 가죽, 양과 염소 가공
가죽, 말 갈기와 꼬리털, 녹각, 말 고기, 냉동 소고기, 양과 염소의
부속물 등의 제품들을 수출하였다.

수입의 경우 몽골은 2016년 기준 디젤연료, 자동차 연료, 자동차,
전력에너지, 전화·통신 기기, 의약품, 담배, 흙─돌 분리·혼합 장비
등의 제품을 중점적으로 수입하였다(〈표 35〉 참조).

〈표 35〉 주요 수입 품목(단위: 백만 달러, %)

	2014			2015			2016		
	수입량	금액	비중	수입량	금액	비중	수입량	금액	비중
1 디젤연료(천 톤)	685.9	656	12.5	655	376	9.9	548.1	254	7.6
2 소형차(대)	41,246	289	5.5	37,086	209	5.5	37,738	219	6.5
3 자동차 연료(천 톤)	416	425	8.1	433.5	273	7.2	385.3	192	5.7
4 전력에너지	1,349	130	2.5	1,384	129	3.4	1,420.2	125	3.7
5 전화·통신 기기(천 개)	733.3	82	1.6	490.8	80	2.1	429.7	104	3.1
6 의약품(톤)	n/a	67	1.3	n/a	61	1.6	n/a	72	2.1
7 담배(백만 개)	2,042	51	0.9	2,026	52	1.4	2,247	49	1.4
8 화물차(대)	12,505	107	2.0	7,675	49	1.3	6,835	46	1.3
9 흙·돌 분리·혼합 장비(천 대)	54.1	114	2.1	35.2	64	1.7	35.7	37	1.1
10 기타	-	3,316	63.5	-	2,504	65.9	-	2,260	67.5
11 합계		5,237	100		3,797	100		3,358	100

출처: YCX, 「Импортын гол нэрийн бараа(жилээр)」, http://www.1212.mn/tables.aspx?TBL_ID=DT_NSO_1400_010V2(검색일: 2017.9.17).

이들 제품 외에 2016년에 몽골은 대중교통 수단, 교통수단 부품, 정보처리기계, 가전제품, 냉장·냉동 장비, 섬유, 질소비료, 비누, 세제, 설탕, 쌀, 밀, 밀가루, 제과, 사과, 배, 식용유, 마가린, 음료수, 주류 등의 제품을 일정 부분 수입하였다.

한편 몽골의 대외무역을 대상국별로 살펴보면, 2016년에 총 157개국과 무역을 했으며 74개국에 원자재와 제품을 수출하고, 152개국에서 원자재와 제품을 수입하였다.[20] 2016년 기준으로 몽골의 주요 수출국

은 중국, 영국, 스위스이다. 이들 국가에 대한 수출이 몽골 총 수출의
95.3%를 차지한다(〈표 36〉 참조).

〈표 36〉 주요 수출국(2016년 기준)

	국가	수출액 (백만 달러)	비중 (%)		국가	금액 (백만 달러)	비중 (%)
1	중국	3,901	79.3	7	싱가포르	17	0.4
2	영국	557	11.3	8	일본	14	0.3
3	스위스	230	4.7	9	미국	10	0.2
4	러시아	55	1.1	10	한국	8	0.1
5	독일	43	0.8	11	기타	48	1.2
6	이태리	33	0.6	12	합계	4,916	100

출처: YCX, 「Экспорт(орноор, жилийн эцсийн байдлаар)」, http://www.1212.mn/
tables.aspx?TBL_ID=DT_NSO_1400_006V3(검색일: 2017.9.17)을 기초로 필자 작성.

또한 몽골의 주요 수입국가는 중국, 러시아, 일본, 한국, 미국과
독일이다. 2016년 기준으로 이들 국가로부터 몽골이 수입한 양은
몽골 총 수입의 81.2%를 차지한다(〈표 37〉 참조).

20 Гаалийн ерөнхий газар, 「Гадаад худалдааны барааны статистик мэдээ
2016」, 2017.3, http://customs.gov.mn/statistics/index.php?module=users&c
md=info_st&pid=0&id=185(검색일: 2017.9.17).

〈표 37〉 주요 수입국(2016년 기준)

	국가	수입액 (백만 달러)	비중 (%)		국가	수입액 (백만 달러)	비중 (%)
1	중국	1,060	31.6	7	말레이시아	41	1.2
2	러시아	880	26.2	8	폴란드	41	1.2
3	일본	330	9.8	9	베트남	40	1.1
4	한국	198	5.9	10	이태리	32	0.9
5	미국	139	4.1	11	기타	477	14.4
6	독일	120	3.6	12	합계	3,358	100

출처: YCX, 「Импорт(орноор, жилийн эцсийн байдлаар)」, http://www.1212.mn/
tables.aspx?TBL_ID=DT_NSO_1400_010V3(검색일: 2017.9.17)을 기초로 필자 작성.

대외무역을 촉진하기 위한 목적으로 몽골은 최근에 일본과 EPA체결
(2016.6)[21], 세계은행과 공동으로 「광업이 아닌 부문의 수출촉진사업」
시행(2017.3~)[22], 중국 및 러시아와 경제회랑 건설에 협력, 수출 원-원
도우 정책 추구[23] 등 조치들을 취하고 있다.

---

21 몽골은 또한 2016년 10월 이후 한국과 EPA 체결 가능성에 관한 연구 수행,
유라시아 경제 연합 회원국들과 FTA 체결 관련 제안 제시 등 조치들을 취하고
있다.

22 「Дэлхийн Банкны шинэ төсөл Монголын экспортыг төрөлжүүлэхэд дэмжл
эг үзүүлнэ」, 2017.3.24., http://www.worldbank.org/mn/news/press-re-
lease/2017/03/24/world-bank-project-aims-to-help-mongolia-diversify-ex-
ports(검색일: 2017.9.29).

23 Улсын Их Хурлын 2016 оны 45 дугаар тогтоолын хавсралт, 「Монгол
улсын Засгийн газрын 2016-2020 оны үйл ажиллагааны хөтөлбөр」, 2.14.

2) 외국인직접투자

몽골에 대한 외국인직접투자 관련 최근 상황을 살펴보면 몽골에서
2014년에는 약 3.3억 달러, 2015년에 약 9.4천만 달러의 외국인직접투
자가 이루어졌다. 그러나 2016년에 와서 몽골에 대한 외국인직접투자
가 -41.5억 달러를 기록하였다. 이는 외국인투자자들이 몽골에서
투자를 회수한 것, 투자자금 대출을 상환한 것과 관련된다[24](〈표 38〉
참조).

〈표 38〉 몽골에 대한 외국인직접투자

	단위	2014	2015	2016
외국인직접투자	백만 달러	338	94	-4,156

출처: Монгол банк, 「Монгол улсын гадаад секторын тойм: 2015 жилийн гүйцэтгэл」,
3쪽; Монгол банк, 「Монгол улсын гадаад секторын тойм: 2016 жилийн гүйцэтгэл」,
2쪽, https://www.mongolbank.mn/liststatistic.aspx?id=4_4(검색일: 2017.9.18).

〈표 38〉에서 보는 바와 같이 몽골내 외국인직접투자가 최근에 대폭
감소하고 있으며, 이는 몽골의 법률과 정책의 불안정성, 몽골 정부와
외국인투자기업 간 분쟁 등 요인들과 관련지어 설명된다.

몽골에 대한 외국인직접투자를 투자국별로 살펴보면, 2016년에
영국이 약 1.1억 달러, 홍콩이 9.4천만 달러, 일본이 6.7천만 달러의

---

24 Монгол банк, 「Монгол улсын гадаад секторын тойм」, 2014 он, 2015 он,
2016 оны 1-4 улирлын гүйцэтгэл, https://www.mongolbank.mn/liststatistic.
aspx?id=4_4 https://www.mongolbank.mn/liststatistic.aspx?id=4_4(검색일:
2017.9.14).

직접투자를 했으며, 반면에 캐나다, 러시아, 네덜란드, 룩셈부르크, 싱가포르 등 국가 투자자들이 투자를 회수하고, 투자자금 대출을 상환한 것과 관련하여 이들 국가의 직접투자는 마이너스 성과를 기록하였다(〈표 39〉 참조).

〈표 39〉 몽골에 대한 외국인직접투자(투자국별)

	국가	단위	연도	
			2015	2016
1	호주	백만 달러	-117.4	17.2
2	미국	백만 달러	25.3	39.7
3	영국	백만 달러	-36.0	117.6
4	벨기에	백만 달러	1.4	-1.3
5	중국	백만 달러	-15.0	18.4
6	독일	백만 달러	-1.7	31.6
7	네덜란드	백만 달러	-22.0	-226.0
8	홍콩	백만 달러	246.1	94.5
9	캐나다	백만 달러	-12.5	-3,762.5
10	룩셈부르크	백만 달러	4.1	-139.7
11	말레이시아	백만 달러	0.3	-2.9
12	러시아	백만 달러	-1.4	-400.2
13	싱가포르	백만 달러	-5.6	-60.8
14	한국	백만 달러	7.8	6.9
16	일본	백만 달러	24.3	67.7
17	기타	백만 달러	-3.7	43.8
18	합계	백만 달러	94.0	-4,156.0

출처: Монгол банк, 「Монгол улсын гадаад секторын тойм: 2016 жилийн гүйцэтгэл」, 2쪽, https://www.mongolbank.mn/liststatistic.aspx?id=4_4(검색일: 2017.9.18)을 기초로 필자 작성.

몽골에 대한 외국인직접투자를 투자대상 분야별로 살펴보면 2016년 기준으로 호텔·숙박·요식업, 금융·보험업과 건설업에 직접투자가 가장 많이 이루어졌다. 반면에 외국인투자자들이 광업, 가공업, 전문·과학·기술 활동 등에 대한 투자를 회수하고, 투자자금 대출을 상환한 것과 관련하여 2016년에 이러한 분야에 대한 외국인직접투자는 감소하였다(〈표 40〉 참조).

〈표 40〉 몽골에 대한 외국인직접투자(투자대상 분야별)

	국가	단위	연도	
			2015	2016
1	건설업	백만 달러	43.4	82.5
2	교육	백만 달러	1.8	0.8
3	가공업	백만 달러	18.1	-393.0
4	도·소매업, 자동차·모토사이클 수리	백만 달러	117.6	62.9
5	호텔·숙박·요식업	백만 달러	128.9	99.2
6	정보통신	백만 달러	12.8	6.8
7	전문·과학·기술 활동	백만 달러	28.4	-10.8
8	금융·보험업	백만 달러	45.5	89.0
9	수송·창고업	백만 달러	9.3	3.6
10	경영 및 지원 활동	백만 달러	25.0	5.3
11	광업	백만 달러	-369.2	-4,164.5
12	기타 서비스 활동	백만 달러	-20.3	4.9
13	부동산	백만 달러	35.9	45.0
14	농축산업·어업·사냥업	백만 달러	6.6	4.9
16	전력, 가스, 증기	백만 달러	6.2	12.0
17	기타	백만 달러	4.0	-4.6

18	총계	백만 달러	94.0	-4,156

출처: Монгол банк, 「Монгол улсын гадаад секторын тойм: 2016 жилийн гүйцэтгэл」,
2쪽, https://www.mongolbank.mn/liststatistic.aspx?id=4_4(검색일: 2017.9.18)을 기초
로 필자 작성.

한편 몽골 정부는 최근에 외국인직접투자를 유치하는 차원에서
투자자권리보호위원회 설립(2016.11)[25], 외국인투자 환경의 중·장기
적인 개선, 외국인투자 법적 환경 안정화 유지, 외국인투자자들의
신뢰 회복 등에 중점을 둔 외국인투자개혁매핑 작성(2017.3~)[26] 등
조치들을 취하고 있다.

III. 한·몽 경제협력 방안

이상에서 살펴본 몽골경제 현황에 기초하여 한국이 몽골과 협력 가능
한 방안들을 제시하면 다음과 같다. 첫째, 한국은 몽골과의 협력을
「몽골 지속가능개발개념-2030」과 연계시키는 것에 대해 고려할 필요
가 있다. 몽골은 2016년 1월에 몽골 개발의 비전이라고 할 수 있는
「몽골 지속가능개발개념-2030」을 통과시켰다. 이 정책 문서에는 2030
년까지의 몽골 지속가능 경제개발 목표들[27]이 농축산업, 관광업, 제조

---

25 УХГ, 「Хөрөнгө оруулагчдын эрх ашгийг хамгаална」, 2016.11.15., http://
nda.gov.mn/1112.html(검색일: 2017.9.27).

26 УХГ, 「Монгол Улсын Хөрөнгө оруулалтын орчинд тулгарч буй асуулдууд,
шийдвэрлэх боломж сэдэвт хэлэлцүүлэг зохион байгууллаа」, 2017.3.30,
http://nda.gov.mn/1168.html(검색일: 2017.9.22).

업, 광물 분야, 인프라 분야와 우호적인 사업환경 부문별로 정의되고
있다.[28] 몽골 정부는 향후 경제 분야에서 시행할 정책들을 동 개발개념
에 수립된 목표들과 연계시켜 개발하고 시행할 것이며, 현재 시행되고
있는 정책들의 내용을 본 개발개념 내용에 부합시키도록 하는 원칙을
준수하고 있다.[29] 따라서 한국은 몽골과의 경제협력을 이 개념과 연계
하는 것에 대해 반드시 고려할 필요가 있다.

또한 「몽골 지속가능개발개념-2030」은 몽골 「개발정책기획법」에
기반을 두어 개발되었으며 이 맥락에서 향후 장기간 안정적으로 시행
될 정책 계승성을 유지하는 정책 문서이다.[30] 「몽골 지속가능개발개념
-2030」은 이와 같이 몽골 정부 정책 계승성을 유지한다는 측면에서
한국이 몽골과 경제협력을 추진하는 데 안정적인 정책 환경을 조성한
다고 할 수 있다.

둘째, 한국은 몽골과 자원 활용 측면에서 협력하는 것에 관해 고려해

---

27 몽골 지속가능개발 목표들이 지속가능 경제개발, 지속가능 사회개발, 지속가능
   자연환경 개발과 지속가능개발 거버넌스 등 4개 부문 차원에서 정의되고 있다.

28 이 중에서 농축산업, 관광업, 제조업, 광물 분야와 인프라 분야 2030년까지의
   목표들에 관해 본 연구 제2부에서 살펴보았다.

29 「Хөгжлийн бодлого төлөвлөлтийн тухай хууль」, 2015.11.26, 2 дугаар
   бүлэг 6 зүйл; Улсын Их Хурлын 19 дүгээр тогтоол, 「Монгол улсын
   тогтвортой хөгжлийн үзэл баримтлал-2030 батлах тухай」, 2016.2.5.

30 「개발정책기획법」은 2015년 11월에 통과되었다. 본 법에 몽골의 장기개발정책을
   15-20년 기간으로 기획할 것이며 장기개발정책 문서는 「지속가능개발개념」일
   것이라고 정하였다. 그리고 본 법에 몽골 개발정책기획은 정부 정책 계승성을
   유지해야 되고, 몽골의 잠재성에 기반을 두어야 한다는 등 7개의 원칙에 기반을
   둘 것을 정하였다.

볼 필요가 있다.

축산업 분야 자원과 협력: 2016년 기준으로 몽골 축산업 분야에는 총 61.5백만 두수의 가축이 있다. 또한 육류, 우유, 가죽, 캐시미어와 울 등 풍부한 자원이 존재하고 있다. 제2장에서 살펴본 바와 같이 1년에 약 37.3만 톤 육류, 우유 87.4만 리터, 캐시미어·울 3.6만 톤과 가죽 14.7백만 개를 생산한다.

몽골은 현재 이러한 축산업 원자재를 가공하는 것과 가공 후 수출하는 측면에 많은 노력을 기울이고 있으며 이와 관련하여 캐시미어·울과 가죽을 가공하여 수출하는 경우에 부가가치세 면제[31], 육류·육류 제품, 우유·유제품, 일부의 울 제품의 수입관세율 인상[32]과 더불어 축산업 원자재 가공 분야에 대한 투자를 촉진하기 위해서 공장을 설립할 경우에 수입관세와 부가가치세 면제[33], 중소기업 기계장비 수입관세 면제[34] 등의 조치들을 취하고 있다.

이 외에도 축산업 원자재 가공과 관련하여 외국, 외국인투자자들과

---

31 Нэмэгдсэн өртгийн албан татварын тухай хууль/Шинэчилсэн найруулга/ (нэмэлт өөрчлөлт), 2015.7.9, 5 дугаар бүлэг 12.1, 12.1.7 зүй л.

32 Засгийн газрын 2015 оны 332 дугаар тогтоол, 「Импортын зарим барааны гаалийн албан татварын хувь, хэмжээ」, 2015.8.17; Улсын Их Хурлын 2016 оны 17 дугаар тогтоол, 「Импортын зарим барааны гаалийн албан татварын хувь, хэмжээ батлах тухай」, 2016.2.4.

33 「Хөрөнгө оруулалтын тухай хууль」, 2013.10.3, 4 дүгээр бүлэг 11 зүйл.

34 Монгол улсын Засгийн газрын 2017 оны 168 дугаар тогтоолын хавсралт, 「Гаалийн албан татвараас чөлөөлөх жижиг дунд үйлдвэрлэлийн зориулалт бүхий тоног төхөөрөмж, сэлбэг хэрэгслийн жагсаалт」.

협력하여 에멜트 경공업 생산기술단지, 몽골 에뎀체르 클러스터와 농축산업 생산기술단지 건설 사업들을 시행하려고 준비하고 있다(〈표 41〉 참조).

〈표 41〉 축산업 원자재 가공 분야에서 시행될 대규모 사업들

	사업	내용	시행기간
1	에멜트 경공업 생산기술단지	총 투자액: 322.1백만 달러 축산업 원자재 가공	2017-2030
2	몽골 에뎀체르 클러스터	총 투자액: 47.7백만 달러 우유 가공, 유제품 생산	2017-2030
3	농축산업 생산기술단지	총 투자액: 11.7백만 달러 축산업 원자재 가공	2017-

출처: Б.Баярсайхан, 「Монгол улсын хөрөнгө оруулалтын орчин, томоохон төслүүд ийн танилцуулга」, Монгол-Хятадын Экспо 2017 арга хэмжээний илттэл, 2017.9.26, Хөх хот, 23-25쪽.

또한 최근에 몽골은 광물을 '유한한 자원', 축산업 원자재를 '무한한 자원'이라고 정의하여 무한한 자원을 가공하여 효과적으로 활용하는 측면에 많은 주의를 기울이고 있다.[35] 몽골은 축산업 국가라고 할 수 있으며 이러한 점에서 몽골은 앞으로 축산업 원자재 가공에 중요성

---

35 몽골 현 정부는 2017년 1월부터 「육류와 우유 최초의 캠페인」을 전국적으로 펼치고 있다. 그리고 6백만 달러 예산의 「캐시미어 프로그램」을 개시하려고 준비하고 있다. 또한 몽골의 지난 정부(2012-2016) 시기에도 육류, 우유, 캐시미어·울과 가죽 가공을 지원하는 목적으로 「육류 프로그램」, 「캐시미어, 울, 우유, 직물 제품과 온실산업 사업」, 「중소기업개발 사업」, 「수출지원·수입대체 공장 사업」, 「가죽 가공 및 최종 제품 생산자 사업」 등 프로그램과 사업들을 시행하였다.

을 둘 확률이 높다. 이와 관련하여 한국은 대對 몽골 협력에 있어 축산업 원자재 가공 측면의 협력을 반영하는 것에 대해 반드시 고려해 볼 필요가 있는 것으로 보인다. 더 나아가 축산업 원자재 가공 분야는 몽골이 경제를 발전시키고 세계시장에 진출하는 2번째 카드라고 할 수 있기 때문에 이러한 맥락에서 한국은 몽골과 이 방향으로 협력하는 것에 관해 고려해 볼 필요가 있다.

그리고 축산업 원자재 분야에서의 협력과 관련하여 살펴보면 한국은 몽골과 축산업 원자재를 활용하여 '몽골 브랜드' 식품을 생산하는 방향으로 협력할 수 있다. 몽골에는 현재 축산업 원자재를 활용하여 생산하는 몇몇 개의 특산 식품이 있다.[36] 이에 예컨대, 몽골 움누고비 아이막 낙타젖 제품, 투브 아이막 말젖 제품, 돈드고비 아이막 양고기, 아르항가이 아이막 소와 야크 젖 제품 등을 들 수 있다.

광물자원과 협력: 제2장에서 나타난 바와 같이 몽골은 현재 석탄, 석유, 구리, 몰리브덴, 금, 형석, 철광석과 아연광석을 채굴하고 있으며 이와 같은 광물 가공은 매우 적은 양으로 이루어진다. 몽골 정부는 현재 이러한 광물을 가공하는 측면에 많은 중요성을 두고 있으며[37]

---

[36] 자세한 내용은 Kim Bo Ra, "Research on Specialized Industries of 21 Provinces of Mongolia", Eurasian Geography and Economics, Vol. 58, Issue 4-5, 2017 (expected to be submitted)를 참조.

[37] Улсын Их Хурлын 2016 оны 19 дүгээр тогтоолын хавсралт, 「Монгол улсын тогтвортой хөгжлийн үзэл баримтлал-2030」, 2.1.4. Эрдэс баялагий н салбар; Улсын Их Хурлын 2016 оны 45 дугаар тогтоолын хавсралт, 「Монгол улсын Засгийн газрын 2016-2020 оны үйл ажиллагааны хөтөлбө · р」, 2.59-2.75.

석탄 이용 천연가스 생산 공장 사업, 석유가공공장 사업, 동정광 가공 공장 사업과 다르항-셀렝게 지역 강철 단지를 인프라와 동시에 건설하는 사업을 시행하려고 준비하고 있다(〈표 42〉 참조).

〈표 42〉 몽골 정부가 시행하려고 계획하고 있는 광물 가공 사업들

	사업	수용력
1	석탄 이용 천연가스 생산 공장 사업	1년에 725백만Hm3합성 천연가스와 30만 톤 고품질의 연료 생산
2	동정광 가공 공장 사업	1년에 25.7만 톤 음극 구리와 5.8천 톤 금 생산
3	석유가공공장 사업	1년에 1.5톤 원유 가공
4	다르항-셀렝게 지역 강철 단지 및 인프라 건설 사업	1년에 50만 톤 직접환원철과 35만 톤 강철제품 생산

출처: Уул уурхай, хүнд үйлдвэрийн яам, 「Хүнд үйлдвэрийн төслүүд」, http://www.mmhi.gov.mn/public/more/id/86(검색일: 2017.8.28).

그리고 상기 사업들 외에 몽골 정부는 최근인 2017년 9월에 중국 내몽골 호화호특에서 개최된 몽골-중국 제2차 엑스포에서 차강 소브락 구리와 몰리브덴 제련 공장 사업과 촐로트 차강델 광산에 연계한 형석 제련 공장 사업이란 광물 가공 분야에서 시행할 사업들에 대해 발표하였다.[38] 이와 관련하여 한국은 이러한 사업 차원에서 협력하는 것에 관해 고려해 볼 수 있다.

에너지 분야 자원과 협력: 에너지 분야에서 몽골은 석탄, 석유,

---

38 Б.Баярсайхан, 「Монгол улсын хөрөнгө оруулалтын орчин, томоохон төслү үдийн танилцуулга」, Монгол-Хятадын Экспо 2017 арга хэмжээний илтгэ л, 2017.9.26, Хөх хот, 15-16쪽.

재생에너지, 우라늄, 셰일가스와 천연가스 자원을 가지고 있다. 이들 자원 중에서 몽골은 현재 석탄, 석유, 수력, 태양광과 풍력 자원만 활용하고 있다. 몽골은 앞으로 에너지자원을 활용하여 전력을 생산하고 전력 수요를 충족시키며, 더 나아가 수출하고자 하고 있다. 이와 같은 목적에 따라 몽골 정부는 현재 에르덴부렝 수력 발전소, 에깅골 수력발전소와 타방톨고이 열병합화력발전소 건설사업들을 시행하려고 준비하고 있다.[39] 또한 2017-2021년에 서부지역 석탄 광산에 연계한 열병합화력발전소 건설, 태양광과 풍력 발전소 건설 등 몇 개의 조치들을 취하려고 계획하고 있다[40](〈표 43〉 참조). 따라서 한국은 몽골과 이러한 사업 차원에서 협력하는 것에 관해 고려해 볼 수 있다.

〈표 43〉 몽골 정부가 시행하려고 계획하고 있는 에너지자원 활용 사업들

	사업
1	중부 지역에 새로운 난방공급센터 설립 사업 개시
2	서부지역 석탄 광산에 연계한 60MW 열병합화력발전소 건설 작업 개시
3	태양광 발전소 사업들 개시, 30MW 발전설비 운영 개시
4	풍력 발전소 사업들 개시, 100MW 발전설비 운영 개시

출처: Засгийн газрын 2017 оны 142 дугаар тогтоолын хавсралт, 「Хөгжлийн зам үндэсний хөтөлбөр」, 3.5. Хөтөлбөрийн 5 дугаар зорилтын хүрээнд.

---

[39] Эрчим хүчний яам, 「Төсөл, хөтөлбөрүүд」, 2017.3, https://energy.gov.mn/content?t=4(검색일: 2017.9.12).

[40] Засгийн газрын 2017 оны 142 дугаар тогтоолын хавсралт, 「Хөгжлийн зам үндэсний хөтөлбөр」, 3.5. Хөтөлбөрийн 5 дугаар зорилтын хүрээнд.

관광업 분야 자원과 협력: 관광업 분야에 몽골은 풍부한 자원을
가지고 있다. 예를 들어 몽골의 21개 아이막마다 관광 자원을 가지고
있다.[41] 그렇지만 현재 이들 아이막 중에서 움누고비, 우부르항가이,
아르항가이, 흅스굴, 바양울기, 헹티와 도르노드 등 7개의 아이막의
관광 자원만 적극적으로 활용되고 있다. 몽골은 최근에 관광 자원을
활용하는 것, 관광 제품과 서비스의 개발을 지원하는 것, 관광업 분야에
서 다른 국가들과 협력을 확대하는 것에 중요성을 두고 있다.[42]

또한 관광분야 자원을 활용하기 위한 목적으로 몽골 정부는 현재
예컨대 「도로 휴게소사업」을 시행하려고 계획하고 있다(〈표 44〉 참조).

〈표 44〉 관광분야에서 시행될 대규모 사업: 도로 휴게소사업

	휴게소 분류	휴게소 개수	총 투자액
1	A급(300킬로미터당)	30-50	3.6백만 달러
2	B급(100-150킬로미터당)	100-150	2.8백만 달러
3	C급(필요시)	300-500	2백만 달러

출처: Б.Баярсайхан, 「Монгол улсын хөрөнгө оруулалтын орчин, томоохон төслүүд
ийн танилцуулга」, Монгол-Хятадын Экспо 2017 арга хэмжээний илтгэл, 2017.9.26,
Хөх хот, 22쪽.

---

41 МҮХАҮТ-ийн дэргэдэх Аялал жуулчлалыг хөгжүүлэх зөвлөл, 「Монгол
   улсын 21 аймгийн 7 гайхамшигийн талаарх судалгаа」, 2011.
42 Засгийн газрын 2015 оны 324 дүгээр тогтоолын хавсралт, 「Аялал жуулчлал
   ыг хөгжүүлэх үндэсний хөтөлбөр」, 4.Хөтөлбөрийг хэрэгжүүлэх арга
   хэмжээ.

그리고 몽골 정부가 2017-2021년에 시행할 조치와 사업들을 반영한 정책문서라고 할 수 있는 「개발로開發路 국가 프로그램」에 관광분야 자원을 활용하는 것과 관련하여 시행할 몇 개의 사업들을 반영한 상태이다(〈표 45〉 참조).

〈표 45〉 관광 자원을 활용하는 차원에서 시행할 대규모 사업들(2017-2021년)

	사업
1	'밀레니엄 인물 칭기스 칸' 역사 관광 국립공원 건설
2	'몽골 제국' 관광, 박물관, 조사와 홍보 복합단지 건설
3	세계유산-오르홍 강가 관광 국립공원 건설
4	우기 호수 생태계 유지·보호 목적의 관광 복합단지 건설
5	후브스굴 아이막에서 친환경 관광개발, 관광 복합단지 건설
6	보얀트오하 관광 콤플렉스 건설 사업 개시

출처: Засгийн газрын 2017 оны 142 дугаар тогтоолын хавсралт, 「Хөгжлийн зам үндэсний хөтөлбөр」, 3.8. Хөтөлбөрийн 8 дугаар зорилтын хүрээнд.

이와 같은 몽골의 관광 자원과 관광분야에서 시행할 사업들과 관련하여 한국은 몽골과 관광자원 활용 측면에 협력하는 것에 대해 고려해 볼 수 있다.

IV. 나가며

본 연구는 몽골의 경제현황을 살펴보고, 이를 바탕으로 한국이 몽골과 경제협력을 추진하는 방안 관련 두 가지 방안을 제시하였다. 첫째는 한국은 몽골과의 경제협력을 「몽골 지속가능개발개념-2030」과 연계시키는 것이고, 둘째는 몽골의 자원 활용 측면에 협력하는 것이다.

첫째 제안의 경우 한국은 「몽골 지속가능개발개념-2030」에 반영된 지속가능한 경제개발 목표들 중에서 잠재성이 있고 한국의 이해관계에 부합하는 목표들 차원에서 몽골과 협력하는 것에 관해 고려해 볼 수 있다. 또한 몽골 정부는 「몽골 지속가능개발개념-2030」에 반영된 지속가능 경제개발 목표들을 달성하는 데 높은 생산성의 선진 기술을 활용하는 원칙을 준수하고 있으며,[43] 한국은 이 측면에 장점을 지니고 있다. 이러한 상황은 한국이 몽골과 협력을 「몽골 지속가능개발개념-2030」과 연계하여 시행하는 데 효과적일 수 있다.

둘째 제안의 경우 몽골은 축산업 원자재, 광물, 에너지 자원과 관광자원이 풍부하며 이들 자원을 적극적으로 활용할 필요가 있다. 그러나 몽골은 현재 이들 자원을 활용하는데 자금, 기술과 기계장비가 부족하며 이러한 맥락에서 한국은 몽골과 협력하는 것이 가능하다. 몽골과의 자원 활용 측면에서의 협력과 관련하여 살펴보면, 몽골은 현재 특히 축산업 원자재와 광물자원 가공에 중요성을 두고 있다. 이와 관련하여 한국은 몽골과 이러한 방향으로 협력하는 것에 대해 고려할 필요가 있다.

또한 축산업 원자재 분야에 있어 투자금액이 그다지 크지 않으며 투자기간이 짧다. 따라서 이 분야에 대한 협력이 양국 경제협력이 짧은 기간 이내 실제로 이루어지고 활성화되는 결과를 발생시킬 수

---

43 Улсын Их Хурлын 19 дүгээр тогтоолын хавсралт, 「Монгол улсын тогтворт ой хөгжлийн үзэл баримтлал-2030」, 2.1. Эдийн засгийн тогтвортой хөгжи л: Салбарын хөгжлийн зорилтыг хангах зарчим.

있다. 그리고 몽골은 축산업 국가이며 광업의존형 경제구조 탈피, 경제 다각화와 발전을 위해서 축산업 원자재 가공에 많은 중요성을 두고 있고, 향후에도 중요성을 둘 것으로 파악된다. 이와 관련하여 한국은 몽골과 다른 국가들과 차별화된 협력[44]을 추진하는 방안을 이 분야에서의 협력에서 찾아볼 수 있을 것으로 보인다.

한국이 이 같이 몽골과 자원 활용 측면에 협력함으로써 첫째, 한국기업들의 시장이 확대되고, 둘째, 한국의 기술과 기계장비 활용이 증가하며, 셋째, 한국에 필요한 원자재와 자원을 한국표준기술로 가공하여 공급하는 등의 효과가 발생할 수 있다. 동시에 몽골 측에는 경제를 발전시키고 다변화할 수 있는 기회가 증진되는 효과가 발생할 수 있다. 한마디로 이러한 분야에서 협력하는 것은 한국과 몽골 양국에 유리할 수 있다.

결론적으로 몽골 경제현황에 의거하여 한국은 몽골과의 협력을 「몽골 지속가능개발개념-2030」과 연계시키는 것과 몽골의 자원을 활용하는 방향으로 추진하는 것이 바람직하다고 볼 수 있다. 단, 한국이 몽골과 상기 방향으로 협력하는 것과 관련하여 관련 정보 제공과 연구 수행이 우선적으로 필요한 것으로 보인다. 몽골의 경우 경제분야 정책과 사업들에 대해 관할 부처들이 실시간으로 웹사이트 등을 통해 정보를 제공한다. 그리고 외국 국가와 기업들에게 몽골에 대한 투자

---

44 KOTRA·KIEP 연구에 한-몽 협력의 기본 원칙과 관련하여 중국, 러시아, 일본 등 경쟁국가들과 차별화된 협력방안을 도출하는 문제를 제시한 바가 있다. KOTRA·KIEP, 「한국과 몽골의 전략적 협력방안: 분야별 과제와 추진전략」, Global Strategy Report 16-007, 2016, 29-30쪽.

기회 정보를 제공하는 국립개발청이라는 기관이 있다. 상기 제시한 방향들로 협력하는 것과 관련하여 한국은 이러한 기관들로부터 제때에 관련 정보를 입수하고, 해당 정보에 기초하여 한-몽 경제협력에 대해 세부 연구를 수행하는 등을 추진하는 데 주의를 기울일 필요가 있다. 이러한 일은 양국의 무역과 투자를 진흥하는 기능의 코트라울란바타르, 혹은 다른 자립적인 기관 형태로 추진하는 것에 대해 고려해 볼 수 있을 것이다. 나아가 이와 같은 일은 한국이 몽골과 단지 상기 방향들로만 협력하는 것이 아닌, 기타 많은 방향으로 협력하는 데도 필요한 것으로 보인다.

참고문헌

관계부처 합동, 「몽골 국가협력전략」, 2016.12.

한국무역협회, 「K-stat: 국가수출입」, http://stat.kita.net/stat/cstat/peri/ctr/CtrT otalList.screen#none.

한국수출입은행, 「해외투자통계: 몽골」, http://211.171.208.92/odisas.html.

Enery Regulatory Commission, Energy Development Center and JICA, "Mongolia: Country Report", August 2016, http://eneken.ieej.or.jp/en/whatsnew/coun tryreport2016Ben.html.

Kim Bo Ra, "Research on Specialized Industries of 21 Provinces of Mongolia", Eurasian Geography and Economics, Vol. 58, Issue 4-5, 2017 (expected to be submitted).

Korea ODA, 「몽골 지원 실적」, https://www.odakorea.go.kr/ODAPage_2012/ T02/asia/Mongolia.jsp#noMove.

KOTRA·KIEP, 「한국과 몽골의 전략적 협력방안: 분야별 과제와 추진전략」, Global Strategy Report 16-007, 2016.

Автотээврийн үндэсний төв, 「Улсын бүртгэлтэй тээврийн хэрэгслийн стати стикийн тоо(аймаг, нийслэлээр)」(도로운송 국가센터, 「국가 등록 운송수단 통계(아이막, 수도별)」), 2017.2, http://transdep.mn/cat.php?catid=98.

Азийн Хөгжлийн Банк, 「Монгол улс 2017-2020: Эдийн засгийн хүндрэлийн үед хүртээмжтэй өсөлтийг хангах нь」(아시아개발은행, 「몽골 2017-2020: 경제난 시기에 포괄적 성장을 확보하는 것」), 2017.5.

「Айлчлал зам тээврийн салбарт юу үлдээв」(「방문이 도로교통분야에 무엇을 남겼나?」), 『NNews.mn』, 2014.9.17, https://www.news.mn/r/189502.

Ашигт малтмал, газрын тосны газар, 「Монгол улсын геологи, уул уурхай, газрын тос, хүнд үйлдвэрийн салбар, АМГТГ-ын 2016 оны үйл ажиллагаа ны тайлан: 2017-2020 оны төсөөлөл, хүрэх үр дүн」(광물석유청, 「몽골 지질학, 광업, 석유와 중공업, 광물석유청 2016년도 활동 보고서: 2017-2020년

전망과 예상 성과」), 2016, https://mrpam.gov.mn/public/pages/66/MPRAM report2016MN.pdf.

Ашигт малтмал, газрын тосны газар, 「Уул уурхай, аж үйлдвэрийн салбарын статистик мэдээлэл」(광물석유청, 「광업과 제조업 통계 보도」), 2016.12).

Гаалийн ерөнхий газар, 「Гадаад худалдааны барааны статистик мэдээ 2016」 (몽골 세관, 「대외무역상품 통계 보도 2016」), 2017.3, http://customs.gov.mn/st atistics/index.php?module=users&cmd=info_st&pid=0&id=185.

Б.Баярсайхан, 「Монгол улсын хөрөнгө оруулалтын орчин, томоохон төслүүд ийн танилцуулга」, Монгол-Хятадын Экспо 2017 арга хэмжээний илтгэл, 2017.9.26, Хөх хот(브.바야르사이항, 「몽골의 투자환경과 대규모 사업들의 소개」, 몽-중 엑스포 2017 발표문, 2017.9.26, 호화특시).

Б.Ерөн-Өлзий, 「Эрчим хүчний салбар, тогтвортой хөгжлийн бодлого」 илтгэ л, Ногоон хөгжил, тогтвортой хөгжлийн зорилт хурал, УБ хот(브.예룽-울지, 「에너지 산업 분야와 지속가능개발 정책」, 녹색성장과 지속가능개발 목표 회의 발표, 울란바타르시), 2016.5.23.

Гадаад харилцааны яам, 「Монгол-Орос-Хятадын эдийн засгийн корридор байгуулах хөтөлбөрийн төслийн жагсаалт」(외교부, 「몽-러-중 경제회랑 건 설 프로그램 사업 목록」), http://www.mfa.gov.mn/?p=35087.

Г.Эрдэнэбат, 「Монголд дахин ирнэ гэж ирсэн жуулчид ам бардам хэлдэг, шинэ жуулчдыг бид нүүр бардам угтдаг болохсон」, 『Монголын мэдэ э』(그.에르덴바트, 「방문한 관광객들이 몽골에 다시 온다고 확신을 가지고 말하며 새로운 관광객들을 당당하게 마중할 수 있게 되었으면... 」), 2017.6.2, http://montsame.mn/read/56352.

「Дэлхийн Банкны шинэ төсөл Монголын экспортыг төрөлжүүлэхэд дэмжлэг үзүүлнэ」(「세계은행 신사업이 몽골 수출 다변화를 지원한다」), 2017.3.24, http://www.worldbank.org/mn/news/press-release/2017/03/24/ world-bank-project-aims-to-help-mongolia-diversify-exports.

Зам тээврийн хөгжлийн яам, 「Монгол улсын зам тээврийн салбарт баримтлаж буй бодлого, чиглэл, цаашид хэрэгжүүлэх үйл ажиллагааны талаарх танилцуулга」(도로교통개발부, 「몽골 도로교통 분야 정책, 방향과 향후 시행 활동에 관한 소개」), 2017.5, http://mrtd.gov.mn/single/101/item/1083.

Засгийн газрын 2015 оны 324 дүгээр тогтоолын хавсралт, 「Аялал жуулчлалыг хөгжүүлэх үндэсний хөтөлбөр」(2015년도 제324호 몽골 정부령 부록, 「관광 개발 국가 프로그램」).

Засгийн газрын 2015 оны 332 дугаар тогтоол, 「Импортын зарим барааны гаалийн албан татварын хувь, хэмжээ」(2015년도 제332호 몽골 정부령, 「일부 수입품 관세율」, 2015.8.17.

Засгийн газрын 2017 оны 142 дугаар тогтоолын хавсралт, 「Хөгжлийн зам үндэсний хөтөлбөр」(2017년도 제142호 정부령 부록, 「개발로 국가 프로그램」).

Засгийн газрын 2017 оны 168 дугаар тогтоолын хавсралт, 「Гаалийн албан татвараас чөлөөлөх жижиг дунд үйлдвэрлэлийн зориулалт бүхий тоног төхөөрөмж, сэлбэг хэрэгслийн жагсаалт」(2017년도 제168호 몽골 정부령 부록, 「수입관세 면제 대상 중소기업용 기계장비·부품 목록」).

「Ерөнхий сайд Барилга, хот байгуулалт ба зам, тээврийн салбарын бүтээн байгуулалтын ажлын явцын талаар мэдээлэл хийлээ」(「국무 총리가 건설·도시건설·도로교통 분야 개발 사업 과정에 관해 발표를 하였다」), 2017.5.5, http://www.parliament.mn/n/ecoy.

Иргэний нисэхийн ерөнхий газар, 「Статистикийн эмхэтгэл」(몽골 민간항공청, 「통계집」), 2016.

Монгол банк(몽골 은행), https://www.mongolbank.mn/liststatistic.aspx.

Монгол улсын Засгийн газар, 「Монгол улсын нэгдсэн төсвийн 2018 оны төсвийн хүрээний мэдэгдэл, 2019-2020 оны төсвийн төсөөллийн тухай」(몽골 정부, 「몽골 2018년도 종합예산 보고서, 2019-2020년 예산예정에 관하여」), 2017, http://forum.parliament.mn/projects/127.

「Монгол Улсын нэгдсэн төсвийн 2018 оны төсвийн хүрээний мэдэгдэл, 2019-2020 оны төсвийн төсөөллийн тухай хуулийн төслийг өргөн мэдүүлэв」(「몽골 종합예산 2018년도 보고서, 2019-2020년 예산 법안을 상정하였다」),

336

2017.4.28, http://www.parliament.mn/n/hcxo.

МҮХАҮТ-ийн дэргэдэх Аялал жуулчлалыг хөгжүүлэх зөвлөлийн 2011 онд хийсэн Монгол улсын 21 аймгийн 7 гайхамшигийн талаарх судалгаа(몽골 상공회의소 부설 관광개발위원회, 「몽골 21개 아이막별 7대 기적에 관한 조사」, 2011).

Нэмэгдсэн өртгийн албан татварын тухай хууль/Шинэчилсэн найруулга/(нэ мэлт өөрчлөлт)(부가가치세 개정법(수정본)), 2015.7.9.

Нээлттэй нийгэм форум, 「Монгол улсын 2016 оны төсвийн төсөл тойм дүгнэлт」(오픈 소사이어티 포럼, 「2016년도 몽골 예산 개요」), 2015.11, https://forum.mn/res_mat/2015/2016%20Budget%20Analysis-Report3-2015% 2011-FINAL-pdf.pdf.

Харилцаа холбооны зохицуулах хороо(통신조정위원회), http://crc.gov.mn/ b/11.

「Хөгжлийн бодлого төлөвлөлтийн тухай хууль」(개발정책기획법), 2015.11.26.

「Хөрөнгө оруулалтын тухай хууль」(투자법), 2013.10.3.

Хүнс, хөдөө аж ахуй, хөнгөн үйлдвэрийн яам, 「МАА-н гаралтай бүтээгдэхүү ний үйлдвэрлэл」(식량농축산업경공업부, 「축산업 제품 생산」), http://mofa.g ov.mn/exp/blog/7/3.

Т.Гантулга, 「Эрчим хүчний салбарын хөгжил, цаашдын чиг хандлага」, Энер жи Монголиа-2017 олон улсын хурлын илтгэл, УБ хот(트.강톨가, 「에너지 산업 개발과 향후 방향」, 에너지 몽골리아-2017 국제회의 발표문, 울란바타르 시), 2017.5.17.

Улсын Их Хурлын 2016 оны 45 дугаар тогтоолын хавсралт, 「Монгол улсын Засгийн газрын 2016-2020 оны үйл ажиллагааны хөтөлбөр」(2016년도 제45 호 몽골 국회령 부록, 「몽골 정부 실행계획(2016-2020년)」).

Улсын Их Хурлын 2016 оны 17 дугаар тогтоол, 「Импортын зарим барааны гаалийн албан татварын хувь, хэмжээ батлах тухай」(2016년도 제17호 몽골 국회령, 「일부 수입관세율 통과에 관하여」), 2016.2.4.

Улсын Их Хурлын 2016 оны 19 дүгээр тогтоолын хавсралт, 「Монгол улсын тогтвортой хөгжлийн үзэл баримтлал-2030」(2016년도 제19호 몽골 국회령 부록, 「몽골 지속가능개발개념-2030」).

Улсын Их Хурлын 2016 оны 19 дүгээр тогтоол, 「Монгол улсын тогтвортой хөгжлийн үзэл баримтлал-2030 батлах тухай」(2016년도 제19호 몽골 국회 령, 「몽골 지속가능개발개념-2030」 통과에 관하여), 2016.2.5.

Уул уурхай, хүнд үйлдвэрийн яам·Ашигт малтмал, газрын тосны газар, 「Статистик мэдээ」(광업중공업부·광물석유청, 「통계 보도」), 2016.12, https://mrpam.gov.mn/public/pages/11/monthly_report_2016.12.pdf.

ҮСХ(몽골 국립통계위원회), http://www.1212.mn/.

ҮХГ, 「Засаг захиргааны зураг」(몽골 국립개발청, 「행정 도표」), http://industry.mi.gov.mn/geoportal/.

ҮХГ, 「Монгол Улсын Хөрөнгө оруулалтын орчинд тулгарч буй асуудлууд, шийдвэрлэх боломж сэдэвт хэлэлцүүлэг зохион байгууллаа」(몽골 국립개 발청, 「몽골 투자환경에 직면한 문제들과 해결책 주제로 토론회를 개최하였다」), 2017.3.30, http://nda.gov.mn/1168.html.

ҮХГ, 「Хөрөнгө оруулагчдын эрх ашгийг хамгаална(몽골 국립개발청, 「투자자 들의 권익을 보호한다」), 2016.11.15, http://nda.gov.mn/1112.html.

Ц.Цэрэн, 「Сэргээгдэх эрчим хүч Монгол орон」, Энержи Монголиа-2017 олон улсын хурлын илтгэл, УБ хот(츠.체렝, 「재생에너지와 몽골」, 에너지 몽골리아-2017 국제회의 발표문, 울란바타르시), 2017.5.17.

Эрчим хүчний яам, 「Төсөл, хөтөлбөрүүд」(에너지부, 「사업과 프로그램들」), 2017.3, https://energy.gov.mn/content?t=4.

Эрчим хүчний яам, 「Эрчим хүчний салбарын 2016 оны 12 сарын үйлдвэрлэлт ийн мэдээ」(에너지부, 「에너지산업 2016년 12월 생산 보도」), http://energy.gov.mn/c/665.

Эс Ай Си Эй·Нийслэлийн аялал жуулчлалын газар, 「Аялал жуулчлалын салбарын нийслэлийн нийгэм, соёлд үзүүлэх нөлөөллийн судалгааны тайлан」(에이아이시에이·울란바타르시 관광청, 「관광업 분야가 수도 사회문화 에 미치는 영향에 관한 조사 보고서」), 2016, http://touri

sm.ub.gov.mn/wp-content/uploads/2015/11/Niisleliin-ayalal-juulchlal-niige
m-soyoliin-nuluu_2015.07.27.pdf.

6.

몽골의 자원경제

박정후 서울대학교 한국정치연구소 연구원

I. 몽골 광물자원 현황

1. 광물자원 현황

몽골은 매장량 기준 세계 7위의 자원부국이다. 광물자원은 몽골 경제의 주축이며 현재까지 총 80여 종의 광물을 보유하고 있는 것으로 알려져 있다. 주로 석탄, 구리, 형석, 금, 철, 납, 몰리브덴, 은, 텅스텐, 우라늄, 아연 등이 풍부하다.[1] 현재 세계 구리 매장량 2위, 석탄 4위, 몰리브덴 11위 및 전 세계 희토류 매장량의 16%를 보유하고 있다. 몽골 동, 남부 지역을 중심으로 전 국토의 25% 정도만을 탐사한 추정매장량을 근거로 자원부국의 지위를 얻었으며, 향후 서북부 지역까지 탐사영역을 확대할 경우 보유 매장량은 더욱 늘어날 전망이다.

〈표 1〉 몽골 주요 광물자원 생산량

광물명	단위	2013년	2014년	2015년	2016년
석탄	천 톤	26,163.6	24,927.1	24,148.9	35,421.9
원유	천 배럴	5,128.9	7,405.3	8,769.3	8,249.8
동정광	천 톤	803.0	1,080.4	1,334.7	1,445.1
몰리브덴정광	천 톤	3,732.1	4,054.0	5,207.0	5,173.7
금	Kg	8,904.4	11,503.8	14,556.2	18,435.7
철광석	천 톤	5,011.9	6,293.1	4,273.6	4,936.2
철광석정광	천 톤	6,124.0	3,967.4	1,899.8	2,209.9

---

1 박정후(2012), 『몽골투자실무가이드』, 외교통상부·한국광물자원공사, 11쪽.

형석	천 톤	161.7	303.0	183.5	167.7
형석정광	천 톤	76.4	71.9	47.3	34.1
아연정광	천 톤	104.1	93.2	89.6	100.2

자료: Mongolian Ministry of Mining and Heavy Industry(www.mmhi.gov.mn)

몽골의 주요 산업은 광업과 농목축업, 관광산업, 캐시미어, 섬유가
공제조업, 도소매업 등이다. 그중 광업은 비중이 가장 큰 산업으로,
2016년 몽골 GDP 23조 8000억 투그릭 중 광업 분야는 4조 7000억
투그릭으로 약 20%를 차지하고 있다. 뿐만 아니라, 몽골 정부 세입의
약 50% 이상을 광업관련 기업으로부터의 법인세와 정부가 보유한
광업관련 국영기업으로부터의 배당금에 의지하고 있다. 때문에 광물
자원개발 분야와 관련하여 다양한 정책들이 시행되고 있다.

〈그림 1〉 몽골 광업 분야 GDP 차지율 현황

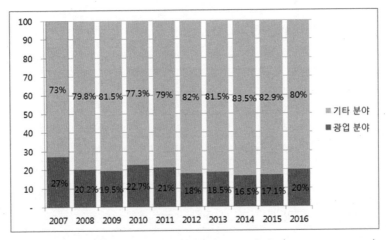

자료: Mongolian Mineral Resources and Petroleum Authority(www.mram.gov.mn)

2. 몽골 광물자원 정책

광물자원 개발을 위한 각종 인허가, 탐사 및 개발권 발급 등 몽골의 광산개발 관련 정책을 실행하기 위한 법률적 근거가 되는 법이 「광물자원법」이다. 「광물자원법」 외에도 「원자력법」, 「석유법」, 「석유생산물법」 등이 제정되어 몽골 광산개발 분야에 적용되고 있으며, 「헌법」, 「토지법」, 「토지세법」, 「투자법」, 「지하지층법」, 「자연환경영향평가법」, 「하천발원지·하천보호구역·산림보호구역에서 광물탐사 및 채광금지법」, 「널리분포된광물자원법」, 「자연환경보호법」, 「국가안보법」, 「세관 및 부가가치세 면세법」, 「발파 위험물, 발파기계 감시법」, 「지적도법」, 「지도제작법」, 「사업체특별면허법」, 「법인세법」, 「자연자원사용세법」, 「부가가치세법」, 「특별보호지역법」, 「물법」, 「화학독성물 및 위험물법」, 「산림법」, 「문화유산보호법」, 「예산안정법」, 「도시계획법」, 「토양보호 및 사막화 방지법」, 「인간개발법」 등의 각 항목에도 광물자원개발 관련 조항들이 명시되어 있다. 이밖에 의회결의, 대법원 권고사항, 대통령령, 정부령(내각결의), 장관령, 광물청장명령 등도 광산개발 진행과정에서 적용된다.

중앙정부와 법률뿐만이 아니라, 개발하고자 하는 해당 지역(아이막, 솜)의 지방의회와 지방행정기관의 의견과 동의를 얻어야 한다.[2] 이는 탐사권 획득 과정과 개발권 전환 과정, 그리고 개발을 진행하고 유통하는 과정 등의 모든 절차에서 필요한 과정이다.[3] 통상 해당 면허지역과 협의와 타협, 기부, 지역 편의를 위한 인프라 구축 이후 무상양도

---

2 박정후(2012), 같은 책, 48쪽.

3 위와 같음.

등을 통해 문제를 해결하는 경우가 많고, 특히 외국인 투자회사인 경우 이런 경향이 더욱 두드러진다.[4] 게다가 사업 시작 이후에도 지속적인 요구와 민원 등을 감내해야 한다. 이밖에 광물청과 환경부, 전문감독청으로부터도 각종 인·허가를 취득하고, 수시로 현장에 대한 감독 및 감사를 받아야 한다.

이와 같은 까닭에 개발에 따른 절차가 더욱 복잡해지고 소요되는 비용과 시간이 초기 예상보다 늘어나는 경향이 있다. 몽골 광산분야에서 절차를 진행하는 데 참고해야 할 관련법들과 각종 규정 및 고려사항이 많지만 현재 몽골은 「광물자원법」에 따라 광산을 분류하고 광산개발절차 및 조세관련 규정들을 명시하고 있으므로, 「광물자원법」의 기준에 맞추어 진행해야 할 것이다

몽골 「광물자원법」에 따르면 몽골 광산은 전략광산, 일반광산, 기타광산으로 분류할 수 있다. 전략광산이란 국가안보와 국가 및 지역경제, 사회발전에 영향을 미칠 규모의, 또는 연간 몽골 GDP 5% 이상의 제품을 생산하거나 생산이 가능한 광산을 일컫는 것으로 (「광물자원법」, 4조 1항) 2016년 현재 16개 광산이 지정되어 있다. 광업권을 소유한 기업이 몽골정부의 예산으로 탐사를 수행하여 매장량을 확정한 경우 몽골정부는 최대 50%까지 지분을 소유할 수 있다.(「광물자원법」, 5조 4항) 정부예산과는 무관하게 민간 기업이 자사자금으로 탐사하여 매장량을 확정한 전략광산의 경우 몽골 정부는 최대 34%까지 지분을 소유할 수 있다.(「광물자원법」, 5조 5항)[5] 정부지분율은 초기

---

4 위와 같음.

탐사시 정부의 기여도 및 광산에 따라 상호협의 하에 결정되며, 전략광
산의 개발권을 보유한 기업은 지분의 10% 이상을 몽골증권거래소를
통해 판매하도록 되어 있다.(「광물자원법」, 5조 6항) 아울러, 전략광산
을 지정 및 승인하고 정부 지분비율을 결정하는 것과 투자보장계약
등은 국회에서 심의하도록 되어 있다.(「광물자원법」, 8조 7항) 즉,
전략광산을 개발하는 데 있어 국회에서의 절차와 최종 승인이 이루어
지지 않으면 불가능하다.

〈표 2〉 몽골 전략광산 현황[6]

	광상명	위치(아이막)	광 종	현 황	가채광량
1	Tavan Tolgoi	Omnogovi	석탄(C)	개발/생산('66)	6,500백만톤
2	Baganuur	Tov	석탄(C)	생산('78)	600백만톤
3	Shivee Ovoo	Dundgovi	석탄(C)	생산('92)	600백만톤
4	Nariin Suhait	Omnogovi	석탄(C)	탐사/생산('03)	390백만톤
5	Tumurtei	Selenge	철(Fe)	생산('07)	121백만톤
6	Burenkhaan	Khovsgol	인(P)	개 발	40백만톤
7	Tumurtein Ovoo	Sukhbaatar	아연(Zn)	생산('05)	1백만톤
8	Oyu Tolgoi	Omnogovi	동(Cu), 금(Au)	개 발	Cu 4.6백만톤, Au 335톤
9	Tsagaan Suvarga	Dornogovi	동(Cu), 몰리(Mo)	F/S	Cu 1.3백만톤, Mo 43천톤
10	Erdenet	Bulgan	동(Cu),	생 산	Cu 4.0백만톤,

---

5 2015년 2월에 개정된 광물법에 따라, 전략광산에 대한 정부 지분보유 대신에
  연 매출 5% 내의 범위에서 협의 가능한 특별자원세를 부과할 수 있도록 하였다.
6 몽골국회의 2007년 27번 결정에 의해 선정됨.

		몰리(Mo)		Mo 100천톤
11	Dornod	Dornod	우라늄(U)	F/S	24천톤U
12	Gurvanbulag	Dornod	우라늄(U)	F/S	8천톤U
13	Mardai	Dornod	우라늄(U)	탐 사	1천톤U
14	Asgat	Bayan Olgii	은(Ag)	탐 사	2천톤
15	Boroo	Tov	금(Au)	생산('04)	39톤
16	Gatsuurt	Selenge	금(Au)	탐사	70톤

자료: 몽골광물청, 한국광물자원공사, ; http://www.montsame.mn, 2015년 1월 22일자를 참조하여 저자 작성.

〈그림 2〉 몽골 전략광산 분포도

자료: 몽골 광업에너지부(2012), 한국수출입은행, 2012, 「지역이슈분석 2012-18」, p.3에서 재인용.

광산 분야와 관련된 몽골정부 정책의 골자는, 몽골정부의 영향력을 유지하면서 외국투자를 받아 광산을 개발하며, 향후 광산개발 과정에서 필요한 물품의 공급처를 보다 다양화하여 특정 회사가 독점 공급하는 것을 막아 광산개발에 따른 이익을 몽골기업이 골고루 누리도록 하는 데 있다.[7] 먼저 외국인 투자유치를 위한 정책으로 외국인 투자자들과의 안정협정(Stability Agreement)제도를 들 수 있겠다. 동법에 따라 200만 달러, 혹은 이에 상응하는 자본을 몽골에 투자하고자 하는 외국인 투자자에게 협정 기간 동안 정부가 보증하는 안정적인 사업 환경이 제공된다.[8] 현재 중국, 영국, 러시아, 캐나다, 일본, 한국 등 10여 개 업체들이 안정협정을 체결하였다.

뿐만 아니라, 외국인 투자자로 하여금 몽골 내에서 자신의 재산을 소유, 사용, 처분하는데 있어서 몽골인 투자자와 똑같은 조건을 누리도록 하였다(「외국인 투자법」, 9조). 이와 같은 법의 제정을 통해 경제성이 확보되기까지 장시간이 소요되는 광물자원개발 및 인프라 분야에의 외국인 투자를 확대하고자 노력하고 있다.

또한 몽골정부는 광산개발에 따른 이익을 몽골기업이 나눌 수 있도록, 특히 대형 광산들이 우문고비 지역의 오유톨고이Oyu Tolgoi, 타반톨고이Tavan Tolgoi 등과 같은 대형광산개발 현장에서 필요한 세척, 청소, 식료품 및 생필품 공급 등의 기본적인 서비스와 시추, 순도조사, 전자기파탐사, 인공도면화, 상세설명 등의 광업전문 지식을 바탕으로

---

7 산업은행(2014), 『한국·몽골 간 경제협력현황과 중장기 비전 및 전략』, 산업은행, 59-60쪽.

8 외국인 투자자의 최초 투자액이 200~1000만 달러 또는 이와 동일한 액수 이상이면 안정보장 계약 기간은 10년, 1천만 달러 이상이면 15년이다.(외국인 투자법 제19조 3항.)

한 서비스를 외국기업에 제공하는 것을 몽골 업체가 전담하도록 하여 광산개발 과정에서 몽골의 중소기업들을 육성하는 것을 목표로 하고 있다. 또 금세공 및 생산된 광물을 이용해 공예품 등을 제작하는 등 광물을 가공하여 부가가치를 높이는 사업기회를 발굴하는 정책과 석탄에서 액체연료를 생산하는 사업을 추진하여 석유연료의 수입을 줄이고 향후 석유채굴량을 늘려 정유시설을 설치하는 등 광물자원을 이용한 여러 가지 정책이 추진되고 있다.[9] 이와 같이 몽골은 광산개발 분야에 외국인 투자를 유치하기 위해 노력하는 것과 동시에 개발의 편익과 이익을 자국의 국민과 기업들이 누릴 수 있도록 하는 정책과 관련법을 마련하여 시행하고 있다.

II. 해외기업 자원개발 현황

광산개발 분야에서의 성과창출 혹은 성공의 기준은 시각과 여건에 따라 다양할 것이다. 일반적으로 광산개발의 절차와 단계는 크게 탐사—개발—운영(operation)으로 나눌 수 있다. 매장량 및 경제 타당성 조사를 위한 탐사와 주변 인프라 구축을 포함한 상업적 생산을 위한 준비단계인 개발, 그리고 관련 변수에 대한 고려와 대응이 마무리된 상태에서 생산 및 가공, 그리고 유통을 통한 수익실현 등이 안정적이고 지속적으로 이루어지는 상태가 운영 단계라 할 수 있다. 이 글에서는

9 Prof. J.TSEVEENJAV(Head of Petroleum and Drilling Engineering Department School of Geology and Petroleum of MUST, Executive Director of Mongolian Drilling Association)와의 인터뷰(2012. 12. 8. 울란바타르)

탐사, 개발, 운영 단계에 이르렀을 뿐만 아니라, 이 과정에서 몽골정부
와 안정협정(Stability certification) 체결을 통해 일정기간 동안 안정적인
운영이 법률로서 담보된 경우를 몽골 광산개발 분야에서의 성공,
혹은 성과창출의 기준으로 삼는다.

이 기준으로 몽골에 진출한 한국과 외국기업의 성과를 비교하면,
한국기업들은 아직 몽골 광물자원개발 분야에서 크게 괄목할 만한
성과를 거두지 못하고 있는 반면, 몇몇 해외 다국적기업들과 몽골
기업들은 광물자원 분야에서 좋은 성과를 거두고 있는데, 이들 기업들
이 몽골 광물자원 분야에서 성공할 수 있었던 과정과 배경을 알아보고,
한국의 진출현황 및 접근방식 등과 비교하여 살펴보면 다음과 같다.

1. 오유톨고이(Oyu Tolgoi) 현황

오유톨고이 광산 프로젝트는 1990년 몽골에 자본주의가 도입된 이후
최대의 광산개발 프로젝트이다. 동 광산의 개발협상 진행과정에서
관련된 법률이 수차례 재·개정되었으며, 몽골정부와 광산개발 투자자
인 다국적기업간의 협상이 장기간 이루어진 대표적인 프로젝트이다.
따라서 여타 해외기업들의 몽골 광물자원개발 분야 진출에 주요 참고
사례로 주목되어 왔다. 몽골의 수도 울란바토르 남쪽 550km, 중국
국경 80km 북쪽에 위치한 오유톨고이 광산은 세계최대 규모의 구리,
금 복합광산이다. 2015년 현재 구리 3,700만 톤, 금 1,250톤의 매장량
을 기록하고 있다. 동 광산이 2차 개발을 시작하게 되면, 연평균
구리 약 46만 톤, 금 약 18.4톤을 생산할 것으로 전망되고 있다.
동 광산은 몽골과 러시아가 1980년대부터 공동으로 탐사를 시작하였

으나, 이 시기에는 매장광종과 매장량에 대한 기록은 정확히 이루어지지 않았다. 몽골에 시장경제체제가 도입되고 외국인 투자자들이 몽골 광산분야에 진출하면서 다시 이 지역에 대한 탐사가 활발하게 진행되었다. 1996년 호주의 BHP Billiton 사가 이 지역에 지질탐사, 지구화학 탐사 및 지하자기탐사 등을 시행하였으며, 1997년 몽골정부로부터 탐사권을 발급받아 정밀탐사를 계속했다.[10] 1999년 중반에 BHP Billiton 사는 이 지역에 대한 탐사를 중단하였고, 같은 해 5월 캐나다의 아이반호 마인즈Ivanho Mines 사가 2%의 로열티를 조건으로 동 광산의 전체지분을 인수하기로 결정하였다. 이어 2002년 6월, 아이반호 마인즈는 BHP Billiton 사로부터 해당 광산이 개발되기 시작하면 받게 될 2%의 로열티에 대한 권리와 탐사권 지분 100%를 인수하였다.

아이반호 마인즈 사는 2003년 9월, 당시까지 오유톨고이 광산 내 약 3,800만 톤의 구리와 2,100만 온스oz의 금 매장량을 확인하고 몽골정부로부터 탐사 및 채굴 허가를 발급받았다.[11] 이어 1997년 개정된 몽골 「광물자원법」에 따라 몽골정부와 안정화 계약을 체결하고자 했으나, 몽골정부는 2006년 7월 8일, 「광물자원법」을 개정하는 동시에 오유톨고이 광산을 전략광산으로 지정하였다. 이에 아이반호 마인즈 사는 호주의 세계적인 다국적 광산개발 기업인 리오틴토Rio Tinto 사와 전략적 파트너십을 체결하여, 오유톨고이 프로젝트의 공사감독, 건설 및 운영을 위한 공동기술위원회를 구성하였다.[12] 뿐만 아니라

---

10 Оюу толгой(2016) Оюу толгой -н түүх, 32쪽.

11 Оюу толгой, 같은 책, 57쪽.

12 Оюу толгой, 같은 책, 75쪽.

리오틴토는 2006년 10월, 3억 300만 달러를 투자하여 아이반호 마인즈의 지분 9.95%를 확보하는 한편, 몽골정부와의 투자협정이 체결된 다음에는 3억 8,800만 달러를 추가로 투자하여 아이반호 마인즈 사의 보유지분을 19.9%까지 늘려 최대주주가 되기로 하였다.[13] 2006년 7월에 개정된 광물자원법에 근거하여, 2009년 10월 6일 리오틴토-아이반호 마인즈와 몽골정부 간에 투자협정이 체결되었다. 몽골정부는 국영회사인 에르데네스 오유톨고이Erdenes Oyu Tolgoi를 통해 오유톨고이 광산의 34%를 소유하게 되었다.

현재 오유톨고이 광산을 개발하고 있는 몽골법인 오유톨고이(Oyu Tolgoi LLC) 사의 지분구조는 토콰이즈 힐 리소시스Turquoise Hill resources[14] 66%, 몽골 국영회사인 에르데네스 오유톨고이Erdenes Oyu Tolgoi가 34%이다. 그러나 아이반호 마인즈의 대주주는 호주의 광산개발 회사인 리오틴토Rio Tinto이고, 현재 어유톨고이 프로젝트의 운영회사이다. 이는 오유톨고이 광산의 지분구조에 기인한다. 캐나다 기업인 아이반호 마인즈 지분의 51%는 리오틴토 사가 가지고 있고, 토콰이즈 힐 리소시스Turquoise Hill resources 사는 네덜란드와 버진 아일랜드에 각각 자회사를 소유하고 있다. 이 두 개의 자회사를 통해 몽골 현지법인인 OT LLC의 지분 66%를 소유하고 있는 구조이다. 따라서 몽골 현지법인 OT LLC 지분 66%의 소유자는 호주의 다국적 광산개발 회사인 리오틴토이고, 해당 광산과 관련한 운영 및 몽골정부

---

13 위와 같음.

14 2012년 8월, 아이반호마인즈에서 토콰이즈 힐 리소시스(Turquoise Hill resources)로 회사이름이 바뀌었다.

와의 협상에 대한 권리도 리오틴토 사가 가지고 있다. 현재 노천채굴이 진행되고 있으며 2차 개발(굴진채굴)과 관련하여 2015년 12월, 몽골정부와 리오틴토 사 간 2차 개발비 투자와 관련된 기본합의가 이루어져 44억 달러의 투자계약이 체결되었다. 다시 2016년 5월, 투자금액 관련 재협상을 통해 53억 달러를 투자하기로 몽골정부와 합의했다.[15] 그러나 국제 구리시세의 하락에 따른 개발이익 감소와 2016년 6월 치러진 총선에서 정권교체가 이루어짐에 따라 야기될 가능성이 있는 정치 리스크 등 기존 정부와의 협정에서 합의한 일정에 따라 투자금이 유입될 수 있을지 여부는 미정이다.

1990년 구 소련 붕괴이후 몽골에 자본주의 경제체제가 도입되고, 몽골정부는 자국 경제발전의 기반이 되는 자원분야 개발을 위해 적극적인 외국인 투자유치정책을 펼쳐왔다. 2000년대 중반 이후 세계적인 고유가 추세가 시작되면서, 자원부국을 중심으로 자원민족주의 성향이 두드러지기 시작했다. 2003년부터 시작된 아이반호 마인즈와 몽골정부의 오유톨고이 광산개발과 관련한 협상과정에서도 이와 같은 세계적 추세가 반영되었다고 볼 수 있다. 협상 시작 당시만 해도, 해당 광산의 생산물인 구리, 금의 국제시세가 그리 높다고 볼 수 없었고, 당시 몽골정부도 외국인 투자유치를 통한 대형 광산개발 프로젝트를 진행시키기 위해 외국인 투자유치에 용이한 방향으로 세제와 법률을 정비하는 등, 우호적인 환경을 조성하였다. 그러나 2000년대 중반부터 국제 원자재 시세가 높아지고, 중국 등 신흥공업국

---

15 박진우, "원자재 불황에도… 리오틴토, 광산투자 더 늘린다", 「한국경제」, 2016년 7월 5일자.

들의 급격한 경제성장이 이루어짐에 따라 원자재 수요가 급격이 늘어나게 되었다. 원자재 가격의 상승으로 이전에 경제성이 없거나 적다고 여겨졌던 몽골의 광산들이 다시 주목을 받게 되었고, 이에 따라 몽골의 광물자원과 미개발 광산에 대한 가치 또한 상승하였다.

이러한 추세에 따라 몽골정부 또한 자국의 자원개발에 대해 국수주의적인 성향을 드러내기 시작하였고, 이는 곧 광물자원에 대한 통제를 강화하기 위한 「광물자원법」개정으로 이어졌다. 아이반호 마인즈와의 투자협상 또한 「광물자원법」개정과 맞물려 협상기간이 늘어나게 되었다. 2006년 3월 7일에 몽골정부와 아이반호 마인즈 간에 협의된 투자협정 내용을 몽골 측에 더욱 유리하게 변경하려는 시도가 같은 해 7월 8일 광물자원법 개정을 통해 이루어졌다. 전략광산 개념의 도입과 동 광산에 대한 몽골 측 지분 명시, 전략광산 개발과 관련된 협정체결 등의 과정에서 의회승인 필요, 초과이윤세[16] 등을 신설한 「광물자원법」은 이후 2008년 총선을 거치면서 새로 선출된 정치인들에 의해 개정논의가 재개되었다. 이에 따라 몽골정부와 투자자들 간의 협상이 계속 지연되었다. 한편, 2008년 말 발생한 미국발 금융위기 여파로 몽골경제가 어려움을 겪게 되었고, 국제 원자재 시세 또한 하락세로 돌아서자 오유톨고이 협상타결을 촉구하는 여론이 비등하였다. 급기야 2008년 6월 총선과정에서 몽골 정치의 양대 정당인 몽골인민혁명당과 몽골 민주당이 전략광산의 개발 수익금을 국민 개개인에게 각각 100만 투그릭, 150만 투그릭씩 지급하겠다는 공약을 내세우면

---

16 구리가격이 톤당 2600달러 이상, 금 가격이 온스 당 500달러 이상일 경우, 초과로 발생한 이익에 대해 68%의 세금을 추가로 부과.

서 오유톨고이 협상 타결의 필요성이 높아지게 되었다. 이에 따라 2009년 7월, 몽골 의회는 당시 외국투자자들과의 주요 협상 대상이었던 타반톨고이 광산과 오유톨고이 광산에 대한 투자협정을 촉구하는 결의안을 발표하게 되었다.

이후 몽골정부는 오유톨고이 광산개발 협상 대상자인 아이반호 마인즈 등과의 협의를 통해 2011년 1월 1일부로 초과이윤세 폐지, 산업용수 개발자에게 해당 용수 이용의 독점권 부여, 국제 투자자들의 인프라 건설 참여, 차기이월 손실금의 적용범위를 50~100%로 확대 등을 골자로 하는 법률개정을 실시했다. 이에 따라 2009년 10월 6일, 오유톨고이 투자협정이 체결되었다.

2. 평가와 전망

2008~2009년 몽골정부는 오유톨고이 광산 투자자인 아이반호 마인즈로부터 2억 5,000만 달러의 선수금을 받았다. 몽골정부는 투자협정에 따라 향후 광산개발 이익금을 미리 받았다고 했지만, 아이반호 마인즈 연차보고서에 의하면 몽골정부에 지급한 2억 달러는 몽골정부가 연 3% 이율로 빌린 것이고, 5,000만 달러에 대해서는 오유톨고이 광산을 통해 지불될 것으로 예상되는 금액의 2010년 세금을 사전에 받는 것으로 합의된 것으로 알려졌다. 2억 달러에 대한 원금과 이자에 대해서도 2012년 2월부터 오유톨고이 광산에서 지불할 세금에서 공제되고 있다. 2012년까지 60억 달러 이상의 투자가 오유톨고이 광산에 투입되었고, 66%, 34%의 지분구조에 따라 아이반호 마인즈와 몽골정부가 투자금을 출자해야 한다. 그러나 몽골정부가 출자해야 할 자본을

주주협정에 의해 투자자인 아이반호 마인즈가 대신 출자했다. 이로써 몽골정부는 오유톨고이 광산에 대해 일종의 전환사채 형태로서 주주부채를 지게 되었다. 몽골정부의 출자금을 대신 지불해준 아이반호 마인즈는 이 출자자본이 주식으로 전환되기 전까지는 연 9.9%의 유효이자율로, 주식으로 전환된 후에는 리보Libor에 연금리 6.5%로 정했다. 아이반호 마인즈는 여기서 발생할 이자소득에 대해서는 이중과세방지협정에 의해 세금납부 의무가 없다. 몽골정부는 부채가 모두 상환될 때까지, 광산개발을 통해 발생한 이익 배당분으로 이를 탕감해야 한다.

향후 2차 개발 등을 위해 투자금을 출자해야 하는 시기에도 이와 같은 방식으로 투자금이 출자될 개연성이 크다. 몽골정부 입장으로는 단기적으로 직접적인 이익배당을 출자금 상환으로 메꾸어야 하는 관계로, 프로젝트가 원활하게 진행된다고 할지라도 직접 배당이익을 단기간에는 기대하기 힘든 여건이다.

따라서 몽골정부로서는 오유톨고이 프로젝트와 관련된 인력고용 이외에 각종 소모품 및 인프라 구축 및 유지에 필요한 물품과 인력, 시스템의 운영을 자국의 기업체가 선점할 수 있도록 지원하는 것이 필요하다. 그러나 프로젝트 시작부터 2차 개발 투자금 확보 등으로 몽골정부와 갈등을 겪던 아이반호 마인즈는 투자협정에 따라 60~70%의 현장 근로자를 몽골인으로 고용해야 함에도 불구하고 총 직원 1만 2,000명 중에서 25%인 3,000여 명의 몽골근로자를 고용하고 있다. 나머지 근로자들의 대부분은 중국, 유럽 등 인근국가에서 충원하고 있는 실정이다. 광산개발 및 운영에 필요한 현지물품 또한 몽골법인으로부터 우선적으로 조달해야 하는데, 오유톨고이에 납품하는 몽골법인은 소수이고 대부분의 물품은 외국의 물품공급업체와 직거래를 통해 납품받고 있다. 몽골정부의 입장에서는 엄연한 투자협정 위반이자, 패널티를 부과할 수 있는 사항임에도 불구하고, 몽골 현지에서의 숙련된 기술자들의 부족, 현장에 필요한 물품 등에 대해 필요한 기준을 충족시키며 안정적으로 납품이 가능한 몽골법인의 역량 부족 등에 의한 불가피한 조치로 인식할 수 있겠다.

오유톨고이 프로젝트의 경우, 몽골 역사상 가장 큰 광산개발 프로젝트이고 몽골정부와 협정을 체결하기까지 여러 해가 걸린 사례이다. 동 프로젝트가 진행되는 동안 몽골은 경제위기와 정권교체를 겪었고, 이 과정에서 협상대상과 협상규칙이 바뀌는 과정을 목도할 수 있었다. 동 프로젝트의 협상과정에서 몽골정부는 초과이윤세 설치 및 국가전략 광산 지정, 광물법, 토지법, 세법 등을 개정하여 다국적 기업과의 협상에서 최대한의 이익을 이끌어내고자 하였다. 오유톨고이 광산 프로젝트에 대한 협상과정과 협정체결, 그리고 이후 운영과정에서 발생한 여러 갈등에 대해 외국투자자와 몽골정부가 취한 입장 등은 해외투자자들뿐만 아니라 몽골정부 측에도 큰 경험이자 좋은 참고사례가 될 것이다.

3. 센테라 골드(Centerra Gold) 현황

몽골은 광물자원 유통로 확보가 어려운 지리적 위치에 있다. 이러한 상황에서 상대적으로 유통과 수요처 확보가 용이한 광종은 금광산이다. 몽골의 16대 전략광산 중 금광산으로 분류되는 광산은 2개로 보루Boroo 광산과 가추르트Gatsuurt 광산이다. 두 광산 모두 캐나다의 다국적 광산개발 기업인 센테라 골드(centerra gold coorperation) 사가 보유 및 개발 중이다. 동 사는 2004년 3월부터 몽골 최대의 금광인 보루 금광을 개발하고 있으며, 최근 몽골정부에 의해 전략광산으로 지정된 가추르트 금광산도 개발을 시작했다.

보루 금광은 1910년 개발 가능성이 높은 금광으로 알려졌으나, 1960년대까지 금이 생산된 공식 기록은 없었다. 1982년부터 1990년까지 동독과 몽골회사가 협력하여 탐사활동을 진행해 오다 1990년 독일의 통일 이후에 동 광산에 대한 탐사활동이 중지되었다. 이후 1996년까지 몽골의 정당들이 설립한 알타이(Altai Holding Company) 사가 소유권을 보유하고 있었다. 1998년 호주의 금광산 개발회사인 AGR 사가 동 광산의 지분 85%를 인수하면서 탐사활동을 재개하여 1999년 개발 타당성 조사를 마쳤다. 1998년 몽골정부와 세금 및 운영권 보장에 관한 안정협정을 맺었고, 2000년 5월, 몽골정부와의 최종협정이 타결되어 개발준비에 착수했다. 2001년 AGR 의 탐사보고서에 따르면, 보루 금광산에는 금 39톤이 매장되어 있고, 평균 품위는 1.261g/ton이다. 2002년 에너지용 우라늄 개발 및 공급에 있어 세계 최대의 광산회사인 캐나다의 카메코cameco 사의 자회사인 카메코 골드cameco gold 사가 호주의 AGR 사로부터 지분을 전량 매수했고, 이어 캐나다 기업인 센테라 골드 사가 카메코 골드를 인수하였다.[17] 센테라 골드 사는 몽골 현지 법인인 보루 골드Boroo Gold 사를 설립하여 2004년 3월부터

---

17 Centerra gold, http://www.centerragold.com/content/boroo-history(2016년 7월 12일 검색).

보루 지역의 금광산을 개발하고 있다. 초기개발투자금은 7,500만 달러이며, 총 직원수는 800명이다. 직원의 90%는 몽골 현지 노동자들로 구성하여, 몽골정부와의 협정내용을 준수하고 있다.

2007년 몽골정부가 「광물자원법」 개정 과정에서 전략광산으로 지정함으로써, 전체지분의 34%를 몽골정부가 획득할 수 있는 권리를 가졌으나, 동 광산 개발업체인 보루골드 사와 몽골정부 간의 협상을 통해 지분양도 대신 2013년까지 25%의 법인세와 5%의 로열티를 지급하는 데 합의하였다.[18] 동 광산은 개발 이듬해인 2005년, 28만 6,000온스의 금을 생산함으로써 최고치를 기록하였고, 최근 생산량이 줄어들어 2015년에는 1만 6,226온스의 금을 생산했다.[19]

센트라 골드 사는 보루 금광뿐만 아니라, 자회사인 센트라 골드 몽골리아Centerra Gold Mongolia를 통해 가추르트Gatsuurt 금광산과 도르노드 아이막의 알탄 차강오보Altan Tsagaan Ovoo 광산의 탐사권도 소유하고 있다. 가추르트 금광산은 몽골 북부 셀렝게Selenge 아이막 만달솜에 위치하고 있으며, 보루 금광산에서 남동쪽으로 불과 35km 떨어진 지점에 있다. 평균품위 3.246g/ton으로, 50여 톤의 금 매장량이 보고되었다. 2015년 국가 전략광산으로 지정되어, 2007년 개정된 「광물자원법」에 따라 몽골정부 지분의 34%가 보장되어야 한다. 그러나 2016년 2월, 센테라 골드 사와 몽골 당국은 보루 금광의 경우처럼, 몽골정부에 3%의 로열티를 지급하는 조건으로 동 광산의 개발협정을

---

18 박정후(2012)『몽골투자실무가이드』, 외교통상부·한국광물자원공사, 90쪽.

19 Centerragold(2016) *Annual report 2015*, 28쪽.

체결하는 데 동의했다.[20] 이에 따라 센테라 골드 사는 해당 광산의 개발을 위한 준비에 들어갔다. 가추르트 광산을 개발하기 위하여 1차로 7,500만 달러를 투자하고, 추가로 1,600만 달러를 투자할 것으로 알려져 있다. 센테라 골드 사는 몽골에서는 '우수 외국 투자자', '신뢰할 만한 납세자', '안전과 위생의 최우수 기업'으로 불리우고 있으며, 몽골의 경제와 사회발전에 기여한다는 평가를 받고 있다. 2004년 이래 몽골 100대 기업으로 선정되고 있다.

4. 에르데네스 타반톨고이 현황

타반톨고이Tavan Tolgoi 광산은 현재 세계 최대규모의 유연탄 광산으로, 확인된 매장량이 74억 톤(제철용탄 65%)인 몽골의 16대 전략광산 중 하나이다. 몽골 남부지역 우문고비 아이막에 위치하고 있으며, 연평균 100만 톤 가량의 석탄을 채굴하여 중국에 전량 수출하고 있다. 타반톨고이 석탄광산은 찬키Tsankhi, 보르톨고이Bortolgoi, 보르틱 Borteeg, 우르속Oorsog, 온츠하라트Onch Kharaat, 우하후닥Ukhaa Khudag의 6개 지역으로 구성된다. 이 중 찬키지역은 제철용 코크스탄 매장량이 가장 많은 지역으로, 외국투자자들과 투자협상의 주요 대상 이다.

　본 광산은 호주의 BHP Billiton이 처음으로 광업권을 취득했다. 1998 년 몽골회사로 넘어갔다가 에너지 리소시스Energy Resources 사를 거쳐 몽골정부에 귀속되었다. 몽골정부는 라이선스 유지 및 개발자

---

20 Centerragold, 같은 책, 27쪽.

선정을 위해 2010년 '정부의결안 제266호'를 통과시켜 국영회사인 Erdenes MGL LLC를 설립하였다. 이 국영회사를 통해 전략광산에 대한 정부지분을 소유하며 개발과정을 담당하게 되었다. Erdenes MGL LLC는 에르데네스 타반톨고이Erdenes Tavan Tolgoi, 에르데네스 오유톨고이Erdenes Oyu Tolgoi, 두 개의 자회사를 소유하고 있으며 이 자회사들을 각각 오유톨고이, 타반톨고이 광산개발에 참여하고 있다. 현재 타반톨고이 광산을 운영하고 있는 것은 '에르데네스 타반톨고이'이다. Erdenes MGL LLC의 설립목적은 몽골 국민들과 자원을 공동소유 한다는 것으로 현재 에르데네스 타반톨고이 지분의 20%는 국민들에게 1인당 1,072주씩 배분하였고, 10%는 몽골기업들에게 매도하였다.

2008년 12월 몽골정부는 타반톨고이 찬키 블록 1광구 개발을 위한 사업자 선정을 위해 몽골 측 지분율을 51% 이상으로 하는 국제입찰을 승인하였다.[21] 이에 따라 한국, 러시아, 일본, 중국, 인도, 브라질, 호주, 미국 등 10개 국가의 기업들이 15개 컨소시엄을 구성하여 입찰에 참여하였다.[22] 한국은 광물자원공사를 필두로 한국전력, LG상사, 대우인터내셔널, 포스코, STX, 경남기업 등 7개 기업으로 구성된 컨소시엄이 일본, 러시아의 6개 기업과 함께 3국 합동 컨소시엄을 구성했다.[23] 입찰결과, 한-일-러 컨소시엄, 중국-일본 컨소시엄, 미국, 브라질, 룩셈부르크, 호주 등 6개 투자자가 우선협상대상자로 선정되었다.[24]

21 한국수출입은행(2011)『몽골 타반톨고이 입찰자 선정결과』, 1쪽.
22 한국수출입은행(2012)『지역이슈분석 2012-18』, 120쪽.
23 위와 같음.

그러나 몽골정부는 우선협상대상자가 아니었던 중–일 컨소시엄(지분율 40%), 러–몽 컨소시엄(36%), 미국(24%) 3개 업체를 최종개발자로 선정했다. 최종개발자로 선정된 컨소시엄 또한 2011년 9월, 국가안전위원회에서 부결시켰다. 51%의 지분율이 몽골에 보장되어야 한다는 몽골정부의 입찰자 선정방침에 비해 몽–러 컨소시엄의 지분율 34%가 너무 적다는 것과, 우선협상대상자가 아닌 컨소시엄이 최종개발자로 포함된 점 등을 부결 이유로 들었다.[25] 그러나 이와 같은 주장은 국제입찰 진행과정에서 당시 여론에 따른 몽골정부의 입장이 바뀐 것으로 볼 수 있다. 노천채굴 광산인 타반톨고이 광산은 몽골정부와 몽골 기업들의 능력으로 개발이 가능할 것으로 판단했고, 입찰을 부결시킨 이후 타반톨고이 광산지분의 20%를 국제주식시장에 상장시켜 30억 달러의 개발자금을 확보한다는 계획을 추진했으나, 여의치 않자 다시 국제입찰을 시도하였다. 2014년 몽골정부는 2013년 이후 지속되고 있는 경제불황을 타개하기 위하여 타반톨고이 입찰자 선정에 적극적으로 나서기 시작하며 입찰조건을 발표했다. 그러나 입찰조건은 지난 2008년의 경우보다 더욱 까다로워져 그때만큼 많은 해외기업들의 활발한 참여가 어려워졌다. 주요 입찰조건을 살펴보면, 첫째, 몽골기업이 전체지분의 51%를 보유할 것,[26] 둘째 외국인 투자자의 경우 2년 6개월 이내에 3천만 톤 규모의 세탄시설을 건설할 것,[27]

---

24 위와 같음.

25 한국수출입은행(2011), 『몽골 타반톨고이 입찰자 선정결과』, 2쪽.

26 대외경제정책연구원, http://blog.naver.com/richardkang/220255141010에서 재인용(2016년 5월 28일 검색).

셋째, 현재 타반톨고이 광산을 보유하고 있는 국영기업인 에르데네스 타반톨고이가 중국 찰코Chalco 그룹에서 빌린 1억 1,500만 달러를 청산할 것,[28] 넷째, 타반톨고이 - 가슌수하이트Gashuunsukhait 구간 철도를 건설하고 30년 후 몽골정부에 지분의 51%를 무상양도 할 것 등을 입찰조건으로 제시했다.[29]

이와 같은 까다로운 입찰조건과 석탄가격의 국제시세 하락, 지난 입찰과정에서 드러난 몽골정부의 대응에 따른 신뢰도 하락 등의 원인으로 입찰에 참여한 기업은 적을 수밖에 없었다. 그러나 계속되는 경제위기를 타개할 수 있는 유력한 방안으로 떠오른 타반톨고이 국제입찰에 대한 몽골정부의 적극적인 활동으로 2014년 12월, 새로운 입찰자가 선정되었다. 중국의 센화 에너지Shenhua Energy, 일본의 수미모토Sumimoto, 몽골의 에너지 리소시스Energy Resources, 미국의 피바디Peabody 등 4개 업체가 참여한 국제입찰에서, 중국(센화)-일본(수미모토)-몽골(에너지 리소시스) 컨소시엄이 선정되었다. 그러나 2015년 초부터 시작된 몽골정부와 투자자들의 협상은 아직 타결되지 못하고 있다. 특히 2016년 6월 몽골의 정권이 교체됨에 따라 새로운 정부에 의해 설정될 협상원칙과 해당 광산에 대한 정부방침의 변화가 불가피해졌다. 이에 따라 몽골경제에 큰 활력을 불어넣을 수 있는 본격적인 투자금 유입과 구체적인 개발 시기 또한 미정된 상태이다.

---

27 위와 같음.

28 위와 같음.

29 위와 같음.

5. 평가와 전망

2008년부터 2011년까지 세계최대의 유연탄 광산인 몽골 타반톨고이 입찰과정은 과거 오유톨고이 사례와는 다른 방식으로 진행되었다. 거대 다국적 광산개발기업이 직접 협상에 참여했던 오유톨고이 사례와는 달리, 타반톨고이 투자자 선정은 몽골 주변국을 비롯한 여러 나라들 소속 기업들이 컨소시엄 형태로 참여했다. 동 광산의 개발참여를 위해 각국 정상들과 외교당국의 노력도 치열하게 전개되었다. 한국은 당시 몽골이 중국, 러시아, 일본, 미국 등 강국들과 정치·경제적으로 밀접한 관계를 유지하고 있었던 점을 감안하고 주요 수요처 확보 및 러시아로의 유통로 개발 등을 고려하여 일본, 러시아와 컨소시엄을 맺어 입찰에 참여했었다. 그러나 몽골정부는 몽골기업이 직접 지분을 가지고 광산개발에 참여하는 것이 몽골 경제발전에 더욱 큰 이익이 될 것이라 판단하여 러시아-몽골 컨소시엄을 최종 입찰사로 선정했었다. 1차 우선협상대상자에 선정되었다가 뚜렷한 근거 없이 탈락하게 된 한국, 일본, 중국, 미국 등은 크게 반발했으나, 몽골의 전략적 선택을 뒤집을 수는 없었다. 그러나 몽골정부는 이와 같은 주변국들의 반발을 의식하여 미국, 중국, 러시아, 일본 등에는 사전에 양해를 구한 것으로 알려졌다.

타반톨고이 입찰과정에서 펼쳐진 치열한 외교전도 주목할 만하다. 한국의 경우, 우선입찰자 선정 직전, 이명박 대통령이 몽골에 방문하여 해당 자원개발 분야를 포함한 다양한 분야에서의 양국 간 협력방안 논의를 겸한 정상외교를 통해 타반톨고이 입찰선정을 독려했으며, 러시아는 몽골에 대한 유류(주로 경유) 수출량을 큰 폭으로 줄여 몽골에 유류파동위기를 초래하는 등 고도의 압박전술을 구가했다. 다급해진 몽골은 대통령을 비롯한 유력 정치인들과 고위관료들이 러시아에 연이어 방문하며 위기 수습에 적극 나섰다. 이 과정에서 러-몽 컨소시엄에 대한 논의가 이루어졌으리라 짐작할 수 있다. 중국의 경우, 몽골의 주요 교역 대상국이며 입찰과정 당시 이미 몽골 외국인직접투자 총액의 과반을 점하고 있었다. 몽골경제 또한 중국에 깊게 예속되어 있는 상황에서, 입찰결과 발표 시기 즈음에 중국과 몽골 총리 간에 광물자원 개발에 대한 협력방안 구상 논의가 지속되었다. 양국 총리는 몽골의 주요 광산개발과 에너지 분야 발전을 위해 중국이 몽골에 5억 달러의 차관을 제공하는 내용의 협정서에 서명했다.[30] 이와 더불어 양국 관계를 전략적 동반자 관계로 격상한 것은 다분히 입찰자 선정을 염두에 둔 중국의 전략적인 포석이라 할 수 있을 것이다. 입찰자 선정결과 발표를 앞둔 2011년 6월, 엘벡도르지 몽골 대통령의 미국 국빈방문 또한 이와 무관하다고 볼 수 없을 것이다. 미국은 2011년까지 FDI 1억 8,938만 달러를 투자한 국가로, 이는 중국과 유럽 국가들의 투자총액에 이은 세 번째 규모였다. 특히 1990년대 몽골-미국 간 군사동맹 협정을 체결하고 몽골의 사회기반시설 건설 프로젝트, 보건후생복지 개선, 빈곤퇴치 및 직업교육 환경개선, 에너지환경, 목축산업 현대화 등을 위해 미국에 밀레니엄 챌린지 코퍼레이션Millennium Challenge Corporation을 설립했고, 몽골에 밀레니엄 챌린지 어카운트(MCA: Millennium Challenge Account)를 공사형태로 설립하여 자금을 지원하

---

30 차대운, "중·몽골 자원개발 협력. 5억달러 차관", 「연합뉴스」, 2011년 6월 17일자.

고 있다.[31] 미국은 타반톨고이 입찰자 선정을 앞두고 엘벡도르지 대통령의 방미기간 동안 미국의 '아시아 소사이어티'로부터 2011년도 위대한 국가 지도자상 수상을 지원하는 등의 영예도 안겨줬다.

BOX 1. 타반톨고이 1차 입찰과정에서 각국의 대몽골 외교활동

·한국: 광물자원공사를 필두로 7개 기업이 참여한 코리아 컨소시엄과 일본, 러시아 기업이 참여한 3국 컨소시엄을 형성하여 입찰 참여. → 수요처와 유통망, 낙찰 확률을 고려하여 컨소시엄 형성
2011년 8월, 입찰결과 발표를 앞두고 이명박 대통령이 방몽하여 포괄적 동반자 관계 수립. 이와 더불어 정치·경제 분야에서의 협력증진을 위한 MOU 체결. 타반톨고이 낙찰자 선정을 위한 한국정부의 자원외교 일환.
→ 한국, 1차 우선협상대상자에 선정되었다가 몽골 국가안전보장위원회의 부결 결정.

·러시아: 2011년 몽골에 대한 유류(경유)수출량을 줄여 몽골을 압박. 몽골에 유류파동위기 초래. 당시 경유 구하기가 어려워 일정량만 주유할 수 있는 쿠폰제 실시. 몽골은 대통령을 비롯한 정치인과 고위관료들이 러시아에 방문하여 위기수습. 타반톨고이 입찰자 선정과정에 압박을 가하기 위한 것으로 풀이됨.

·중국: 입찰결과 발표 즈음, 중국과 몽골 총리 간에 광물자원개발에 대한 협력방안 구상 논의 지속. 중국이 몽골에 5억 달러 차관제공. 양국 관계를 전략적 동반자 관계로 격상.

·미국: 2011년 6월, 입찰자 선정결과 발표를 앞두고 엘벡도르지 몽골 대통령 국빈 초청. 방미 기간 중 미국의 '아시아 소사이어티'로부터 2011년도 위대한 국가 지도자상 수상. 미국, 1990년대 이후로 몽골-미국 간 군사동맹 협정 체결하고 몽골의 사회기반시설 건설 프로젝트 지원, 보건후생복지 개선, 빈곤퇴치 및 직업교육 환경개선, 에너지 환경, 목축산업 현대화 등을 위해 미국에 밀레니엄 챌린지 코퍼레이션을 설립하고 이에 근거해 몽골에 밀레니엄 챌린지 어카운트(MCA)를 공사형태로 설립하여 꾸준히 자금을 지원해 왔음.

---

31 Millennium Challenge Corporation, https://www.mcc.gov/where-we-work/country/mongolia(2016년 8월 12일 검색).

이후 몽골은 자체적으로 타반톨고이 광산을 개발한다는 명분을 들어 2011년 국제입찰 결과를 부결시켰다. 그러나 위와 같이 주요 관계국들의 광산입찰을 둘러싼 외교전의 결과로 간주하는 것이 개연성이 높아 보인다. 특정 나라를 서운하게 하기 어려운 처지임을 감안한 몽골이 이와 같은 선택을 했다는 것이다. 이후 매해 개최되던 한·몽 자원협력위원회 개최와 한국의 대 몽골 EDCF 자금지원도 2015년까지 중단되었다.

몽골 정부는 타반톨고이 개발을 위한 투자금 조달이 어려워 경기침체가 가시화되던 2014년에 이 광산에 대한 국제입찰을 재시도하였다. 그 결과로 2014년 10월, 중국의 센화 에너지, 일본의 수미모토, 몽골의 에너지리소시스 컨소시엄이 선정되었다. 그러나 아직 몽골정부와 외국 투자자들 사이에 구체적인 조건 등에 대한 협상은 타결되지 못한 것으로 알려져 있으며 투자자금 유입 시기도 정해지지 않은 상태이다.

이렇듯, 한국이 몽골에서의 자원개발에 성공적으로 참여하기 위해서는 타반톨고이 입찰과정에서 드러난 입찰 참여국들의 외교전을 상기해야 할 것이다. 비단 몽골뿐만 아니라 해외 광산개발 사업에서 성공 가능성을 제고하기 위해서는 해당 광산의 규모와 국익에 미치는 영향 등을 고려하여 그에 걸맞은 외교적 노력 또한 수반되어야 할 것이다.

III. 한국 기업 진출 현황과 성과

1. 진출 현황 및 성과

한국과 몽골이 수교를 시작한 이래, 한국은 몽골 자원개발 분야에 민간 기업들을 중심으로 꾸준히 진출하였다. 현재까지 총 69개 사업에 진출하였으나, 2015년 현재 총 19개 사업이 진행 중이다. 〈표 4〉에서 볼 수 있듯이, 몽골에서 진행 중인 대부분의 프로젝트는 금광이다. 금광의 경우 막대한 매장량을 지닌 여타 광산에 비해 개발자금이 상대적으로 적게 들고, 유통로 확보에 대한 부담이 적은 데다 투자유치가 용이한 까닭에 기인한 것으로 보인다. 그러나 개발 및 생산에 착수하여 두드러진 성과를 낸 사례는 현재까지 찾아보기 어렵다.

〈표 3〉 몽골 자원개발 한국기업 참여 프로젝트 현황(2015년)

	진행 중인 프로젝트			중단	종료	계
	탐사	개발	생산			
프로젝트	12	4	3	37	13	69

자료: KORES(2015), 「Bilateral Cooperation between Korea and Mongolia in Mineral Resources」, p.11.

〈표 4〉 광종별 한국기업 참여 현황(2015년)

광종	금	유연탄	형석	구리	기타	계
프로젝트	25	12	10	8	14	69

자료: KORES(2015), 「Bilateral Cooperation between Korea and Mongolia in Mineral Resources」, p.11.

현재 몽골 자원개발 분야에서 진행되고 있는 프로젝트 중, 외국기업들에 비해 미비하지만 소기의 성과를 거두고 있는 기업으로 후성과 삼성물산, 포스코의 현지법인을 꼽을 수 있겠다. 후성은 몽골에 현지법인 헤를렝임팩스Kherlen Impex LLC를 설립하여 돈드고비 아이막 아이락 솜에서 형석광산(탐사권)을 매입하는 한편, 형석가공 공장을 설립하여 운영하고 있다. 형석광산 매입과 가공공장 설립에 1,600만 달러를 투자하였다. 현재 보유하고 있는 형석광산에 대한 개발에 착수하지는 않았지만, 몽골 내 형석을 매입하여 가공공장을 통해 고품위 분말제품으로 재생산하고 있다. 2014년 4월 생산물의 수출을 시작했으며, 2015~17년 사이 10만 톤의 형석분말을 한국으로 수출할 예정이다.

삼성물산은 오유톨고이 광산 이전에 몽골 최대의 구리광산이었던 러시아-몽골 합자회사인 에르데넷 광산의 구리정광 유통사업에 진출하여 성과를 거두고 있다. 1992년부터 현재까지 에르데넷 광산에서 생산되는 구리정광을 구매하여 중국 제련소에 판매하고 있으며, 연 10만 톤의 구리정광을 중국에 수출하고 있다.

2010년에 몽골에 진출한 포스코는 자원개발 및 코크스 플랜트 건설 가능성 등을 모색하며 몽골에서 관련사업을 추진 중이다. 2011년 타반톨고이 석탄광산 입찰에 코레스 컨소시엄을 통해 참여했고, 몽골 대기업인 MCS 사와 코크스 플랜트 건설 및 운영 프로젝트에 몽골 현지 대기업인 MCS 사와 공동으로 추진할 계획이다. 석탄가스화 DME 플랜트 건설 및 운영 프로젝트 또한 MCS 사와 공동으로 추진하여 2016년 현재 기술사 선정과 몽골정부의 사업인허가 절차를 진행 중에 있다.

이와 같이 몽골에서 성과를 거두며 프로젝트를 진행해 나가는 경우도 있으나 대부분의 경우, 소규모 광산에 개인사업자나 중소기업이 진출하여 활동하는 경우가 다수이며 이 회사들 중 성공적으로 개발에 성공하여 생산하고 있는 경우는 거의 없다. 몽골 자원개발에 진출한 한국기업 중에서 공기업인 대한석탄공사와 한국주식시장에 상장된 기업들이 직접 광산개발에 참여한 사례를 살펴보면 다음과 같다.

대한석탄공사는 2010년 몽골 서북부 웁스 아이막에 위치한 누르스트 홋고르nuurst husguur 석탄광산을 인수하였다. 당시 사업타당성조사 보고서에 따르면, 총 면적 12,873.46ha, 가채매장량 7,600만 톤, 평균 탄질 7,000kcal/kg, 평균 영업이익율 22.9%를 전망했다.[32] 사업 보고서에는 5년 3개월이면 배당소득에 투자지분을 모두 회수하는 계획으로 연도별 당기순이익은 2011년 8억 원, 2012년 32억 원, 2013년 55억 원이 제시됐다.[33] 향후 생산량을 연 100만 톤씩 증대시켜 76년간 7,600만 톤을 생산할 계획이었다. 석탄공사는 당시 한국업체인 선진, NRD와 함께 석탄공사 지분이 60%인 (주)한몽에너지개발을 설립해 1,000만 달러를 들여 홋고르 탄광지분 51%를 인수하고 차입금 234억 원을 지급보증했다.[34]

한몽에너지개발은 2011년 8만 5,921톤, 2012년 1만 4,768톤, 2013년 1,340톤 등 2011~13년까지 모두 10만 2,029톤의 석탄을 생산했지

---

32 박완주의원실(2015), 「2015 국정감사보도자료」, http://blog.naver.com/with-wanju/220487546459. (2015년 9월 27일 검색)

33 위와 같음.

34 위와 같음.

만 판매량은 8,811톤에 불과했다.[35] 처음에 홋고르 탄광을 개발할 때, 한몽에너지개발은 2011년부터 생산된 석탄을 러시아 알타이 지구와 투바공화국, 중국 신장위구르, 몽골에 공급할 예정이었다.[36] 그러나 러시아와 중국으로의 수출이 어려워지고, 몽골 내부에서도 생산된 석탄을 판매할 곳을 찾지 못했다. 결국 생산비용만 들어가고 전체적으로 손해를 입는 상황이 되어, 해당 광산은 현재 석탄생산을 중단하고 있다. 한몽에너지개발은 해당 광산을 매물로 내놓았으나, 매입하고자 하는 기업이 없어 2014년 현재, 293억 원의 손해를 입고 있다.[37]

한국광물자원공사는 세계최대유연탄광인 타반톨고이 개발사업에 컨소시엄 형태로 참여하였다. 한국광물자원공사를 포함한 7개 기업으로 구성된 한국기업 컨소시엄이 일본, 러시아의 6개 기업과 함께 3국 합동 컨소시엄을 구성하여 입찰 제안서를 제출하였다. 입찰 결과, 한-러-일 컨소시엄, 중국(센화그룹)-일본(미쓰이) 컨소시엄, 미국(피바디), 브라질(발레), 룩셈부르크(아르셀로미탈), 호주(엑스티라타) 등 6개 투자자가 우선협상대상자로 선정되었다. 그러나 2011년 9월, 몽골 국가안전위원회에서 타반톨고이 유연탄 광산개발자 선정안 자체가 부결되었다.

휴대폰 부품을 생산하는 한국 업체인 한성엘컴텍은 2007년 11월, 몽골 현지에 자회사인 AGM마이닝을 설립하여 같은 해 12월 토롬콘

---

35 위와 같음.

36 국정감사자료, http://imaginegreen.tistory.com/831(2015년 3월 7일 검색)

37 이동희, "황금알이라더니… 석탄공사, 쓴맛만 보고 몽골 탄광사업 철수", 「뉴스1」, 2014년 7월 7일자.

광산 금광 탐사권을 100만 달러에 취득했다. 2008년 1월 한성엘컴텍은 몽골에 보유한 금광의 가채매장량이 31만 8,000온스로, 당시 금 시세로 환산하면 2,700억 원에 달한다고 발표했다. 이후 호주의 광산탐사 및 평가업체인 마이크로마인(MMC)에 의뢰하여 해당 광산에 당시 금 시세로 4,000억 원이 넘는 11톤에 달하는 금이 존재한다는 보고서를 받았다. 그러나 2009년 5월, 해당 광산에 대한 개발권(채굴권) 승인을 받았으나 2011년 6월 광산 매각 시까지 채굴결과는 나오지 않았다. 결국 2011년 6월 해당 금광을 보유한 자회사 AGM마이닝의 지분을 몽골회사에 전략 매각하고 몽골에서 철수했다.

자원개발 전문기업으로서 몽골에서 대규모 금광사업을 진행하겠다고 공시하였던 글로웍스는 2010년 3월, 몽골 보하트 광구 개발사인 랜드 몽골리아를 자회사로 편입해 금광개발을 시작했다. 이후 텅스텐 광산계약을 체결했다고 언론에 발표하는 등 몽골 광산개발에 적극 진출했음을 널리 알렸다. 글로웍스 대표는 몽골 금광개발 투자로 향후 회사의 매출이 크게 증대될 것으로 기대된다는 내용을 공시하여 회사의 주가를 끌어올렸다. 회사 측은 몽골사업이 차질없이 진행중이라는 입장을 밝혔지만, 2010년 12월 코스닥 시장에서 자본잠식률 50% 이상, 매출액 30억 원 미달 이라는 사유로 관리종목으로 지정되었다. 이후 2013년 6월, 몽골 금광개발 투자로 매출을 올릴 것이라는 거짓 내용을 공시하여 주가를 끌어올려 부당이익을 획득한 혐의로 해당 회사의 대표는 대법원에서 징역형을 선고받았다.

소프트웨어 업체인 핸디소프트는 2009년 몽골 나린후덕 지역에 위치한 구리광산의 탐사권을 보유한 MKMN의 지분을 인수했다. 핸디

소프트는 MKMN 지분 51%를 취득하는 데 290억 원이 소요된 것으로 회사에 보고하였으나, 일부 자금을 횡령한 것으로 밝혀졌다. 결국 회사 대표는 재판을 받아 징역형을 선고받았고, 회사는 한국 주식시장에서 상장 폐지되었다. 이를 계기로 한국 증권시장에는 광물자원개발 분야에서 개발권이 아닌 탐사권 취득 및 탐사결과와 관련하여 공시를 못하게 하는 제도가 도입되었다.

2. 평가와 전망

한국기업들이 몽골 광산개발 분야에서 큰 성과를 거두지 못한 가장 큰 요인을 몇 가지로 분류하면, 몽골 광산에 대한 경험과 정보의 부족, 몽골정부 및 현지인들과의 협상력 미비, 그리고 자금력 부족과 장기적인 비전의 부재 등을 들 수 있겠다.[38] 몽골 광물청에서 보유하고 있는 광산 자료는 대부분 사회주의 시절 구소련에서 조사한 자료를 바탕으로 하고 있다. 구소련의 조사방법은 오늘날 캐나다, 호주, 미국 등 자원개발 선진국들이 조사하는 방법과 차이가 있다. 실제로 몽골 광물청에서 나온 자료와 실제 개발을 시작했을 때 나오는 광물구성비와 매장량 같은 결과물의 차이가 큰 것으로 알려져 있다. 대규모 투자가 필요한 광물자원의 경우, 해당 기업들의 대다수는 호주나 캐나다 업체에 다시 탐사를 의뢰하여 나온 데이터를 바탕으로 투자계획을 세우게 된다. 그러나 광산주의 입장에서는 탐사 결과가 기존의 데이터에 못 미칠 경우, 손해를 만회할 길이 없기 때문에 계약완료

---

38 박정후(2016), 「한국-몽골 광물자원 협력현황과 발전전망」, 『대외경제 전문가풀 발표자료』, 대외경제정책연구원, 15쪽.

전의 탐사를 무척 꺼려하는 경향이 있다. 탐사권의 경우, 중소기업 혹은 개인회사가 소유한 광산이 많지만 광산주들의 이러한 태도는 합리적인 가격 혹은 방법으로 광산거래를 불가능하게 한다. 따라서 광산 투자의 경우 계약과정에서부터 협상을 잘 이끌어가는 것이 필요하다.

전략광산을 제외한 대규모 몽골광산의 경우 몽골 대기업들이 소유하고 있는 경우가 대부분이다. 이들 대기업의 경우에는 직접 해외 탐사업체에 의뢰하여 국제적으로 공인된 데이터를 제시한다. 그러나 성공 가능성이 높은 광산일수록 전부를 양도하는 것보다는 개발자금 마련을 위한 일부 지분의 매수를 제시한다. 따라서 광산 취득부터 투자유치, 개발과 생산에 이르기까지의 계획수립 단계에서는 성공 가능성이 높은 광산일수록 현지 회사와 협업을 해야 할 경우가 발생한다. 이 경우 한국기업들은 현지인 회사와의 갈등으로 인하여 당초 개발계획마저 백지화시켜버리는 경우가 종종 발생한다. 안정적인 광산의 운영을 위하여 현지기업들과 협업을 지향하는 타국 기업들의 사례들과 근로자의 일정 비율을 현지인으로 채용해야 하는 몽골 관련법 등을 고려했을 때, 현지인들과의 협업이 성공 가능성을 제고하는 좋은 방법이라는 것을 인지해야 할 것이다.

몽골 현지의 상황을 고려하지 못하고 광산개발에 참여하였다가 예상보다 오랜 시간과 자본이 소요되어 포기에 이르는 경우가 많다. 예를 들어, 광산개발에 필요한 각종 인허가를 취득하고 개발 준비를 진행함에 있어서 몽골 광물청뿐만 아니라 해당 광산이 있는 아이막과 솜[39] 등 지방정부의 허가와 편의제공도 필요하기 때문에 처음 예상보다

시간이 오래 걸리게 된다. 또 몽골 기술자들과 일을 해본 경험이 없는 한국의 기업들은 광산개발 현장에서 몽골과 한국의 기술자들이 일하는 방법과 형태가 달라 어려움을 겪게 된다. 이와 같은 어려움들은 결국 광산개발에 소요될 것으로 예상된 시간과 비용을 증가시키고 계획보다 투자액이 비약적으로 늘어나게 된다. 결국 늘어나는 투자금액을 감당하지 못한 한국 현지기업들은 광산개발을 포기하거나 해당 광산을 매물로 내놓기 마련이다.

몽골에서뿐만이 아닌 광산개발 사업 자체가 가지고 있는 리스크는 다른 사업보다 큰 것으로 알려져 있다.[40] 그러나 이러한 리스크를 감당할 수 있고, 장기적인 투자와 운영을 할 수 있는 한국의 대기업들은, 한국정부의 투자와 지원에도 불구하고 해외 광산개발에 적극적으로 참여하지 않고 있다. 이들은 안정적인 원자재 수급이 필요할 때에는 기존의 거래처를 통해 수급 물량을 추가로 확보하거나, 개발이 진행되고 있는 광산을 인수, 혹은 지분참여 등의 방법을 통해 광산 직접개발에

---

39 한국의 道와 郡에 해당.

40 세계 2위의 광산개발 다국적기업인 리오틴토 사의 CEO 샘 월시에 의하면, 광산 프로젝트별 탐사에서 개발, 생산에 이르기까지 평균 27년이 걸린다고 한다. 그는 인터뷰를 통해 "장기적인 광물개발을 보고 장기투자를 한다. 이를 위해 정확한 회사의 비전이 필요하다. 즉, 낮은 비용으로 장기간 광산을 운용하면서 사업을 확장해야 한다. 이를 위해 회사의 재무건전성이 담보되어야 한다. 그래야 시장이 안 좋을 때에도 계속적인 투자가 가능하다. 그리고 주주들의 단기실적에 대한 압박을 막아주는 이사회의 지지가 필요하다"고 언급했다(박용범·이덕주, "세계2위 광산기업 리오틴토, 140년의 비밀", 「매일경제」, 2016년 5월 20일자.)

따른 리스크를 최소화해 왔다. 오히려 한국의 대기업보다는 중소기업과 개인들이 몽골을 비롯한 해외광산개발에 적극적으로 참여하는 경우가 많다. 그러나 몽골광산개발에 참여한 기업들의 대부분은 광산개발을 전문으로 하는 기업이 아니었다. 결과적으로 이러한 기업들이 몽골에서 광산개발 사업을 시작하여, 예상외로 소요되는 시간과 자금, 그리고 전문성 부재 등의 어려움을 겪고 실패하는 경우가 빈번하다.

몽골정부의 관련 법 규정 및 제도의 빈번한 개정도 또한 큰 문제이다. 과거 타반톨고이 입찰 때도 그랬고, 오유톨고이 사례를 봐도 알 수 있듯이, 지난 정부의 합의와 계약내용을 새정부가 들어서자 법을 바꿔 계약내용을 변경하려고 시도하는 등 몽골정부의 신실하지 못한 태도가 시장의 신뢰를 잃게 하는 큰 요인으로 작용하고 있다. 또한 광산개발 회사들로 하여금 광산개발 및 생산과정에서 인근의 도로 및 철도 인프라를 구축하도록 법을 개정하는 등 관련 규정과 제도의 변화는 몽골 자원개발의 큰 어려움으로 작용하고 있다. 게다가 몽골 자원의 최대 수요국인 중국의 경기침체와 에너지·광물자원의 국제시세 하락으로, 현재 몽골 국내외 기업에 의해 진행되던 광산프로젝트도 추가투자 및 개발을 보류하는 상황에 이르고 있다. 이러한 몽골의 내·외부적인 환경과 여건의 변화는 한국기업들로 하여금 탐사 및 개발자금 집행을 보류하게 하는 요인으로 작용한다.

IV. 진출여건 분석 및 접근방식 비교

1. 진출여건 SWOT 분석

이와 같이 몽골 광물자원개발 분야에서 두드러진 성과가 없었음에도 불구하고 해외광물자원의 수입·가공을 통한 수출을 기반으로 하는 한국의 경제모델을 고려했을 때, 안정적인 자원 수급을 위한 해외자원 개발 사업은 동 지역에서 꾸준히 진행되어야 할 것이다. 유통로 확보 등의 제반 어려움이 상존하나 더욱 여건이 좋지 않은 나라들도 몽골 자원개발에 적극적인 태도를 보이는 것을 상기했을 때, 한국은 상대적으로 몽골과의 자원개발 협력의 여지와 필요성이 충분히 높다.

〈표 5〉를 통해 몽골 광물자원 분야로의 진출여건을 살펴보면, 국제시세보다 낮은 광산 허가권 매입 가격과 광물 자원개발에 특화된 인력들의 존재한다. 아울러 광산개발부터 개발 이후 광해방지 단계까지 자세히 규정된 법과 제도, 투자안정법 등 외국인 투자의 안정성 담보를 위한 법적 장치의 제공 등을 고려하면 몽골 자원개발 분야로의 진출 당위는 더욱 높아진다. 비록 생산된 광물자원의 유통경로가 중국, 러시아를 거쳐야 하는 등 한정되어 있는데다 생산된 광물의 수요처로 중국을 선택했을 때, 중국의 경기부침에 따라 수요량이 변동할 수 있다는 점을 고려하면 계획적인 사업 진행이 어려울 수도 있다. 그러나 최근 중국의 경기가 되살아나고 몽골에서 주로 생산되는 구리, 석탄 등 원자재의 국제시세가 가파르게 상승하고 있는 실정이다. 아울러 일본과의 경제동반자협정(EPA: Economic Partnership Agreement) 체결 및 최근 한국정부와의 경제동반자협정(EPA) 체결 합의에

따라 몽골에서 생산되는 광물의 유통로가 한층 안정적으로 개설될 개연성이 높아졌다. 물론 몽골 현지 정부의 광물자원 분야에 대한 관련 법률의 잦은 변경과 정권이 바뀔 때마다 광업정책의 기조와 방향 등이 다소 변경되는 것은 진출기업들에게 위협요인으로 작용할 소지가 있다. 그러나 과거 몇 해 동안에 걸친 오유톨고이, 타반톨고이 광산 협상과정을 통해 몽골의 관련 법률과 제도 등의 정비가 완료된 상태이고, 광산개발 분야에 해외투자를 유치하여 경제발전을 이룬다는 몽골의 정책기조는 정권의 성격과 관계없이 지속되고 있다. 따라서 몽골의 국내 상황과 광물자원 분야로의 진출 여건을 충분히 고려하여, 몽골 광물자원 분야로의 진출방안을 모색해야 할 것이다.

〈표 5〉 몽골 광물자원 분야 진출 여건(SWOT)

강점(Strength)	약점(Weakness)
·국제시세 보다 낮은 광산 개발권 매입 가격 ·광물 자원개발에 용이한 인력제공과 법제도 완비 ·안전협정 등 외국인 투자의 안정성 담보를 위한 법적 장치 제공	·생산된 광물자원의 유통경로가 한정되어 있음 ·주요 수요처인 중국의 상황에 따라 광물자원의 유통 물량에 변동이 생김
기회(Opportunity)	위협(Threat)
·주요 수요처인 중국의 경기 개선 ·구리, 석탄 등의 국제시세가 상승함에 따라 사업 타당성이 높아졌음. ·일본과의 EPA협정 체결, 한국과의 EPA협정 체결 합의로 생산된 광물자원의 새로운 수요처와 유통경로의 발굴	·관련 법률의 잦은 변경 ·주요 정당들이 지향하는 광물자원 개발 정책 방향에 차이가 있음.

2. 접근방식 비교 및 한계

앞서 해외 다국적기업들의 몽골 광물자원 분야에서의 성공사례를
살펴보았을 때, 한국과는 다음과 같은 접근 방식의 차이와 특징을
지니고 있다.

첫째, 몽골에 진출한 다국적기업의 대부분은 자원개발 및 유통
전문기업으로, 세계 각국으로의 진출경험과 성과 등을 이미 보유한
기업들이다. 세계적인 구리광산인 오유톨고이 사례를 통해 보았듯이
여러 해 동안의 투자와 탐사, 몽골정부와의 협상을 통해 끝내 개발에
성공한 기업은 탐사전문기업인 캐나다의 아이반호 마인즈였다. 이어
해당 광산의 경제성과 가치를 확신하고 아이반호 마인즈로부터 오유톨
고이 광산지분을 인수한 기업은 호주의 세계적인 광물자원개발 기업인
리오틴토였다. 이 회사들은 천문학적인 개발자금을 투자하는 한편,
몽골정부와 여러 해 동안 협상을 계속했다. 유통로 발굴의 어려움을
비롯한 기나긴 여정에도 불구하고, 리오틴토가 그간 세계 곳곳에서
보여준 성과들과 개발 노하우 등은 회사 주주들의 지지를 이끌어
결국 세계적인 금·구리 광산개발에 성공하게 되었다. 한국도 자금력과
기술력 확보가 가능한 대기업들을 중심으로 몽골을 비롯한 해외자원개
발 분야에 직접 참여하는 방안을 강구해야 할 것이다. 다만, 당장
성과를 내기 힘든 광물자원개발의 특수성을 감안하고 동 사업이 지니
는 리스크를 감내할 수 있도록 장기적인 비전을 제시하고 이에 따른
진행계획을 마련해야 할 것이다.

둘째, 개발투자 단계부터 생산된 광물의 수요처를 확보하고 있다.
몽골과 접경하고 있으며 생산된 대부분 광물들의 수요처인 중국의

경우, 자국의 국영광산개발 회사에 의해 이미 수요처를 확보한 경우가 대부분이다. 타반톨고이 광산에서 생산되는 석탄 대부분은 이미 중국에서 소비되고 있으며 대부분 제철회사, 난방용 발전소 등에 공급된다. 오유톨고이 광산이나 센테라 골드 사가 보유한 금광산에서 생산되는 금, 구리정광 또한 대부분 중국에서 사들이고 있다. 유통경로 등을 고려했을 때 해당 광물을 생산하는 회사로서는 가장 큰 이윤을 남길 수 있는 구조이기 때문이다.

한국 기업들의 경우에도 몽골 광물자원개발 분야에 진출한 회사들은 중국을 주요 수요처로 삼아 광산개발사업에 진출하고 있다. 그러나 대한석탄공사가 몽골 훗고르 석탄광산 개발과정에서 보여주었던 것과 같이 수요처에 대한 막연한 전망과 기대가 아닌, 구매의향서(LOI), 혹은 양해각서(MOU) 체결 등을 통해 공급가격 및 물량에 대한 사전협의 과정을 거치는 것이 광산개발을 위한 투자단계에서부터 필요하다.

셋째, 몽골에서 광물자원개발 과정에 필요한 몽골정부와의 협상력을 갖추고 있다. 몽골에서 세계적인 가치가 있는 광산은 이미 전략광산으로 분류되어 세금 이외에 몽골정부에 지분, 혹은 이에 상응하는 로열티 등을 지불하여야 한다. 비단 전략광산뿐만 아닌 일반광산을 개발할 경우에도 몽골정부뿐만 아니라 몽골의회, 지방정부, 지방의회 및 자원개발과 연계된 각종 법률조항 등을 고려하여야 한다. 따라서 지속적으로 몽골정부와 동 분야에 대한 의견 교환 및 교류 등을 통해 필요한 절차 등이 원활하게 진행될 수 있도록 노력하는 것이 필요하다. 앞서 몽골의 주요 전략광산들을 보유하고 현재 막대한 이윤을 창출하고 있는 센테라 골드 사의 경우, 자사가 보유한 전략광산에 대해 몽골정부가 일정 지분을 요구할 수 있는 법적 근거가 있음에도 불구하고 원활한 협상을 통해 지분이 아닌 이에 상응하는 로열티 지급에 합의함으로써 안정적인 경영권을 행사하고 있다.

몽골정부와의 협상채널 구축에 있어, 현지 대사관과 한국의 관계부처 등을 통한 외교적 차원의 지원도 필요하다. 즉, 자원외교의 대상이 될 광산과 방법 등을 명확히 분류하여 목표로 하는 프로젝트에 대해 양국 정부 차원의 관심이 유지될 수 있도록 하며 해당 프로젝트 성공을 위한 협력방안을 함께 강구하는 것도 좋은 방법일 것이다.

넷째, 수요처와 유통로 확보 및 안정적인 운영을 위해 타국 기업과 합자회사를 설립하여 진행하였다. 전술한 몇몇 해외 기업들의 경우, 몽골정부와 지분을 공유하고 있는 오유톨고이 광산을 비롯하여 유럽, 중국, 러시아 등의 대부분의 기업들이 몽골 현지기업, 혹은 몽골 국영기업과 합자형태로 광산개발에 착수하고 있다. 타반톨고이 입찰과정에서 알려진 바와 같이 규모가 큰 광산일수록 이러한 경향은 더욱 두드러진다. 2012년 말 기준으로 대몽골 누적투자 현황과 회사협력 형태를 살펴보면, 중국의 몽골 광업·에너지 분야의 투자비중은 71.9%이며, 총 5,520개 현지 법인 중 단독 72.2%, 몽골과 합자형태는 23.9%의 비중을 차지하고 있다.[41] 러시아의 경우, 총 투자 중 광업·에너지 분야에 64.9%의 비중으로 투자하고 있고, 총 641개의 현지법인 중, 단독회사는 36.2%, 몽골과의 합자회사 비중은 54.9%를 차지하고 있다.[42] 한국보다 유통망 확보 등에 더욱 어려움이 있는 일본의 경우

---

41 코트라(2015), 『해외시장뉴스: 몽골』, 7-8쪽.

여러 여건상 광업·에너지 분야의 비중은 2.7%에 그치고 있는 반면 무역·요식업의 비중이 48.5%를 차지하고 있다. 총 414개의 현지법인 중, 일본 단독회사의 비중은 32.9%, 몽골과 합자회사는 60.1%를 차지하고 있다.[43] 미국의 경우 대몽골 총투자액 중 광업·석유 분야에 45.9%, 무역·요식업에 23.6%의 투자비중을 차지하고 있다. 총 253개의 사업체 중, 미국 단독회사는 44.7%, 몽골과의 합자회사는 29.6%를 차지하고 있다.[44] 몽골의 정권교체 시마다 광물정책의 기조가 바뀌는 경향을 감안했을 때, 장기적이고 안정적인 운영을 위해서는 몽골 현지기업을, 수요처와 유통로 확보의 안정성을 제고하기 위해서는 러시아나 중국 기업들과 합자회사를 설립하여 개발 프로젝트를 추진하는 것도 적극 검토해야 할 것이다.

〈표 6〉 한국과 외국기업과의 접근방식 차이

	한국 기업	외국 기업
광물자원개발 경험	대부분 없음	대부분 있음
몽골정부와의 협상력	낮음	높음
수요처 확보	일부기업	대부분 확보
타국기업과의 합자여부	합자하는 경우가 드묾	전 분야에 걸쳐 일정비율 합자 (중국 23.9%, 러시아 54.9%, 일본 60.1%, 미국 29.6%)

---

42 코트라, 같은 책, 12-13쪽.
43 코트라, 같은 책, 17쪽.
44 코트라, 같은 책, 23쪽.

V. 한국-몽골 자원경제 협력을 위한 전략방안

1. 광물자원 분야에서의 협력방안

한국과 몽골의 자원개발 협력에 관한 정부차원의 논의는 1999년 김대중 대통령의 방몽을 계기로 시작되었다. 당시 개최된 '한·몽 산업자원회담'에서 몽골 자원분야에 대한 협력방안이 논의되었고, '한·몽 자원협력위원회'를 매년 개최하기로 합의하였다. 또 동년 11월 양국 정부간'자원협력협정'을 체결하여 에너지·광물자원의 개발협력 및 공동탐사, 생산 및 가공처리를 위한 공동 사업추진 및 기술협력을 확대 시행키로 하였다. '한·몽 자원협력위원회'가 출범한 1999년부터 마지막으로 개최된 2011년까지 양국은 동 위원회를 통해서 자원, 에너지, 환경분야 등에서의 협력방안을 논의했고, 정부, 기업 간 다양한 양해각서(MOU)가 체결되었다.

〈표 7〉 한·몽 자원협력위원회 개최실적 및 주요 내용

차 수	시기	개최	주요 내용
제1차	'99.12.	몽골	- 협력채널 가동을 통해 자원분야 중장기 협력 토대 마련 - 지자연과 몽골 지질광물자원연구소간 공동 연구 협력 MOU 체결
제2차	'01.11	몽골	- 자원개발협력조사 실시 합의 - 광물 분야 양국 기업인간 투자간담회 개최
제3차	'03. 6.	서울	- 동북아 에너지 실무협의체 구성 협력 합의 - 전력분야 협력 강화를 위한 몽골측 기술인력 연수 실시
제4차	'04. 5.	몽골	- 대규모 동, 금광산 개발 추진에 합의 - 산업협력 강화를 위하여 몽골측 가스인력 연수 실시
제5차	'05.12.	서울	- 자원협력위 합의사항 추진을 위한 실무회의 구성 합의

			- 에경연-ER&DC간 에너지협력 확대를 위한 협력MOU 체결
제6차	'06. 9.	몽골	- 에너지 및 광물자원 협력 합의의사록 서명 - 몽골 MAK사와 한(LS-Nikko, KORES)간에 MOU 체결
제7차	'07. 5.	울산	- 몽골의 대형 광업프로젝트와 한국의 참여 - 에너지 및 전력분야에서의 양국간 협력
제8차	'08.12.	몽골	- CBM&DME 개발협력 MOU 추진(가스공사) - "몽골 광물자원 유망부존지 선정" 공동연구 추진(지자연)
제9차	'09.11.	제주	- CBM 공급시범사업 추진 공동조사 합의서 체결(가스공) - 포스리-자원에너지부간 포괄적 공동연구 MOU 체결
제10차	'10.6	몽골	- 타반톨고이, 석탄개질, CBM, 광해방지 사업 등의 협력 방안 강구 - 몽골 원자력청장과의 면담을 통해 스마트 원전 건립 실무협의 및 원자력협력 MOU 체결 제안 등 원자력협력 전반 논의
제11차	'11.10	몽골	- CBM·CTL 분야 협력, 발전분야 협력, 희유금속 탐사확대, 광해방지 협력, 석탄을 가스로 전환하는 기술등에 대한 투자협력방안 논의 - 석유제품 생산, 청정 석탄기술 협력, 신재생·광해방지 분야 등에 대한 협력방안 논의

자료 : 산업통상자원부 보도자료, 해당연도를 참고하여 작성

해마다 개최되던 '한·몽 자원협력위원회'에서 논의된 사항들이 구체적으로 추진되어 거둔 성과는 미미했으나 2011년 몽골의 전략광산인 타왕톨고이 국제입찰결과 발표를 앞두고 양국 간 자원협력 논의는 활기를 띠기 시작했다. 이는 당시 한국광물자원공사(KORES)를 필두로 7개의 공기업과 대기업으로 구성된 한국 컨소시엄이 일본, 러시아와 함께 3국 공동 컨소시엄을 구성하여 입찰에 참여했기 때문으로 보인다.

2011년 3월, 한-몽 양국 정부는 에너지자원분야 협력을 위한 양해각서에 서명하고 에너지자원의 협력틀을 마련하였다. 아울러 협력의 범위를 신재생에너지 개발, 기후변화(CDM) 등으로 넓혀 정부 간 협력을 강화하기로 했다. 양해각서의 주요내용은 클린 울란바타르 건설 및 천연자원활용을 통한 고부가가치 산업창출을 위하여 양국기업이 협력한다는 것이다. 또한 한국 정부는 몽골의 풍부한 자연자원을 바탕으로 지속적인 경제성장을 이룰 수 있도록 첨단인프라 구축과 산업발전에 협력할 것을 제안했다.[45]

2011년 8월에는 이명박 대통령이 자원외교의 일환으로 몽골을 공식 방문하였다. 이명박 대통령은 몽골이 가진 풍부한 천연자원을 바탕으로 지속적인 경제성장을 이룰 수 있도록 첨단 인프라 구축과 산업발전을 위해 한국과 협력할 것을 제안했다. 당시 최중경 지식경제부 장관과 몽골의 조릭 자원에너지부 장관은 양자회담을 갖고 에너지자원분야의 중장기 전략적 협력체계 구축 등에 대해 논의하였다. 또 양국 간 에너지자원 협력관계를 더욱 확대 및 발전시켜, 향후 신재생에너지 분야 및 기후변화(CDM) 등으로 다양화하고 이를 위한 양국 정부 간 협력을 강화하는 것을 주요내용으로 하는, '한-몽골 에너지자원분야 협력 MOU'를 체결하였다. 같은 기간 한국 대기업인 POSCO와 몽골 대기업인 MCS 간의 '자원이용 산업화 추진협력 MOU'가 체결되는 등 양국 정부간 자원개발 협력에 대한 노력이 심화되었다. 그러나 한국정부의 이 같은 노력에도 불구하고, 한국 컨소시엄의 타왕털고이

---

45 산업통상자원부, 「보도자료」, 2011년 8.22일

입찰은 부결되었다. 아울러 양국 정부 간 협의체였던 '한·몽 자원협력 위원회'는 2011년 11차 회의를 끝으로 개최가 중단되어 현재에 이르고 있다.

광물자원의 수입·가공을 통한 수출을 기반으로 하는 한국의 경제모델을 고려했을 때, 안정적인 자원 수급을 위한 해외자원개발 사업은 꾸준히 진행되어야 할 것이다. 유통로 확보 등의 제반 어려움이 상존하나, 더욱 여건이 좋지 않은 나라들도 몽골 자원개발에 적극적인 태도를 보이는 것을 감안하면 한국은 상대적으로 몽골과의 자원개발 협력의 여지와 필요성이 충분히 높다. 몽골과의 자원분야에서의 협력여건은 그 어려움을 상쇄할 장점들이 상존하기 때문이다. 일단 몽골의 광산은 탐사광권(X라이센스)과 개발광권(A라이센스)의 이전가격이 타국에 비해 매우 낮은 수준이다. 현재 지정된 16개 전략광산과 향후 지정될 30개 전략광산 후보군들을 제외한 광산에 대해 외국인 100% 소유가 가능하다. 인도네시아 등 몇몇 국가들을 제외하고 외국기업으로 하여금 자국 광산의 소유지분을 100% 허용하는 국가는 흔하지 않은 것을 감안하면 상대적으로 유리한 조건인 것이다.

다만 한국에는 대규모의 광산개발전문회사가 부재하여 몽골정부에 대해 협상력을 충분히 발휘하기가 힘든 상황이다. 하지만 앞서 살펴본 타반톨고이 입찰과정에서 보여준 타국 정부들의 외교적 노력을 고려했을 때, 몽골 광물자원개발 분야로의 진출과정에서 한국정부 차원의 지지와 지원을 통해 이를 보완할 수 있을 것이다. 일본의 경우 몽골 광물자원 분야 진출에 있어 한국보다 더욱 불리한 여건에 있지만, 다각적으로 방법을 강구하여 몽골정부와 동 분야에 대한 협력을 지속적으로 펼치고 있다. 일례로 2015년 체결된 양국 간 경제동반자협정 (EPA) 내용에도 타반톨고이 석탄을 일본으로 안정적으로 공급하는 것과 몽골 희토류(Rare earth) 개발에 관한 양국 간의 협력 등이 포함되어 있다. 이와 같은 합의를 바탕으로, 현재 몽골 광물의 해상 유통물량의 가장 큰 포션을 일본이 차지하고 있다.

2016년 5월과 7월에 이루어진 양국 정상회담을 통해 한국과 몽골은 양국 간 협력 필요성을 다시 확인하고 양국 관계의 심화·발전을 위한 방안들을 추진해 나가기로 하였다. 몽골에서의 정상회담에서 양국은 경제동반자협정(EPA)을 체결하기로 합의했고, 관련 논의를 진행 중에 있다. 아울러 2017년 2월, 한국정부는 몽골에 향후 3년간 총 7억 달러의 대외경제협력기금(EDCF)을 투입하기로 결정하는 등[46] 국가차원의 협력이 심화되고 있다. 이를 계기로 양국 관계의 발전을 심화시키는 한편 실질적인 경제협력을 이끌어낼 수 있는 광물자원개발 분야에서의 협력방안이 다각적으로 검토되어야 할 것이다. 2017년 12월 현재 총 7억 달러 중, 5억 달러에 대한 사용계획은 여전히 수립 중에 있어, 당장 이 자금 중 일부를 광물자원 분야에 사용할 수 있을 것이다. 예컨대, 한국과의 협력 개연성이 높은 몇몇 광산을 특정하여 향후 개발과정에 필요한 인프라 구축 등에 사용하도록 유도하는 것은 장기적으로 이 분야에서 양국 상호 간 발전과 이익에 도움이 될 것이다.

---

[46] 기획재정부 보도자료, 「對 몽골 3년간 7억불 규모의 대외경제협력기금 (EDCF) 지원」, http://www.mosf.go.kr/nw/nes/detailNesDtaView.do?searchBbsId1=MOSFBBS_000000000028&searchNttId1=MOSF_000000000007951&menuNo=4010100(2017년 2월 20일 검색).

2. 신재생에너지 분야에서의 협력방안

에너지 자원 부국인 몽골에서 경제성만을 따지자면 석탄화력발전소 증설이 매우 효과적일 것이다. 실제로 몽골에서는 전체 에너지 생산의 약 76%를 석탄화력발전에, 21%를 수입에 의존하고 있다. 수도 울란바타르를 비롯한 주요 시, 도청 소재지에는 석탄화력발전소의 설치로 전력공급이 용이한 반면, 동부, 남부, 서북부 지역은 전력생산시설이 미비한 관계로 중국, 러시아 등으로부터 전력을 수입하는 실정이다. 그러나 주요도시를 제외하고 인구밀도가 매우 낮은 몽골 현지 특성을 고려하여 풍력, 태양광 발전 등 신재생에너지 생산 여건이 유리한 지역을 중심으로 관련 시설 건설을 계획하고 있다. 이를 통해 향후 신재생에너지 생산 비율을 2030년까지 30%로 늘이는 것이 몽골정부의 계획이다.[47] 현재로서는 신재생에너지 생산시설을 통해 생산된 전력이 몽골의 석탄화력발전소에서 생산된 전력에 비해 생산비가 높기 때문에 발전차액지원제도(Feed-in Tariff)[48] 도입을 통해 그 차액을 보상하여 신재생에너지 산업을 장려할 계획이다.

석탄 등 에너지 자원이 풍부하고 낮은 인구밀도와 관련 산업의 미발달로 적어도 화력발전에 의한 환경오염 지수가 상대적으로 낮은 몽골에서, 아직까지 고비용 저효율인 신재생에너지 개발을 실행하는

---

[47] 몽골에너지부 발표자료, 「전력에너지 분야현황 및 개발방향」, 주몽골대한민국대사관, 『2016신재생에너지 현황 및 정책』, 3쪽에서 재인용.

[48] 재생에너지원에서 생산된 전력은 전력망에 연결된 다른 전력원에서 생산된 전력 가격에 통합되어 판매하는 것으로서, 소비자 전력요금과의 차액을 지원하는 제도이다.

것에는 다소 어려움이 따를 것으로 예상된다. 주요 국가들에 비하면 상대적으로 싼 전력소비 요금이지만, 수도권 거주 저소득층과 대부분의 국민들에게는 여전히 부담이 되는 것으로 보인다. 울란바타르 저소득층 거주 지역에 한해 겨울 저녁시간 동안 전기료를 받지 않는 등 전기 난방기구 사용을 유도하고 있으나, 여전한 석탄연료 사용으로 겨울철 대기오염이 심한 실정이다. 전기난방기구의 가격, 그리고 전기 조리기구 등 추가구입이 부담된다면 무상으로 건네는 방안이 있겠지만, 무상으로 배분하면 사용하지 않고 시장에 내다 팔거나 혹은 나중을 위해 집에 보관할 개연성이 크다는 것이 유사한 경험을 통해 알려져 있다.

경제성과 관련, 태양열, 풍력 발전 등의 친환경, 신재생 에너지 생산이 용이한 남고비 지역 등 일부 지역에 시설을 설치하여 인근 마을부터 신재생에너지로 사용전기를 대체한다고 했을 때, 몽골의 기존의 값싼 화력발전에 의한 전기요금과 동등하거나 낮아야 수요가 생기게 된다. 설치비, 유지비, 운영비, 그리고 송전시설 설치 등 초기 투자비용이 막대한 관계로 이에 대한 정부보조 없이는 사업성이 생길 수가 없다. 게다가 2030년까지 국내 에너지 분야에 대해 민자 사업으로 전환하여 시장경쟁원리를 도입하겠다는 것이 몽골정부의 목표인데, 전력분야는 국가전략분야이고 국민의 생활복지에도 밀접한 관련이 있기 때문에 면밀한 세부 실천방안 계획 수립이 필요할 것이다.

게다가 몽골 인구분포와 산업구조의 특성상, 규모 있는 광산이 개발될 때마다 큰 폭의 인구이동이 불가피하다. 이들 광산 주변에 새로운 마을 나아가 도시가 형성되는 사례가 빈번하다. 신재생에너지 생산시설은 해당 지역의 여건에 따라 설립여부가 결정되는 까닭에 현재와 같이 인구분포가 급격하게 변하며 이촌향도 현상이 지속된다면 신재생에너지 설비의 안정적인 운영이 어려워질 개연성이 있다. 안정적인 전력수요를 위해서는 도시 부근에 신재생, 친환경 에너지 시설을 설치해야 하나, 주요 도시에는 기존의 화력발전소가 가동되고 있고 신재생에너지 시설은 현재로서 화력발전소와 가격 경쟁이 어려우며, 결정적으로 도시의 기존 송·배전 시설만 재정비해도 현재 발전시설의 효율을 30%이상 높일 수 있다는 사실은 이미 알려져 있다.

결과적으로 몽골의 신재생, 친환경에너지 개발에서는 경제성을 따져선 안 될 것으로 보인다. 좀 더 거시적인 목표와 지구환경보존, 석탄에너지 사용감소, 탄소배출권 등 당위적인 측면에서 접근해야 할 것이다.

이와 같이 몽골정부의 신재생에너지 정책의 추진의지는 높은 반면, 재원확보, 인프라 여건 및 경제성 등으로 인해 어려움을 겪고 있다. 실제로 외국자본의 투자 없이는 실행하기 어려울 것으로 예상된다. 최근에는 정부 주도에서 대부분 민자 프로젝트로 전환하는 것을 추진하고 있다. 따라서 몽골은 동북아 에너지 네트워크 구축 사업(Gobi Tec and Asia Super Grid Initiative)에 적극 참여하고자 노력하고 있다. 이 사업은 이전부터 논의되어 오던 한국, 몽골, 중국, 일본, 러시아가 참여하는 에너지 전력망 구축사업으로, 2017년 9월에 개최된 동방경제포럼에서 관련국 정상들 간 추진이 합의됨에 따라 곧 실행이 예정되어 있다. 한국에서 '동북아 슈퍼그리드'라 명명하고 있는 동 사업의 핵심은 몽골 고비사막 지역에 신재생에너지 발전시설을 설치하고 러시아와

〈그림 3〉 동북아 에너지 네트워크 구축 사업(Gobi Tec and Asia Super Grid Initiative)

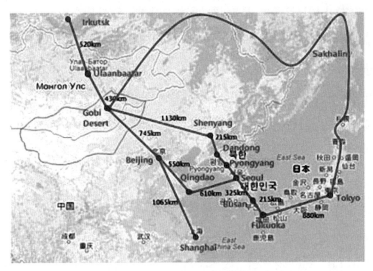

자료: 몽골에너지부(2015), 『몽골 에너지 분야 정책과 도전과제』, 21쪽.

한국, 중국, 일본을 연결하는 에너지 전력망을 구축하는 것이다. 이에
따라 주변 동북아 국가들의 필요와 경제성, 역학관계에 대한 고려뿐만
이 아니라 사업의 핵심인 몽골에서의 프로젝트가 사업성패의 관건이
되었다. 현재 몽골에는 태양광, 풍력 중심의 신재생에너지 발전 시설이
상대적으로 미비하지만 갖추어져 있고, 해외 투자자들도 몽골이 경제
성 있는 신재생에너지 생산여건을 갖추고 있다는 판단하여 해당 시설
건설에 대한 투자가 늘어나는 추세이다. 일례로 일본의 소프트뱅크사
는 고비사막에 대규모 토지(2,240km²)를 임차하고 풍력에너지 단지
조성을 계획 중이며, 현재 태양광 발전단지를 시범적으로 설치하여
운영한 결과 경제성이 충분하다고 발표하였다. 한전KDN은 신공항
인근에 50MW 태양광발전 시설 건설을 몽골과 협의 중에 있다. 과거에

도 한국기업에 의한 태양광, 풍력 발전설비 등이 시범적으로 설치되었으나 만족스러운 결과가 없었던 것과 비교하면 향후 기술적인 보완과 경제성 확보가 해당 사업 성패의 관건이 될 것으로 예상된다.

몽골에서의 신재생에너지 사업과 특히, 주변국과 공조한 에너지 협력망 구축사업은 장기적이고 지속적인 사업이기 때문에 몽골, 일본, 중국, 러시아 등 주변국과의 국제협력의 중요성과 주변국들과의 호혜적 발전을 위한 이 분야의 사업진행의 타당성을 뒷받침하는 논리 발굴 및 제공이 선결되어야 할 것이다.

한국은 2017년 8월, 북방경제협력위원회 설치법이 통과됨으로서, 몽골 신재생에너지 분야에 주변국들과의 공조를 이끌어낼 수 있는 좋은 여건이 마련되었다. 게다가 2017년 2월, 몽골에 3년간 EDCF 자금 7억불 지원을 발표했고 집행계획을 수립 중에 있다. 이 자금을 활용하여 몽골에서 신재생, 친환경 에너지시설 건설을 위한 인프라 구축 등 에너지 분야에 대한 지원이 가능한 여건이 조성되었다. 이 같은 사업분야에 대한 지원을 통해 향후 주변국들과의 공조에서 유리한 조건을 선점할 수 있도록 하는 방안을 고려해야 할 것이다.

아울러 몽골 에너지 분야에서의 협력을 위한 방안 마련에 있어 사업구도 및 협력 조건 등 전반적인 검토가 필요하다. 에너지 분야 협력을 위해서는 장기목표를 설정하고 대규모 직접투자가 필요한 까닭에 정부차원의 지지와 외교적 지원 등도 필요하다. 특히 동 분야에 대해 몽골 정부가 발주하는 에너지 및 신재생에너지 시설 건설 등의 입찰에 참여할 경우, 대금지급방식과 결정을 어디서 어떻게 하는지에 대한 확인과 검토가 필요하다. 예를 들어, 삼성물산이 시행사로 선정되어 진행되고 있는 몽골 신공항 공사는 일본 JICA 자금으로 시공비 4.5억 달러가 집행되고 있다. 이처럼 공사대금 집행이 비교적 안정적이기 때문에 현재 기한 내 공사가 원활하게 진행되어 마무리되는 과정을 목도할 수 있었다. 비슷한 예로, 삼성물산의 총 사업비 2.8억 달러의 샹그릴라 호텔 건설사업 또한 샹그릴라 호텔 체인본사에서 건설비가 나왔기 때문에 기한 내에 준공이 가능했다.

이와는 반대로, 삼성물산이 몽골 철도공사로부터 수주해서 착공했던 우하우닥-가순수하이트 217km 철도공사는 발주처인 몽골철도공사의 자금부족과 관련 부처 고위관료의 건설자금 횡령혐의 등 구설수가 끊이지 않는 상황에서 결국 큰 손해를 입고 철수하게 된 사례가 있다.

이처럼 공사대금 혹은 협력자금 등이 몽골이 아닌 외부로부터 집행되거나 한국기업 자금으로 투자해서 사업을 진행했을 때는 초기 예상했던 사업성과를 거두는 것과는 별개로 무사히 사업을 마무리하는 경우가 많았다. 따라서 에너지 분야를 포함한, 몽골과의 장기적이고 지속적인 경제협력 사업에 있어서는 발주처의 자금력과 집행력이 최우선 고려 대상이 되어야 할 것이다. 이와 더불어 에너지 분야 협력에서는 전력공급 계약, 이용계약, 계약에 따른 사용료 지불, BOT 사업형태 발주 등 사업시작 당시에 체결되었던 계약조건의 성실한 이행이 필수적으로 요구된다. 이전의 경험에 의하면 몽골 국내정치, 또는 양국 관계의 변화에 따라 관련 법제도와 정책 등이 급격하게 바뀌어 상대방을 혼란스럽게 한 경우가 적지 않았기 때문이다. 따라서 몽골과 협의된 계획을 실행할 때, 집권당 변화에 따른 법, 제도의

변화, 기존의 계약에 영향을 미치는 정책수립, 관련 인·허가 담당공무
원의 교체에 따른 통행세 및 급행료 중복 부과 등 외부요인을 최소화할
수 있는 방안을 마련하는 것이 현실적으로 타당할 것으로 여겨진다.
특히나 자원·에너지 분야에서 국가 간 협력은 장기간이 소요되기
때문에 계약체결 당시의 조건이 양국 정부와 정권의 교체 여부에
큰 영향을 받지 않고 이행되도록 하는 것이 중요하다. 이를 위해서는
몽골에 지대한 영향력을 지니고 있는 중국, 러시아, 일본 등과 공조,
혹은 공동참여를 통한 협력방안을 구상할 필요가 있다.

참고문헌

박정후(2012), 『몽골투자실무가이드』, 외교통상부·한국광물자원공사.

박정후 외(2012), 『몽골 자원여행』, 외교통상부·주몽골대한민국대사관

박정후 외(2012), 『몽골 광업과 인프라』, 외교통상부·주몽골대한민국대사관

박정후(2016), 「한국-몽골 광물자원 협력현황과 발전전망」, 『대외경제 전문가풀 발표자료』, 대외경제정책연구원.

박정후(2016), 「몽골 광물자원 분야에서의 한국기업의 성과분석」, 『전략지역심층연 구논문집 II : 러시아·유라시아, 터키·동유럽』, 대외경제정책연구원.

박정후(2017), 「몽골 광물자원개발 분야 진출방안에 대한 연구: 외국과 한국기업의 성과 비교분석」, 『몽골학』, 제50집.

박정후(2017), 「몽골 기업환경 변화와 한국-몽골 경제협력 증진 방안: 에너지 분야 협력을 중심으로」, 『2017 KIEP 신흥지역연구 통합학술회의 자료집』, 대외경제 정책연구원

산업은행(2014), 『한국·몽골 간 경제협력현황과 중장기 비전 및 전략』, 산업은행.

에너지개발연구원(2014), 『2013 연차보고서』.

이재영 외(2011), 『광물자원개발현황과 한국의 진출방안』, 대외경제정책연구원.

이재영 외(2012), 『몽골의 투자환경과 한국기업의 진출확대방안』, 대외경제정책연 구원.

에너지부(2015), 『몽골 에너지 분야 정책과 도전과제』

외교부(2016), 『2016 몽골개황』

주몽골대한민국대사관(2016), 『2016 몽골경제 개황자료』

주몽골대한민국대사관(2016), 『2016신재생에너지 현황 및 정책』

코트라(2015), 『해외시장뉴스: 몽골』.

한국수출입은행(2011), 『몽골 타반톨고이 입찰자 선정결과』.

한국수출입은행(2012), 『지역이슈분석 2012-18』.

Barry, Barton. et al(2004), Energy security: managing risk in a dynamic legal and regulatory environment. Oxford University Press.

Centerragold(2016), Annual report 2015.

Invest Mongolia agency(2014), Investment Guide to Mongolia 2014.

Invest Mongolia agency(2015), Investment Guide to Mongolia 2015.

Kim sunho(2013), The Analysis of the Role of Mongolia among the Korea, Mongol, North Korean Sociocultural Relationship. 『몽골학』, 제34집.

KORES(2015), Bilateral Cooperation between Korea and Mongolia in Mineral Resources.

UNCTAD(2013), Investment Policy Review Mongolia.

World Bank(2014), Mongolia country profile 2013.

World Bank(2016), Mongolia Economic Brief.

Ашигт малтмалын газар(2016), статистик мэдээ 2016/Ⅰ.

Ашигт малтмалын газар(2016), статистик мэдээ 2016/Ⅲ.

Ганзориг Б & Начин Д(2012), "Монгол Улсын доторх гадаадын иргэдийн хөрөнгө оруулах орчины өөрчлөлт болон хөрөнгө оруулалтын гол салбар." Шинэ Азийн үеийн БНСУ болон Монгол Улсын хамтийн ажиллагааны арга зам.

Монгол Улсын Үндэсний статистикийн хороо(2011), 2011 оны тайлан.

Монгол Улсын Үндэсний статистикийн хороо(2012), 2012 оны тайлан.

Монголын хөрөнгө оруулалтын газар(2015), Investment Guide to Mongolia.

Оюу толгой(2016), Оюу толгой-н түүх.

Ж.Очбаатар болон бусад(2010), Монголын геологи болон уурхай. Йонсей Их Сургуулийн Хэвлэлийн газар.

기타 자료

기획재정부 보도자료. 「對 몽골 3 년간 7 억불 규모의 대외경제협력기금 (EDCF) 지원」. 2017년 2월 19일.

박완주의원실(2015), 「2015국정감사보도자료」.

박용범·이덕주, "세계2위 광산기업 리오틴토, 140년의 비밀", 「매일경제」, 2016년 5월 20일.

이동희. "황금알이라더니… 석탄공사, 쓴맛만 보고 몽골 탄광사업 철수", 「뉴스1」. 2014년 7월 7일.

차대운. "중·몽골 자원개발 협력. 5억달러 차관, "「연합뉴스」. 2011년 6월 17일.

몽골 광물자원법

몽골 외국인투자법

오유톨고이투자협정. Investment Agreement Between The Government of Mongolia and Ivanhoe Mines Mongolia LLC and Ivanhoe Mines Ltd and Rio Tinto International Holdings Limited. (2009. 10. 6. 체결)

참고 사이트

산업통상자원부 http://www.motie.go.kr

주몽골 대한민국 대사관 http://mng.mofa.go.kr/korean/as/mng/main

한국광물자원공사 http://www.kores.or.kr

한국무역협회 http://www.kita.net

한국수출입은행 http://www.korexim.go.kr

Centerra Gold http://www.centerragold.com/content/boroo-history

Millennium Challenge Corporation https://www.mcc.gov

turquoise hill Resources http://www.turquoisehill.com

UNCTAD http://www.unctad.org

WORLDBANK http://www.worldbank.org

Монгол Улсын Ашигт малтмалын газар http://www.mram.gov.mn

Монгол Улсын Нөөц Энергийн газар http://www.mmre.energy.mn

Монгол Улсын Үндэсний статистикийн газар http://www.nso.mn

Оюу Толгой http://www.ot.mn

http://imaginegreen.tistory.com/831
http://news1.kr/articles/?1756358
http://www.asiae.co.kr/news/view.htm?idxno=2010122120564520475
http://www.mcc.gov/where-we-work/country/mongolia
http://blog.naver.com/richardkang/220255141010
http://blog.naver.com/withwanju/220487546459
http://www.mosf.go.kr/nw/nes/detailNesDtaView.do?searchBbsId1=MOSFBB
    S_000000000028&searchNttId1=MOSF_000000000007951&menuNo=4010100
http://news.mk.co.kr/newsRead.php?no=361843&year=2016

인터뷰

Prof. J. TSEVEENJAV(Head of Petroleum and Drilling Engineering Department
    School of Geology and Petroleum of MUST. Executive Director of Mongolian
    Drilling Association)와의 인터뷰(2012. 12. 8. 울란바타르)

7.

몽골과 남·북한 관계

박정후 서울대학교 한국정치연구소 연구원

I. 국가 간 관계 현황

1. 한국과 몽골

1990년 3월 26일, 한국과 몽골은 공식적으로 수교를 맺음으로써 외교 관계를 새롭게 시작하였다. 한국과 몽골은 공식수교 이후 양국 정상들과 고위직 공무원들이 상대국을 꾸준히 방문하면서 우호협력 관계를 강화하였다.

1991년 10월 푼살마긴 오치르바트Punsalmaagiyn Ochirbat 몽골 대통령이 한국을 방문했는데 이는 한국과 몽골 수교 이후 몽골 최초의 정상 방한이었다. 한국에서는 1999년 5월 김대중 대통령이 몽골을 방문하여 한국의 개발 경험과 노하우, 몽골의 풍부한 자원 등 잠재력을 결합하여 상호 호혜적 발전을 도모하는 '21세기 상호보완적 협력관계 (Mutually Complementary and Cooperative Relations of the 21st century)' 를 수립하였다.

2001년 2월, 나차긴 바가반디Natsagiinn Bagabandi 몽골 대통령이 한국을 방문하여 양국 간 경제·통상 관계 확대 및 정무·국제무대 협력이 한층 긴밀한 관계로 발전하였다. 이후 2006년 5월, 노무현 대통령이 몽골을 방문하여 그간 양국 관계 발전성과를 기반으로 양국 의 관계를 '선린우호 협력을 위한 동반자 관계(Partnership for Good-Neighbor Cooperation)'로 격상하였다.

2007년 5월과 2008년 2월에는 남바린 엥흐바야르Nambaryn Enkhbayar 몽골 대통령이 한국을 방문하였다. 2008년 10월에는 산자긴 바야르Sanjaagiin Bayar 몽골 총리가 한국을 방문하였다. 이는 신내각 출범 이후 공식적으로 외국을 방문한 첫 번째 행보로, 한국을 방문하여 양국 간 중기 행동 계획수립을 위한 원칙 확인 및 수교 20주년 행사 개최 방안에 합의하였다.

2011년 3월, 수호바타린 바트볼드Sükhbaataryn Batbold 몽골 총리가 한국을 방문하여 양국 간의 인적 교류 활성화, 차관 지원 문제, 한국 기업의 몽골 광업 개발 참여 문제 등에 대해 협의하였다. 이어 2011년 8월, 이명박 대통령의 방몽을 기점으로 양국관계는 '포괄적 동반자 관계(Comprehensive Partnership)'로 발전하였다.

2016년 5월에는 차히아긴 엘벡도르지Tsakhiagiin Elbegdorj 몽골 대통령이 방한하였다. 박근혜 대통령과 엘벡도르지 대통령은 정상회담을 통해 양국 간 실질적인 협력강화 방안 및 한반도 정세와 국제무대에서의 협력방안 등에 대해 의견을 교환하였다.

2016년 7월, 박근혜 대통령이 몽골에서 열린 ASEM회의 참석차 몽골을 공식 방문하여 엘벡도르지 몽골 대통령과 정상회담을 개최하였다. 2011년 수립된 '한-몽 포괄적 동반자 관계'를 발전시키기 위한 실질적 협력방안과 안보강화를 위한 협력을 확대하기로 했다. 몽골이 북한의 핵을 불용하고 한국과 동북아 평화와 안정을 위해 협력을 강화해 나가기로 했다. 아울러 양국은 향후 무역과 투자확대를 위해 경제동반자협정(EPA, Economic Partnership Agreement) 체결을 추진하고 이를 위한 공동연구를 개시하기로 합의하였다.

〈표 1〉 주요인사 교류 현황

일 시	방문 인사	주요 내용
1991. 10.	푼살마긴오치르바트(Ochirbat) 대통령 방한	수교 후 몽골정상 최초 방한
1999. 5	김대중 대통령 방몽	'21세기 상호 보완적 협력 관계' 수립
2001. 2	바가반디(Bagabandi) 대통령 방한	경제·통상 확대, 정무·국제무대 협력
2006. 5	노무현 대통령 방몽	'선린우호협력 동반자 관계'수립
2007. 5	엥흐바야르(Enkhbayar) 대통령 방한	과학기술·산업무역 협력 강화
2008. 10	바야르(Bayar) 총리 방한	중기행동계획 채택, 수교 20주년 행사 개최 방안 합의
2011. 3	바트볼드(Batbold) 총리 방한	양국 간 인적교류 활성화, 자원개발 분야 참여 협의
2011. 8	이명박 대통령 방몽	'포괄적 협력 동반자 관계'수립
2016. 5	엘벡도르지(Elbegdorj) 대통령 방한	국제무대에서 양국 협력방안 논의
2016. 7	박근혜 대통령 방몽	경제동반자협정(EPA)체결 추진 합의

자료: 외교부(2016), 『2016 몽골개황』, 120~121쪽.; http://www.newsis.com/ar_detail/view.html/?ar_id=NISX20160518_0014092299&cID=10301&pID=10300.; http://news1.kr/articles/?2722115(검색일: 2017년 11월 10일)을 참조하여 작성.

이와 같이, 한국과 몽골은 1990년 외교관계를 수립한 이후 정치경제 분야에서의 협력을 확대하기 위한 시스템을 구성하여 발전시켜 왔다. 이와 더불어 한국과 몽골의 대통령과 총리, 장관들이 양국을 오가며 두 나라 간의 정치경제적 분야에서의 협력을 증진하기 위한 정부

간의 협의체가 다양한 형태로 구성되었다. 한몽자원협력위원회, 한몽
농업협력위원회, 한몽교육과학기술공동위원회, 한몽문화공동위원
회, 한몽공동위원회 등이 그것이다.

　1999년 김대중 대통령이 몽골을 방문하여 바가반디 대통령과 '한국-
몽골 자원협력위원회'를 개최하기로 합의하였다. 이에 따라 '한-몽
자원협력위원회'는 1999년부터 2011년까지 양국 수도에서 번갈아
가며 개최되었다. 몽골 자원에너지부, 한국 산업자원통상부 소속의
국장급 고위 공무원간의 협의체인 한-몽 자원협력위원회를 통해 양국
간 에너지, 광물자원 분야의 협력과 공동연구, 산업기술인력 교류
등이 논의되었다.

　2003년 10월 체결한 농업분야 협력약정(MOU)에 따라 매 2년 마다
농업협력위원회가 개최되고 있다. 이를 통해 양국은 농업정책 및
경험을 공유하고, 몽골의 농업개발을 한국에서 지원하도록 했다. 또한
몽골의 농업분야에 대해 한국정부차원의 투자를 확대하고 기술교류를
실시하도록 하는 등 2004년 1회 개최부터 2012년 5차 회의에 이르기까
지 한국의 농림수산식품부 국제협력국장과 몽골 식량농업경공업부
전략기획정책국장 간의 협의가 이루어졌다.

　1995년 체결된 '한-몽 교육협력약정'과 2007년 '한-몽 과학기술 협력
협정'에 근거하여 2010년부터 '한-몽교육과학기술공동위원회'가 설치
되어 운영되고 있다. 한국의 교육과학기술부 차관과 몽골의 교육문화
과학부 차관 간의 협의체로서, 교육과학기술공동위원회는 매 2년마다
한국과 몽골에서 교차 개최되고, 교육과학기술공동위원회 소속의
교육과학기술포럼은 매년 한국과 몽골에서 번갈아가며 개최되고 있

다. 이를 통해 양국 간 교육과학기술 분야에서의 협력 및 공동연구, 과학기술인력교류 등이 협의되었다.

2001년 2월, 몽골의 바가반디 대통령이 한국을 방문했을 때, 협의된 바와 같이 한국과 몽골의 문화교류 및 문화 분야의 합작사업 구상을 위한 문화공동위원회가 구성되어 운영되고 있다. 한국 외교부의 문화외교 분야 국장과 몽골 교육문화과학부 사무차관 간의 협의체로 운영되고 있으며 2011년 울란바타르에서 3차 회의가 개최되었다.

2014년 한국 외교부 장관의 몽골 방문 시, 협의된 한-몽 공동위원회가 2015년 3월 몽골에서 개최되었다. 한국의 외교부 차관과 몽골 도로교통부 장관을 비롯하여 각 부처의 고위 공무원들이 참여한 공동위원회를 통해 양국 간 상호 협력하여 동북아시아 지역에 평화협력방안을 구상하고 한국정부의 '유라시아 이니셔티브'를 구현하기 위한 협력방안과 양국 간 경제협력을 증진하고, 자원 및 에너지 분야에서의 협력방안을 논의하였다.

이밖에 양국 국회의원들의 상호방문 및 교류협력을 위한 '한-몽 의원친선협회'가 2009년 구성되었다. 또, 대한상공회의소와 몽골상공

---

1 세계 최대 단일 대륙이자 거대 시장인 유라시아 역내 국가 간 경제협력을 통해 경제활성화 및 일자리 창출의 기반을 만들고, 유라시아 국가들로 하여금 북한에 대한 개방을 유도함으로써 한반도 긴장을 완화해 통일의 기반을 구축한다는 구상이다. 2013년 10월, 박근혜 대통령을 통해 공식 주창되었다. 하나의 대륙, 창조의 대륙, 평화의 대륙 등 세 가지 유라시아 이니셔티브가 제안되었고, 이를 위해, 한국-북한-러시아-중국-중앙아시아-유럽을 관통하는 실크로드 익스프레스 (Silk Road Express)를 실현하고 전력·가스·송유관 등 에너지 네트워크 구축이 필요하다.

회의소는 양국 간 경제협력 증진을 위해 1990년 '한-몽 경제협력위원회'가 구성하여 합동회의를 개최하고 있다. 양국 간 투자증진을 목적으로 구성되어 기업과 정부가 함께 참여하는 '한-몽 경제포럼'은 한국과 몽골에서 번갈아가며 개최되고 있다.

이처럼 양국 간 정부차원의 협의체들이 구성되어 운영되고 있으나 실질적인 협력으로 이어지는 데까지는 다소 미진한 모습이다. 에너지, 광물자원 분야에서의 협의를 위한 '한-몽 자원협력위원회'는 2011년 11차 회의를 마지막으로 중단되어 있다. 2004년 양국간 농업정책 및 경험을 공유하고 농업개발지원, 기술교류, 투자 증진 등을 논의해 왔던 '한-몽 농업협력위원회'도 2년마다 정기적으로 회의를 개최하다가 2012년 이후 더 이상 개최되지 않고 있다. 2001년 양국 간의 문화교류 증진을 위해 구성된 '한-몽 문화공동위원회'는 2011년 3차 회의 이후 2016년 6월, 울란바타르에서 제4차 회의가 개최되었다. 외교부 문화외교국장과 몽골 교육문화과학부 사무차관을 수석대표로 하여, 문화창조산업 분야에 대한 경험 교류, 문화유산 공동학술조사, 스포츠 선수단 합동훈련, 방송인 및 대중매체 교류, 청소년 및 지자체 교류 등 다양한 분야에서의 구체적 협력증진 방안에 대해 협의하였다.

한국과 몽골의 정치경제적 협력 확대를 위해서는 양국 정부의 협의체들이 활발히 운영되고 활동할 수 있도록 해야 한다. 중국과 몽골의 경우, '중국-몽골 무역경제과학기술협력위원회'를 운영하고 있으며 중국의 부총리급이 수석대표를 맡고 있다. 일본과 몽골의 경우, 장관급이 참여하는 '무역투자촉진 및 광물자원개발 공공민간 섹터 공동위원회'를 몽골정부와 공동으로 운영하고 있다. 이명박 대통령 방몽 당시까지만 해도, 한국과 몽골 양국 사이에 주로 논의되었던 것은 자원개발과 경제 분야에서의 협력이었다. 양국 정상은 단독회담을 통하여 주로 자원과 경제 분야에서 협력방안을 찾는데 시간을 할애했다. 이와 더불어 양국 대통령은 정부 고위직 간의 협의체인 '한-몽 공동위원회' 구성에 합의하였다. 이 협의를 바탕으로, 2014년 윤병세 외교부 장관이 몽골을 방문하였을 때는 한국 기업의 몽골자원개발 및 인프라 건설분야 진출을 확대시키는 것뿐만 아니라, 한반도 문제 등을 포함한 동북아 정세에 대해 논의하고 국제무대에서 몽골과 협력하는 방안 등에 대해 논의되었다. 또한 한국 정부의 '동북아 평화협력 구상'과 '유라시아 이니셔티브'와 관련하여 몽골과의 협력 방안 등을 논의하는 등, '한-몽 포괄적 동반자 관계'의 내실 있는 발전방안에 대해 논의하였다. 특히, 양국 간 관계를 증진시키기 위해 장관급 정례회의인 될 '한-몽 공동위원회'를 신설하기로 합의했다. 이에 따라 2015년 3월 몽골에서 1차 회의가, 2016년 3월에는 서울에서 제2차 한몽공동위원회가 개최되었다. 이 자리에서 한국정부는 몽골에 진출한 한국기업의 애로사항 해결을 위한 당부를, 몽골측은 대외경제협력기금(EDCF)과 무상원조(ODA) 사업에 대한 지원을 요청하였다. 한국과 몽골 정부는 범정부 고위급 협의체인 '한-몽 공동위원회'를 통해 양국의 수교 이후 정부 간 협의되었던 사항들이 잘 실천되고 있는지에 대해 전면적인 검토와 점검을 정기적으로 실시해야 할 것이다. 또한 협의사항들을 실천하기 위한 기구를 양국 민간기업과 공동으로 설치하여 협의된 사항들을 추진해 나가야 할 것이다.

이와 같이, 한국과 몽골 양국은 자원과 경제 분야뿐만이 아닌 동북아 국제정세 및 한반도 문제를 협의하는 협력국으로서 그 관계가 진전되고 있다. 향후 양국이 맺은 '포괄적 동반자 관계'를 더욱 내실 있게 발전시켜 나가기 위해서는 앞으로도 양국 간 고위인사 교류를 활성화하고, 호혜적 경제·통상 협력을 확대해야 할 것이다. 아울러 양국 국민 간 교류를 더욱 증진시키고 역내 정세 및 국제무대에서 상호지지와 긴밀한 협력을 유지하는 등, 양국 간 관계증진을 위한 정부와 민간 차원에서의 노력이 수반되어야 할 것이다.

〈표 2〉 한·몽 정부 간 조약·협정 체결 현황

일 시	내 용
1991. 3. 28	투자의 상호증진 및 보호에 관한 협정(1991.4.30 발효)
1991. 3. 28	문화협력에 관한 협정(1991. 4. 30 발효)
1991. 3. 28	무역협정(1991. 4. 30 발효)
1991. 3. 28	경제과학기술협력 협정(1991. 4. 30 발효)
1991. 10. 23	영역 간 그 이원의 항공업무를 위한 협정(1991. 11. 28 발효)
1991. 10. 23	외교관, 관용여권에 대하나 사증의 상호면제 협정 (1991. 12. 22 발효)
1992. 4. 17	소득에 대한 조세의 이중과세 회피와 탈세방지를 위한 협약 (1993.6.6. 발효)
1993. 7. 9	대몽골 대외협력기금(EDCF)차관공여에 관한 교환각서 발효
1993. 7. 28	세관협력에 관한 상호지원협정(1993. 8.27 발효)
1996. 12. 6	대몽골 대외경제협력기금(EDCF) 차관공여에 관한 약정 (정부통신망 현대화사업, 지방통신망 확장사업)
1997. 3. 18	대몽골 대외경제협력기금(EDCF)차관공여에 관한 약정
1999. 5. 31	형사사법공조조약, 범죄인인도조약(2000. 1.27. 발효)
1999. 5. 31	체육 분야 협력 약정
1999. 11. 8	에너지 및 광물자원 분야의 협력에 관한 협정

1999. 11. 8	기술협력 약정
2003. 11. 24	관광분야 협력협정 서명(2004. 4.30 발효)
2005. 8. 17	대몽골 대외경제협력기금(EDCF)차관공여에 관한 약정 (고속도로 건설사업)
2006. 6	사회보장협정(2007. 3.1 발효)
2007. 5	수형자이송조약(2008. 8.23 발효)
2007. 5	대몽골 대외경제협력기금(EDCF)차관공여에 관한 약정 (울란바타르시 지능형 교통망 사업, 긴급구난 정보망 사업)
2009. 3	출입국절차 간소화에 관한 교환각서
2009. 10	민사 및 상사 사법공조조약
2011. 12	대몽골 대외경제협력기금(EDCF)차관(2011~2015)에 대한 기본약 정
2012. 5	사증발급 간소화에 관한 협정
2015. 12	대몽골 대외경제협력기금(EDCF)차관(2011~2015)에 대한 기본약 정 연장을 위한 교환각서
2016. 7. 17	경제동반자협정(EPA) 체결 합의

자료: 외교부(2016), 『2016 몽골개황』, 123~124쪽; 이용욱, "한·몽골 정상회담… '경제동
반자 협정'추진 합의", 『경향신문』, 2016년 7월 17일자를 참조하여 작성

2. 북한과 몽골

북한과 몽골은 1948년 10월 15일 공식수교 이후 몽골의 민주화 이전까
지 사회주의 연대를 바탕으로 '전통적 우호협력 관계'를 유지하고
있었다. 1990년 3월 한국과의 수교 이전에 이미 몽골은 한반도에서
북한과 단독수교를 맺었고, 정치, 경제, 사회 각 분야에서 우호적인
협력관계를 유지해 왔다. 한국과의 수교와 대한반도정책에 대한 몽골
의 한국정부안에 대한 지지를 이유로 북한–몽골 관계는 일시적으로
침체되기도 했으나 여전한 우호협력 관계를 현재까지 유지하고 있다.

한국전쟁 기간 동안 한국은 미국을 위시한 자유진영 국가들의 지원을, 북한은 구 소련과 중국을 포함한 사회주의 국가들의 직·간접적인 지원을 받았다. 몽골은 사회주의 국가인 북한을 지원하였는데 유류, 가축, 피복 등 몽골 내에서 생산 가능한 물자를 중심으로 북한에 각종 전쟁 물자를 지원하였다.[2] 이어 1952년 북한은 200명의 전쟁고아를 교사 8명과 함께 몽골에 보내 양육을 위탁했다. 몽골은 이들을 위한 시설을 마련하여 1959년까지 양육 및 교육을 제공했다.[3]

몽골의 대북한 물자지원은 한국전쟁이 끝난 이후에도 전후 복구지원 명목으로 수시로 이루어졌다. 정확한 물자의 수량 등은 북한, 몽골의 기록이 조금씩 차이가 있지만, 1951년도부터 전쟁이 끝난 1955년

2 '몽골인민들은 이미 1951년 봄에 다량의 물자와 7천필의 말을 우리나라에 보내줌으로써 원쑤들의 략탈적 만행으로 말미암아 곤난을 당하고 있던 조선인민의 축력부적을 타개하는데 대대한 도움을 주었다. 금년 1월에는 또다시 많은 물자와 500여 톤의 육류, 그리고 5천여개의 모피, 의류, 그리고 5천여 벌의 아동의류를 원호물자로 보내주었으며 금년 5.1절 기념선물과 24차량에 달하는 막대한 선물을 보내주었다. 조선인민들은 이와 같은 물심량면의 끊임없는 원조에 대하여 무한한 감사를 표시하고 있다.' 「로동신문」, 1952년 7월 11일자 논설.

3 '몽골은 1952년 9월 15일 조선민주주의인민공화국으로부터 3~6살 나는 111명의 남자와 89명의 여자를 포함하여 모두 200명의 아이들을 교양원들과 함께 받았다. 조선 고아들을 자이싼 봉우리의 좌측에 있는 건물을 내고 들도록 하였다. 몽골측에서 여기에 27명의 인원을 임명하여 사업하도록 하였으며, 1955년에는 샤르가 모리트에 아이들을 위한 야영지를 건설하였다.', '1954년도부터 학교체계로 넘어가 유치원 1학년 2개 반, 2학년 3개 반을 조직하고 조선어와 몽골어, 산수 등 과목을 가르쳤으며 조선민주주의인민공화국 정부의 결정에 따라 1959년 6월에 조국에로 귀국시켰다.', 쟌즈브도로쥐 롬보(2007), 『몽골, 조선민주주의 인민공화국 관계 60년』, 조선민주주의인민공화국 외국문출판사, 201쪽.

사이에 가축, 피복류, 식료품, 피복류 등의 물자를 총 12회에 걸쳐 지원하였고, 1959년에도 선물 혹은 증정의 명목으로 가축을 지원한 기록이 남아 있다.[4]

한국전쟁 정전협정 체결 이후, 북한은 수립 이후, 중국과 소련에 치중했던 외교정책기조에 변화를 주기 시작했다. 즉, 사회주의 국가들과의 진영외교를 강화하여 전후 복구를 위한 경제적 지원을 극대화시키기 위한 외교정책 방침을 제시했다. 이에 따라, 김일성을 단장으로 한 북한정부대표단이 1956년 몽골을 방문하였고, 같은 해 10월 몽골 쩨덴발 수상을 단장으로 한 몽골정부대표단이 북한을 답방하였다. 이를 계기로 양국의 외교관계는 활성화되기 시작했다. 이어 1958년 몽골 당서기장이 북한을 방문하는 등 양국은 사회주의권 진영외교의 틀 속에서 지속되어 왔다. 이어 1969년 6월, 양국은 영사협정을 체결하였다. 양국의 관계는 1988년 김일성이 몽골을 방문하면서 다시 활기를 띠기 시작했다.

1991년 12월, 구소련이 공식 붕괴하면서 북한과 몽골은 탈냉전 시기를 맞게 되었다. 이 시기 북한은 체제와 정권수호 및 고난의 행군 시기 극복을 위해 비단 기존 수교국들뿐만이 아닌 전방위적인 교류협력을 강화하는 방향으로 외교정책을 시행하였다. 북한과 몽골은 1990년 중반 이후, 양국의 주요 인사들이 상대국을 상대적으로 빈번히 방문하면서 1996년 5월, '상호협조에 관한 합의서'를 체결하는 등 양국 관계의 진전이 가시화 되었다.

---

4 바트투르(2011), 『20세기 한국 몽골 관계사』, 196쪽.

　그러나 양국의 관계가 항상 강화되는 방향으로 진행되지만은 않았다. 1990년 몽골혁명을 통해 민주정부를 수립한 몽골은, 같은 해 3월 한국과 공식 수교를 시작하였다. 몽골은 사회주의에서 탈피하여 자본주의 체제로의 성공적인 이행을 위해서는 한국과의 경제협력이 필요했고, 북한과 마찬가지로 전방위적인 외교정책을 새롭게 채택했기 때문이다. 몽골은 한국과의 관계를 개선·발전시키기 위해 노력하였고, 북한에 대한 김대중 정부의 햇볕정책을 지지하는 등 한국의 대북정책에 전향적인 태도를 보였다. 북한은 이에 반발하여 1999년 주몽골북한대사관을 철수하는 등 양국관계가 일시적으로 경색되기도 하였다. 그러나 2002년 8월, 북한의 백남순 외무상이 몽골을 방문하여 양국 간 '신우호협력의정서'를 체결하였고, 이를 계기로 북한과 몽골의 관계는 다시 회복되기 시작하였다.

　2003년 8월, 몽골 엥흐바야르 총리가 북한을 방문하여 무상원조협정 및 투자보장협정을 체결하였고, 이듬해인 2004년 8월, 주몽골북한대사관이 재개설됨으로서 양국 관계는 경색 이전의 수준으로 회복되었다. 2004년 12월에는 바가반디 대통령이 방북하여 양국 간 무역협정을 체결하고, 2007년 7월에는 북한의 공식 국가수반인 김영남 최고인민회의 상임위원장이 몽골을 방문하여 엥흐바야르 대통령과 정상회담을 실시하였다. 정상회담 결과, 양국은 보건, 과학, 무역, 해상수송, 노동력 상호교환 협정을 체결하였다. 동 협정에서 주목할 점은 노동력 상호교환 협정에 있어 북한에 매우 우호적인 조건이 신설되었다는 것이다. 즉, 몽골기업이 외국인 노동자를 고용할 때 납부하도록 되어 있는 고용부담금을, 북한 노동력 고용에는 면제하도록 합의된 것이다.

이어서 몽골측은 2008~2012년 기간 동안 매년 북한 노동자 5,000명을 고용한다는 목표를 발표함으로써 북한 노동력의 적극적인 도입의지를 보였다. 북한 노동력 고용에 대한 몽골정부의 이와 같은 시혜적인 방침에 힘입어, 이 기간 동안 몽골의 북한 노동자 수는 매년 1,800~ 2,000명 수준을 이어갔다. 2013년에는 몽골의 경기호황과 더불어 광산, 건설, 토목 현장 등에서 노동력 수요가 늘어나면서 5,000여 명의 북한 노동자가 몽골에서 고용되었으나, 이후 몽골의 경기침체가 장기화되면서 점차 줄어들고 있다. 2017년 현재 몽골 내 북한 노동자의 약 70%가 귀국하여 700여 명 정도가 일하고 있는 것으로 알려져 있다.[5] 또한 2013년에는 몽골 엘벡도르지 대통령이 방북하여 양국 간 목축업 분야에서의 협력 및 교류방안에 합의하는 등 양국의 협력관 계는 실질적인 경제협력방안을 마련하는 것으로 구체화되고 있다.

한편 2017년 7월 임기를 시작한 칼트마 바툴가(Khaltmma Battulga) 몽골 대통령은 산업농업부 장관이었던 2014년 4월, 북한을 공식 방문 하여 목축업 분야에서의 양국 협력방안을 심층 논의하고, 같은 해 7월, 대통령 특사 자격으로 당시 엘벡도르지 대통령의 친서를 전달하는 등 2차례에 걸쳐 북한을 공식 방문한 것으로 알려져 있다. 이원집정부 체제인 몽골에서 국방과 외교를 전담하는 몽골 대통령이 현 김정은 체제의 북한에 방문하여 양국 발전을 위한 협력 사업을 구상하고 북한 주요 인사들과의 교류경험 등은 향후 몽골과 북한의 협력관계 유지·발전에 이바지할 것으로 보인다.

---

5 강치구, "몽골, 국제사회의 대북제재 기조에도 北 노동자에 대한 조치 없어", 「RFA」, 2017년 9월 21일자.

표면적으로 북한과 몽골은 오랜 기간 우호적이었고, 몽골이 한국과 수교를 시작하면서 한국의 대북정책을 몽골이 지지하는 상황에서 일시적으로 경색된 것으로 알려져 있다. 그러나 고려대학교 북한학과 발라즈 샬론타이 교수에 따르면, 북중관계, 북소관계와 마찬가지로 북한과 몽골의 관계 또한 부침을 거듭했다고 주장한다. 일례로 1960년 대 북한이 몽골에 표출한 경제민족주의를 들고 있다. 1968년 북한의 경제시찰단이 몽골에 방문하여 양국 간 광산채굴과 소금채취(석염) 등의 경제협력 여건에 대한 조사를 시작했다. 북한 경제시찰단은 몽골의 한 지역을 지적하면서 북한 기술자와 노동자, 그들의 가족을 포함한 8만 명의 북한 주민을 몽골에 이주시킬 계획을 털어놨다. 북측은 해당 지역에서 생산되는 석탄과 소금, 목재를 채취하는 대가로 일정액을 몽골정부에 지급하는 대신, 해당 지역에서 북한 이주민들이 추가적으로 영위하는 어업이나 수렵, 기타 원자재 채취 등을 비롯한 어떠한 경제적 행위에 대해서도 허용해 줄 것을 요구했다. 더구나 북한은 이들 이주민들이 정착기반을 마련할 때까지 식량과 숙소를 제공해 주기를 바랐다는 것이다. 샬론타이 교수는 이를 북한이 경제민족주의 관철, 혹은 경제식민지 건설 의도를 표출한 것으로 분석하고 있다. 북한의 이와 같은 요구는 몽골이 받아들일 수 없는 것이었다. 전체적인 국력이 북한보다 뒤쳐져 있던 당시 몽골에서 북한의 경제민족주의는 착취적인 형태를 띨 가능성이 매우 높았기 때문이었다. 게다가 당시 120여 만의 인구를 보유하고 있었던 몽골의 입장에서 8만여 명의 외국인 정착은 심각한 안보위협 요소가 될 수 있는 민감한 사안이었을 것이다. 결국 북한의 이와 같은 무리한 요구가 양국관계를

냉랭하게 했으며 실제로 1988년 김일성이 몽골을 방문하기 전까지 양국관계에 큰 진척이 없었다.[6, 7]

위에서 살펴본 바와 같이, 북한과 몽골은 사회주의 연대를 바탕으로 한 우호동맹 관계였으며 공식 수교 이후 몇 차례 부침을 겪었음에도 불구하고 현재까지 우호적인 관계를 유지·발전시켜 나가고 있다. 일례로 2016년 태풍 라이언록으로 인한 수해복구 지원에 참여하는[8] 한편, 북한노동자의 유입을 계속 허용하고 최근 북한과의 교역량을 늘이는 등 유엔의 대북제재에 적극 동참하지 않는 태도를 보이고 있다. 즉, 중국, 러시아와의 관계와 같은 순치脣齒가 아님에도 불구하고 북한에 호혜적, 때로는 시혜적 태도를 견지하고 있는 것이다. 그러나 이와 동시에 북핵문제에 대해 유감을 표명하고 한반도 비핵화에 대한 지지를 표명하는 등 한국의 대북정책 기조에 동조하는 입장을 취하고 있다.

---

6 김수빈, "북한, 60년대 말 몽골에 '식민지' 건설 시도했다.", 「허핑턴포스트코리아」, 2016년 5월 25일자.

7 Balazs Szalontai, "A Korean Autonomous Territory in Mongolia?", 「NKNEWS」, 2016년 5월 16일자.

8 「Undesnii medee」, 2016년 11. 22일자.

〈표 3〉 몽골의 한반도 관련 주요입장 표명

일 시	내 용
2005. 12	엥흐바야르 대통령 방중시 몽·중 공동성명
2006. 5	노무현 대통령 방몽시 한·몽 공동성명
2007. 5	엥흐바야르 대통령 방한시 공동 언론발표문
2009. 5	북한 2차 핵실험에 대한 유감 및 한반도 비핵화 지지성명 발표
2013. 2	북한 3차 핵실험에 대한 유감성명 발표
2016. 1	북한 4차 핵실험에 대한 유감성명 발표
2016. 2	북한 장거리 미사일 발사에 대한 유감성명 발표
2016. 5	엘벡도르지 대통령 방한시 한반도 비핵화지지

자료: 외교부(2016), 『2016 몽골개황』, 119쪽.; 강병철, "몽골 대통령, '한반도 비핵화 지지…통일, 전 세계에 좋은 소식'", 「연합뉴스」, 2016년 5월 19일자를 참조하여 작성.

II. 경제영역에서의 협력현황

1. 한국과 몽골

한국과 몽골의 교역은 1982년 한국의 대몽골 수출로 시작되었으나, 양국 간 수출입은 1988년 한국의 몽골로부터 천연섬유 원료를 수입하고, 섬유제품을 수출하면서부터 시작되었다.[9] 이후 양국 간의 교역은 꾸준히 증가하다가 2009년 글로벌 경제위기로 인해 수출과 수입이 각각 -51.5%, -31.0% 감소했다. 그러나 이듬해 2010년부터 다시 증가세로 돌아서서 2012년 4억 8천만 달러를 넘어서 수교 이래 최대치를 기록하였다. 그러나 몽골에 경제적 어려움이 시작된 2013년부터 현재에 이르기까지 양국 간의 교역량은 점차 감소하고 있다. 이는

---

9 이재영 외(2010), 『신아시아 시대 한국과 몽골의 전략적 협력방안』, 115쪽.

몽골로부터의 주 수입품목이었던 원자재 가격이 점차 하락한 것과, 외국인직접투자(FDI)가 크게 줄어들면서 시작된 환율상승 및 불황에 따른 구매력 감소에 기인한다.

〈표 4〉 한국과 몽골의 수출입 현황 단위: 천 USD

기간	수출건수	수출금액	수입건수	수입금액	무역수지
총계	167,504	2,860,806	84,536	339,942	2,520,864
2006	8,695	110,306	409	6,440	103,865
2007	11,214	169,758	437	20,729	149,029
2008	14,766	238,231	420	31,150	207,082
2009	8,468	166,887	993	21,479	145,409
2010	12,127	191,631	5,032	38,839	152,792
2011	20,167	349,874	11,657	60,623	289,251
2012	21,797	433,457	18,047	53,598	379,858
2013	20,376	399,472	18,038	26,958	372,514
2014	18,825	346,808	13,222	23,585	323,223
2015	15,684	245,674	10,742	46,187	199,487
2016	15,385	208,710	5,539	10,355	198,355

자료: 관세청, https://unipass.customs.go.kr:38030/ets/index.do(검색일: 2017.10.14).

한국의 주요 대몽골 수출입 품목은 아래 〈표 5〉와 같다. 한국은 주로 자동차 및 중장비를 수출하였고, 기타금속광물(몰리브덴), 기타 비금속광물(형석) 등을 수입하였다. 2015년 말 기준 몽골로부터 수입 품목 중 가장 많은 비중을 차지하는 것은 수입중량 3,720톤에 수입금액 22,100천불을 기록한 구리정광이다.[10] 그동안 운송 및 가격, 물량확보 등의 문제로 한국으로의 수출이 어려웠던 품목이 새로이 추가되었다.[11]

몽골 국내경제 상황과 환율의 변화로 수출입 품목과 물량의 변동이
일어난 것이다.

〈표 5〉 한국과 몽골의 수출입 품목(2015년) 단위: 천 USD

순위	수출		수입	
	품목	금액	품목	금액
1	승용차	16,591	구리정광	22,100
2	화물 자동차	16,195	기타 금속	12,544
3	윤활유	12,996	기타 비금속	5,682
4	연초류	9,219	편직제 의류	1,093
5	화장품	9,083	경공업 원료	1,040
6	철 구조물	6,305	철강재	470
7	음료	5,452	천연섬유원료	321
8	플라스틱 제품	5,450	육류가공품	299
9	건설 중장비	5,239	기타 섬유제품	215
10	의약품	4,376	동물성 한약재	203
	총 수출	245,674	총 수입	46,187

자료: 한국무역협회, http://stat.kita.net/stat/world/trade/CtrImpExpDetailPopup.sc
reen(검색일: 2017.10.3).

2015년 몽–일 간 EPA(Economic Partnership Agreement: 경제연대협
정)[12]가 비준되어 일본의 자동차가 가격 경쟁력을 더하게 되었다.

10 수출입무역통계, http://www.customs.go.kr.
11 몽골 구리정광은 에르데넷 광산과 오유톨고이 광산에서 주로 채굴되고 제련된다.
　　몽골정부는 오유톨고이에서 생산되는 양을 감안하여, 2016년 톤당 5,100불의
　　가격에 136만 톤의 구리정광 수출을 목표로 하고 있다.

특히 중고차의 경우, 운전석의 방향과 상대적으로 저렴한 가격 등의
요인에 의해 선호되던 한국산 중고 자동차는 향후 몽골경기가 회복되
는 속도에 맞추어 큰 영향을 받을 것으로 예상된다. 한국의 대몽골
투자는 1994년 처음으로 시작되어 2004년까지 큰 증가세를 보이지
않았다. 2005년부터 자원개발, 철도 및 도시건설과 관련한 인프라
확충 등의 대형 프로젝트들이 생겨나면서, 대몽골 투자액이 증가하기
시작했다. 2008년에는 몽골과 수교 이후 최고치인 약 5,800만 달러를
기록했으나, 이듬해인 2009년에는 글로벌 경기침체와 광물자원 국제
시세의 하락으로 말미암아 2008년 투자액 대비 약 56%가 감소했다.
2009년까지 몽골에의 총 투자액은 17,500만 달러를 넘어섰고, 총
투자건수는 991건이다. 2010년 이후 세계경기에 대한 회복 기대감과
몽골정부의 외국인투자 활성화 정책 등에 따라 2011년 다시 약 4,300만
달러로 2010년에 비해 72.7% 증가하였다. 이는 몽골의 경기회복과
도로, 건설 등 인프라 확장정책에 힘입은 바가 크다. 2012년까지
대몽골 투자액은 늘어나는 추세였으나, 2013년과 2014년에는 몽골
경제의 침체가 가시화되어, 대몽골 투자액도 감소하는 추세이다. 한국
의 대몽골 투자총액은 2017년 5월 현재 4억 4,271만 달러에 달한다.

---

12 몽골이 일본자동차 수입에 부과하는 5% 관세를 원칙적으로 철폐하고, 일본은
   몽골산 캐시미어 제품에 부과하는 관세를 철폐했다. 이 밖에 몽골 석탄과 희토류
   등의 광물자원을 일본에 안정적으로 공급하는 협약 등이 내용에 들어있다.

〈표 6〉 연도별 대몽골 투자현황 단위: 천 USD

연도	신고건수	신규 법인수	신고금액	송금횟수	투자금액
1994	3	2	2,720	2	241
1995	4	3	5,134	4	4,806
1996	2	2	708	6	570
1997	4	3	356	4	1,400
1998	5	1	458	1	130
1999	5	3	4,272	4	1,855
2000	13	7	5,457	15	2,584
2001	9	5	4,552	14	2,634
2002	13	5	5,715	13	2,884
2003	11	8	4,567	19	1,337
2004	29	18	7,931	48	3,485
2005	52	25	14,226	104	6,705
2006	52	26	44,129	119	19,703
2007	102	55	50,621	179	44,433
2008	189	78	164,916	261	58,308
2009	114	46	123,017	203	25,512
2010	113	44	58,271	160	26,338
2011	132	52	59,979	171	44,118
2012	130	44	95,998	184	55,910
2013	114	33	59,463	166	49,215
2014	108	44	42,794	140	31,441
2015	109	32	83,404	135	38,833
2016	71	14	30,922	97	10,848
2017	10	4	1,290	23	2,123
합계	1,437	562	874,537	2,088	442,710

자료: 한국수출입은행, http://211.171.208.92/odisas.html(검색일: 2017.9.14).

한국의 대몽골 투자를 규모별로 살펴보면, 2005년까지는 중소기업과 개인 사업자 위주의 투자가 이루어져 대기업의 투자는 6.4%에 머무르고 있었으나, 이후 자원개발, 통신, 관광분야 등의 신흥시장 개척을 위한 대기업 투자가 늘어나고 있다. 2014년까지의 누적 투자규모를 살펴보면, 한국의 중소기업의 진출이 가장 활발하고, 자원개발, 건설 등 대규모 프로젝트가 발주됨에 따라 대기업의 투자도 늘어나고 있다.

〈표 7〉 규모별 대몽골 누적 투자현황(1994~2016) 단위: 천 USD

주 투자자규모	신고건수	신규법인수	신고금액	송금횟수	투자금
대기업	232	36	186,925	279	162,492
중소기업	700	272	536,925	1,091	196,030
개인기업	63	31	17,985	129	4,449
개인	424	251	134,553	613	70,799
합계	1,437	562	874,537	2,088	442,710

자료: 한국수출입은행, http://211.171.208.92/odisas.html, 을 참조하여 작성(검색일: 2017.10.12).

양국 간 인적교류는 연간 약 13~14만 명 수준으로 점차 늘어나고 있으나, 항공운항 편수 부족, 비자발급 등의 문제가 인적교류 확대 걸림돌로 지적되고 있다. 몽골에 체류 중인 한인은 외국인 관리청에 등록된 거주비자를 받은 자를 기준으로 했을 때, 2016년 말 기준으로 2,500여 명이다. 주로 식당, 건축, 무역, 정비 등에 종사하는 소규모 사업자들을 중심으로 선교사, 봉사기관 단체, 대사관, KOICA 파견요원, 유학생, 국내 대기업 지·상사 주재원 등으로 구성되어 있다.

〈표 8〉 상호방문 현황

구분	2008	2009	2010	2011	2012	2013	2014	2015	2016
방몽(명)	43,396	38,272	42,231	43,994	44,360	45,178	45,476	47,213	57,587
방한(명)	43,113	38,192	41,889	49,849	63,279	66,489	64,096	81,201	79,165

자료: 외교부, http://www.mofa.go.kr/countries/asiapacific/countries/20110919/1_253
58.jsp?menu=m_40_10_20#contentAction(검색일: 2017.9.12).

반면, 한국에 체류 중인 몽골인은 2016년 말 기준으로 3만 5천
여 명이며, 불체율은 최근 5년 간 27~33% 수준이다. 합법 체류자는
외국인 고용허가제 근로자, 유학생 및 어학연수생, 결혼 이민자 등으로
구성되어 있다. 몽골인의 한국유학은 꾸준한 추세이고, 한국의 외국인
유학생 중 중국(54,214명), 베트남(4,451명), 일본(3,492명)에 이어
4번째(약 3.4%)를 차지하고 있다.

〈표 9〉 연도별 몽골인 유학생 현황

연도	2008	2009	2010	2011	2012	2013	2014	2015
학생수	2,023	2,724	3,335	3,700	3,799	3,904	3,126	3,138

자료: 외교부(2016), 『2016 몽골개황』, 143쪽.

2015년 말 기준으로 한국정부초청 외국유학생 수는 2,710명이며,
이 중 몽골 학생은 73명으로 3위 수준이다. 이들은 귀국 후 몽골에서
MAGIKO(한국유학생협회)를 결성하여 정기적으로 모임을 가지고 있
다. 한국유학을 마치고 귀국하는 몽골인들이 해를 거듭할수록 늘어나
는 추세를 고려하면 몽골 내 지한파 육성 차원에서도 이들에 대한
민간차원에서의 지속적인 지지와 성원이 필요할 것으로 판단된다.

2. 북한과 몽골

1948년 북한과 몽골의 공식 수교 이후에 양국 간의 경제협력 관계는 큰 변화 없이 꾸준히 이루어졌다. 한국전쟁 기간을 시작으로 이후 1950년대에 몽골은 공식적으로 10여 차례에 걸쳐 북한에 원조를 제공하였다. 양국 간의 교류가 사회주의 진영논리에 입각한 무상원조와 호혜적 관계유지를 위한 목적으로 이루어지다가 1956년 11월에는 평양에서 양국 간 최초의 경제협정인 '조선민주주의 인민공화국과 몽골인민공화국간의 경제 및 문화협조에 관한 협정'이 체결되었다.[13]

몽골의 대북한 지원에 화답하여, 1954년 북한은 쌀 20톤, 사과 10톤을 몽골에 무상으로 제공하였다. 1961년에는 몽골북한친선 기숙사와 중등학교 건물을 투브 아이막Tuv Aimag의 알탄볼락 솜Altanbulag Sum에 건설해서 양도했으며, 1966년 몽골에 건축용 자재와 공구들을 원조했다.[14]

이후, 1960~70년대 북한과 몽골의 경제교류는 한시적으로 소원해졌다. 구소련이 서방의 시장경제체제에 대응하기 위한 경제상호지원회의(COMECON: Council for Mutual Economic Assistance)를 통해 사회주의 진영 국가들의 경제협력을 주창했고, 몽골 또한 이에 적극 참여한 반면, 북한은 자주노선을 강조하며 경제상호지원회의(이하 COMECON)에 가입하지 않았다. 또한 1968년 북한이 몽골에 북한주민 8만여 명을 이주시키려 하는 등의 경제민족주의 성향을 표출한 것도

---

13 「로동신문」, 1956년 11월 4일자.

14 이주헌(2014),『북한과 몽골의 경제협력에 관한 연구』, 북한대학원대학교 석사학위논문, 21쪽.

양국관계의 침체에 지대한 영향을 미쳤을 것으로 추측된다.[15]

그러나 1980년대 중반에 이르러, 구소련 연합을 중심으로 사회주의 경제체제의 침체가 본격화되기 시작하자, 양국의 경제협력 논의는 다시 활기를 띠기 시작했다. 1985년 2월 12일, 소련, 중국, 북한, 몽골 4개국 간 '1985년도 수출입 및 국제철도화물수송에 관한 의정서'가 중국 베이징에서 체결되고, 1986년 8월 20일 평양에서 북한과 몽골 간 '1987년도 상품납입 및 지불의정서'가 조인되었다.[16] 같은 해 11월, 몽골 인민혁명당 총비서가 방북하여 '몽골인민공화국 정부와 조선민주주의인민공화국 정부 사이의 공민들의 호상여행에 관한 협정', '몽골인민공화국 정부와 조선민주주의인민공화국 정부 사이의 문화 및 과학분야의 협조에 관한 협정' 등을 체결하였다. 당시 몽골은 구소련에 의해 주도된 COMECON 회원국으로서, 경제발전 계획이 COMECON의 것과 연동된 상태였다. 아울러 구소련 및 사회주의 국가들로부터 차관 및 무상지원, 투자에 의존하던 몽골의 경제는 1985년 구소련 서기장 고르바초프의 페레스트로이카(개혁), 글라스노스트(개방)로 일컬어지던 일련의 경제정책의 변화에 큰 영향을 받기 시작했다. 구소련과 사회주의권 국가들의 경제적 어려움은 대몽골 지원에 소원함을 야기했고, 위기를 느낀 몽골은 기존 구소련과 몇몇 사회주의권 국가들에 의지하던 경제교류 및 협력관계를 다른 국가들로

---

15 Balazs Szalontai, "A Korean Autonomous Territory in Mongolia?, 「NKNEWS」, 2016년 5월 16일자.

16 http://news.joins.com/nknet, 윤황(2008), 「북한과 몽골의 경제발전」, 『한국동북아논총』제49권, 294쪽에서 재인용.

확대해 나가기 시작했다. 1986년 몽골 집권당 총비서가 북한을 방문하고, 이후 북한과 일련의 경제협력 관련 협정들을 체결한 것은 이와 같은 맥락에서 이해할 수 있을 것이다.

1988년 6월, 김일성이 몽골을 방문하면서 양국의 경제협력 논의가 본격적으로 진행되기 시작했다. 이때 김일성은 자원부국인 몽골과의 경제협력방법으로 몽골에 석회암이나 석탄과 같은 원자재를 가공하는 시설을 북한의 기술을 통해 건설하고 싶다는 의견을 피력했다.[17] 김일성의 몽골 방문 이후 북한에서도 20여 년간 소원했던 몽골과의 관계회복이 이루어졌다는 것을 공식적으로 밝히고 협력방안에 대해 논의하게 된다.[18]

---

17 반면 몽골은 북한의 인프라와 항만을 이용해 다른 국가들과의 원자재 유통로를 개척하여 경제관계를 강화하는 것을 목표로 북한과 경제협력을 희망했다.

18 '조선인민과 몽골인민은 공동의 목적과 이상을 실현하기 위하여 오랜 기간 함께 투쟁하여온 혁명전우이며 계급적 형제입니다. 우리 두 나라 공산주의자들과 인민들은 맑스 레닌주의와 프롤레타리아 국제주의에 기초하여 제국주의를 반대하고 사회주의를 건설하기 위한 공동투쟁에서 언제나 긴밀히 지지 협조하여 왔습니다. 몽골인민은 미제침략자들을 반대하는 우리 인민의 조국해방전쟁시기와 전후복구건설시기에 적극적인 지지성원을 보내주었으며 오늘도 사회주의건설과 나라의 평화통일을 위한 우리 인민의 투쟁에 굳은 연대성을 보내주고 있습니다.', "울란바타르시 친선군중대회 김일성의 연설", 「로동신문」, 1988년 7월 1일자, 잔즈브도로쥐 롬보(2007), 『몽골, 조선민주주의 인민공화국 관계 60년』, 조선민주주의인민공화국 외국문출판사, 77쪽에서 재인용.

〈표 10〉 북한과 몽골정부 간 체결된 조약 및 협정

일 시	주요 내용	장소
1955. 9. 17	우편물 및 소포교환에 관한 협정	울란바타르
1955. 9. 17	전화, 전신연락설정에 관한 협정	울란바타르
1956. 11. 2	경제, 문화적 협조에 관한 협정	평 양
1981. 9. 25	보건분야 협조에 관한 협정	울란바타르
1986. 11. 14	공민들의 호상여행조건에 관한 협정	울란바타르
1986. 11. 21	문화 및 과학협조에 관한 협정	평 양
1988. 10. 29	민사, 가족 및 형사사건의 법률상방조를 서로 제공함에 관한 협정	평 양
1989. 4. 7	영사 협약	평 양
1989. 8. 3	항공운수에 관한 협정	평 양
1995. 6. 8	수의방역 및 수의검역 분야의 협조에 관한 협정	울란바타르
1996. 5. 10	수송분야 협조에 관한 협정	평 양
2002. 8. 8	친선관계 및 협조에 관한 협정	울란바타르
2002. 8. 8	쌍무적 협정들의 효력에 관한 정부 간 의정서	울란바타르
2003. 11. 19	투자장려 및 보호에 관한 협정	평 양
2003. 11. 19	소득 및 재산에 대한 이중과세 및 탈세방지 협정	평 양
2003. 11. 19	울란바타르시와 평양시 사이의 친선도시 설정에 관한 협정	평 양
2003. 11. 20	몽골정부가 조선민주주의인민공화국 정부에 제공할 무상원조에 관한 협정	평 양
2004. 8. 6	외교대표부 부지와 건물비용에서 호상성 적용에 관한 협정	울란바타르
2004. 12. 21	무역 협정	평 양
2004. 12. 21	경제, 무역 및 과학기 l 술협의위원회 창설에 관한 협정	평 양
2004. 12. 21	몽골정부가 조선민주주의인민공화국정부에 원조 제공 관한 의정서	평 양

2005. 2. 3	경제, 무역, 과학기술협의위원회 제6차회의 의정서	울란바타르
2007. 7. 20	양국은 보건, 과학, 무역, 해상수송, 노동력 상호교환 협정을 체결	울란바타르
2013. 10. 28	공업, 농업, 문화, 체육, 관광 분야 협조에 관한 협정	평 양

자료: 쟌즈브도로줘 롬보(2007), 『몽골, 조선민주주의 인민공화국 관계 60년』, 조선민주주의인민공화국 외국문출판사, 95~97쪽.; 김정은·윤일건, "몽골 대통령 방북…김영남과 정상회담", 「연합뉴스」, 2013년 10월 28일자.; IKON, "Ерөнхийлөгчийн БНАСАУ-д хийж буй төрийн айлчлал эхэллээ", 「IKON」, 2013년 10월 29일자를 참조하여 작성.

사회주의 시절부터 지속된 북한과 몽골의 교역은 비록 교역규모는 타국과 비교했을 때 상대적으로 크지는 않지만 꾸준히 이루어지고 있다. 나아가 경제 분야에서의 협력을 위한 다양한 방안들이 제안되고 있다. 양국은 '경제무역 및 과학기술협의위원회' 개최를 정례화하여 이를 통해 양국 간 경제협력 방안을 검토하고 관련 협정을 체결하고 있다. 2006년 이래 지속된 북한 핵문제해결을 위한 국제사회의 경제제재 조치로 인해 북한으로서는 정부 간 협의체를 개최하기 어려운 상황이었지만, 몽골과는 '북한–몽골의 기업 협의회'라는 비정부 협의체를 개설함으로써 경제교류 및 협력을 확대하는 논의를 계속하고 있다.[19] 한편 2010년에는 울란바타르에 개최된 '경제무역 및 과학기술협의위원회'를 통해 평양에 몽골기업센터 창설을 합의하고 북한은 무관세협정 체결을 제안하는 등 양국 간의 경제적 협력을 발전시키기

---

19 오윤체첵(2015), 『몽골의 대북정책; 사회주의 형제국가에서』, 경상대박사학위논문, 64쪽.

위한 환경조성에 주력하고 있다.[20]

〈표 11〉 북한, 대몽골 교역현황 단위: 천 USD

연도	수출	수입	무역수지
2005	35.1	1.8	33.3
2006	61.3	0	61.3
2007	238.4	20.2	218.2
2008	21.9	38.2	-16.3
2009	47.1	0	47.1
2010	798.5	25.5	773
2011	780.4	2.2	778.2
2012	525.6	97.3	428.3
2013	679.8	724.3	-44.5
2014	603.6	8.1	595.5
2015	824.1	691.8	132.3
2016	383.3	1,725.1	-1,341.8
합계	4,999.1	3,334.5	1,664.6

자료: 몽골통계청, http://www.1212.mn/tables.aspx?tbl_id=DT_NSO_1400_006V3&C OUNTRY_select_all=0&COUNTRYSingleSelect=_12101&Year_seect_all=1&YearSingle Select=&viewtype=table; http://www.1212.mn/tables.aspx?tbl_id=DT_NSO_1400_01 0V3&IMPORT_Country_select_all=0&IMPORT_CountrySingleSelect=_12101&Year_sel ect_all=1&YearSingleSelect=&viewtype=table 를 참조하여 작성(검색일: 2017.10.29).

북한과 몽골과의 교역은 사회주의 시절부터 계속되어 왔다. 위의 〈표 11〉을 살펴보면 최근 10여 년간의 교역규모는 증감을 거듭하였으나, 전체적으로 북한의 대몽골 무역수지는 현재까지 흑자를 기록하고

---

20 오윤체책(2015), 같은 책, 64-65쪽.

있다. 북한은 제조용품, 종이 등 1차 가공제품을 몽골에 수출하는 한편, 공식 교역 통계에 집계되지 않는 노동력 송출 등을 통해 부가적인 이익을 얻고 있다. 한편, 지난 2006년 북한의 핵실험 이후 유엔은 제재조치의 일환으로 핵과 미사일 부품 및 사치품 금수조치를 실시하고 있다. 그러나 북한은 중국은 물론 몽골을 통해서도 전자제품, 스포츠 장비, 각종 사치품 등을 몽골에 주재하는 외교관들을 통해 수입하고 있는 것으로 알려져 있어 양국 사이의 정확한 교역액은 공식통계보다 규모가 더욱 클 것으로 여겨지고 있다.[21] 더구나 북핵문제 해결을 위한 국제사회의 대북 경제제재 조치 등의 압박이 이어지고 있는 가운데, 몽골은 대북제재에 동참하지 않고 북한과의 교역을 이어나가고 있다. 위 〈표 11〉의 수출입 교역규모를 보면, 2016년 몽골은 전년에 비해 대북한 수출규모를 큰 폭으로 늘린 것을 알 수 있다. 이는 북한과 몽골 교역 사상 가장 큰 규모이며, 국제사회의 대북압박으로 타국과의 교역이 여의치 않은 상황에서, 몽골로부터 수입을 늘려 수요를 충당하는 것으로 해석할 수 있다. 더구나 자국에 주재한 북한 대사의 추방하거나 북한 노동자를 돌려보내는 등 유엔과 국제사회의 대북압박 수위가 높아지는 현 상황에서도 몽골은 별다른 조치를 취하지 않고 여전히 북한과 교역을 계속하고 있으며 자국의 북한 노동자들을 송환하고자 하는 움직임은 전혀 없다. 오히려 수요가 허락하는 한 추가 입국을 허용하는 등 북한과의 우호적 관계를 지속하고 있다.[22]

---

21 정영, "북 외교관 몽골 경유 금지품목 반입", 「RFA」, 2016년 3월 3일자.

22 전경웅, "카타르, 북 근로자 모두 귀국할 것. 몽골, 괜찮아, 일해", 「뉴데일리」, 2017년 9월 21일자.

III. 몽골을 통한 남북한 관계의 미래지향적 방안

한국, 북한과 동시 수교국이자 타국에 비해 북한에 우호적 태도를 보이고 있는 몽골과 연계하여 협력방안을 마련하는 것은 한반도 긴장완화와 나아가 동북아 평화에 이바지할 수 있는 새로운 방향을 제시할 수 있을 것이다. 향후 세 나라의 협력을 위한 방안들을 다음과 같이 제언하고자 한다.

첫째, 몽골 자원개발 분야에서 남북협력 모델을 구상하는 것이 바람직하다. 전술한 바와 같이 북핵문제 해결을 위한 국제사회의 대북제재 조치에도 불구하고 몽골은 북한과 꾸준히 교역을 유지하며 북한 노동자의 유입에 대해 별다른 조치를 취하지 않고 있다. 현재 북한 노동자는 주로 몽골의 토목, 건설 분야에 투입되어 노동을 제공하고 있으며, 비록 몽골 노동자에 비해 고임금임에도 불구하고 작업의 효율성이 상대적으로 높고 생산성 또한 뛰어난 것으로 평가받고 있다. 한국과 북한, 몽골 간의 협력을 통해 몽골에 부존되어 있는 자원개발에 참여한다면 3국이 가지고 있는 강점을 충분히 활용하는 것이 가능하다. 3국 정부차원의 합의를 전제로, 한국의 자본과 기술, 북한의 노동력, 몽골의 자원과 관련 제도의 시행과 운영 등 이 분야에서 효과적인 3국 협력모델을 창출할 수 있다. 한국의 자본과 기술이 투입되는 몽골 광산개발 현장에 몽골인뿐만 아니라 북한 노동자를 투입하는 것이다. 북한은 한국에 비해 광업이 잘 발달되어 있어 이 분야에 북한의 저임금 숙련기술자를 활용하는 것은 좋은 방안이 될 것이다. 한국은 북한, 몽골과의 이 분야에서의 협력을 통해 한반도 평화에 간접적으로 이바지할 수 있고, 한국에 필요한 자원의 안정적인 수급을 계획할 수 있을 것이다. 북한 또한 몽골에서의 남북협력을 통해 인력송출을 통한 외화획득, 그리고 남북갈등의 부침에 상대적으로 큰 영향을 받지 않을 안정적인 외화획득 창구 창출이 가능해질 것이다. 대외적으로 한반도 비핵화를 비롯한 한반도 문제에 있어 역할을 자임하며 동북아 평화구축에 기여하여 자국의 위상을 제고하는 한편 이 지역에서의 외교적 존재감을 과시하고자 하는 몽골의 입장에서도, 몽골 자원개발에 한국, 북한의 공동참여를 유도하는 것은 충분한 실리와 명분이 있는 방안일 것이다. 한국과 북한은 몽골의 이러한 대 한반도 스탠스를 잘 활용하여 몽골 정부차원에서 추진하는 전략광산개발, 혹은 설비, 인프라 구축 분야에 대한 국제입찰에서 한-북-몽 컨소시엄을 구성하여 참여하되, 수의계약, 또는 입찰 가산점 부여 방침 선언 등을 몽골에 유도할 수 있을 것이다. 몽골의 3국 협력모델에 대한 이와 같은 방침은 한반도 긴장완화를 통해 동북아 평화구축에 이바지한다는 명분을 들어 국제사회에 충분히 설득력이 있을 것이다.

둘째, 북한의 나진선봉 특구를 통한 유통로 신설을 고려할 수 있다. 몽골은 출해구 전략의 일환으로 북한의 항구를 이용해서 해상유통로를 확보하려는 노력을 지속해 왔다. 2007년 북한의 김영남 최고인민회의 상임위원장이 몽골을 방문하여, 북한의 나진, 선봉, 청진, 흥남, 원산, 남포, 해주항을 몽골 측이 이용하는 것을 허용했다.[23] 몽골은 바다가

---

23 '조선민주주의인민공화국은 최혜국대우에 준하여 국제무역항들인 라진, 선봉, 청진, 흥남, 원산, 남포, 해주항을 몽골측이 이용하는 것을 허용한다.', 「몽골 정부와 조선민주주의인민공화국 정부 사이의 해상운수에 관한 협정」, 제2조,

432

없지만 몽골 국적의 선박은 운항될 수 있기 때문에 이와 같은 계획은 충분히 개연성이 있는 것이다. 북한항구 이용에 대한 양국 간 협정에 근거하여 실제로 몽골은 2014년 석탄 2만 톤을 몽골 내부 철도와 러시아 철도를 이용하여 북한 나진선봉 특구로 시험 운송하는 데 성공했다. 이어 2015년 몽골정부와 한국의 삼목해운은 '몽골삼목물류' 회사를 설립하고, 샤린골 탄광과 석탄운송계약을 체결하였다. 북한 나선항을 통해 한국으로 운송될 예정이었던 이 계획은 최근 남북관계의 경색 등과 당시 일시적인 석탄시세의 하락으로 이루어지지 못하였다. 그러나 향후 남북관계가 진척이 되어 나선항 이용에 대해 3국간의 합의가 이루어진다면, 몽골은 태평양으로의 새로운 유통로가 신설되는 것이며, 한국 또한 유라시아 지역으로의 유통로가 새롭게 확보될 것이다. 더구나 이 지역에 3국이 관련된 유통로가 개설되어 운영되기 시작하면, 남북관계 악화 여부에 큰 영향 없이 유지될 가능성이 크다. 왜냐하면 나선항의 안정적인 운영 여부는 북한의 관련 방침이 큰 영향을 미칠 가능성이 큰데, 몽골이 북한의 방침에 영향력을 행사할 수 있기 때문이다. 몽골은 북한의 오랜 수교국으로 한국전쟁 기간을 시작으로 현재까지 때때로 식량 및 물자를 원조해주는 한편 북일 비밀회담을 주선하고, 현재 국제사회의 대북제제에도 불구하고 북한 노동력의 도입을 허용하는 등 북한에 시혜를 주는 국가이다. 따라서 몽골의 이익과 필요가 큰 사안에 대해 북한은 남북관계 부침 여부와 관계없이 개설된 유통로를 일방적으로 폐쇄하기 어려울 것이다.

2007년 7월 20일 체결.

현재 한국과 몽골이 교역하는 유통로는 크게 러시아의 블라디보스톡 항과 중국의 천진항으로 나눌 수 있다. 그러나 블라디보스톡 유통로는 선적, 하역 비용이 중국 천진항에 비해 높고 통관세도 중국에 비해 높은 것으로 알려져 있다. 게다가 중국은 몽골의 주요 수출품인 석탄이 제3국으로 수출되는 경우, 컨테이너 포장을 요구하는 등 몽골 자원의 수요처 다변화에 대해 몽니를 부리는 상황이다. 이러한 까닭에 북한의 항구를 이용한 새로운 유통로 신설은 한국, 북한, 몽골에게 기존에는 물류비용으로 말미암아 경제성이 없었던 품목들의 새로운 수요처를 발굴하고 교역을 확대하는 효과를 가져올 수 있을 것이다.

셋째, 현재 추진되고 있는 몽-중-러 경제회랑 건설 프로젝트에 한-북-몽 컨소시엄 참여를 구상할 수 있다. 지난 2016년 6월, 중국의 일대일로 프로젝트 일환으로 추진된 몽-중-러 경제회랑 건설이 관련국 들 간 합의되었다. 현재 몽-중-러 경제회랑 구축을 위한 32건의 프로젝트가 추진 중에 있으며 총 500~600억 달러가 소요될 예정이다. 이 프로젝트 실행을 위해 2017년 2월 러시아는 몽골에 15억 달러의 차관을 지원하여 경제회랑 건설을 위한 몽골 내 철도정비 사업에 활용하기로 했다. 그리고 중국은 몽골에 3억5천만 위안을 지원하고 향후 3년간 20억 위안을 무상원조하기로 결정하였다. 이 자금을 통해 몽골 내 인프라, 발전소, 구리제련 시설 등을 확충할 예정이다. 나아가 몽골의 해상유통로 확보를 위해 중국 내 7개 항구 이용을 허가하는 것을 논의 중에 있다. 몽골은 이 프로젝트를 통해 중국과 러시아를 잇는 도로, 철도 연결 등 원자재 수송 인프라가 구축될 것으로 기대하고 있다. 한국은 외교적 노력을 통해 이 지역에서의 경제회랑건설 프로젝트에 참여할 수 있도록 고려해야 할 것이다. 경제회랑 건설 프로젝트는 주로 중국의 자본으로 이루어지기 때문에, 한국은 몽골지역에서 진행되는 동 프로젝트의 입찰에 한국-북한-몽골 컨소시엄을 구성하여 참여함으로써 주변국과의 협력과 상호이익을 추구할 수 있을 것이다. 북한 또한 국제무대에서 한국과의 양자협력보다는 전통적인 우방국인 중국, 러시아, 몽골과 연계한 협력사안에 대해서는 좀 더 전향적인 태도를 취할 수 있을 것이다.

넷째, 농업분야에서의 3국 협력방안을 고려할 수 있다. 한국은 현재 동 몽골 지역에 27만 3천ha의 농지를 코이카를 통해 확보한 상황이다. 몽골의 입장에서도 목축업과 밀농사, 감자 등을 주로 생산하는 기존의 산업과 겹치지 않고 남북한의 투자로 벼농사 위주의 농지가 개간된다면, 미개척 지역에 대한 개발과 세수확보 및 식량안보 구축 차원에서도 장려할 사안이다. 장기간에 걸친 조사를 통해 현재 이 지역에서의 쌀농사가 가능한 것으로 이미 알려져 있다. 향후 북한의 노동력과 한국의 투자, 그리고 운영과정에서 몽골의 제도적 지원에 대한 합의가 3국 간 원활히 이루어진다면 해당 사업을 재추진할 수 있을 것이다.

다섯째, 몽골에 한국-북한-몽골이 합자하여 산업단지를 조성하는 것이다. 한반도 안보상황에 의한 영향을 최소화 하며 남북 간 협력을 지속시키기 위해서는 북한과 수교하고 있는 제3국을 포함한 공동 프로젝트를 구상하는 것이 적절하다. 기존의 개성공단과 유사한 형태의 남북협력 산업단지를 해외에 조성하는 것은 좋은 방안이 될 것이다. 몽골은 이와 관련하여 매우 적절한 지위와 여건을 지니고 있다. 이미

2002년 '자유무역지대에 관한 일반법'을 제정하였고, 현재 자민우드 Zamiin-Uud, 알탄불락Altanbulag, 차강노르Tsagaan Nurr 3곳에 자유무역지대가 설치되어 있다. 외국인이 이 지역에 투자하여 사업을 운영하는 경우, 수입·수출 관세, 부가세, 소비세 등을 면제해주고, 토지사용료를 감면받는 등 다양한 혜택을 보장하고 있다. 그러나 설치된 자유무역지대 인근의 인프라가 열악하며, 생산된 물품의 수요처가 러시아와 중국으로 한정된 상황에서 대규모 투자유치가 요원한 실정이다. 한국은 이 지역에 제2 개성공단과 같은, 북한과의 협력을 위한 대규모 투자를 고려할 필요가 있다. 기존의 개성공단과 같은 형태로 한국이 생산설비 등에 투자하고 북한 노동자들을 고용하여 제품을 생산하는 것이다. 몽골에서 생산되는 주요 원자재를 가공하여 고부가가치 상품을 생산하는 산업을 중심으로 진출하고, 생산된 물품은 한국, 북한, 중국, 러시아, 중앙아시아 등 인근 국가들을 중심으로 판로를 확보할 수 있을 것이다. 제3국인 몽골에 남북협력 산업단지를 조성한다면, 남북한 양국과 동시 수교국이자 사회주의 시절부터 현재까지 북한의 오랜 우호협력국인 몽골의 중재와 완충 역할로 인해 남북관계의 부침에 비교적 적은 영향을 받으며 사업을 지속시킬 수 있을 것이다.

참고문헌

바트투르(2011), 『20세기 한국 몽골 관계사』, KM미디어.

오윤체첵(2015), 『몽골의 대북정책; 사회주의 형제국가에서』, 경상대박사학위논문.

외교부(2016), 『2016 몽골개황』.

윤황(2008), 「북한과 몽골의 경제발전」, 『한국동북아논총』 제49권.

이재영 외(2010), 『신아시아 시대 한국과 몽골의 전략적 협력방안』

이주헌(2014), 『북한과 몽골의 경제협력에 관한 연구』, 북한대학원대학교 석사학위
　　논문.

쟌즈브도로쥐 롬보(2007), 『몽골, 조선민주주의 인민공화국 관계 60년』, 조선민주주
　　의인민공화국 외국문출판사, 201쪽.

「로동신문」, 「몽골 정부와 조선민주주의인민공화국 정부 사이의 해상운수에 관한
　　협정」

강병철, "몽골 대통령, '한반도 비핵화 지지…통일, 전 세계에 좋은 소식', 「연합뉴스」,
　　2016년 5월 19일.

강치구, "몽골, 국제사회의 대북제재 기조에도 北 노동자에 대한 조치 없어", 「RFA」,
　　2017년 9월 21일.

김수빈, "북한, 60년대 말 몽골에 '식민지'건설 시도했다.", 「허핑턴포스트코리아」,
　　2016년 5월 25일.

김정은·윤일건, "몽골 대통령 방북…김영남과 정상회담", 「연합뉴스」, 2013년 10월
　　28일.

김형섭, "朴대통령, '몽골 민주혁명' 엘벡도르지 대통령과 정상회담", 「뉴시스」,
　　2016. 5. 19일자.

유기림, "朴대통령 몽골과 北 비핵화 토대 한반도 역내 안정 노력", 「뉴스 1」 2016.
　　7월 17일.

이용욱, "한·몽골 정상회담…'경제동반자 협정'추진 합의", 「경향신문」, 2016년

7월 17일.

전경웅, "카타르, 북 근로자 모두 귀국할 것. 몽골, 괜찮아, 일해", 「뉴데일리」
2017년 9월 21일.

정영, "북 외교관 몽골 경유 금지품목 반입", 「RFA」, 2016년 3월 3일.

Balazs Szalontai, "A Korean Autonomous Territory in Mongolia?, 「NKNEWS」,
2016년 5월 16일.

IKON, "Ерөнхийлөгчийн БНАСАУ-д хийж буй төрийн айлчлал эхэллээ",
「IKON」, 2013년 10월 29일.

http://211.171.208.92/odisas.html

http://stat.kita.net/stat/world/trade/CtrImpExpDetailPopup.screen,

http://www.customs.go.kr.

http://ikon.mn/n/sz

http://news.khan.co.kr/kh_news/khan_art_view.html?artid=201607172301035
&code=910203

http://www.huffingtonpost.kr/2016/05/25/story_n_10125238.html,

http://www.konas.net/article/article.asp?idx=49803

http://www.mofa.go.kr/countries/asiapacific/countries/20110919/1_25358.jsp?
menu=m_40_10_20#contentAction

http://www.newdaily.co.kr/news/article.html?no=356729

http://www.newsis.com/ar_detail/view.html/?ar_id=NISX20160518_001409229
9&cID=10301&pID=10300

http://www.yonhapnews.co.kr/bulletin/2016/05/19/0200000000AKR20160519
194500001.HTML?input=1195m

http://www.yonhapnews.co.kr/politics/2013/10/28/0511000000AKR201310282
02500014.HTML

http://www.yonhapnews.co.kr/politics/2013/10/28/0511000000AKR201310282
02500014.HTML

https://www.nknews.org/2016/05/a-korean-autonomous-territory-in-mongo-
lia/

8.

내몽골자치구 70년*
(內蒙古自治區)

- 사회경제적, 사회정치적 발전에 관한 회고와 전망

김선호 부산외국어대학교 중국지역통상학과 교수

*본 글은 논자의 저서『내몽골, 외몽골 - 20세기 분단의 몽골역사』(한국
학술정보, 2014)의 내몽골관련 부분을 토대로 수정 보완해 작성함.

I. 들어가며

1. 문제제기

1947년, 즉 1949년 중화인민공화국 건국 2년 전에 내몽골은 이미 중국공산당의 지도하에서 자치정부를 구성하였다. 1945년 외몽골이 소련의 도움으로 국제사회에서 독립을 인정받은 후 내몽골의 독립은 왜 불가능했을까? 내몽골과 외몽골의 분리는 어떠한 역사적 배경으로 그렇게 깊은 골을 만들었을까? 중화인민공화국 시절 내몽골은 과연 경제적·사회적 변화를 어떻게 받아들였을까? 개혁개방 이후 외몽골과 같은 정치·경제 발전을 바로 곁에서 경험하고 어떠한 변화를 꿈꾸고 있을까? 그리고 가장 중요한 것은 내몽골자치구에 대한 중국 중앙정부의 정책 기조와 현실적 문제의 괴리는?

이 모든 문제들은 본 연구에서 핵심적으로 다루는 중심 내용들이다.

1983년 대만국립정치대학에서부터 전공이 중국과 몽골관계인 논자는 항상 정치·경제는 물론 사회·문화적 관계까지 총체적으로 이해해야 한다는 접근법으로 훈련 받았으며, 특히 독일 유학시절 문화학(Kulturwissenschaft)이라는 총체적·객관적 이해법을 바탕으로 이 문제를 다루어 왔다.

이제 현황과 밀접하게 연관된 문제들을 조합하여 내몽골자치구에 대한 총체적·객관적 이해를 추구해 본다.

2. 접근방법 (진단과 분석)

상술한 바와 같이 문화학에서 가장 중요한 접근법은 객관적, 총체적인 이해이다. 본 연구에서는 이러한 두 가지 접근법을 만족시키기 위하여 이른바 사회경제학 및 사회정치학적 방법론을 활용한다.

사회경제적(socioeconomic) 접근법이란 단순하게 경제가 사회변화에 미치는 영향을 분석하는 것이 아니라 전반적인 사회변화의 분야별로 경제적인 요인을 파악하는 방법론이다. 20세기 초 폴란드 출신 독일 학자 로자 룩셈부르크(Rosa Luxemburg, 1871년 3월 5일~1919년 1월 15일)는 '자본 축적론'을 통해 사회 경제적 불균형을 비판하고 혁명을 통해 해결해야 한다는 극단적이고 단편적인 주장을 하였지만, 그녀의 혁명은 실패로 끝났듯 단순한 한 면을 이해하는 것이 아니라

21세기 사회경제학은 다양한 요인들과 상호관계 및 이를 통한 변화를 보는 것이다. 예를 들어 1911년 청조 멸망 후 내몽골의 젊은 귀족출신 지도자 덕왕(德王: 뎀축동구릅)은 귀족 출신의 부유한 지도자로 사회문제를 경제적인 배분이 아니라 통제의 수단으로 활용하여 실패하였고, 1947년 내몽골자치정부 성립에 큰 공헌을 한 울란후(烏蘭夫)는 빈곤층의 젊은 엘리트들을 포섭하여 부의 분배를 내세우며 기득권세력을 처리하는 데 성공을 거두었듯이 당시 상황과 사회의 요구가 경제의 어떠한 틀을 원하느냐?를 분석하는 보다 복잡한 방법론이다.

사회정치학(socio-politic)적 접근법 역시 단순히 사회와 정치와의 관계 분석이 아니라 시대와 지역에 따른 공동체의 가치관에 관한 종합적인 분석으로, 예를 들어 내몽골자치구에서의 문화대혁명을 기득권층인 한족에 대한 공격이 아니라 몽골 기득권층에 대한 공격으로 활용하여 자치구 건립의 최고 공헌자인 울란후를 공격한 것처럼 보다 다양한 원인 분석을 목표로 한다.

결국 내몽골자치구의 성립 배경과 성립 후 변화 과정에서 사건 전개의 진단과 분석을 보다 다각도로 접근한다는 방법론이다.

II. 내몽골 성립의 역사적 배경

1644년 만주족의 발흥을 이끈 누루하치는 부족연맹체에서 국가로의 발전을 위한 기본을 닦아 놓는다. 그리고 그의 8번째 아들 아바하이는 명明을 무너뜨리고 청淸을 건국한다. 청 건국의 지정학적인 전략은 만주지역에 접하고 있는 동몽골지역의 부족들을 하나씩 복속시키고,

고비사막 이남(漠南)의 몽골 부족들의 지원을 뒤에 업고 남쪽의 명을 공격하는 형태였다. 이러한 전략이 성공적으로 활용되어 1644년 청이 건국되었다. 그 후, 1696년 청의 강희康熙 황제는 친히 대규모 군대를 이끌고 고비사막 이북(漠北)의 몽골 부족들을 공격하여 항복을 이끌어 낸다.

18세기에 이르러 청의 영토 안으로 편입된 몽골은 52년의 시간차이를 두고 청의 중앙정부의 관점에서 고비사막 이남을 '내몽골', 그리고 고비사막 이북의 지역을 '외몽골'로 칭稱하여 이것이 내몽골과 외몽골 분류의 기원이 되었다.

이러한 과정에서 청의 황제들은 몽골 지배의 원칙을 세운다. 그것은 바로 '분리 후 통치(devide and control)'이다. 그 이유는 물론 몽골의 응집력에 대한 견제인 것이다. 따라서 몽골은 주로 할하부족이 거주하는 고비사막 이북의 외몽골과 주로 오르도스 몽골인들이 거주하는 고비사막 이남의 내몽골로 분리한 후 서부 오이라트, 차하르 등을 다시 맹盟과 기旗로 나누고 이른바 '월계금지越界禁止'의 정책을 강하게 시행하여 몽골인들의 분열을 고착固着시켰다.

이것이 바로 외몽골과 내몽골로 나누어지는 몽골 민족 분단의 시작이며, 이 분단의 아픔은 현재까지 이어지고 있다.

이렇게 철저한 분리정책은 1644년 청의 건국 이후 1911년 청의 멸망까지 무려 267년간 지속되었다. 그동안 청조淸朝는 팔기제도八旗制度, 맹기제도盟旗制度 등의 다양한 행정제도를 통해 분리 후 통치라는 원칙을 뒷받침하였다. 몽골 민족은 13 16세기유라시아를 통합한 대제국 시대를 끝내고, 부족별 혹은 씨족별로 분리되는 처참한 역사를 안고 현대로 진입하게 된 것이다.

1911년 청의 멸망은 몽골인들에게 찾아온 현대적 의미의 통일과 자주독립의 기회였지만 러시아, 중국 그리고 일본 등의 주변 패권주의 국가들은 이미 산산조각 난 몽골인들을 단지 탐욕의 대상으로만 간주하게 된다.

그 중에서 1921년 창당된 중국 공산당은 11년간의 시행착오를 거치고 1935년 소련과의 관계도 멀어지는 계기는 이른바 '준의회의遵義會議'에서 마오쩌둥(毛澤東)이 당권을 장악하면서부터였다. 마오쩌둥은 그때까지의 친소 지도자 왕명王明의 도시 노동자 중심의 혁명 노선을 비판하고 농민을 바탕으로 하는 공산혁명을 주장하여 중국공산당의 지도자가 되고 이른바 농민혁명으로 전환하였다. 마오쩌둥은 구체적인 혁명의 이행방법으로 대장정大長征을 통해 근거지를 서북지역으로 정하고 항일을 최우선 정책으로 한다. 이때 이미 내몽골지역의 젊은 몽골 청년들을 모스크바에 유학시키는 등 중국공산당은 내몽골의 공산화에 많은 노력을 기울였다. 그 이유는 물론 항일이라는 정책 노선을 위해 국민당과는 달리 공산당은 인민과 국가 안위를 먼저 생각한다는 이미지를 심어 주는 것과, 내몽골이 지정학적 위치에서 항일을 위해 절대적으로 필요한 지역이었기 때문이다.

일본의 중국 침략이 일어난 1937년 항일이라는 명목 하에 2차 중국국민당과 공산당의 합작이 이루어지지만 이미 공산당과 국민당은 중국 안에서 '하나의 태양'이 되기 위해 충돌할 수밖에 없었다.

여기서 1945년과 1949년은 내몽골과 외몽골의 현대사에서 하나의

획을 긋는 중요 시점이다. 즉, 1945년 제2차 세계대전이 끝난 직후 소련은 얄타회담을 통해 동아시아에 있어서 자국의 위치를 강화하기 위하여 먼저 중국과 중소 우호조약을 체결하는데 그 내용에 있어서 외몽골의 독립 문제를 외몽골인들의 찬반투표를 통해 결정하도록 유도하였다. 그해 실시된 외몽골의 독립 찬반투표에서 100% 외몽골인 들이 참여하여 100%의 독립 찬성의 결과가 나와 결국 1946년 중국의 국민당 정부는 외몽골의 독립을 인정하였다.

1949년까지 국민당과 공산당의 내전에서 외몽골은 이 문제에 전혀 직접적으로 개입하지 않으며, 1946년 비교적 많은 국가들로부터 획득 한 자신의 독립국가 위치를 유지하였고, 1949년 중화인민공화국 건국 후 소련의 적극적인 중재로 몽골인민공화국과 중화인민공화국은 상호 국가인정의 과정을 통한 외교관계 수립을 거쳐 1950년 7월 대사를 교환한다.

결국 외몽골은 1945년에는 중국국민당에, 그리고 1949년에는 중국 공산당으로부터 현대국가로서의 독립과 중국으로부터의 완전 독립을 인정받는다.

III. 내몽골자치구 성립 (4.3회의와 울란후)

반면에 내몽골은 1947년, 즉 중화인민공화국 건국 2년 전에 이미 내몽골자치정부(친중국공산당)를 수립하여 중국공산당 안에서 하나 의 자치구로 정립된다.

이러한 내외 몽골인들의 현대사에서 반드시 구체적인 분석이 필요한 부분은 내몽골과 외몽골에 대한 사회정치학적 분석이다. 외몽골인들은 국제사회에서의 몽골의 독립을 가장 중요하게 생각했으며, 소련의 지원으로 국제사회에서의 위치 정립과 함께 경제적인 지원도 기대하고 아울러 칭기스한 시대 영광을 회고하는 사회 분위기였던 것이다. 반면에 이미 고비사막을 기점으로 외몽골과 300년 넘게 나누어진 내몽골의 경우에는 어느 중국과 손잡느냐?(국민당, 공산당)가 가장 중요한 관심거리였다. 이데올로기의 중요성보다는 내몽골 사회가 추구하는 공동체의 형태는 자치인지? 고도자치인지? 독립인지? 등의 집단의 정체성을 나타내는 체제와 연관된 것과 어느 세력이 내몽골 사회에 부유함을 가져다 줄 것이냐에 있었다.

따라서 1947년 내몽골 자치정부自治政府의 수립은 매우 중요한 역사적 의미를 갖게 된다. 1947년, 중화인민공화국 건국 2년 전에 이미 친중국공산당계의 내몽골자치정부 건립으로 복잡했던 중국국민당과 공산당의 세력균형 양상이 중국공산당의 우세로 자리 잡는다. 여기에서 아시아 현대사에 관심이 있는 연구자들은 많은 물음표를 떠올리게 된다. 이미 독립한 외몽골이 있는데 같은 몽골 민족끼리 통일된 민족국가건립을 왜 이루지 못하였는가? 중국공산당과 국민당의 내몽골에서의 위치는 어떠하였는가? 어떻게 중화인민공화국 건립 2년 전인 1947년에 내몽골은 중국공산당 계열의 자치정부체제로 확립되었는가? 내몽골의 독립운동은 어떠하였는가? 누가 어느 시기에 어떠한 방법으로 내몽골인들을 중국공산당의 지도 아래로 끌어들였는가?

이러한 많은 부분에서의 문제 제기는 1946년 4월 3일에 있었던 이른바 4·3회의의 결과로 내몽골의 운명이 결정 지어진 것에 집약된다. 이 회의를 통해 당시 여러 형태로 분열되어 있었던 내몽골의 정치단체들이 하나로 통합이 되고 다음 해인 1947년 5월 1일 내몽골자치정부 성립으로 끝을 맺는다. 이러한 변화는 내몽골 민족의 현대사 진입에 있어서 그들의 자발적 선택이었는가, 외세의 절대적 영향이었는가? 두 가지 측면에서 동기분석과 역사적 의의를 이해하는 데 중요한 의미를 내포하고 있다. 즉 당시 내몽골 사회가 요구하는 정치적·경제적 바람은 무엇이었는가?이다.

이 부분에 있어서 일찍이 Christopher Atwood는 그의 연구논문: The East Mongolian Revolution and Chinese Communism을 통해 동부 내몽골의 민족주의자들이 서부 내몽골의 공산주의자들에 의해 중국공산당 안의 자치정부로 변화하는, 즉 내몽골인들의 자발적인 공산주의 선택이 아닌 울란후(烏蘭夫)를 중심으로 한 내몽골공산주의자들의 교묘한 승리로 분석하였다. 그러나 실제로는 더욱 더 다양한 요인들이 작용하였다.

울란후

나아가 1947년 내몽골자치정부의 성립은 1949년 중화인민공화국 성립 후에 중국 내의 이른바 다른 소수민족자치구少數民族自治區 성립에 많은 영향을 주기도 하였다. 특히 중국공산당의 내몽골정책이 전통적인 과거 한족漢族의 대몽골對蒙古정책과 상통하는 부분이 많아 이에 주목하면 당시 내몽골과 외몽골의 비극적인 통합 실패의 근본적인 원인을 파악할 수 있다.

1945년 8월 15일 일본의 무조건 항복은 논리적으로는 아시아 제 민족들의 민족국가 수립에의 희망을 주었으나, 현실적으로는 열강들의 이해관계와 이념의 대립으로 오히려 각 민족의 수난으로 이어진다. 원래 과거 청淸의 지배를 받아 왔던 제 민족들 중에서 내몽골 민족들의 독립운동은 여러 면에서 가능성을 내포하고 있었다. 그 이유는 물론 1921년 소련의 지원 하에, 청조淸朝에서 외몽골로 불리던 지역이 몽골공화국蒙古共和國으로 독립하였다가 1924년부터 몽골인민공화국蒙古人民共和國이라는 독립국가 형태로 유지되고 국제사회의 공인을 받았기 때문이다. 그래서 내몽골과 외몽골의 결합은 어쩌면 객관적으로 당연한 일로 받아들여질 수도 있었다. 실제로 1945년 8월 8일 소련이, 그리고 같은 해 8월 10일 몽골인민공화국이 일본에 대해 선전포고를 하고 이들 연합군이 대흥안령大興安嶺 산맥 북쪽에서부터 만주지역으로 진격하였을 때, 이들은 자연스럽게 내몽골 지도자들과 접촉을 하였고, 내몽골 민족주의자들에 의해 적극적으로 몽골 민족의 통일을 위한 행동이 진행되기 시작하였다.

이에 내몽골의 동북지역, 즉 대흥안령지역에서는 몽골인민공화국과 이른바 '내외몽골합병內外蒙古合倂' 운동이 일어나고 있었다. 문제는 이러한 민족통합 운동을 지도할 과거 칭기즈칸과 같은 강력한 중심인물이 없었다는 것이었다. 그나마 1937년부터 내몽골의 중부지역인 쑤에이위엔성(綏遠省)에서 자치정부를 이끌며 일본과 국민당國民黨 사이에서 내몽골의 자주성을 위해 노력했던 덕왕(德王, 몽골명: 뎀축동구룹)이 존재하기는 하였다. 그러나 당시 덕왕 세력은 일본의 패망 이후 베이징(北京) 북부지역에서 국민당의 영향 아래 내몽골인들에게 국민당 지지를 위한 인물 내지는 일본의 앞잡이로 비난을 받게 되었다. 결국 내몽골인들은 하나의 정신적 지도 세력 아래 집결되지 못하고 친몽골인민공화국 세력, 친중국국민당세력, 친중국공산당 세력으로 지역별 분열을 일으키기 시작한다.

특히 몽골자치준비위원회가 국제연맹 조사위원단에게 "내몽골이 만주국의 일부이며 따라서 중국으로부터 독립해야 한다"는 의견을 전달하기도 하였다. 그러나 문제는 내몽골 동부지역 민족주의자들은 내몽골의 독립을 궁극적인 목적으로 삼았지만, 결국 일본의 대륙 침략을 위한 전초기지 역할을 했을 뿐이고, 다른 한편 국민당의 강력한 대응을 야기해 부정적인 결과만을 가져왔다.

반면에 1921년 중국공산당 창당과 함께 그들이 표방했던 민족정책은 민족구民族區별 자치정책自治政策이었다. 특히 외몽골의 독립으로 영토의 일부가 분리되었다는 점에서 중국 공산당 입장에서도 전형적인 중화사상에 상처를 받았다는 관념이 팽배하였다. 아울러 국민당과 북중국 군벌들과의 연합세력 견제를 위해 중국공산당에게 있어서 내몽골은 중요한 전략적 요충지였다.

1938년 대장정 이후에 중국의 서북지역 중심지인 옌안(延安)으로 근거지를 정한 중국공산당은 적극적인 항일전과 함께 내몽골지역의 공산화를 첫 번째 과제로 삼는다. 중국공산당은 이미 그들로부터 교육을 받은 내몽골의 청년 공산당원들을 상당수 확보하고 적극 활용할 수 있었다. 1923년 가을 스무트기(十默特旗)의 40여 명의 몽골 청년들은 베이징에 있는 몽장학교蒙藏學校에 입학하는데 그중 룽야오시엔(隆耀先)은 당시 내몽골인이자 최초의 중국공산당 당원으로서 중국공산당북방지구당의 지시로 내몽골 청년들을 적극 포섭하기 시작한다. 여기서 리따치아오(李大釗)는 여러차례 몽장(몽골티베트)학교를 방문하여 비밀리에 룽야오시엔(隆耀先), 울란후(烏蘭夫), 뚜쏭니엔(多松年), 리위즈(李裕智), 포우팅(佛鼎) 등의 학생들과 회합을 가지며, 내몽골지역의 공산화에 대하여 토론하였다. 1925년까지 이들 내몽골 학생은 모두 중국공산당에 가입하게 된다.

중국공산당이 내몽골의 공산화를 체계적인 조직 구성으로 시작하는 기점은 1928년 2월 톈진(天津)에서 중공내몽골특별위원회中共內蒙古特別委員會가 성립되면서부터이다. 이 위원회는 한린후(韓麟符) 등 6인으로 이루어졌고 주로 한족들로 구성되었다. 그러나 내부적인 혼란기를 거쳐 1933년 당시 중공내몽골특별위원회 서기였던 리티에란(李鐵然)이 장자커우(張家口)에서 펑위샹(彭玉祥)군대에 살해당했을 때 해체되고 만다.

대부분의 동몽골지역과 베이징 부근에서의 공산화 운동은 실패하거나 그 활동이 미미한 반면, 서부 내몽골지역에서는 활발하게 조직적인 활동이 시작된다. 1929년 7월 모스크바에서 돌아오던 울란후 일행은 당시 몽골인민공화국의 수도 울란바타르에서 중국공산당 중앙의 지시

로 중공서몽골공작위원회中共西蒙古工作委委員會를 결성하고 1937년
까지 활발하게 공작을 편다.

이 시점에서부터 중국공산당은 청으로부터의 독립이 아닌 중국으로
부터의 독립을 열망하는 중국 변방의 민족들에 대하여 초기에는 독립
및 자결권의 인정, 연방제 제의 그리고 최후에는 통일 및 자치라는
형태로 각 민족을 중국 영토 내로 묶어 두는 정책을 펴게 된다. 특히
내몽골지역에서의 이러한 정책은 3단계로 이루어져 1938년까지는
독립을 지원한다는 정책에서 그 후로는 항일을 위한 연합전선 구축,
그 다음에는 분리불가로 이어져 결국 내몽골이 중국으로부터 이탈하는
것을 불가능하게 만든 것이다.

중국공산당은 1945년 4월 일본의 패전이 머지않음을 간파하고,
제6차 당대표회의를 소집하여 향후 대책을 논의하였다. 여기서 일본군
의 퇴각 후 내몽골지역의 적극적인 공산화를 결정하고 준비 작업으로
7월에 울란후를 주석으로 하고 양즈린(陽植霖)을 부주석으로 하는
수몽정부受蒙政府와 군대를 조직하였다.

1945년 8월 15일 일본이 무조건 항복을 선언하였을 때 내몽골지역은
여러 세력과 집단의 각축지역이 되지만, 중국공산당에 있어서 내몽골
지역은 이미 동북지역에 진출한 팔로군八路軍과 연계하여 국민당군에
커다란 타격을 주며 내전에서 승리할 수 있는 가장 중요한 지역이
되어 있었다. 물론 중국공산당은 이에 안주하지 않고 그 어느 세력보다
적극적으로 이 지역에의 완벽한 장악을 위해 노력한다.

몽골인들 자체도 1945년 8월 15일 일본의 패망과 함께 여러 가지
가능성을 시도하였다. 이것은 바로 중국공산당의 영향하에서 친중국

공산당 성격의 '내몽골자치정부'가 1947년에 성립될 때까지의 숨가쁜 변화의 시간이기도 하였다.

1945년 8월 8일 소련의 대일본선전포고와 10일 몽골인민공화국의 대일본선전포고 직후 소몽 연합군은 만저우리(滿洲里)를 통과하여 싱안링지역으로 진군하고 이어 동몽골지역을 장악하게 된다. 이때 내몽골의 귀족계층과 청년들은 하펑아(哈豊阿), 테무르바근(特木爾巴根) 등을 중심으로 싱안링에서 내몽골인민혁명당(內蒙古人民革命黨)을 결성하고, 이른바 "내몽골인민해방선언(內蒙古人民解放宣言)"을 통해 내몽골과 몽골인민공화국(蒙古人民共和國)의 합병을 주장하며, 대표단을 몽골인민공화국에 파견하고 내외몽골의 합병을 논의하지만 몽골인민 공화국은 이를 거절한다.

이후에 8월 23일에는 후룬베이얼맹에서도 대표단을 울란바타르에 파견하여 후룬베이얼 맹과 몽골인민공화국의 합병을 요구하지만 역시 거절당한다. 실링골맹의 일부 귀족들과 청년들도 그곳에 주둔 중인 소・몽 연합군에게 내 외몽골의 합병을 요구하고 대표단도 몽골인민공화국에 보내지만 거절당한다. 이들은 다시 9월 9일에 "내몽골인민공화국임시정부"를 건립하고 몽골인민공화국과 소련이 이들의 독립선언을 대외로 선전해 주고 승인해 줄 것을 요구하지만 이것도 거절당한다.

이러한 일련의 소련과 몽골인민공화국의 내 외몽골 합병 거절은 나름대로의 이유가 있었다. 아직 국제사회의 승인을 통해 완전한 독립을 얻어내지 못한 몽골인민공화국에서 1940년부터 정권을 장악한 초이발산(Choibalsan)은 스탈린식 독재와 철저한 소련에의 의존으로 몽골인민공화국의 국제사회에서 공인된 독립을 소련을 통해서 이룩하려는 시기였다. 1945년 일본의 패망은 바로 이러한 몽골인민공화국을 국제사회로 진출시키는 중요한 기회가 되었던 것이다. 특히 몽골인민공화국의 독립을 강력히 저지해 오던 중국 당국(국민당 정부이든, 공산당이든 간에)의 승인 내지는 최소한 묵인을 얻어 내야 하는 입장에서 내몽골과의 합병 내지는 정치적인 연합 등은 오히려 몽골인민공화국의 독립마저도 위협할 수 있었다는 것이다. 결국 몽골인민공화국은 그해 10월의 중·소 우호조약에 근거하여 몽골인민공화국 국민들의 독립에 대한 찬반투표(100% 독립찬성)를 거쳐 중국도 승인하는 독립을 성취하고 다음 해 중국과의 외교관계 수립을 통해 공인받는다.

결국 내몽골지역은 외몽골과의 합병이 무산되었을 뿐만 아니라 중국공산당과 국민당의 내전 발발의 핵심 지역으로 변화한다.

1946년까지 소위 '평등자치平等自治'를 주장하면서 중국공산당은 충실한 혁명가 울란후를 활용하여 동몽골지역을 접수하며 중국공산당 세력이 전체 내몽골지역에 강한 영향을 준다.

울란후의 지휘 아래 공산당의 지도를 받은 내몽골 정치 집단들은 946년 4월 준비회의에서 하나로 통합되고 동서 내몽골의 통일된 자치운동 세력의 탄생을 의미하는 이른바 4·3회의가 개최된다. 이 회의에서 결의된 내용은 이미 준비과정에서 결정된 것으로 다음과 같다.

1) 내몽골 민족운동은 독립자치를 위한 것이 아니고 평등자치를 위한 것이며, 중국공산당의 지도 아래 각 지역에 지회 분회를 설립하고 각 맹盟과 기旗의 민선정부民選政府를 조직한다.

2) 동몽골인민자치정부內蒙古人民自治政府는 즉각 해산하고 내몽골 자치운동연합회에 흡수된다.

3) 각 맹盟 정부에는 한족漢族 위원을 반드시 참여시키며, 치안, 방어 등은 팔로군八路軍이 담당한다.

4) 연합회의 지도 아래 몽골군을 무장시키며, 몽골군은 팔로군의 지휘를 받는다.

5) 연합회는 조직부, 선전부宣傳部 등의 8개부서와 비서처秘書處 1개를 설치한다. 25인 집행위원회 중 울란후가 집행위원회와 상임위원회의 주석을 맡는다. 부주석은 부얀만두가 담당한다.

6) 민족대표는 엄선하고, 특히 국민당과의 관계인물을 배제한다.

7) 적극적으로 지방 간부를 육성한다.

8) 연합회에 반대하는 국민당 일파 등 일체의 반대세력을 척결한다.

9) 츠펑(赤峰)을 내몽골 임시 중심도시로 설정한다.

1947년 5월 1일 드디어 내몽골자치정부內蒙古自治政府가 수립되는데 조직 면에 있어서 완전히 중국공산당 당원으로 이루어진 정부 각 부처 각료를 발견할 수 있다. 즉, 정부주석은 울란후, 부주석은 하펑아, 그리고 정부위원들 역시 대부분 공산당 당원으로 구성되었으며, 인민대표회의人民代表會議 의장은 부얀만두, 부의장은 지야타이 (吉雅泰) 등이 선출되었고, 20명의 정부위원과 9명의 의원이 별도로 선출되었다.

이로써 중화인민공화국 건국 2년 전에 내몽골은 중국공산당의 적극적인 개입 아래 내몽골자치정부가 수립되었고, 울란후는 최고의 공로자로 내몽골을 중국 안에 묶어 두는 데 결정적인 역할을 하였다.

이러한 내몽골 역사의 전환점에 대한 사회정치학적 분석은 단순히 국제관계에서 소련과 몽골인민공화국 그리고 중국 세력들과의 관계 균형에서 나타난 변화가 아니다. 당시 내몽골 사회가 요구하는 방향, 즉 위험을 무릅쓴 중국 세력들과의 독립투쟁 혹은 단계별 자치 혹은 독립이라는 안정적인 변화라는 갈림길에서 300년 넘게 청에 의해 사회 저변에 인식화 된 분열과 이에 따른 안정 위주의 지향점이 중국 속의 내몽골자치구라는 귀결을 낳게 되었다는 것이다.

IV. 초기 내몽골자치구 (1949~1966)

1949년 10월 1일 중국공산당은 마오쩌둥의 천안문 광장에서의 중화인민공화국 건국 선포로 중국의 새로운 지배 집단으로 자리매김한다.

신생국으로서의 중화인민공화국은 초기 전국적인 통치권 확보와 동아시아지역 세력균형을 자국에 유리하게 끌고 가기 위한 한국전쟁 참전 등의 과정을 겪으며 소수민족들의 평등자치를 꾸준히 선전한다.

이렇게 중화인민공화국이 자신의 위치를 공고히 하고 한국전쟁이 휴전되는 1952년, 절묘하게도 외몽골의 스탈린식 친소 독재자 초이발산이 사망하고 그 다음해 소련의 스탈린도 사망하는 공산권 환경 변화가 나타난다. 이에 중국은 내몽골자치구를 바탕으로 외몽골에 대한 적극적인 접근을 시도한다. 물론 이것은 내면적으로 다른 의도를 갖고 있었고 이것은 다시 입체적으로 사회정치적 접근과 사회경제적 접근으로 나누어 분석될 수 있다.

그 첫 번째 사회정치적 접근은 이른바 '형제국兄弟國' 관계이다.

외몽골에서는 1952년 1월 28일 초이발산이 모스크바에서 암으로

사망하자 역시 친소 세력의 선두주자였으며 초이발산의 충실한 추종자
인 젊은 체덴발(Цэдэнбал)이 몽골인민혁명당의 총서기직을 이어받
고 권력의 전면에 나서게 된다. 그러나 체덴발이 물려받은 몽골인민공
화국의 경제 성적표는 최악이었다. 1948년에서 52년까지의 경제개발
5개년 계획의 결과는 3,100만 마리의 가축 수 증가계획이 2,300만
마리에 그쳤고, 공업생산액도 3억 7,000만 투그릭(몽골의 화폐단위)의
계획의 절반 정도인 1억 8,900만 투그릭에 그쳤다. 이러한 경제적
어려움은 젊고 경험 부족인 체덴발이 극복하기에는 매우 힘든 상황이
었고, 결국 1954년 4월 자신 스스로가 총서기직을 사임하기에 이르렀
고 실제 권력이 없는 정부 총리의 자리만을 지키게 되었다.

여기서 체덴발 다음으로 권력을 이어받은 담바Damba라는 인물이
경제발전의 돌파구로 소련과 중국 모두에 지원을 받을 수 있는 양다리
외교를 시작하는 데서 중국과 몽골의 관계 변화가 나타난다. 담바는
먼저 1954년 몽골인민혁명당의 최고 권력자인 총서기직을 맡은 후
바로 외교부장관을 자르갈사이한이라는 주중몽골대사(1950~1953)
를 임명함으로써 그의 친중국정책을 표면화하였다.

바로 이 시점에서 중국은 1954년 11월에 개최된 몽골인민혁명당의
제12차 전당대회에 대규모 축하 대표단을 파견하여 적극적인 몽골
끌어안기 정책을 시작하였는데, 주목할 것은 이 대표단의 단장은
중국 내몽골자치구 자치정부의 수반 울란후였고, 나아가 그는 축하연
설에서 중국과 외몽골 간의 긴밀한 협력관계를 강조하였다.

그러나 이러한 정치적인 제스처가 문화적인 면으로까지 발전하였을
때 중국 정부는 역시 뛰어난 정략적 포용정책을 발휘한다. 즉, 1956년

5월 내몽골자치구 후허하오터(呼和浩特)에서 몽골문자에 관련된 대규모 학술회의를 개최한다. 주요 논제는 1941년부터 몽골인민공화국에서 몽골문자를 Cyril문자로 대체하여 사용하는 방안의 효율성에 관한 것으로, 그때까지 내몽골에서는 고대 몽골문자를 사용하였는데 이것을 몽골인민공화국처럼 바꾸는 것에 대한 것이다. 이것은 표면적으로 중국이 몽골 문화를 존중해 주는 것처럼 보이지만 실제로는 내몽골과 몽골인민공화국 간의 사용문자 통일을 통한 문화적 차이를 없애고 단계별로 통일성을 추구하여 궁극적으로는 사회적 통합을 통한 몽골인민공화국의 중국 자치구로의 편입을 유도한다는 것이다.

이러한 의도는 실제로 마오쩌둥의 의도인 것으로 밝혀진다. 1964년 마오쩌둥은 일본 사회당 대표단을 접견하는 자리에서 1954년 소련의 흐루시초프가 베이징을 방문하였을 때 몽골인민공화국의 독립을 현재는 유지하지만 훗날 어떠한 방식으로든 중국으로의 편입을 제의한 적이 있다고 밝혔던 것이다.

결국 50년대 전반기의 이러한 정치적 접근은 항상 중국지도자들에 의해 사용된 '형제국兄弟國'이라는 표현이 표면적으로 나타났고 내면적으로는 내몽골을 활용한 외몽골의 중국 영토화라는 의도가 바탕인 것을 분석해 낼 수 있다.

두 번째는 사회경제적 접근이다. 중화인민공화국의 대몽골 경제원조 역시 그 실제 내면에 깔려 있는 의도를 본다면 형제국의 진정한 의미를 이해할 수 있을 것이다.

1950년대 중반부터 중국 정부는 경제지원이라는 방식으로 몽골사회에 강한 영향력 행사를 시도한다. 담바를 중심으로 한 친중국 세력이 몽골정치권력의 핵심부에 자리 잡으면서 중국의 대외몽골경제 지원은 급격히 늘어나기 시작한다. 여기서 주목해야 할 것은 중국은 소련처럼 물자지원을 하는 것보다는 노동자들의 파견에 의한 기술지원을 적극적으로 펴나갔다는 것인데, 몽골의 건설 부문 지원계획 아래 1955년 5월부터 시작된 몽골에 파견되는 중국 노동자들의 숫자는 날로 늘어나 1956년에 1만 명, 1958년에 2,400명, 그리고 1960년 1만 2,000명 등 정확한 전체 노동자들의 숫자는 밝혀지지 않았지만, 대략 1960년까지 몽골에 간 중국 노동자들은 수만 명에 이를 것으로 판단된다.

원래 이들 중국노동자는 계약에 따라 일정 기간 몽골에 머무른 후 중국으로 돌아가게 되어 있었지만, 대다수가 그대로 몽골에 남아 China Town을 만들고 화교학교를 세워 몽골 학생들도 받아들이는 등 중국 문화의 이식을 의식적으로 행하였다. 실질적으로 당시 20만에서 30만 정도의 인구를 갖고 있었던 몽골의 수도 울란바타르시에 2만 정도의(영국의 몽골 학자 C. R. Bawden의 여행 자료에서) 중국인 노동자가 있었다면 그 사회적 영향력은 치명적인 것이라 할 수 있다.

더 주목해야 할 것은 중국의 몽골에 대한 노동자 지원은 확실히 그 목적을 가지고 있던 것으로 판단할 수밖에 없다. 즉, 내몽골자치구에 당시 170만 명 정도에 달하는 내몽골인들이 있어서 이들을 활용하면 언어나 현지 적응에 전혀 문제가 없을 것임에도 불구하고 굳이 한족漢族 중국인들만을 선별해서 보냈다는 점은 몽골인민공화국 사회에 중국 문화의 이식移植이 의도된 것으로 분석할 수 있다.

결국 이러한 역사 이래 뿌리 깊게 박혀 있는 중국·몽골 관계는 내외 몽골인들을 철저히 갈라놓았으며, 내부적 갈등의 씨앗은 60년대

들어 외부적 환경변화에 따라 급속히 악화되기 시작하였다.

1966년 외몽골과 내몽골은 같은 해에 비극적인 시대로 돌입하게 된다. 즉, 몽골인민공화국은 친중국 노선의 집권자 담바가 실각하고 완전히 친소 노선의 체뎬발이 다시 권력을 장악하는 사건이 일어났고, 내몽골에서는 1966년 이른바 중국의 문화대혁명 소용돌이 속으로 빠져드는 시기를 맞이한 것이다. 이러한 주변 환경의 변화는 결국 외몽골은 소련에 종속되는 결과를, 그리고 내몽골은 중국에 종속되는 결과를 낳게 된다.

결국 1945년 외몽골독립의 국제사회 인정, 1947년 중국공산당 아래에 귀속되는 내몽골자치정부 성립, 그리고 1949년 중화인민공화국 건국은 내몽골과 외몽골 사회에 정치적·경제적으로 커다란 변화를 가져왔으며, 사회변화는 문화적 갈등 그리고 사회경제적 부분은 공동 생산은 있지만 공동 분배는 없는 절름발이식 체제였다는 것이다.

V. 문화대혁명시기의 내몽골(1966~1976)

1966년 8월 쓰라오(四老: 사로), 즉 낡은 사고방식, 낡은 문화, 낡은 습관, 낡은 풍속을 반대한다는 모토 아래 시작된 중국의 문화대혁명은 외교정책에 있어서도 이른바 짜오판와이찌야오(造反外交: 조반외교)를 통해 중국과 사상을 달리하는 국가들에 대해 강력한 대응을 표방하였다.

특히 소련의 평화공존을 바탕으로 한 미국에의 접근을 수정주의자들의 정책이라 비난하며 소련을 따르는 외몽골에도 노골적인 항의를 시작하였다.

그렇다면 중국의 문화대혁명 발발과 함께 내몽골자치구는 어떠한 시련의 시기로 접어들었을까?

무엇보다 먼저 베이징(北京) 정부는 '문화대혁명文化大革命'의 발발과 동시에 다른 소수민족자치구와는 달리 내몽골자치구에 직접적이고 강력한 통제를 시도하였다. 그리고 당시 베이징 정부가 쉽게 영향력을 발휘할 수 없었던 혁명 1세대인 몽골인 지도계층에 대한 공격을 젊은 세대를 통하여 강화하고 계엄령까지 선포하였다.

이러한 적극적인 내몽골에 대한 압박은 그 역사적 사회적 배경부터 관찰하여야만 이해할 수 있다. 즉, 1960년까지 중국의 소수민족자치구가 완전히 중앙정부의 통제를 받는 상황이 아닌데다 1958년 이후 실시된 대약진운동大躍進運動의 실패는 중국 소수민족들로 하여금 중국 한족은 물론 특히 중국공산당 정권에 대한 의심을 가지게 하였다. 그리고 류샤오치(劉少奇)의 등장에 따른 마오쩌둥 일인一人의 강력한 통치체제가 집단 통치체제로 변화는 소수민족들의 실질적 자치自治를 추구하는 데 원동력이 된다.

내몽골자치구 역시 초기에는 울란후 등의 혁명 1세대 인물을 중심으로 중앙 공산당 정권에 강하게 귀속되었지만 점차 자결권에 대한 개념 탄생으로 국경지역의 다른 소수민족자치구와 마찬가지로 중국 중앙정부에 있어서 사회정치적 그리고 사회경제적으로 위험한 지역으로 대두된다. 이러한 상황이 베이징 정부 내부에서 마오쩌둥의 권력 강화를 위한 이른바 문화대혁명의 발발勃發과 함께 과거를 청산하기 위해 혁명 1세대 몽골 지도자들에게 그 공격이 집중되는 현상으로 바뀌게 된 것이다. 문제는 중국 중앙정부의, 좀 더 엄격히 말해, 중국공산당 내부의 권력 투쟁이 일어남과 동시에 내몽골자치구에서도 기존의 집권 세력에 대한 공격이 시작되었다는 것이다.

1966년 4월 린뱌오(林彪)가 장악하고 있던 인민해방군人民解放軍의 정치 세력화에 반대하였던 당시 총참모장 뤄루이칭(羅瑞卿)이 기소된 후 모든 직책에서 물러나고 그해 6월부터 8월까지 베이징에서는 대학생들을 내세운 수정주의자들에 대한 공격이 강하게 진행되었다.

1966년 5월 16일 중국공산당중앙정치국中國共産黨中央政治局은 확대회의에서 이른바 '주자파(走資派: 자본주의 추종 세력)'에 대한 공격 결정을 내린다. 5월 21일 베이징의 치엔먼호텔(前門大酒店)에서 중국공산당 중앙위원회가 잇달아 열리고 내몽골자치구 대부분의 지도층이 참석한 가운데 울란후에 대한 공격이 중국공산당 중앙정치국의 '울란후에 대한 보고'라는 보고서에서 구체적으로 시작된다. 이 보고에서 울란후는 반당反黨, 반사회주의자, 반마오쩌둥 사상가 외에 수정주의자로 비판되는데 이것은 소련파(울란후는 모스크바 유학파 출신)에 대한 숙청작업의 일환이었다는 것이다. 흥미로운 것은 이러한 대규모 숙청작업이 먼저 내몽골 지도계층에 대해 시작되고 후에 베이징 중앙에서 일어난다는 점이다.

그러면 왜 중국공산당은 중화인민공화국 건립 이전부터 중국공산당에 충실했던 울란후를 공격 대상으로 하였는가? 결론적으로 마오쩌둥 사상과 울란후의 내몽골자치구 자립체제 주장이 이미 1965년부터 충돌하기 시작하였다는 것에서 그 원인을 찾을 수 있다. 이것이 곧 정치사회학적 접근방법이다.

1965년 내몽골지역의 대규모 자연재해로 가축 수는 감소하고 내몽골자치구의 경제는 중앙정부의 대약진운동 성공에 관한 선전에도 불구하고 심각한 상태였다. 울란후는 여기서 내몽골자치구는 중앙의 직접적인 간섭 없이 몽골인들의 방식대로 가축의 수를 증가시켜야 하고, 이데올로기에 있어서도 마오쩌둥 사상이 내몽골 실제상황에 맞아야 된다는 주장을 적극적으로 피력한다. 즉, 내몽골 내의 칭기스한 우상화 및 종교 세력 인정 등을 통한 몽골식 자치구 건설을 희망하였던 것이다. 결국 1966년 5월, 6월, 7월 무려 43일간이나 지속되는 장기회의에서의 격렬한 토론이 있은 후 내몽골 공산당위원회 내 문화혁명소조文化革命小組가 성립되고, 8월 3일 내몽골일보內蒙古日報는 후허하오터의 제일서기 리페이(李貴)의 실각을 보도한다.

중공중앙화북국中共中央華北局은 직접적 관리 및 간섭을 강화하면서 이른바 친울란후 계열의 지도자들을 숙청하고, 결국 8월 16일 내몽골의 공산주의 주도 인물이었던 울란후는 모든 직책에서 면직된다. 8월 18일 베이징에서는 백만 군중의 문화대혁명 경축행사를 가지고, 8월 22일 후허하오터에서도 '과거 부정' 등의 구호를 외치며 수많은 군중이 울란후의 실각을 축하한다.

그러나 내몽골자치구의 주도主都 후허하오터를 홍웨이빙(紅衛兵) 제3사령부가 관장하는 지역으로 분류하고, 1967년 2월 초 홍웨이빙 3사령부가 이끄는 홍웨이빙 세력이 후허하오터에 진입하려고 할 때 기존의 내몽골 군대와 충돌하는 사건이 발생한다. 여전히 울란후를 추종하는 세력, 그리고 몽골 민족주의자들의 존재를 간파한 베이징 정부는 우선 내몽골에 홍웨이빙을 투입하는 것을 잠시 보류하고 2월부터 4월 13일까지 내몽골 대표와 중재자 저우언라이(周恩來)와의 6차례에 걸친 회담을 진행한 후에 4월 13일 중국공산당 중앙의 내몽골문제처리에 대한 결정(中共中央關于處理內蒙古問題的決定)이라는 내부문건을 통해 최종 결단을 문서화하게 된다. 결국 이 결정의 주요 결과는 베이징의 의도대로 이루어지는 데 그것은 다음 두 가지로 정리될 수 있다.

첫째로 베이징 정부는 내몽골자치구에 기존의 당과 군부의 지도계층을 객관적으로 내몽골을 이끌 수 있는 친울란후도 아니고 친마오쩌둥파나 한족 간부도 아닌 제3자들로 구성하자는 것이다. 궁극적으로 이러한 결정은 내몽골 내에 인위적으로 새로운 기득권층을 지속적으로 양산해 내면서 민족주의 운동의 맥을 끊는 형태라고 할 수 있다. 일관성이 있는 민족개념 혹은 일관성 있는 공동체 개념을 유지하지 못하게 하여 내몽골 사회는 새로운 것을 추구하는 것 같으나 실질적으로는 단합 또는 공동대응의 연속성을 단절시키는 결과를 낳게 된다는 것이다.

둘째로는 이미 대중에 스며들어 조직의 구성에 성공을 거둔 중국공산당은 내몽골자치구에도 역시 대중조직의 구성을 먼저 이루기 위해 내몽골지도자들이 교체되는 혼란기를 인위적으로 만들어내는 결정이라는 분석이다. 실질적으로 내몽골자치구 각 맹의 간부들은 중앙정부의 계획에 따라 1968년 7월까지 대규모 인사이동이 실행되었다. 이러한 지도계층의 교체는 울란후 계열을 제거함으로써 내몽골인들의 정신적 구심점으로서의 지도자상을 없애고 새로운 충성계층을 제조해 내는 데 효과를 보았다고 할 수 있다.

문화대혁명 기간 중 중국공산당은 내몽골의 '분리 후 통치'라는 청의 통치기법을 활용한다. 원래 울란후는 줄곧 내몽골에서 목민牧民의 계급을 없애야 한다고 주장해 왔지만, 정반대로 중국공산당은 사회의 계급을 세분화하여 유목민들의 분열 후 약화되는 특성을 적절히 이용한 것이다. 먼저 내몽골 유목민을 6계급으로 구분: 목장 주인[牧主], 부유한 목민[富牧], 상위 목민[上中牧], 중산층 목민[中牧], 하층 목민[下中牧], 빈곤층 목민[貧牧]으로 하고, 1968년 12월 2일 내몽골일보內蒙古日報의 사설 "농촌의 목민지구는 광범위하게 청리계급으로 구분하여야 한다"를 통해 "이것은(문화대혁명) 농촌과 목지牧地정권을 확실히 중농中農과 중목中牧의 손에 가져다주는 것으로 농촌, 목지의 문화대혁명을 끝까지 해내느냐의 관건이다"라고 강조하여, 중간 계층의 목민과 농민이 사회의 중심 세력이 되어 문화대혁명을 철저히 수행해야 한다고 선전하였다. 결국 몽골인들의 씨족 간, 부족 간의 화합이 아닌 계층 간의 대립구도로 변화시킨 것이다.

더욱이 1969년 7월 내몽골자치구 고유 영역을 파괴시키는 행정조치는 내몽골 몽골인들의 분노와 저항을 극대화시켰다. 즉, 1969년 7월 5일 후룬베이얼 맹의 일부 등 내몽골자치구의 동북지역 중 상당 부분이 동북3성으로 편입되었고 상대적으로 내몽골인들의 초지草地가 축소되었으며, 서부지역 역시 내몽골자치구 일부가 닝샤회이주자치구(寧夏回族自治區), 간쑤성(甘肅省)으로 강제 편입됨으로써 내몽골 사회의 반감 분위기가 나날이 고조되었다. 유목민들에게 있어 초원의 축소 혹은 농경화는 바로 정체성 소멸과 기본 생존에 영향을 받기 때문에 사회적으로 혼란한 시기에 경제의 어려움까지 겹치는 결과가 되어 결국은 내몽골인들의 저항에 불을 댕기게 된 것이다.

결국 60년대 말 베이징과 후허하오터에서는 장기적인 사회혼란에 대한 그리고 정치적인 보복의 행태가 지속되는 데 반감을 품은 내몽골 민중운동이 조직적이 아닌 자연적으로 문화대혁명 비판의 형태로 펼쳐졌다.

내몽골인들의 저항운동에 대한 구체적인 자료는 아직 중국 정부에서 개방하지는 않았지만, 1969년 12월 19일 "내몽골의 분구와 전면적인 군관의 실행에 관한 결정(關于內蒙實行分區全面軍管的決定)"을 통해 내몽골지역에 계엄령을 선포한 것으로 미루어 몽골인들의 저항은 상당히 광범위했을 것으로 판단된다. 12월 19일의 결정에 의하면 내몽골자치구를 베이징군구(北京軍區)에서 직접 관리한다는 계엄령을 결정하였고, 베이징 군구의 사령관을 과격파로 알려진 정웨이산으로 임명하였다.

그러나 1971년 9월 13일 린뱌오(林彪), 사건37) 이후 정국은 진정되기 시작하였다. 1973년에는 울란후 등이 복권되었으며, 내몽골은 안정을 찾기 시작하였다. 문화대혁명에 대한 전국적인 비평이 점차 일어나고 있을 때 마오쩌둥은 책임자론을 통해 마오쩌둥 자신의 지위만큼은 유지하였다. 내몽골의 경우 내몽골자치구 혁명위원회가 해체되고, 요우타이중(尤太忠)을 주임으로 그리고 자오쯔양(趙紫陽)이 부주임으로 구성된 새로운 내몽골혁명위원회內蒙古革命委員會가 조직되면서 혼돈에서 회복되기 시작하였다.

VI. 개혁개방과 내몽골자치구

중국의 문화대혁명은 1976년 1월 8일 저우언라이(周恩來)가 사망하고, 1976년 9월 9일 마오쩌둥이 사망한 지 한 달 만에 문화대혁명 주도 세력인 정치국위원 사인방四人幇이 체포되면서, 10년간의 혼돈의 막을 내렸다.

1976년 10월 당 주석 겸 당 중앙군사위원회 주석에 화궈펑이 취임한 후 장칭(江靑)을 중심으로 한 상하이 문화혁명파 4인이 쿠데타 음모 혐의로 체포되었음이 발표되었다. 이들 4명은 장칭(1991년 자살, 마오쩌둥 부인), 왕훙원(王洪文: 1992년 병사), 장춘차오(張春橋: 2005년 위암으로 사망), 야오원위안(姚文元: 2005년 당뇨병으로 사망) 모두 문화혁명 후 득세한 소장 과격파들로서 반주자파(反走資派: 자본주의 추종 반대) 운동의 중심 세력이기도 하였다. 베이징의 대자보들은 장칭파가 마오쩌둥의 유서를 위조하여 화궈펑을 제거하고 장칭을 당 주석에 앉히려고 음모하였다고 비판하면서 화궈펑에 대한 지지를 천명하였다.

화궈펑은 그러나 문화대혁명의 잔재 세력으로 공격받으면서 1980년에는 국무원 총리직을, 그리고 다음 해 1981년에는 당 주석직을 사임하였다. 왜냐하면 1978년부터 이른바 '개혁 개방', 구체적으로는 '사회주의 시장경제'라는 1국 2체제를 기본으로 하는 개혁 개방 정책을 강력히 표방한 덩샤오핑(鄧少平)에 대한 지지가 날로 공고히 되어 가면서 '변화'라는 전환점에서 경제적 풍요를 갈구하는 중국 사회의 기대가 더 컸었기 때문이다. 덩샤오핑은 점차 폭넓은 지지를 받으며 중국의 중앙권력을 장악해 나갔다. 덩샤오핑이 주장하였던 '사회주의 시장경제'의 정책이란 경제발전이 우선이라는 정책으로서, 내몽골은 물론 외몽골의 몽골인들에게도 새로운 시기의 도래를 암시하는 중요한 변화였다.

내몽골자치구에서는 덩샤오핑이 과연 내몽골자치구에 대하여 과감한 개혁 개방 정책을 실행할 수 있을까?가 가장 주목되는 점이다. 여기서 주목해야 할 점은 내면적 갈등인 민족정책에 대한 부분이다. 즉 경제발전과 기타 내몽골에서의 전반적인 문제들을 사회주의 시장경제라는 정책이 해결해 줄 수 있을까? 하는 점이다.

중국 중앙의 소수민족정책은 마오쩌둥 시대의 사상적 통합정책과는 달리 덩샤오핑 시대에 이르러 이른바 경제발전 우선정책이 특징을 이룬다. 물론 마오쩌둥 시대에도 소수민족 경제발전을 민족자결주의와 맞물려 시행하였고, 덩샤오핑 시대에도 경제발전과 고도자치高度自治를 동시에 주요 정책 노선으로 하였다. 그러나 내몽골자치구의 경우 마오쩌둥 시대에는 중국 중앙과 내몽골자치구와의 정치적 갈등이 빈번하였고, 덩샤오핑 시대에는 개혁 개방과 함께 경제발전을 통한 화해의 관계가 그 특징을 이루었다고 본다. 따라서 주목해야 할 점은 덩샤오핑 시대 베이징 정부의 경제발전 우선정책으로써, 그 정책 기조와 정책 시행과정의 내용, 그리고 이에 따른 내몽골 사회와의 갈등 봉합 결과를 분석해야 한다는 것이다.

물론 경제적인 문제의 해결을 통한 사회적 화해도 그 한계점이 있다. 즉, 내몽골 몽골인들의 전통적인 경제활동에 대한 정체성이 무시되고 농업화를 통한 효율성 제고라는 측면만 강조되어 몽골인들의 불만을 고조시키는 경우도 많다. 다시 말해서 경제적인 발전이 내몽골의 몽골인들과 중국 한족 지배계층의 완전한 화해를 말하는 것은 아니라는 것이다.

따라서 기본적으로 정립해야 할 것은 중국 중앙정부의 소수민족정책 기조이다. 중국 한족의 역사와 다른 민족의 역사라는 수평적 역사관이 아닌 '중국 속의 소수 이민족 집단의 문명화(=중국화)'라는 기본 개념이 여전히 현재와 미래의 선상에서 지속된다는 원칙이 내면적 문제의 분석 과제인 것이다.

즉, 덩샤오핑의 경제 발전 정책은 경제 발전은 곧 문명화라는 것과 연결되며, 문명화는 곧 중국화를 의미한다는 점에서 내몽골인 들은 여전히 사회경제적인 측면에서의 불만이 내재되어 있다는 것이다. 이것은 내몽골의 농업화 및 산업화와 맞물려 한족들의 대거 내몽골 이주를 발생시키고, 이것은 다시 내몽골 산업화 농업화를 확대시키는 순환을 일으킨다는 것이다. 여기서 몽골인들은 고부가가치의 청정 유목이라는 경제발전의 다른 방법이 지원되지도 않으며 심지어 무시된다는 것에서 사회경제적 불만은 팽배해진다는 것이다.

덩샤오핑의 소수민족정책은 소수민족들을 개혁 개방 이후 안정적인 경제발전을 위하여 반드시 포용해야 할 대상으로 규정하고 정치적인 포용력을 다원주의를 통해 제시하는 특징을 보여준다. 그러나 자치나 자결이라는 부분은 역시 매우 약하며 여전히 경제적인 부분에서의 중앙정부에 종속이라는 현실을 현대사에서도 그대로 보여준다. 왜냐하면 덩샤오핑 스스로가 주장하였듯이 경제가 모든 것에 우선한다는 강한 정책 기조 아래에서 내몽골자치구의 예산 집행이라는 경제적인 면을 장악하고 있는 중앙정부의 모든 정책이 '몽골인에 의한 몽골인을 위한 정책이 될 수는 없다'는 것은 명약관화한 일이기 때문이다.

그렇다면 과연 내몽골자치구의 경제가 중국의 동부 연안지역처럼 획기적인 발전을 가져왔는가? 아니 내몽골자치구의 내몽골인들의 삶의 질이 향상되었는가에 대한 분석이 필요한 시점이다.

1996년 11월 5일 내몽골자치구 공산당위원회 부서기副書記이면서 자치구 부주석副主席인 왕짠(王占)은 전체 자치구 빈곤층 지원 공작회의工作會議상에서 빈곤퇴치 관련 정책 기조연설을 하였다.

당시 빈곤의 기준을 농민의 경우 월수입 300위안 이하, 목민牧民의 경우 500위안 이하로 기준하여 무려 자치구 인구의 50%가 이에 해당된다고 하였다.

이는 90년대 중반 당시 전체 중국 평균 월 1,200~2,000위안과는 너무나 거리가 먼 절대 빈곤인 상태이다. 물론 목민의 수입기준을 높게 잡아 자치구 전체 인구 중에서 18%에 해당하는 소수민족들 중 대다수를 차지하는 몽골 목민들의 절대 빈곤의 기준을 높게 잡아 준 것은 자치구 정부로서는 큰 배려라고 할 수 있다. 그러나 문제는 이러한 빈곤 추방의 주요 정책 내용으로, 유목의 현대화 혹은 부가가치의 극대화가 아닌 농경지 개발이 주요 정책 목표로 설정되어 대다수의 농민 지원 위주의 정책이 결정된다는 것에 있다.

이 정책의 내용을 분석하여 보면 건조한 경작지에 수자원과 기타 지원이 필요하다는 내용으로 일관되어 있다. 목초지보다는 밭의 중요성이 여실히 드러나는 대목이다. 이것은 물론 단위면적당 수확량이 전답田畓이 훨씬 높은 비율이어서 먹는 문제 해결에 급히 1순위로 지원하는 것으로 보인다. 그러나 장기적인 계획이나 내몽골인들의 경제활동에서의 정체성 유지, 그리고 무엇보다 자연환경 보존의 측면에서는 목초지 확대가 절실하다는 것이다.

결국 내몽골자치구의 경제발전은 빈곤 탈출을 위한 적극적인 지원 아래 상당히 빠르게 진척되었다. 그러나 내몽골의 몽골인들에게는 전통적인 유목이라는 경제수단은 그 정체성을 잃고 수익성만을 좇아 농업이나 도시 이주 혹은 정착 유목의 형태로 변화되어 가면서 내몽골의 환경은 직접적인 피해를 보게 된다. 실질적으로 개혁 개방은 내몽골자치구에서는 '경제발전'이라는 단어로 모든 것이 설명되었고, 이것은 내몽골 역사의 전환점이라고까지 평가되었다. 문제는 상술한 바와 같이 내몽골지역의 목축업을 반농반목半農半牧의 형태로 전환시키면서 수입을 극대화시키지만 내몽골 유목민들의 정체성은 완전히 사라지는 결과를 낳게 되었다는 점이다.

내몽골 학자들도 역시 이러한 변화를 하나의 정체성과 역사의 상실로 설명하지는 않고, 현대화와 국제화의 전환점으로만 강조하면서 경제적 발전을 모든 민족문제의 화해점으로 분석한다. 그러나 이러한 정책이 결국 2011년 5월 내몽골인들의 시위사태로 발전하여 내몽골의 자연을 훼손하는 중국의 개발 일변도 정책을 규탄하는 사태까지 이른다.

결국 중국의 개혁 개방은 내몽골자치구에 분명 경제발전을 가져다주었다. 하지만 이것이 소수민족으로서의 몽골인들을 중앙정부와의 완전한 화해로 이끌지는 못하였다고 본다. 그 이유는 내몽골지역의 환경적 그리고 수천 년간 지속되어 왔던 몽골인들의 유목문화 시스템이 무너지고 있기 때문이다. 내몽골인들의 유목경제는 현대 사회의 경제발전에 걸림돌이 되는 것이 아니라, 분명 현대화에 맞는 유목경제 시스템의 구축으로 몽골인들의 정체성을 유지시켜주며 경제 효율의 극대화를 꾀할 수 있다. 그럼에도 불구하고 중국의 중앙정부는 개혁 개방의 시작을 농업화로 규정지어 모처럼의 화해의 기회를 관계 악화로 변화시켰다.

VII. 유목과 농경의 사회경제적 갈등

1981년 덩샤오핑이 정치·군사·행정(법 포함)의 중화인민공화국의 3권을 완전히 장악한 후, 중국은 전격적으로 새로운 체제로 변모하는 듯했다. 그러나 여전히 중국공산당의 내부에 잠재해 있는 보수파들은 전면적인 개혁에 늘 제동을 걸었다. 왜냐하면 당시만 해도 혁명 1세대가 여전히 요직에 포진하고 있고, 중국의 전통적인 원로우대와 음수사원(飮水思源: 물을 마실 때 그 근원을 생각하라)의 관점에서 중국공산당 초기 혁명에 목숨 걸었던 원로들을 무시할 수 없는 상황이었기 때문이다. 그리고 가장 중요한 것은 중국공산당의 기존의 기득권층이 사회 전체적으로 노년과 장년층에 자리하고 있었기 때문이다.

　소수민족문제에 있어서는 중국공산당의 1세대들은 사회에서 소수민족들에 대한 인식에 여전히 우월감을 갖고 있었다. 이러한 상황에서 중국의 지식인들과 학생들, 그리고 소수민족들은 점차 정치적인 개혁 개방의 요구와 빠른 변화에 대한 요구, 그리고 기존 보수파들에 대한 불만을 가지게 된다. 이러한 사회적 현상은 80년대 중반 이후 점진적으로 확대되어 나아가다가, 결국 중국의 수도 베이징에서 확연히 나타나게 되는데, 바로 이 사회적 요구의 중심에는 중국의 소수민족들이 강경파로 자리매김하고 있었다는 것이 특징이다.

따라서 이들은 1989년 경제발전에 걸맞은 정치적 민주화를 요구하였고, 이에 적극적으로 가담하였던 소수민족 청년 지식인들 중에 내몽골 청년들의 국가관 및 민족관은 그 바탕에 자리 잡고 있었다.

결국 내 외몽골의 개혁 개방의 차이점을 이해하려면 먼저 내몽골 청년들의 1989년 중국 베이징 톈안먼(天安門: 천안문) 광장에서 있었던 그리고 내몽골에서 동참하였던 이른바 민주화 운동에서의 그들의 주장과 구체적인 행동들을 이해해야 한다. 아울러 자치自治에 대한 미묘한 해석의 차이에서 민족갈등의 현실까지 내몽골인들의 꿈과 좌절을 객관적으로 접근해 봐야 한다. 특히 베이징의 직접적인 영향 하에 있는 내몽골의 정치 경제뿐만 아니라 한족 증가로 인한 사회문제, 문화적 정체성 문제 등도 이 시기에 중요한 이슈였다.

무엇보다 먼저 1980년대로 접어들면서 전체 인구의 5%에 불과한 소수민족들에 대한 인종적 결합정책이 전체 중국 사회의 내면에 흐르는 이슈였다. 왜냐하면 중국의 경제발전으로 기존의 사상적 보수이면서 기득권층이었던 정치 분야뿐만 아니라, 경제 분야에 있어서도 한족 상류층이 경제를 좌지우지하고 중국 소수민족들보다도 경제적 우위를 차지하여 사회적 우위계층에 자리하고 있었기 때문이다. 이것은 곧 중국의 전통적인 도덕적 배금주의拜金主義를 물질 만능주의로 오염시키는 결과를 낳았고, 여기서 소수민족들은 마지막 자존심을 물질만능주의로 잃어버릴 위기에 처한다는 것이다.

이러한 사회적 변화는 크게는 민주화라는 흐름으로 나타나서 이에 대한 강력한 제압을 통해 중국공산당은 자신들의 기득권을 유지하며 지배체제를 더욱 강화시킨다. 그리고 구체적으로는 소수민족들에게 경제적 풍요의 맛을 보여주면서 정치적 활동의 중요성을 희석시키며, 한편으로는 모든 면에서 강하게 소수민족들의 지위 향상이나 활발한 활동 등을 견제하는 형태를 활용한다. 이러한 중국 중앙정부의 소수민족정책은 1980년대 후반으로 접어들면서 세 가지 특징으로 연결된다.

첫 번째로는 이른바 전통적인 한족의 소수민족에 대한 devide & control에서 한 걸음 더 나아간 경제적 계급으로 인한 사회적 분열이 먼저 나타나고, 두 번째로는 소수민족들의 역사를 중국 한족의 역사 안으로 흡입하여 소수민족들의 뿌리를 흔드는 것이고, 그리고 마지막으로 이주 등을 통한 민족적 결합을 통하여 소위 '다원일체多元一体'의 사상이 소수민족들의 독립성을 잃어버리게 한다는 것이다.

하나씩 내몽골의 경우에 맞추어 살펴보면 먼저 경제적 사회 계급분화에서 1980년대 내몽골의 몽골인들은 도시와의 격차에서 농촌 저소득층으로 밀려난다.

즉, 1989년부터 1997년 사이에 내몽골 도시인과 농촌 주민의 1인당 가처분소득〔(disposable income, 可處分所得): 국민소득 통계상의 용어로 개인소득 중 소비·저축을 자유롭게 할 수 있는 소득〕은 전체적으로 중국에서 가장 낮았다. 1999년에는 중국 내 23개 성 중에서 22위를 차지할 정도였다. 2000년에는 내몽골의 도시와 농촌 주민의 1인당 가처분소득이 연 5,120위안(US 618달러)으로, 전년 대비 7.3%의 증가율을 보였는데, 문제는 내몽골에서 주로 농촌에 거주하는 몽골인들의 1인당 가처분소득의 증가율은 평균 5%만을 기록하여 극빈의 상태로 내몽골 사회에서 최저 수입 계층으로 내려앉았다는 것이다.

이러한 사회 빈곤층으로서의 내몽골인들은 농촌에서만 나타나는 것이 아니라 도시에서도 일부 몽골인 부유층을 제외하고는 한족이 중요 산업을 장악하고 있는 상황에서 도시빈민의 계층으로 남게 된다.

역사 왜곡 문제는 베이징 정부의 소수민족 통제에서 가장 필요하고 또 유효한 문제이다. 몽골의 자주적인 역사 발전 내용을 객관적으로 인정한다면 중국은 지금 내몽골을 강제로 점령하고 있는 것이나 마찬가지이기 때문이다.

2003년 3월 24일 미국의 Willson Center의 아시아 연구부에서는 내몽골 관련 세미나를 개최하였다. 참가자는 아이오와주립대학의 Xiaoyuan Liu(윌슨 센터, 아시아정책 연구위원) 그리고 뉴욕대학원 센터의 Uradyn E. Bulag과 컬럼비아대학의 Moris Rossabi 교수였다. 이들은 '내몽골이 티베트나 위구르 자치구와 같이 반정부 독립운동이 일어날 가능성이 있는가?'에 대한 토론의 장을 열었다. 여기서 Rossabi 교수는 역사 왜곡에 따른 내몽골인들의 불만에 대하여 매우 중요한 문제라는 점을 지적하였다. 특히 그는 이 지역이 중국으로부터의 분리는 힘들겠지만 중국 베이징 정부와의 가장 중요한 갈등의 요인으로 몽골의 역사를 왜곡하는 것이라고 지적하였다. 이 문제를 그는 1911년 청의 멸망에도 불구하고 '내몽골이 아직도 중국영토 안에 있는 것'보다 아직도 '내몽골이 중국 역사 안에 있는 것'이 더 큰 문제라고 강조하였다. 특히 1990년대 초반 외몽골국의 개혁 개방 시기 암암리에 진행되었던 Pan Mongolism을 말하면서 몽골인들의 역사의식이 몽골 민족주의로 연결된다는 것으로 분석하였다.

이 세미나에서 논의된 내용을 요약하면, 내몽골자치구는 중국 베이징 정부가 티베트나 신장위구르자치구를 관리하는 것보다 쉽지만, 그러나 중국이 내몽골인들 사이에 역사의식과 이와 맞물린 민족의식의 성장을 완전히 통제할 수는 없을 것이라고 결론을 내렸다.

더욱이 이러한 민족의식의 고취는 베이징에 새로운 정권이 들어설 때마다 새 정권에 대한 도전이고 테스트라는 점도 강조하였다. 이러한 역사의식과 민족의식을 하나로 묶어서 '중화中華'라는 커다란 울타리를 만들려고 하는 것이 중국의 이른바 '다원일체多元一体'라는 개념이다. 1989년 천안문 사태로 중국의 정치 문제가 혼돈으로 치달을 때 민족학자 페이샤오퉁(費孝通) 교수와 몇몇 중국학자는 『중화민족다원일체격국(中華民族多元一体格局)』이라는 저서를 통해 중화사상을 통한 모든 민족의 통합(92%에 달하는 한족으로의 통합)을 강조하였다. 이것은 물론 1910년대부터 현대중국의 아버지라 일컬어지는 손문(孫文: 쑨원)이 주장하였던 5족 공화국(五族共和國: 한족, 만주족, 몽골족, 회족 및 티베트족의 5개 민족)의 개념에서 발전된 것으로, 소수민족의 중국으로부터의 이탈을 방지하기 위한 다민족국가 개념이다.

다시 말해서 역사에서 나타나는 이민족과 중국 한족 간의 관계사 전체를 하나의 중화 역사 안으로 해석하고 그 안에서 일어나는 침략과 수성守成, 지배와 피지배, 교역 등의 모든 현상을 중국 역사 안으로 묶는 것이다. 따라서 한족과 이민족의 분류가 따로 없고 중국 안에서 다수의 한족과 소수의 다른 민족들이 하나의 지붕 아래에서 하나의 가족이라는 것이다.

그러나 이러한 이론적 주장은 현실적으로는 소수민족들의 반감을 불러일으켰다. 즉, 현실적으로 소수민족의 동요 및 소수민족들의 천안문 사태에 대한 평가 등과 긴밀한 관계를 가지고 있다는 것이다. 실제로 1989년 천안문 사태는 학생 중심의 민주화 운동으로 평가되지만 가장 적극적인 가담으로 외국 언론의 주목을 받았던 인물은 우얼카이시(吾爾開希)와 같은 위구르 족과 수많은 소수민족 학생들이었다.

이러한 천안문 사태는 일반적으로 민주화 운동이라는 각도에서 접근되어 설명 및 분석되었다. 그러나 소수민족들의 시각에서 보면 이 천안문 사태는 페이샤오통의 다원일체사상에 근거한 중화사상의 현실화를 강제로 강요하는 과정으로 평가된다. 아울러 한족의 여러 계층은 물론 역사와 인종, 그리고 삶의 공간도 다른 소수민족들도 하나의 중화인민공화국 안에서 중화라는 범위 안에 녹아 들어가야 한다는 것을 강요한 사건이라고 보는 것이 더욱 정확할 것이다.

이렇게 중국에서의 민주화 운동은 끝이 나고 내몽골을 비롯한 중국 전체 소수민족들은 '중화' 속의 '다양성'이 아닌 '일체'를 받아들여야 하는 시기가 되었다.

결국 아시아권에서 가장 오랫동안 이어져온 문화정체성인 농경과 유목은 산업화를 추구하는 중국의 경제적 구조 안에서 내면적 갈등의 원인으로 존재한다는 것이다. 즉, 유목경제 인식을 바탕으로 한 산업화이냐? 농업경제 인식을 기초로 한 산업화이냐? 라는 인식의 갈등을 말한다.

VIII. 사회정치적 현황과 전망

1. 내몽골 문화 정체성과 사회주의

2004년 선홍포(沈洪波)는 그의 논문 「서부대개발의 관점에서 본 내몽골자치구의 대몽골국 국경무역(以西部大開發看內蒙古自治區對蒙古國的國境貿易)」에서 주로 식품류의 대몽골국 수출을 자세히 분석하였는데, 그 사례로 감자를 예를 들어 감자의 수출이 아니라 감자를 녹말가루 등 특수 식품재료로 만들어 고부가가치의 식품류로 수출하는 내용에 대한 연구 분석이었다. 이는 몽골국의 제조업이 낙후된 상황에서 틈새를 노린 접근 방법으로 소비재 수출이 몽골국 경제발전에는 큰 도움이 되지 못하였지만 중국의 입장에서는 대규모 국경무역의 성공적 사례라고 분석하였다. 물론 이러한 농산물 수출은 중국의 내몽골지역을 농업기지화해야 한다는 당위성을 제공해 주는 하나의 요인이기도 하다.

따라서 전체 몽골인들에게는 '내몽골의 농업화! 그리고 외몽골의 소비재 수입!'이라는 장기적으로는 부정적인 결과를 낳는 계기가 된다. 왜냐하면 내몽골의 농업화는 몽골인들의 정체성을 없애고 고부가가치의 축산업이 황폐해지기 때문이고, 외몽골은 산업발전보다는 단순 소비재 수입으로 산업화 기반 조성에 큰 기여를 못하기 때문이다.

2010년대부터 중국의 전략은 내몽골자치구의 맹盟 단위와 외몽골 정부와의 개별 접촉을 지원하는 형태이다. 몽골어와 중국어로 되어 있는 외몽골과 중국 내몽골자치구의 국경도시 얼롄하오터(二連浩特: 국경도시, 중·몽 철도 통과지역)의 교역량이 급속도로 증가한다는 것을 대대적으로 선전하며 올해, 즉 2017년 11월 기준 총 교역량은 9억1천만 RMB에 달한다고 강조하였다. 정치적으로도 중국 내 온라인 뉴스지는 2012년부터 외몽골의 아이막(Аймаг: 도) 단위와 내몽골의 맹 단위 간의 경제 교류 협력 사실을 끊임없이 보도한다.

아울러 문화교류 분야에 있어서도 중앙정부 차원이 아닌 지방정부 차원의 협력을 지속적으로 진행한다. 예를 들어 2009년 6월 27일 내몽골자치구 주석 바타르(Баатар)가 몽골국의 부총리 엥흐보르드(Е нхбордо)와의 교류확대 회담을 가졌다는 등의 고위급 교류를 비롯하여 다양한 형태의 협력 모델을 선전하였다.

이렇게 내몽골과 몽골국의 우호적 관계 발전은 수많은 보도 자료와 상호 고위급 인사들의 방문으로 내몽골과 외몽골의 화해 분위기를 만드는 것 같았다. 이러한 관계 발전이 내몽골자치구와 외몽골 몽골국 정부 간의 자체적인 화합과 교류의 형태라면 몽골인들 간의 관계 발전은 새로운 장으로 접어들었을 것이다. 그러나 문제는 러시아보다 더 강하게 영향력을 발휘하는 중국 베이징 정부의 적극적인 개입이 내몽골과 외몽골인들 간의 관계발전에 치명적인 영향을 준다는 것이다. 물론 중국 중앙정부의 입장에서는 1989년 천안문 사태와 같은 내부 소요사태가 소수민족지역까지 확산되고 이는 내몽골의 경우 바로 인접한 외몽골과의 연결을 통해 내몽골자치구의 독립까지 연계될 수 있다는 위협적인 요소를 간과할 수 없기 때문이다. 하지만 중국 중앙정부는 내몽골자치구와 외몽골 몽골국 간의 관계를 역으로 외몽골을 그들의 영향력 하에 그리고 중화문화권 안에 편입시키려는 의도를 여러 차례 내비치기 때문에 쟁점이 다시 나타난다.

내몽골자치구 황하 유역에 급속도로 증가하는 농경지 (필자 촬영)

IX. 종합 분석: 중앙정부와 내몽골자치구

덩샤오핑 이후 장쩌민, 후진타오, 시진핑으로 연결되는 1국 2체제의 중화인민공화국은 내몽골에 대한 영향력 행사를 모두 중시하고 강화하는 형태를 보였다.

특히 내몽골인들의 문화적 정체성에 대한 영향력은 매우 주목할 만하며 여기서부터 모든 사회정치적 사회경제적 정책이 수립 실행된다는 것을 간과할 수 없다.

문화적 정체성에서 가장 중요한 것은 교육이다. 과연 내몽골인들에게 있어 문화적 정체성의 첫걸음인 교육은 어떻게 진행되어 왔는가? 먼저 초등교육에 있어서 1947년 중국공산당 주도하의 내몽골자치정부가 수립될 때 자치구 내의 초등학교는 377개소에 불과하였지만 1956년

통계에 의하면 초등학교는 모두 1,708개소로 증가하였고 그중 몽골족을 위한 초등학교는 1,346개소 몽골족과 한족이 함께 입학할 수 있는 학교가 259개소 그리고 기타 소수민족을 위한 초등학교가 103개소였다. 1979년에 이르러서는 몽골학교가 3,167개소로 증가하였고 한족과 몽골족 혼합학교가 1,045개소 기타 민족학교가 175개소였다. 초등학교 교육에 있어서는 이렇게 몽골 민족의 정체성을 위한 몽골족 학교가 수적으로 우세한 것을 알 수 있다. 물론 유지원에 있어서도 70년대 352개소에 불과하던 유치원이 80년대 후반에서 90년대 사이에 3,500여 개소로 증가하였다. 2000년대에 이르러서는 유치원의 수가 만 단위를 넘어서고 있다.

여기서 몇 가지 수치적 통계의 교육정책 외에 근본적인 문제를 분석해 보아야 한다.

첫째, 유목사회의 기본적인 문화 정체성은 자유로운 이동이다. 그러나 유아교육을 위해서는 도시에 정착해야 하는 상황이 주어진다. 즉, 몽골어 교육이 행해지는 유아교육원이 증가한다고 해서 몽골 민족들의 정체성 유지에 도움을 주는 것이 아니라 도시화 및 집단 거주로의 변화를 통해 오히려 유목문화의 근본이 흔들린다는 것이다. 진정한 의미의 몽골 정체성을 유지하는 교육은 도시 집중화가 아닌 지방 분산화가 이루어져야 한다는 것이다. 적어도 초등교육에서는 자유로운 유목의 형태가 유지되면서 초기 교육이 이루어질 수 있도록 지방으로 분산된 초등교육이 절실하다. 만약 이것이 불가능하다면(광활한 면적의 지방 자치단체 등의 이유) 외몽골에서와 같이 국제적 지원을 받은 온라인 교육이 그 대안이 될 수 있다.

둘째로는 중등교육과 고등교육을 위해서는 몽골어보다는 중국어를 더 잘해야 하는 교육시스템 때문에 어린 몽골 학생들은 순수 몽골 학교보다는 한족과 같이 다니는 중몽 합병학교를 더욱 선호해야 한다는 것이다. 다시 말해서 초등교육에서의 몽골어 교육은 큰 문제가 없지만, 내몽골 아이들이 자라면서 사회에서 이른바 '출세'를 하려면 고등교육의 결과에 따라 달라지는데, 내몽골 학생들은 비록 소수민족으로서 가산점이 있지만 대학 진학에서 초등교육부터 한어漢語 교육을 받은 한족漢族 학생들에게는 상대적으로 뒤떨어진다는 것이다. 몽골어로만 고등학교 교육을 받아서는 베이징의 중앙민족학원中央民族學院을 제외하고는 기타 종합대학진학이 거의 불가능하다는 것이다. 물론 개혁 개방 이후 소수민족 우대정책을 통해 대학 수능시험인 까오카오(高考) 자체를 몽골어로 치를 수도 있게 되었다. 그러나 소수민족 언어로 치른 까오카오 점수를 인정해 주거나 우대해 주는 4년제 이른바 유명 대학은 극소수에 불과하다. 왜냐하면 몽골어 까오카오 점수와 중국어 점수를 개관적으로 비교하는 시스템이 아직 부족하기 때문이다. 근본적으로는 몽골어 학교의 교사 및 시설 수준의 문제가 몽골 학생들이 몽골어학교 진학을 기피하는 직접적인 원인으로 지목된다.

현재 내몽골의 고등교육은 사범계열이 많은 정책적인 지원을 받아서 성장하였는데 이는 이른바 '현대화'라는 중국 중앙정부의 목표와 유목민은 '몽매蒙昧'하다는 문화적 배경과 몽골인들에 대한 사회주의 교육이 절실하다는 세 가지가 상호작용하여 유난히 사범계열의 양적 성장을 야기했다.

그러나 2000년대 이후 주로 서부 대개발에 필요한 인재를 양성한다는 정책 하에 인문사회계보다는 이공계 학생들에 대한 지원이 많아지기 시작하였다.

교육 다음으로 문화적 정체성에 큰 영향을 주는 것은 경제구조이다. 현대 사회에서 물론 과거와 같은 자유로운 이동을 통한 유목은 불가능하다. 그렇다면 고정된 영토를 바탕으로 하는 민족국가시대에 유목의 형태는 경제활동으로서 가치가 없는 것일까? 문제는 내몽골의 오르도스 유목경제가 '농목업農牧業'이라는 신조어를 통해 정착이 기본인 농업과 정주목축으로 호합되어 묶여 버렸다는 것이다. 그 의미는 주로 정주定住하며 가축을 사육하여 털과 가죽, 그리고 고기의 가공산업을 위주로 한다는 것이다. 일정한 범위 안에서의 소규모 유목조차도 점차 자취를 감추고 지방정부에서 지원하는 형태는 유럽식 가두리목축의 형태이다. 물론 생산성에 있어서는 어느 정도 효율적일지라도, 문제는 현대과학도 해결 못하는 가축 전염병의 경우, 방목형 유목에서는 자생력이 강한 가축을 통해 전염병을 극복하고 얻게 되는 천연의 목축상품이 더 고부가가치이면서 몽골인들의 유목문화적 기층구조를 유지할 수 있다는 것을 간과했다는 것이다.

2000년대에 접어들면서 내몽골 오르도스지역의 목축업은 모두 인위적이거나 심지어는 외래 품종의 대규모 접목 등이 일어나면서 몽골 유목 문화적 유목경제는 거의 사라지고 만다.

예를 들어, 2005년 내몽골 연감의 통계를 보면 1,094만 2,200마리의 가축 수를 보고하며 최초로 천만 마리를 돌파하였다고 강조한다. 그러나 그중 유목사회에서는 사육이 불가능하여 전무하였던 돼지의 경우 82만 마리가 사육되는 것으로 보고되어 지역의 식문화가 한화漢化되어 가는 과정을 또 다른 각도에서 이해할 수 있게 해준다. 이외에도 독일에서 메리노 종 씨받이용 숫양을 2,182마리를 도입하여 전체 내몽골의 목민牧民들에게 분양하였다는 것도 큰 성과라고 보고하고 있다. 이러한 유목경제 구조는 뿌리가 흔들리는 반면, 농업경제는 활발히 확대된다. 즉, 내몽골의 오르도스지역은 황하가 3면으로 둘려져 있어 강 유역에 대규모 농업단지들이 만들어져 있고, 지속적으로 확대되고 있다.

농업은 단위면적당 경제적 효율성이 유목을 능가하므로 그리고 지속적인 한족들의 이주로 내몽골의 오르도스지역의 농업화는 매우 빠르게 진행되고 있다. 2005년 당시 전체 인구의 82%가 농업에 종사하고 있으며 곡식생산량은 2004년 한 해 1,000톤에 이른다. 더욱이 작물의 종류를 다양하게 확대하여 과일과 채소, 그리고 농업생산품의 가공, 양봉 심지어 민물 어류 양식 등 전체 내몽골의 오르도스지역이 농업기지로 변화되어 가고 있다.

인구 구성에 있어서도 2010년 기준 한족은 80%에 이르고 몽골족은 17%에 불과하여 내면적 갈등은 항상 존재한다.

Ethnicity	Population	Percentage
Han Chinese	19,650,687	79.54%
Mongol	4,226,093	17.11%
Manchu	452,765	1.83%
Hui	221,483	0.90%
Daur	76,255	0.31%
Evenks	26,139	0.11%
Koreans	18,464	0.07%
Russians	4,673	0.02%

문화는 정신적인 측면과 행위적인 측면, 그리고 이 두 가지가 만들어 내는 물질적인 측면으로 구분된다. 내몽골의 오르도스지역에서 일어나는 몽골 민족과 한족 간의 문화교류에 있어서 가장 큰 문제점은 바로 이러한 문화의 3요소가 물질적인 측면에 편중되거나 그래서 발생하는 충돌에 있다고 본다. 위에서 분석한 역사적 배경 그리고 문화적 정체성에 가장 큰 영향을 주는 교육과 삶의 행위로서의 경제활동, 이러한 분야에서 항상 나타나는 모순과 갈등은 바로 내몽골 오르도스지역에서의 한몽 문화교류의 핵심적 문제인 것이다.

결국 내몽골자치구의 사회정치적, 사회경제적인 두 가지 접근법을 통해 분석해 보면 아래와 같은 핵심적인 결론을 얻을 수 있다.

1. 내몽골자치구는 북경군구 안에 편입되어 중국 안보에 가장 중요한 위치에 있어 베이징 정부의 영향력이 그 어느 곳보다 강하다.

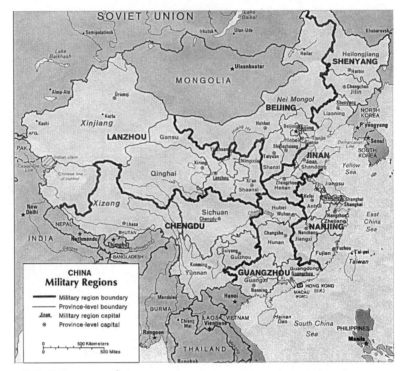

〈중국 군구中國軍區 지도: University of Texas: Perry—Castañeda, Library Map Collection〉

   2. 내몽골 사회의 정치적·경제적 주도권은 반드시 한족 지배층이 장악한다.

   3. 몽골의 전통적인 유목경제의 고부가가치보다는 산업화·농업화의 길이 항상 우선시 되었으며 이 방향으로 나아갈 것이다.

   4. 외몽골 몽골국에의 교류에 항상 활용되어질 것이며 몽골인들의 단합은 절대적으로 견제될 것이다.

   5. 문화정체성은 서서히 사라질 것이며 중국식의 특별한 신 사회주의가 중심에 자리매김할 것이다.

〈신화통신 웹사이트: 내몽골의 초지草地가 농업화되면서 생산량은 증가하였지만 내몽골의 전통적인 경제 행위인 유목은 사라지고 있음〉

〈신화통신 웹사이트: 칭기즈칸은 '후손이 흙집을 짓고 살면 몽골은 멸망한다!'고 경고하였는데 내몽골의 거주형태는 점차 대규모 정주定住로 바뀌고 있다〉

488

참고자료

국내자료

김호동 저, 몽골제국과 세계사의 탄생, 돌베개, 2010년 08월.

단국대학교 몽골연구소 저, 몽골과 한국: 미래지향적 발전방안, 단국대학교 출판부, 2012년 06월.

이상우 박광희 외 공편, 새 몽골이 온다, 기파랑, 2006년 11월.

박환영 저, 몽골 유목 문화 연구, 역락, 2010년 12월.

김선호, 오혜정 등 저, 중국 속의 작은 나라들: 중국소수민족들의 금기와 생활예절. 부산외국어대학교(PUFS), 2006년 02월.

J. K. Fairbank 저/중국사연구회 역, 新中國史, 까치. 1994.

하자노프 저/김호동 역, 游牧社會의 構造, 지식산업사, 1990.

룩 콴텐 저/송기중 역, 유목민족제국사, 민음사, 1984.

찰리 호어 저/김희정 역, 천안문으로 가는 길, 책갈피, 2002.

유태용 저, 문화란 무엇인가, 학연문화사, 1999.

내몽골자료, 중국, 대만자료 포함

薛化元, 李福鐘, 潘光哲 編着(1998), 中國現代史, 叁民書局.

葛劍雄(1997), 中國歷代疆域的變遷, 商務印書館.

周清澍 主編(1993), 內蒙古歷史地理, 內蒙古大學出版社.

王生偉(2003), 論鄂爾多斯歷史農業, 中國沙漠, 第23卷.

內蒙古大辭典編纂委員會(1991), 內蒙古大辭典, 內蒙古人民出版社.

訾冬梅, 高秀靜 主編(2004), 內蒙古自治區地圖冊, 中國地圖出版社.

梁冰(1988), 鄂爾多斯歷史管窺, 內蒙古大學出版社.

梁冰 編着(1966), 鄂爾多斯歷史大事要略, 內蒙古大學出版社.

世海 主編(1993), 內蒙古民族教育發展戰略概論, 內蒙古教育出版社.

劉世海 主編(1993), 內蒙古民族教育發展戰略概論, 內蒙古教育出版社.

邵方(1994), 現代鄂爾多斯地區蒙漢民族文化交流的特徵, 西北民族學院學報(哲學

社會科學版), 第4期.

費孝通 等 着, 中華民族 多元一体格局, 中央民族學院, 1989.

劉世海 主編, 內蒙古民族教育發展戰略槪論, 內蒙古敎育出版社, 1993.

葛劍雄, 中國歷代江域的變遷, 商務印書館, 1997.12.

馬大正 主編, 中國古代邊疆政策硏究, 中國社會科學出版社, 1990.02.

周良宵, 忽必烈, 吉林敎育出版社, 1986.08.

浩帆 主編, 內蒙古蒙古民族的社會主義過渡, 內蒙古社會科學院民族硏究所, 1986.
05.

錫林迪布 等着, 向輩 譯, 蒙古人民革命30年, 人民出版社, 北京, 1953.

蒙古族通史編委會, 蒙古族通史 第4卷, 內蒙古大學出版社, 2002.11.

沈紅波, 從西部大開發看內蒙古自治區對蒙古國的邊境貿易, 邊疆經濟与文, 2004年
第06期.

金鮮浩, 外蒙共党權力构造与党政措施之硏究(1921 1952), 臺湾國立政治大學
校 邊政硏究所 석사논문, 1985.06.

영어, 독일어 자료

Kim, Sunho, Die Entwiclung der politischen Beziehungen zwischen der
Mongolischen Volksrepublik und der Volksrepublik China (1952
1989), Hamburg 1992..

Archiv der Gegenwart, 1973.9.15. Bonn.

Archiv der Gegenwart, 1969.5.24. Bonn.

A. D. Barnett, China on the Eve of Communist Takeover, New York 1963.

I. C. Y. Hsü, The Rise of Modern China, HongKong 1983.

G. G. S. Murphy, Soviet Mongolia A Study of the Oldest Political Satellite, Berkeley
1966.

R. A. Rupen, Mongols of the Twentieth Century, Uralic and Altai Searies, Vol.37,
1and 2, the harue, 1964.

E. Snow, Red Star over China, New York 1938.

P. Hyer, W. R. Heaton, The Cultural Revolution in Inner Mongolia, in the China

490

Quarterly, London Oct./Dec. 1968.

L. D. Tretiak, A Han Victory, in Far Eastern Economic Review, HongKong 1967.11.16.

A. Axelbank, Peking is on the Outside, Far Eastern Economic Review, Hong Kong, 1968.8.8.

Christian Science Monitor, Hong Kong, 1957.8.9.

Survey of the China Mainland Press, No. 1749, 1958.4.11.

J. R. V. Prescott, H. J. Collier, D. E. Prescott, Frontier of Asia and South Asia, Melbourne 1977.

Amelie Schenk/Udo Haase, Mongolei, München(C. H. Beck, 1994).

Victor P. Petrov, Mongolia A Profile, Praeger Publishers, 1970.

George G. S. Murphy, Soviet Mongolia, UCLA Press, 1966.

Itgel Chuluunbaatar, Critical distance analyzing china threat perception in mongolia, M. A. Thesis, November 01, 2013.

온라인 자료

中國人權网

http://www.humanrights china.org/china/rqzt/zt2002004315141227.htm

中國广播网

http://www.cnr.cn/minzu/lthg/t20050120_504063248.html

人民日報

http://web.peopledaily.com.cn/zdxw/21/19990927/19990927211.html

云南省政府(瀘西縣民族事務局)

http://km.xxgk.yn.gov.cn/newsview.aspx?id 695253

云南省政府(普爾市民宗局)

http://cx.xxgk.yn.gov.cn/canton_model57/newsview.aspx?id 61288

肥東网

http://www.hffdbs.com/new.asp?id 121445

中國民族网

http://www.56 china.com.cn/china08 12/08 11q/08 11mz85.html

數字中國网

http://www.china001.com/show_hdr.php?xname PPDDMV0&dnameE9EHF41
&xpos 128

无憂論文网

http://www.51lw.com/xzlw/zgzzlw/14243_2.html

人民网之中國西藏网

http://xz.people.com.cn/GB/139187/139208/8976441.html

open sociaty

http://www.eurasianet.org/

내몽골대학

http://www.imau.edu.cn/

필자 약력 (가나다 순)

김보라

몽골국립대학교 국제관계대학 한국학과
한국정신문화연구원 한국학대학원 경제학 석사
한국학중앙연구원 한국학대학원 경제학 박사
현 단국대학교 몽골연구소 연구교수

김선호

국민대학교 중어중문학과
대만국립정치대학교 변정연구소(대학원) 석사
독일 Bonn대학교 중앙아시아연구소(대학원) 박사
현 한국몽골학회 부회장
현 부산외국어대학교 중국지역통상학과 교수

김희경

단국대학교 몽골학과
단국대학교 대학원 몽골학과 석사
전 외교부 동북아3과 연구원
현 단국대학교 몽골연구소 연구원

류병재

단국대학교 몽골학과
단국대학교 대학원 몽골학과 석사
중국 내몽고대학교 몽골학연구센터 박사
현 한국몽골학회 총무이사
현 단국대학교 몽골연구소 사전편찬실장
현 단국대학교 몽골학과 교수

박정후

몽골국립대학교 대학원 정치학과 박사
한국직업능력개발원 인적자원개발(HRD)센터 연구원
한국개발연구원(KDI) 산업 · 기업경제 연구부 연구원
광주광역시 경제자문관
현 서울대학교 한국정치연구소 연구원
현 북방경제협력위원회 전문위원

서동주

연세대학교 정치외교학과
연세대학교 대학원 정치학과 석사
연세대학교 대학원 정치학과 박사
현 국가안보전략연구원 수석연구위원

송병구

단국대학교 몽골학과
단국대학교 대학원 몽골학과 석사
몽골국립대학교 몽골어문화대학 박사
현 단국대학교 몽골연구소 소장
현 단국대학교 몽골학과 교수

몽골지역연구

초판 1쇄 인쇄 2018년 1월 3일 | **초판 1쇄 발행** 2018년 1월 10일

단국대학교 몽골연구소 **편** | **펴낸이** 김시열

펴낸곳 도서출판 자유문고

    (02832) 서울시 성북구 동소문로 67-1 성심빌딩 3층

    전화 (02) 2637-8988 | **팩스** (02) 2676-9759

ISBN 978-89-7030-119-8 93340 값 25,000원

http://cafe.daum.net/jayumungo (도서출판 자유문고)